心理測驗
理論與應用
含IRT與R軟體分析

五南圖書出版公司 印行

推薦序

　　美國心理學家桑戴克（E. L. Thorndike）於 1918 年說過：「凡存在的東西，必有數量。」（Whatever exists at all, exists in some amount.）測驗專家麥克爾（W. A. McCall）於 1923 年也說過：「凡有數量的東西，皆可測量。」（Anything that exists in mount, can be measured.）人類為了解各種存在的事物，包括各種物質與心理特質的存在，設計了各種測驗工具與統計方法，透過數量的統計、分析、解釋，描述既存的現象，甚至將測驗、統計與分析結果用來預測未來。

　　俗話說：「人心不同，各如其面。」人的內在心理特質存在著個別差異，宛如其外表長相都不相同一樣。人的內在心理特質既存在著差異，當然就可透過科學性工具來測量其差異情況。而心理測驗是用來測量人類心理特質的科學性工具，其設計、施測、分析與解釋，當然都有其理論基礎與實際作法之規範，其施測結果透過規範性的解釋，即可用來描述、分析、預測既存及可能發生的現象。於今日我們所處的世界裡，已無法與心理測驗脫離關係。

　　心理測驗的發展一日千里，新的觀念與方法也不斷推陳出新。從早期三千多年前中國以六藝取士以及隋唐開始的科舉制度可謂測驗之濫觴。但若以科學的觀點來看，心理測驗早從英、法、德學者開始，至測驗在美國發揚光大止，其歷史雖短，但成果卻豐碩，心理測驗儼然已成一門深奧且甚富內涵的科學學門。

　　洪來發博士是一位遊走多學門的卓越學者，從早期浸潤於文學哲學，至後來沉浸於統計領域，近來又對測驗極感興趣，遊走於文哲與數理領域，都能暢順有成，也能於各專精領域發表學術性論文，可謂難能可貴的學術人才。其近期所著《心理測驗理論與應用——含 IRT 與 R 軟體分析》一書，可說是近來他在心理測驗領域裡孜孜矻矻的研究成果。本書內容大要觀之，皆能切中問題核心，內容精煉，是研究心理測驗學者可以參考，學生可以精讀的難能可貴新書。

完成一本學術著作是極其辛苦的歷程，從資料的蒐集，架構的擬定，內容的撰寫，文字的潤飾、校對，無不需要精力與時間的投入。但當其完成，可如欣賞藝術作品一般，品賞之餘，內心所顯現的高峰經驗，其樂無比。爲敬佩洪來發博士的高品質學術成果，爰爲之序。

鄭來長 謹識

2022 年 10 月 13 日於新北市新店區

自序

　　本書係爲教育系、心理系、測驗與統計系所相關領域學生而寫，內容分爲三大篇：古典測驗篇、現代測驗篇、心理測驗篇，總共十三章。古典測驗篇有五章，分別介紹測驗、信度、效度、常模以及試題分析等心理測驗理論的基礎分析。現代測驗篇亦分五章，內容主要有二元計分 Rasch 模式 (I)、二元計分 2PL、3PL 模式 (II)、多元計分 GRM、PCM、RSM 模式、參數估計法以及 DIF 分析等心理測驗理論進階分析，最後介紹心理測驗篇常用的智力測驗、人格測驗以及性向測驗等心理測驗理論的實務應用。

　　編寫方式分爲筆算過程和電腦分析，筆算過程是爲了讓讀者知道每個公式的計算步驟，筆算後緊接著 R 軟體分析，方便讀者對照學習。R 語言是一種開放原始碼的 free software，除了內建多種統計分析功能外，亦可透過下載套件（packages），補足使用者的需求。

　　回想本書撰寫過程中，幾經修改，修改主因常是爲了讓讀者更了解每個公式的意涵。認識我的人都知道，我大學念的是文組，畢業後轉讀數理統計，考上當時中興大學臺北校區的統計學研究所，因爲數統的訓練，我希望竭盡所能讓生硬的數理符號，更貼近人的認知直覺，即使沒有數理訓練，也能掌握要義，這也是撰寫本書的初衷：編寫一本讓想知道理論證明的或是想知道應用的皆適用的教科書。過程中，每每憶起當年從完全不知道微積分是什麼，一路走向數統的苦與樂，如何讓完全不知道的學習者快速理解，一直是下筆的思考主軸。

　　最後，特別感謝前國立臺灣圖書館館長鄭來長博士撰序，爲本書增色良多。也要感謝五南圖書出版公司王俐文副總編輯的協助與促成，以及編輯部的辛勞。長榮大學健康心理學系提供筆者教學及研究上自由揮灑的空間。唯筆者才疏學淺，錯誤在所難免，尚祈讀者不吝指正。

洪來發

2022 年 11 月 1 日於北大特區

目　錄

推薦序　　ii

自序　　iv

PART 1　古典測驗篇

第一章　測驗　003

　　第一節　測驗的意義　003

　　第二節　測驗的功能　009

　　第三節　教學評量的種類　012

　　第四節　良好測驗的條件　015

　　習　題　017

第二章　信度　019

　　第一節　信度的意義　019

　　第二節　信度的種類及求法　027

　　第三節　影響信度的因素　057

　　第四節　效標參照測驗的信度　060

　　習　題　063

第三章　效度　067

　　第一節　效度的意義　067

　　第二節　效度的類別　070

第三節　影響效度的因素　092

習 題　095

第四章　常模　097

第一節　常模的意義與功能　097

第二節　常模的類型　098

第三節　常模衍生量尺　099

習 題　116

第五章　試題分析　119

第一節　試題分析的功用　119

第二節　常模參照測驗的試題分析　120

第三節　效標參照測驗的試題分析　145

第四節　試題刪選分析　153

習 題　157

PART 2　現代測驗篇

第六章　二元計分 IRT 模式 (I)　165

第一節　緒論　165

第二節　Rasch 模式　173

第三節　LLTM 模式　190

習 題　207

第七章　二元計分 IRT 模式 (II)　209

第一節　1PL、2PL 模式　209

第二節　3PL 模式　225

習 題　242

第八章　多元計分 IRT 模式　243

第一節　GRM 模式　243
第二節　PCM 模式　254
第三節　RSM 模式　269
第四節　MFRM 模式　279
習　題　285

第九章　參數估計　287

第一節　試題參數估計　287
第二節　能力參數估計　303
習　題　315

第十章　DIF 分析　317

第一節　IRT 取向的 DIF 檢定法　318
第二節　非 IRT 取向的 DIF 檢定法　334
習　題　349

PART 3　心理測驗篇

第十一章　智力測驗　353

第一節　智力理論　353
第二節　智力量表　363
習　題　368

第十二章　人格測驗　369

第一節　加州人格量表　369
第二節　十六人格因素問卷　373

第三節　個人偏好量表　375

第四節　羅夏克墨漬投射測驗　379

第五節　主題統覺測驗　382

習 題　384

第十三章　性向測驗　385

第一節　美國常用的性向測驗　386

第二節　國內性向測驗　392

習 題　395

附錄　397

參考文獻　425

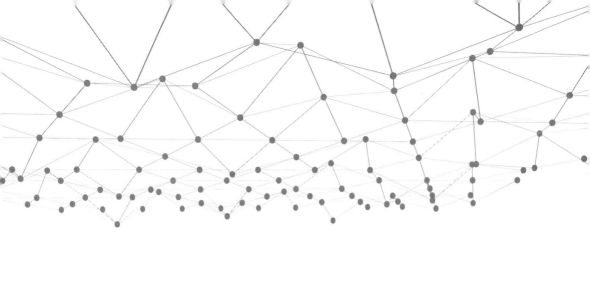

◆ PART 1

古典測驗篇

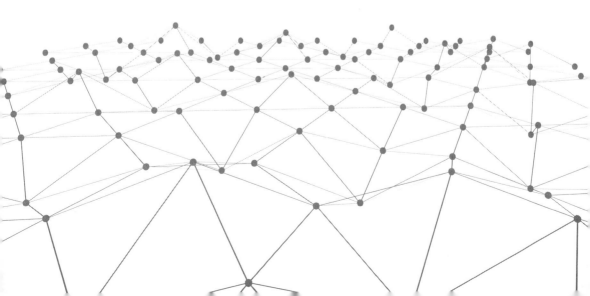

第一節　測驗的意義

一、測驗

　　什麼是測驗？測驗是測量的工具，是對行為樣本所作的一種客觀化和標準化的測量。測驗亦可視為一種搜集資料的工具，以有系統的程序提供問題（questions）、作業（tasks）或刺激物（stimuli）給受試者作答，藉此獲得受試者行為樣本（特質或屬性）。通常測驗包含三部分：

1. **標準刺激（或稱行為樣本）：**是指測驗中讓受試者回答的問題、作業或刺激物。
2. **個體特質：**測驗所要測量的個體的認知能力或情感特質。
3. **系統程序：**是指測驗的標準化過程，標準化過程從一開始的題目設計、施測情境控制、實施過程、成績計分、結果的解釋都有其一致性步驟及程序。

　　測驗的種類繁多，**若依測驗功能**（認知、情意、技能）**來分**，有測量個人能力的認知測驗，例如，智力測驗、性向測驗、成就測驗等，這類認知測驗通常會有標準答案；也有測量個人態度、情緒、動機、價值觀、興趣、人格特質的情意測驗，情意測驗評量方式有很多種，例如，問卷（questionnaire）、訪談（interview）、觀察（observation）、調查（survey）、量表（scale）等，其中量表是情意測驗最普遍使用的方式，量表作答型式也有多種，例如，李克特氏量表（Likert scale）、詞意分辨量表（semantic differential scale）、固特曼量表（Guttman scale）。其中李克特氏量表最普遍型式是五點量尺：題目敘述後，由受測者從非常同意、同意、普通、不同意、極不同意，五個量尺中勾選與自己最相符的選項。例如，

	非常同意	同意	普通	不同意	極不同意
1. 我覺得統計學很有趣。	□	□	□	□	□
2. 我覺得統計學很簡單。	□	□	□	□	□

詞意分辨量表最常使用的型式是將欲評估的項目（或屬性）分列在兩端（例如，左端能力強，右端能力弱，左右屬性是對立的），中間列有空格提供受測者選擇，受測者衡量題目中所敘述的項目（或屬性）跟自己情況最相符的位置勾選。詞意分辨量表如下所示，例如，請根據下列各項屬性評估該專案團隊的表現：

能力強 ＿＿：＿＿：＿＿：＿＿：＿＿：＿＿：＿＿ 能力弱

主動 ＿＿：＿＿：＿＿：＿＿：＿＿：＿＿：＿＿ 被動

迅速 ＿＿：＿＿：＿＿：＿＿：＿＿：＿＿：＿＿ 緩慢

固特曼量表較適合質性分析，敘述語句較為冗長，為美國心理學家固特曼（Guttman, 1950）所編製設計的態度量表。其主要特色是單一向度設計，由同一性質的題目所構成，正因為是單向性的組成，所以，題目間的關係可以由弱到強依序排序，通常每一題都是由 4 個敘述句組成，例如，針對外籍配偶的看法？

①（ ）我願意與她成為點頭之交。

②（ ）我願意與她成為普通朋友。

③（　）我願意與她成為好朋友。

④（　）我願意與她未來結為親戚。

　　這例子中，不難發現題目描述的現象或屬性，由點頭之交、普通朋友、好朋友到結為親戚，是以漸增方式排序，且由 4 個敘述句組成。固特曼量表是一種累積式量表（cumulative scale），在累積式量表中，受測者如果勾選②（願意與她成為普通朋友），那表示受測者也會同意①（願意點頭之交，才有可能成為普通朋友）；如果勾選③（願意與她成為好朋友），那表示受測者會同意②，也會同意①；如果③沒被勾選，但②被勾選，那麼①仍會被同意。這類情意測驗的答案沒有絕對的對或錯，不會有標準答案。除了上述認知測驗、情意測驗外，還有一種技能測驗，主要在測量個體實作或肢體反應協調能力的一種測驗，例如，實作評量中的各種體育活動的運動表現或是機械儀器的操作表現等。

　　若依測驗的材料來分，則有文字測驗與非文字測驗，前者以語言文字為素材編製測驗，例如，語文推理測驗、文字智力測驗等，後者則以非語言文字為編製的媒介，又稱作業測驗，例如，操作物體或儀器、組裝、拆卸等。

　　若依施測人數來分，則有個別測驗與團體測驗，個別測驗通常實施於某一約定時間，一位主試者、一位受試者的情況。常見的個別測驗有比西量表（Binet-Simon scale）、修訂版魏氏兒童智力量表（Wechsler intelligence scale for children revised, WISC-R）等。團體測驗是同時對多人測驗，常見的有美國研究所入學考試（graduate record examinations, GRE）、普通性向測驗（general aptitude test battery, GATB）、軍勤職業性向測驗（armed services vocational aptitude battery, ASVAB）等。

　　若依測驗的評分方式來分，則有客觀測驗（objective test）與主觀測驗（subjective test），前者如選擇題、是非題、填充題等，後者如作文測驗、美術作品、口試、投射測驗（projective test）等。客觀測驗雖不會因評分者不同而有不同的評等分數，但較無法測量出受試者在綜合、評鑑、統整分析方面的能力。而主觀測驗可以評量受試者組織、統整、觀念表達的能力，但易受評分者主觀分數的影響，如能多位評分者評量，則可提升測驗結果評分的可信度。

若依測量時間來分，則有速度測驗與難度測驗，前者主要在測量受試者在規定的時間內，對刺激（例如，測驗或作業）的反應速度，題數多但不難，幾乎不太可能做完所有題目。後者主要測量受試者的能力高低，測驗（或作業）包含不同難度的題目，越是能解決難度高的題目表示受試者能力越高，但並不是所有題目都能被解出。

若依測驗標準化程度來分，則有標準化測驗（standardized test）與非標準化測驗（non-standardized test），前者由專家學者依據測驗理論、試題分析、計分方式、結果解釋一定的程序及標準完成，後者則程序較不完整但快速方便，教師教學上依教學評量的需要所自編的學科成就測驗（國文學科測驗、數學學科測驗）即屬非標準化測驗。

若依測驗結果的解釋方式來分，則有常模參照測驗與效標參照測驗，前者主要在解釋受試者個人分數跟其他人比較後的相對位置，例如，百分等級、標準分數等。百分等級 84（PR84），意思是 1000 位考生中贏過 840 位，標準分數 1.96，意思是 1000 位考生中贏過 975 位。後者則與事先訂定的精熟標準（例如，精熟標準 60 分或 70 分）作比較，主要在衡量達到精熟與否？如果精熟標準 70 分，成績超過（含）70 分者，即為精熟，令為 1；不到 70 分，未精熟，令為 0。效標參照測驗是受試者成績跟訂定的標準做比較，常見的如學期成績及格、重修等。

若依反應型態來分，則有最大表現測驗（maximum performance test）與典型表現測驗（typical performance test），前者主要在測量個人最大的潛在能力、個人某方面的最佳表現或最大成就，例如，智力測驗、性向測驗、學科成就測驗等。後者則在測量個人在日常生活情境中最典型的反應行為，例如，假日休閒時你喜歡到 KTV 唱歌？你喜歡爬山？典型表現測驗是無關對錯的測驗，例如，態度測驗、興趣測驗等屬之。

二、測量

　　與測驗相近的詞語還有測量（measurement）、評量（assessment）。測量是利用工具將個人特質予以數量（quantifying）描述之歷程。測量工具在測驗實施時，依循明確的程序、規則或方法，以數字來評量人、事、物的屬性或特徵。常見的測量工具有量表、問卷、訪談、檢核表等。再者，測量亦常牽涉到不同量尺（名目量尺、順序量尺、等距量尺、比率量尺）的適用及測量結構模式的建立。

　　就量尺而言，名目量尺用於區別、辨認、指稱或分類，例如，性別、宗教、種族等屬之。性別是名目量尺，以數字 1 代表男生，數字 2 代表女生。順序量尺將觀察到的資料，依大小、高低或優劣等方式排序。例如，等第、名次、職稱等屬之。將測驗分數 90 分以上列為優，80-89 分列為甲，70-79 分列為乙，60-69 分列為丙，59 分以下列為丁，此即順序量尺，其數學特性就是大於或小於（例如，優>甲>…>丁）。等距量尺，除了可以定義名稱和排序外，亦可計算差異大小。例如，溫度、年代等屬之。溫度有零下 3 度，年代有西元前 100 年，等距量尺數學特性就是加減的計算，例如，西元前 100 到西元 500 年，差距 600 年。比率量尺，除了可以作加減計算外，也可以進行乘除的運算。日常生活中身高、體重、所得、銷售量等屬之。比率量尺數學特性就是乘除的計算。例如，身高 180 公分是身高 100 公分的 1.8 倍。

　　就測量結構模式而言，測量是針對特質的測量，特質是潛在變項（例如，智力、態度），將特質用數字量化描述就是測量，其實就是將無法直接觀察的潛在特質以可觀察的測驗分數來表徵，例如，試題反應理論（item response theory, IRT）、因素分析（factor analysis）、結構方程模式（structural equation modeling, SEM），這些心理計量理論，都在將不可觀察的潛在變項與可觀察的變項間建立起測量模式關係。例如，因素分析中，測量模式 $\mathbf{x} = \mathbf{w}f + \varepsilon$，這裡 $\mathbf{x}$ 是可觀察的變項，$\mathbf{w}$ 是因素負荷量（factor loading），f 是不可觀察的潛在變項（或因素），ε 是不可觀察之誤差項。

三、評量

　　評量（assessment）是根據某項標準對所測量到的數量作判斷。包含兩部分：(1) 是針對所測量的特質，決定其品質、效益、價值；(2) 是針對個人表現進行判斷作為後續教育決策參考。評量應用極廣，常見的有預備性評量（readiness assessment）、安置性評量（placement assessment）、形成性評量（formative assessment）、診斷性評量（diagnostic assessment）、總結性評量（summative assessment）、常模參照評量（norm-referenced assessment）、效標參照評量（criterion-referenced assessment），這些評量詳下一節介紹。

　　此外，如果就評量方式來看，則有 (1) 檔案評量（portfolio assessment）；(2) 實作評量（performance assessment）。檔案評量是指有系統地蒐集學生背景資料並就其學習表現、作品、作業、報告、學習過程、學習活動回饋等檔案，作評閱評量。

　　檔案評量的優點有：(1) 學生可以展示自己能力；(2) 學生可以培養反省力並有能力評鑑自己作品優缺點；(3) 學生為自己設定的目標負責；(4) 認知到實作表現的重要性；(5) 提供教師與學生共同合作的機會；(6) 加強教師對實作評量的重視；(7) 可作為跟家長溝通的一種有效方式；(8) 學生才是評量核心的運作機制；(9) 提供家長有關學生表現的具體證據；(10) 協助商討需改進的課程領域。

　　檔案評量的特色則有：(1) 能夠適應個別化教學目標；(2) 強調學生作品的評量方式；(3) 強調學生的優點（學會）而非缺點（學不會）；(4) 主動讓學生參與評量過程；(5) 與人溝通時聚焦在學生成就表現上；(6) 是勞力與時間密集的工作；(7) 評量信度偏低（余民寧，2011，頁 227-235）。

　　至於實作評量，其實施過程是由老師設計情境，讓學生在情境中，藉由實際參與、實際操作，以個別方式或分組活動方式，進行情境問題的解決。實施過程一開始即進行評量，強調學生是否能將所學知識理論應用於實際事務上，並解決遇到的難題。

　　實作評量的方式有：(1) 強調應用面與技能面的紙筆測驗，與傳統偏向認知背誦的紙筆測驗不同；(2) 技能表現的辨識測驗：例如在設定的實驗情境中，能辨識並說明一組工具或器具的功用；(3) 在標準且控制的情境下，評量學生在相同儀器、設備、材料、時間下，能否完成同樣標準且同樣結構化的實作測驗；(4) 在仿真情境下，評量學生實作表現，例如，汽車修護課、高爾夫球課、烹飪課、臨床護理儀器演練課中評量學生實際表現。

　　實作評量的優點有：(1) 評量方式多元性且藉由實作評量，可以評定出學生不同層次的能力；(2) 一面教學一面評量，兼重歷程與結果的評量；(3) 學生可以發揮非紙筆測驗的另一種能力；(4) 學生可將理論與實際即時結合；(5) 記錄學習脈絡與學習聯結。實作評量的缺點有：(1) 執行難度高；(2) 準備不易，時間成本相對紙筆測驗更高；(3) 評分標準不易客觀且繁瑣，需花時間討論；(4) 不論受試者或評分者皆難以在單位時間內完成任務；(5) 評量結果信度係數較低。

　　綜合上述，測驗、測量與評量，三者關係簡示如下（余民寧，2011）：

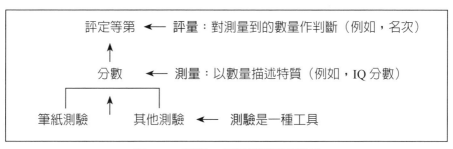

圖 1-1　測驗、測量與評量關係

第二節　測驗的功能

　　測驗有許多不同的功能及用途，底下介紹測驗在教育上對於教學決定、行政決定、輔導決定與幫助學習等方面的主要功能及其用途（郭生玉，2018；陳英豪、吳裕益，2003）。

一、教學決定的用途

測驗可以幫助教師在教學過程中，做成下列四種教學決定：

1. **確定學生的行為起點**：通常教師在對新任班級學生學習情況不熟悉或是在尚未進行課程教學前，想了解學生目前具備的相關知識程度，這時老師會利用成就測驗來了解學生目前學習情況，以確立學生的起點行為，這是教學前的評量。

2. **建立可行的教學目標**：了解行為起點後，有利於教師撰寫適合學生學習發展的教學目標。

3. **確定教學目標實現的程度**：藉由測驗的施測結果，對照事前擬定的教學目標，評估學生達成的程度。

4. **改進教學方法**：測驗結果可以幫助老師了解學生學會了什麼？尚未學會有哪些？是否需要改變教學策略或教學方法？

二、行政決定的用途

1. **選擇決定（selection decision）**：利用智力測驗、性向測驗或學科測驗，作為行政上決策工具。例如，學校透過數學或某學科測驗成績，篩選出潛力學生，參與國際比賽。

2. **安置決定（placement decision）**：前面提到，教學前的評量，可以知道學生的行為起點，這是從教學端來看，亦可從行政端來看，教學前的評量可以作為安置學生到不同層級的班級學習的行政決定，故又稱為安置性評量。例如：英文學科測驗，依據學生測驗成績，安排到進階、普通或加強班不同班別上課。

3. **分類決定（classification decision）**：學校藉由學生性向測驗、人格測驗或職業測驗的受測結果，建議學生選擇適合自己特質的工作、職務、學校或科系等。

4. **教育計畫決定**：研究者利用編製的測驗作為搜集資料的工具，藉以評量新課程或新教育計畫的有效性。例如：新課程標準實施前的研究或十二年國教課程綱要以學生測驗結果作爲決策的佐證。

三、輔導決定的用途

　　學生在課程學習適應、未來職業選擇、人際關係及生活適應方面，常需教師加以輔導。心理或教育測驗在輔導上可以提供下列幫助：

1. **協助學生自我了解**：藉由情緒、態度、性向、興趣、成就等測驗，可以幫助學生了解自我。
2. **診斷學生所面臨的困難**：經由測驗診斷出學生面臨的問題及困境，儘早針對癥結，對症處理，提供較佳較良善的學習方法。
3. **輔導學生做最佳選擇**：教師可藉由測驗結果輔導學生生涯規劃及選擇適合自己未來發展的科系就讀或職業取向之建議。

四、幫助學習的用途

1. **激發學習動機**：學習動機若因個體內在需求而產生驅力，則屬於內在學習動機（例如：興趣、好奇、求知慾、成就感等），若是因外在環境因素影響者，則爲外在學習動機（例如：獎金、獎懲規定）。學習動機可視爲激起學生學習興趣，朝向設定的學習目標前進的內在心理歷程，教師可藉由適切的測驗編製激勵學生高度的學習動機。
2. **幫助學習遷移（learning transfer）和記憶**：測驗可幫助教師了解學生已學習到的知識與能力，並導引學生在較複雜的新事物上之認知與學習遷移。學習遷移是指個體在學習 A 事物後，對學習 B 事物的影響，有正面的遷移、負面的遷移或無影響的遷移。如果已習得的知識、技能、經驗對新事物的學習有著正面的輔助促進作用，此即正遷移。正遷移又分水平遷移和垂直遷移，前者是把已學到的知能或經驗應用到其他類似且難度相同的水平情境，後者則是應用到更高層級，從而產生更高一層的學習。若先前學習對後來的學習產生阻礙作用，此即負遷移，不過，負遷移通常是暫時的，經過練習和指導可以消除。若先前學習對新事物的學習，既沒有輔助的作用也沒有阻礙的影響，此即無遷移或零遷移，不過很少發生這種情形。

3. **幫助學生的自我評量**：測驗最重要是可以提供回饋給學生，讓學生知道自己的優缺點。學生藉由測驗結果，自我審視，有缺點則改進，無缺點則精熟之。

第三節　教學評量的種類

教學評量的種類眾多，若依據教學歷程來分有：教學前的評量（預備性評量、安置性評量）、教學中的評量（形成性評量、診斷性評量）以及教學後的評量（總結性評量）（邱淵等，1989）；若依評量結果的參照目的來分，則可分成：常模參照評量、效標參照評量。

一、依據教學歷程來分

1. **教學前的評量**：有預備性評量及安置性評量。

教學前評量有兩大目的：(1) 了解學生基本知能程度；(2) 了解學生精熟程度。針對目的 (1) 教學者實施預備性評量，評量結果可作為是否複習舊教材和慎選新教材的決策參考。針對目的 (2) 教學者實施安置性評量，主要作為教師打算進入更高層次教學內容或調整教學計劃的決策參考。實務上，安置性評量是教師對新任班級，不清楚學生能力水準時所實施的一種評量，可作為教師即將進行的教學內容評估之參考。

2. **教學中的評量**：有形成性評量及診斷性評量。

(1)形成性評量：屬於小範圍的評量（例如：單元測驗或隨堂考試），評量目的在學生端希望找出學生學習困難處，在教師端希望針對學生學習現況，評估是否需改進教學。這通常是教學過程中小章節結束後所實施的一種評量，是把教學歷程與評量歷程相結合的一種評量方式，評量結果可以不斷提供回饋給學生和教師，使他們得知教學和學習的成長情形，確保學習朝向預定的教學目標進行。形成性評量重視這個階段的教學和學習結果，並使用此結果針對學習落後學生改善他們的學習狀況或提供老師進行補救教學。

(2)診斷性評量：針對有嚴重學習障礙者實施診斷性評量，一旦教學中或在單元剛結束時，教師發現學生有學習停滯的情況，即應進行學習停滯原因的診斷評量，找出學生學習困難所在，並且提供學習改善措施。形成性評量與診斷性評量不同在於，形成性評量是初步處理，對於學生的學習困難立即找出並解決，而診斷性評量是綜合性和精確性的療程評量，對學生某一特定學習困境，採取治療性的改善措施。

3. **教學後的評量：**總結性評量。

形成性評量與總結性評量不同在於，前者是教學歷程中小範圍的評量，目的在改善教學，而後者是針對學生的最後學習結果所作的評定，此種評定並不是用來發現學生的學習困難或進行改進教學，而是學習告一段落或單元結束後，評定學生的學習效果，是教學活動結束所進行的評量，同時亦評定單元教學目標達成度，以及教學方法是否適當有效。學校定期舉行的月考、期中末考都是總結性的評量方式。

二、依據評量結果的參照目的來分

教學評量的種類，如果依據評量結果的參照目的來分，可分為常模參照評量和效標參照評量兩種。

1. 常模參照評量

常模參照評量：評量目的在指出個人分數在團體中的相對位置，例如，洪姓學生這次月考成績排名第 8 名，李姓學生這次數學抽考全年級百分等級 PR64，這裡第 8 名、百分等級 64，都是用來指出自己分數和別人分數比較後的相對位置，這種以學生成績名次排序來解釋測驗成績意義之方法，稱為常模參照評量。

2. 效標參照評量

如果教學前已訂好具體學習目標或已設定好衡量標準，那麼測驗評量的意義就在於把每位學生學習成果和事前設定好的標準加以比較，凡達到標準者即學習精熟，未達標準者即學習未精熟，此種解釋測驗成績意義（精熟、未精熟）的方法，稱為效標參照評量。

三、常模參照評量、效標參照評量之異同

上述只是針對評量結果的參照目的簡要說明而已，底下，從測驗用途、測驗範圍、作答型式、試題難度分析、試題鑑別度分析以及測驗信度等方面，探討兩者之異同（陳英豪、吳裕益，2003）。

1. 測驗用途

常模參照測驗：用於教學前的安置性評量以及教學後的總結性評量，以判斷學生名次。效標參照測驗：用於教學前的預備性評量以及教學中的形成性評量和診斷性評量，以判斷學生學習成效精熟與否。

2. 測驗範圍

常模參照測驗：測驗範圍較廣，學習單元數量較多，試題平均分散在各個單元的學習上。效標參照測驗：測驗範圍較少，學習單元數量不多，試題集中測量小範圍的學習上。

3. 作答型式

常模參照測驗：題型種類較多，作答方式有採開放式的問答題，也有採封閉式的是非題、選擇題，分數較客觀，分數的相對地位較具意義。效標參照測驗：作答型式較少，測驗結果主要確認學生在單元具體目標上是否達到精熟。

4. 難度分析

常模參照測驗：測驗目的在了解學生學習情況，從古典測驗理論來看，難度指標值以答對率 0.5（即試題難度適中）為最佳。效標參照測驗：試題難度分析意義較小，因為精熟及格設為 1，未精熟設為 0，從古典測

驗理論來看，每題的難度指標幾乎趨近於 1，因爲傳統教學成果，幾乎都是精熟及格，未精熟不及格的比例少之又少（詳第五章介紹）。

5. 鑑別度分析

常模參照測驗：測驗目的主要在區辨試題作答情形與學生能力高低的關係，測驗題目是否具有鑑別度，是依高分組答對率高於低分組答對率或總分高者答對率高於總分低者答對率等情況來判斷的。效標參照測驗：測驗結果反應教師教學成效及學生學習表現差異，所以試題鑑別度分析主要進行 (1) 教學前後 (2) 接受教學組與未接受教學組 (3) 精熟組與未精熟組，在題目答對率上的差異（詳第五章介紹）。

6. 測驗信度

常模參照測驗：估計信度時，以重測信度、複本信度、Cronbach α 信度爲主。效標參照測驗：測驗分數是二元計分（精熟爲 1，未精熟爲 0），估計信度時，常以百分比一致性指標（percent agreement, PA）或 Kappa K 係數爲主。

第四節　良好測驗的條件

良好測驗應具備的條件（亦可說是優良測驗的特徵）：良好的效度、可靠的信度、適切的常模、高度的實用性（郭生玉，2018；陳英豪、吳裕益，2003）。

一、良好的效度

效度是指測驗分數的正確性，是測驗良窳與否的最重要特徵，效度越大表示測驗越能測量到它所想要測量的特質。例如，一份具有良好效度的智力測驗，表示它能正確地測出智力此一特質，並能甄別出不同智力程度的學生。

二、可靠的信度

信度是測驗工具第二個重要特徵。信度高，表示前後兩次測驗分數具有一致性或穩定性。以複本測驗來看，複本測驗是二份內容、形式、題數、難度相類似但題目不同的測驗，又因同時施測或異時施測，分為等值係數（coefficient of equivalence）或穩定等值係數（coefficient of equivalence and stability）。同時施測，即在探討這二份測驗測量相同特質的題目之間的一致性，稱為等值係數。異時施測，則反應出題目及時間兩因素的影響，稱為穩定等值係數。實務上，信度高是受試者測驗分數的排序前後兩次變動不大，第一次測驗時高分組（或低分組）的學生，第二次測驗時幾乎也會是高分組（或低分組）。如果前後二次分數的排序相當混亂，那麼這份測驗信度應是不可靠的。

三、適切的常模

原始分數要轉換成常模分數，才能加以解讀。常模分數是解釋分數的參照依據，它是以常模的平均數與標準差來建立解釋的標準。常模可以判斷受試者分數在常模樣本上的相對地位，亦可提供同一個受試者在不同測驗上得分優劣的比較。

四、實用性高

1. 容易實施：有明確的指導語和施測流程圖，主試者能依序施行。
2. 對象適合：題目、題本及題型的設計要適合作答對象。
3. 評分客觀簡易：公平，鑑別度佳，最好電腦亦可計分。
4. 時間費用合理：能在適當的時間內予以施測並有良好的複本測驗，成本亦不貴。

習題

1. 試簡要說明測驗、測量、評量三者之異同。

2. 何謂認知測驗？（普考）

3. 何謂診斷性評量？形成性評量？（高考）

4. 良好測驗的條件為何？

5. 何謂典型表現測驗？（高考）

6. 測驗結果在學生輔導工作上應如何運用？（普考）

7. 試申述測驗在諮商輔導方面之主要功能。（普考）

8. 測驗在教育上有何功用？試分項說明之。（普考）

9. 試說明常模參照評量與效標參照評量兩者之差異。

第一節　信度的意義

一、信度

信度（reliability）的意義，從受試者來看是指 (1) 不同式測驗（即複本測驗）結果有其一致性，(2) 測驗結果在不同的時間點有其穩定性；從評分者來看是指 (3) 不同評分者間評分結果具一致性，最後 (4) 測驗結果精確可信。從古典測驗線性模式來看：

$$X = T + e \tag{2-1}$$

這裡，X 為觀察到的分數（即受試者考試得分又稱為測驗分數），T 為真實分數（true score，又稱理論分數），e 為誤差分數，且假設 $E(e) = 0$，也就是誤差分數的期望值為 0。在 T、e 獨立下，線性模式的變異數為

$$S_X^2 = S_T^2 + S_e^2 \tag{2-2}$$

等號兩邊同時除以 S_X^2，得到

$$\frac{S_X^2}{S_X^2} = \frac{S_T^2}{S_X^2} + \frac{S_e^2}{S_X^2} = 1 \quad \Rightarrow \quad \frac{S_T^2}{S_X^2} = 1 - \frac{S_e^2}{S_X^2} = r_{XX'} \tag{2-3}$$

這裡，$r_{XX'}$ 稱為信度係數（簡稱信度），從公式 (2-3) 可以看出信度係數是真實分數變異（S_T^2）在整個測驗分數變異（S_X^2）中所占的比率。當 $S_e^2 = S_X^2$ 時，信度為 0（因為 $r_{XX'} = 1 - \dfrac{S_X^2}{S_X^2} = 0$），當 $S_e^2 = 0$ 時，信度為 1（因為 $r_{XX'} = 1 - \dfrac{0}{S_X^2} = 1$），所以，信度係數值介於 0 到 1 之間。

與信度係數近似的詞彙有信度指標（index of reliability, IR）、測量標準誤（standard error of measurement, SEM）。如果把信度係數開根號（$\sqrt{r_{XX'}}$），我們稱 $\sqrt{r_{XX'}}$ 為信度指標，例如，信度係數 0.81，信度指標 $\sqrt{0.81} = 0.9$。信度指標若從皮爾森積差相關係數（Pearson product-moment correlation coefficient，簡稱積差相關係數或相關係數）來看，是指真實分數與觀察分數的相關程度（r_{XT}），所以，信度指標又可以表示 $\sqrt{r_{XX'}} = r_{XT}$。

例題 2-1

已知某測驗分數變異數為 14.5，誤差分數變異數為 1.35，請問真實分數變異數多少？信度係數多少？信度指標多少？真實分數與測驗分數相關程度多少？

解：

因為 $14.5 = S_T^2 + S_e^2 = S_T^2 + 1.35$，所以真實分數變異數 $S_T^2 = 13.15$。

信度係數 $= r_{XX'} = \dfrac{S_T^2}{S_X^2} = \dfrac{13.15}{14.5} = 0.907$，信度指標 $= \sqrt{0.907} = 0.952$，

真實分數與測驗分數相關程度 $r_{XT} = \sqrt{0.907} = 0.952$。

二、決定係數

統計學迴歸分析中的決定係數（coefficient of determination）類似於這裡的信度係數，決定係數 $r^2 \Rightarrow$ 信度係數 $r_{XX'}$，如果開根號，則

$$\sqrt{r^2} = r = 正積差相關係數 \Rightarrow \sqrt{r_{XX'}} = r_{XT} = 信度指標$$

注意：原本積差相關係數介於 -1 到 1 之間，即 $-1 \leq r \leq 1$，但這裡探討信度係數，所以，只考慮正積差相關係數，信度係數介於 0 到 1 之間（因為測驗或問卷計算出來的信度係數如果是負數，即令為 0），信度指標也是介於 0 到 1 之間，即 $0 \leq r_{XT} = \sqrt{r_{XX'}} \leq 1$。上述說明整理如下：

1. **迴歸分析中的決定係數**類似於古典測驗線性模式的信度係數。
2. **迴歸分析決定係數** r^2：如果 $r^2 = 0.7$，意思是在依變項（Y）的總變異中，有 70% 的變異可以由自變項（X）的變異來解釋。
3. **古典測驗信度係數** $r_{XX'}$：如果 $r_{XX'} = 0.7$，意思是在測驗分數的總變異（S_X^2）中，有 70% 的變異可以由真實分數的變異（S_T^2）來解釋。
4. **積差相關係數**：原本積差相關係數是介於 -1 到 1 之間，但信度係數、信度指標只探討**正相關係數**（$0 \leq r \leq 1$）。

三、測量標準誤

上面信度係數是從真實分數比率（$\dfrac{S_T^2}{S_X^2}$）來看，也可以從誤差分數比率（$\dfrac{S_e^2}{S_X^2}$）來看，由公式 (2-3) 可得

$$1 - \frac{S_e^2}{S_X^2} = r_{XX'} \Rightarrow \frac{S_e^2}{S_X^2} = 1 - r_{XX'} \Rightarrow S_e^2 = S_X^2(1 - r_{XX'})$$

$$\Rightarrow S_e = S_X\sqrt{(1 - r_{XX'})} \tag{2-4}$$

這裡，S_e 稱為誤差分數的標準差，$S_X\sqrt{1 - r_{XX'}}$ 稱為測量標準誤（SEM），也就是 $\text{SEM} = S_e = S_X\sqrt{1 - r_{XX'}}$。誤差分數，當然越小越好，因為誤差越小，表示信度係數 $r_{XX'}$ 越大，$r_{XX'}$ 越大，$(1 - r_{XX'})$ 就越小，測量標準誤也越小，SEM 小，表示測驗的信度愈高。

例題 2-2

假設某成就測驗分數呈常態分配，其平均數為 60，變異數為 81，信度係數為 0.84，試求其測量標準誤？

解：

$$\text{SEM} = S_X\sqrt{1 - r_{XX'}} = 9\sqrt{(1 - 0.84)} = 3.6，這裡，S_X = \sqrt{S_X^2} = \sqrt{81} = 9$$

注意：測量標準誤的用途有二（亦可說是信度係數的應用）
1. **受試者個人測驗分數區間的解釋**
2. **性質不同的測驗分數間之差異比較**

1.受試者個人測驗分數區間的解釋

受試者個人測驗分數區間的估計，如同統計學上的區間估計，這時必須用到上述的測量標準誤。

例題 2-3

假設某成就測驗分數呈常態分配，平均數 60，變異數 100，信度係數為 0.84，甲生測驗分數 50，其真實分數 95% 信賴區間為何？

解：

$SEM = S_X \sqrt{1 - r_{XX'}} = 10\sqrt{(1-0.84)} = 4$，又查表得 $z_{0.025} = 1.96$，所以，甲生眞實分數 95% 信賴區間爲

$$(50 - 1.96 \times 4 \quad , \quad 50 + 1.96 \times 4) = (42.16 \quad , \quad 57.84),$$

　　如果跟統計學區間估計比較，統計學上平均數 μ 的 95% 信賴區間算法 $\left(\overline{X} - 1.96 \times \dfrac{\sigma}{\sqrt{n}} \quad , \quad \overline{X} - 1.96 \times \dfrac{\sigma}{\sqrt{n}}\right)$，顯然 $\dfrac{\sigma}{\sqrt{n}}$ 等同於 SEM，我們稱 $\dfrac{\sigma}{\sqrt{n}}$ 爲抽樣標準誤，稱 SEM 爲測量標準誤。

注意：這裡 $z_{0.025} = 1.96$，意思是已知面積 0.025，要我們去查標準常態分配橫軸上那個點是多少？查出來是 1.96，1.96 是橫軸上的點，就是下圖中右邊那個點（+1.96）。而 95% 信賴區間，這裡 95% 就是中間那塊白色大面積，而左右那二小塊陰影面積各是 0.025（即 95% + 0.025 + 0.025 = 1）。所以，以例題 2-3 來說，95% 信賴區間就是我們有百分之 95 信心，相信甲生眞實分數會介於 42.16 到 57.84 之間。標準常態分配左邊 −1.96 那個點，如果改以甲生眞實分數來看，會是 42.16，而右邊 +1.96 那個點，如果改以甲生眞實分數來看，會是 57.84。附帶一提，中間那塊大面積 95%，從積分來看，就是從 −1.96 積分積到 +1.96 的面積是 0.95（積分是求面積的意思，面積在統計學上又稱爲機率或概率）。

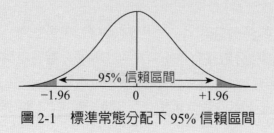

圖 2-1　標準常態分配下 95% 信賴區間

2. 性質不同的測驗分數間之差異比較

　　某受試者在二種不同測驗上的分數，皆轉換為 T 分數，假設這二種測驗的變異數相等（即 $S_X^2 = S_Y^2$）且彼此獨立，則這二種不同測驗差異的測量標準誤（SE_{diff}），公式為：

$$SE_{diff} = \sqrt{SEM_X^2 + SEM_Y^2} = \sqrt{S_X^2(1-r_{XX'}) + S_Y^2(1-r_{YY'})}$$

$$\overset{S_X^2 = S_Y^2}{=} \sqrt{S^2(1-r_{XX'}+1-r_{YY'})} = S\sqrt{2-r_{XX'}-r_{YY'}}$$

。

> **注意：二種不同測驗差異**的意思是彼此獨立的二個變數相減。統計學介紹過二個變數彼此獨立，則其相減（即 $X - Y$）後的變異數為 $S_{(X-Y)}^2 = S_X^2 + S_Y^2$，注意：雖是變數相減但變異數卻是相加，所以，對於 $SEM_X^2 + SEM_Y^2$ 就不難理解。

例題 2-4

　　假設國文測驗的信度係數為 0.88，英文測驗的信度係數為 0.87，甲生在這二種測驗上的分數，皆已轉換為 T 分數（T 分數的標準差 10），則國文和英文分數差異之測量標準誤為何？如果已經知道甲生國文 T 分數 86 分，英文 T 分數 80 分，則甲生在這二種測驗上的分數是否達顯著差異（$\alpha = 0.05$）？

解：

(1) $SE_{diff} = S\sqrt{2-r_{XX'}-r_{YY'}} = 10\sqrt{2-0.88-0.87} = 5$。

(2) H_0：二測驗分數沒有差異　H_1：二測驗分數有差異

$$z = \frac{國文分數 - 英文分數}{SE_{diff}} = \frac{86-80}{S\sqrt{2-r_{XX'}-r_{YY'}}} = \frac{86-80}{5} = 1.2 ,$$

因爲 $1.2 < z_{0.025} = 1.96$，所以，不拒絕 H_0，亦即二測驗分數沒有差異。

四、估計標準誤

統計學迴歸分析中的估計標準誤（standard error of estimate, SE）類似於信度的測量標準誤。要探討估計標準誤，得先從母體殘差變異數（residual variance）σ^2 談起，當 σ^2 未知時，會以 $\hat{\sigma}^2$ 估計之：

$$\hat{\sigma}^2 = \frac{\sum_{n=1}^{N}(Y_n - \hat{Y}_n)^2}{N-2} \tag{2-5}$$

$\hat{\sigma}^2$ 被稱爲樣本殘差變異數，又 $E(\hat{\sigma}^2) = \sigma^2$，所以，$\hat{\sigma}^2$ 是 σ^2 的不偏估計式。如果對 $\hat{\sigma}^2$ 開根號，得到 $\sqrt{\hat{\sigma}^2} = \sqrt{\frac{\sum_{n=1}^{N}(Y_n - \hat{Y}_n)^2}{N-2}} = \hat{\sigma}$，$\hat{\sigma}$ 稱爲估計標準誤。事實上，除了不偏估計式外，也可以考慮 $\hat{\sigma}^2$ 的近似估計式：

$$\hat{\sigma}^2 \approx \frac{\sum_{n=1}^{N}(Y_n - \hat{Y}_n)^2}{N},$$

差別只在分母，一個是除以（N-2），另一個是除以 N，我們又可推得近似估計式（參閱附錄說明 2-a）

$$\hat{\sigma}^2 \approx \frac{\sum_{n=1}^{N}(Y_n - \hat{Y}_n)^2}{N} = S_Y^2(1-r^2)$$

$$\Rightarrow \quad \hat{\sigma} \approx S_Y\sqrt{(1-r^2)} \tag{2-6}$$

得到估計標準誤 $\hat{\sigma}$ 的近似值：$S_Y\sqrt{(1-r^2)}$。從公式 (2-6) 中可以發現：

當決定係數 r^2 越大，$(1 - r^2)$ 就越小，估計標準誤 $\hat{\sigma}$ 也越小，估計標準誤越小，表示估計效果越好，如同前面提到的 SEM 越小，表示信度 $r_{XX'}$ 越高。

注意 1：公式 (2-5) 分母是 N-2，這是因為簡單線性迴歸分析要估計截距和斜率這二個，這二個估計後固定了，沒有自由度了，所以，自由度剩 N-2。

注意 2：也有不偏估計式分母是 N-1，例如，樣本變異數 $\dfrac{\sum\limits_{n=1}^{N}(X_n-\overline{X})^2}{N-1}$，

不偏估計式主要用於樣本要推論到母體時。

例題 2-5

某智力測驗分數（x）、數學科分數（y）的資料為 $\overline{x} = 100$，$S_x = 16$，$\overline{y} = 60$，$S_y = 6$，$r = 0.7$，試求 (1)y 對 x 的線性迴歸模式 (2) 估計標準誤。

解：

(1) 統計學書上提到 $r = \dfrac{bS_x}{S_y} = \dfrac{b\times 16}{6} = 0.7$，$\therefore b = \dfrac{0.7\times 6}{16} = 0.263$，

$a = \overline{y} - b\overline{x} = 60 - 0.263\times 100 = 33.7$，所以，迴歸模式

$$\hat{y} = a + bx = 33.7 + 0.263\,x。$$

(2) 估計標準誤 $\hat{\sigma} \approx S_Y\sqrt{(1-r^2)} = 6\times\sqrt{(1-0.7^2)} = 4.285。$

第二節　信度的種類及求法

前面提到，評量結果依參照目的不同，可分爲常模參照評量與效標參照評量，前者所求之信度即常模參照評量信度，後者所求之信度即效標參照評量信度，這節先介紹常模參照評量的信度，效標參照評量信度則於第四節介紹。常模參照評量的信度種類及求法眾多，主要有重測信度或稱再測信度（test-retest reliability coefficient）、複本信度（parallel-forms reliability coefficient）、內部一致性信度（internal consistency reliability coefficient）、Hoyt信度、評分者信度（scorer reliability coefficient）等，其中內部一致性信度又包含折半信度（split-half reliability coefficient）、庫李信度（KR 信度）、Cronbach α 信度。

信度可以從眞實分數來看，亦可從誤差分數來看。誤差來源有二：系統誤差、非系統誤差。系統誤差屬於常誤、偏誤，是在不同情境下，相同受試者（或在相同情境下，不同受試者）都受到某種作業或操弄因而產生一致性、系統性的影響，例如，施測時間未依規定結束，反而延長時間，可能造成測驗分數一致性較佳；或測驗前經過相關學習與訓練，亦會造成測驗分數並非原來正常情況下的表現。系統誤差通常不會影響信度，但會影響效度，例如，體重計未校正（未歸零），量體重時每個人總是多 100 克，這是系統誤差，對每位受試者影響都一樣，但效度不正確。又如，考題出錯，每個人都加分，這時信度會跟未加分前一樣，但效度會錯以爲增加了。

表 2-1　各類信度名稱及其測量誤差來源

信度類型	主要的誤差來源
重測信度	時間取樣
複本信度（同時）	內容抽樣
複本信度（異時）	時間取樣、內容抽樣

信度類型	主要的誤差來源
內部一致性信度	
1.折半信度	內容抽樣
2.校正折半信度（斯布、佛氏、盧氏）	內容抽樣
3.KR20 信度、KR21 信度	內容抽樣、內容異質
4.Cronbach α 係數	內容抽樣、內容異質
Hoyt 信度	內容抽樣、內容異質
評分者信度	
1.斯皮爾曼等級相關係數	
2.肯德爾和諧係數	評分者誤差
3.艾肯同質性信度係數	

　　非系統誤差屬於隨機誤差，是一種不規則的影響，例如，受試者每個人的情緒、疲勞、動機或施測情境（例如，突發的噪音、停電）或測驗試題（例如，試題抽樣、試題內容異質）這些都有可能產生非系統性、沒有規則、不可預測的誤差。一般而言，非系統誤差影響越大，信度就會較差。各類信度名稱及其測量誤差來源，請參閱表 2-1。

一、重測信度

　　同一份測驗同一群受試者在兩個不同時間點施測，求這兩個不同時間點測驗分數之間的相關。重測信度的基本假設是所要評量的特質相當穩定，又稱為穩定係數。再者，它所反應的是時間因素對所要評量的特質的影響，因此，在兩次施測的時距內，不應對所要評量的特質有任何處理，比如像數學科成就測驗，如果考生正加緊複習數學，那麼重測信度就不是一個適切的信度工具。通常重測的時間間隔，以一至二個星期內較適當。因為重測容易受記憶的影響，所以，認知測驗比較不適用，反而較適用於操作或人格等測驗。測量誤差來源是來自不同時間測量所造成的誤差，所以，重測信度的誤差來源是時間取樣（時間間隔長短）造成的。

二、複本信度

　　上述重測信度採用同一份測驗，複本測驗則是二份內容、形式、題數、難度相類似但題目不同的測驗，主要用來測量相同特質。具體作法是從試題母群體（題庫）中抽出二份複本測驗，給同一群受試者作答，再依二份測驗分數求相關。複本信度越高，表示二份測驗測量到的相同特質或屬性的程度越高。複本測驗又因同時施測或異時施測，分為等值係數（coefficient of equivalence）或穩定等值係數（coefficient of equivalence and stability）。複本測驗同時施測，目的即在探討這二份測驗測量相同特質的題目之間的一致性，這二份測驗分數的相關係數稱為等值係數，等值係數的誤差來源是內容抽樣（試題抽樣）造成的。如果這二份測驗在不同時間施測，則反應出題目及時間兩因素的影響，所以這二份測驗分數的相關係數就稱為穩定等值係數。穩定等值係數誤差來源是內容抽樣（試題抽樣）與時間取樣（時間間隔長短）造成的。

三、內部一致性信度

　　重測信度、複本信度需要對同份測驗或複本測驗作二次的施測，在實施上較受限制，內部一致性信度的作法就是為了免除施測二次的困難而衍生的信度求法，也就是只根據一次測驗結果就能估計信度。因為求算相關係數時，至少要有二個變項（X, Y），所以針對這一次測驗結果，必須分成兩半，一半 X、一半 Y，例如，把 50 題分成前半（第 1 題到第 25 題）視為 X 變項、後半（第 26 題到第 50 題）視為 Y 變項，求算這二個變項的相關程度。

(一) 折半信度

　　1. 折半信度：如果將一份測驗分成兩半（前半、後半），或者奇數題、偶數題，再求兩者之間的積差相關，便可得到折半信度，又為了要區別底下將介紹的校正折半信度，所以，有時候將折半信度亦稱為未校正折半信度。折半信度誤差來源是內容抽樣造成的。折半信度公式如下（可參閱統計學積差相關章節的介紹）：

$$r_{XY} = \frac{\sum\limits_{n=1}^{N} X_n Y_n - \frac{1}{N}\sum\limits_{n=1}^{N} X_n \sum\limits_{n=1}^{N} Y_n}{\sqrt{\sum\limits_{n=1}^{N} X_n^2 - \frac{1}{N}(\sum\limits_{n=1}^{N} X_n)^2}\sqrt{\sum\limits_{n=1}^{N} Y_n^2 - \frac{1}{N}(\sum\limits_{n=1}^{N} Y_n)^2}} \tag{2-7}$$

折半信度係數應用時，有幾個基本假設：(1)X 變項的變異數等於 Y 變項的變異數，也就是變異數同質性的假設（即 $\sigma_X^2 = \sigma_Y^2$）；(2) 兩半測驗題目的難度一樣，例如，奇數題題目的難度與偶數題題目的難度一樣；(3) 題目間的相關係數值一樣；(4) 兩半測驗的功能一樣，都在測量相同的特質，例如，前半部測量語文能力，後半部也是測量語文能力。

折半信度有下列幾個限制：(1) 不適用於速度測驗，因為速度測驗主要在測量反應速度的快慢，而折半信度主要在探討答對答錯解決問題的能力；(2) 折半測驗通常不夠平行，也就是不夠複本，只是事後折半，題目並未一開始就第 1 題對照第 26 題，第 2 題對照第 27 題，依此次序編製而成的；(3) 不能反應時間取樣的穩定性，因為只測一次，並沒有所謂不同時間下的施測結果，也就沒有異時的比較。注意：複本測驗又稱平行測驗（parallel test），意思是二份內容、形式、題數、難度相類似但題目不同的測驗，這裡不夠平行泛指類似程度不高。

2. 校正的折半信度： 校正折半信度有斯布、佛氏、盧氏信度。誤差來源跟未校正折半信度一樣，來自於內容抽樣（試題抽樣）所造成的測量誤差。

(1) 斯布（Spearman-Brown, 1910）校正信度

$$\text{斯布 } r_{XX'} = \frac{g\, r_{OE}}{1 + (g-1)\, r_{OE}} \tag{2-8}$$

這裡，r_{OE} = 奇數題、偶數題測驗分數的積差相關。其實，$r_{OE} = r_{XY}$，

當你把奇數題定義爲 O 變項、偶數題定義爲 E 變項，那兩者的積差相關就是 r_{OE}，當你把奇數題定義爲 X 變項、偶數題定義爲 Y 變項，那兩者的積差相關就是 r_{XY}；g 是測驗增長或縮短的倍數，當我們把 20 題增長爲 60 題，則 $g = 3$，斯布 $r_{XX'} = \dfrac{3\,r_{OE}}{1 + 2\,r_{OE}}$；當我們把 40 題縮短爲 10 題，則 $g = 0.25$，這時斯布 $r_{XX'} = \dfrac{0.25\,r_{OE}}{1 - 0.75\,r_{OE}}$；實務上，我們最常使用的方法是把一份測驗分成兩半，則 $g = 2$，因爲測驗 50 題，O 變項 25 題，E 變項也是 25 題，根據這 25 題我們求算 r_{OE}，現在要求算這份測驗的信度，這份測驗是 50 題，所以，從 25 題增長爲 50 題，當然 $g = 2$，因此，斯布 $r_{XX'} = \dfrac{2\,r_{OE}}{1 + r_{OE}}$。最後要強調的是，使用斯布校正法來估計折半信度係數時，最重要的假設是變異數同質性，也就是兩變項的變異數要相等（$S_O^2 = S_E^2$），如果違反變異數同質性的假設，將導致信度係數高估。

(2) 佛氏（Flanagan, 1937）校正信度

$$佛氏\ r_{XX'} = 2\left(1 - \frac{S_O^2 + S_E^2}{S_T^2}\right) \tag{2-9}$$

這裡，S_T^2 = 測驗總分的變異數，S_O^2 = 奇數題分數的變異數（或 X 變項的變異數），S_E^2 = 偶數題分數的變異數（或 Y 變項的變異數），佛氏公式最特別的是並不假設兩變項的變異數要相等。

(3) 盧氏（Rulon, 1939）校正信度

$$盧氏\ r_{XX'} = 1 - \frac{S_d^2}{S_T^2} \tag{2-10}$$

這裡，S_T^2 = 測驗總分的變異數，S_d^2 = 兩半測驗分數之差的變異數 = 誤差分數的變異數，$\dfrac{S_d^2}{S_T^2}$ = 誤差變異比率。盧氏將兩半測驗分數之差視爲

誤差，並求此誤差的變異數 S_d^2 以及誤差變異所占比率 $\dfrac{S_d^2}{S_T^2}$，再以 1 減去這個誤差比率，得到盧氏信度。盧氏信度值常低於斯布校正信度值，但當上述未校正折半信度係數四項基本假設都獲得滿足時，兩種算法結果幾乎一致。

(二)KR 信度（庫李信度）

1. 庫李 20（Kuder-Richardson formula 20, KR20）

Kuder-Richardson（1937）提出的 KR20 方法，適用於二元計分（dichotomously scoring）題目，二元計分就是答對或答錯題型（例如，是非題，答對給 1 分，答錯給 0 分）。KR20 是 Cronbach α 係數的一個特例，也就是當題目是二元計分型時，Cronbach α 與 KR20 計算出來的結果是相等的。

$$KR20 = \frac{I}{(I-1)}\left[1-\frac{\sum_{i=1}^{I}p_i q_i}{S_T^2}\right] \qquad (2\text{-}11)$$

這裡，p_i ＝ 題目 i 答對的比率，i = 1, 2, ... , I，題目總共有 I 題，q_i ＝ 題目 i 答錯的比率 ＝ $1 - p_i$，$p_i q_i$ ＝ 二元計分變異數（類似點二項分配的變異數 pq），S_T^2 ＝ 測驗總分的變異數。

2. 庫李 21（Kuder-Richardson formula 21, KR21）

$$KR21 = \frac{I}{(I-1)}\left[1-\frac{\overline{X}(I-\overline{X})}{I \times S_T^2}\right] \qquad (2\text{-}12)$$

這裡，$\overline{X} = \dfrac{\sum_{n=1}^{N}X_n}{N}$ ＝ 總分的平均數，S_T^2 ＝ 總分的變異數，題目總共有 I 題。

　　通常 KR20 大於 KR21，但當每道題目的難度都一樣時，KR20 ＝ KR21。KR21 只要知道總分的平均數、變異數即可估算，計算簡易，不像 KR20 還要計算每道題目的變異數 $p_i q_i$。庫李信度的誤差來源是內容抽樣（試題抽樣）與內容異質性所造成的測量誤差。

　　KR 信度方法有幾個基本假設 (1) 組成該測驗的所有題目彼此間存在著高正相關，換言之，就是所有題目在測量同一個特質；(2) 適用於對或錯的二元計分方式；(3) 不適用於速度測驗。

例題 2-6

　　已知資料如下（5 名學生，回答 4 道題目），若以奇偶題折半，試求 (a) 折半信度 (b) 斯布信度 (c) 佛氏信度 (d) 盧氏信度 (e)KR20 (f)KR21？

學生	第 1 題	第 2 題	第 3 題	第 4 題
A	1	1	1	1
B	1	0	1	1
C	1	0	1	0
D	0	0	1	0
E	0	0	0	0

解：

　　先算奇數題得分（令為 X 或令為 O）以及偶數題得分（令為 Y 或令為 E），以 B 學生為例，第 1 題、第 3 題皆答對，X 得分 2 分，第 2 題答錯、第 4 題答對，Y 得分 1 分，餘依此類推。

學生	第 1 題	第 2 題	第 3 題	第 4 題	奇數題得分 X	偶數題得分 Y
A	1	1	1	1	2	2
B	1	0	1	1	2	1
C	1	0	1	0	2	0
D	0	0	1	0	1	0
E	0	0	0	0	0	0

(a) 折半信度在求 X、Y 的積差相關係數，所以，

$$折半信度 = r_{XY} = r_{OE} = \frac{\sum_{n=1}^{N} X_n Y_n - \frac{1}{N}\sum_{n=1}^{N} X_n \sum_{n=1}^{N} Y_n}{\sqrt{\sum_{n=1}^{N} X_n^2 - \frac{1}{N}(\sum_{n=1}^{N} X_n)^2}\sqrt{\sum_{n=1}^{N} Y_n^2 - \frac{1}{N}(\sum_{n=1}^{N} Y_n)^2}}$$

$$= \frac{6 - \frac{1}{5}(7 \times 3)}{\sqrt{13 - \frac{1}{5}(7)^2}\sqrt{5 - \frac{1}{5}(3)^2}} = \frac{\frac{9}{5}}{\sqrt{\frac{16}{5}}\sqrt{\frac{16}{5}}} = 0.5625 ，$$

這裡，$N=5$，$\sum_{n=1}^{N} X_n Y_n = (2 \times 2) + (2 \times 1) + (2 \times 0) + (1 \times 0) + (0 \times 0) = 6$，

$\sum_{n=1}^{N} X_n = (2+2+2+1+0) = 7$，$\sum_{n=1}^{N} Y_n = (2+1+0+0+0) = 3$，$\sum_{n=1}^{N} X_n \sum_{n=1}^{N} Y_n = 21$，

$\sum_{n=1}^{N} X_n^2 = (2^2 + 2^2 + 2^2 + 1^2 + 0^2) = 13$，$\sum_{n=1}^{N} Y_n^2 = (2^2 + 1^2 + 0^2 + 0^2 + 0^2) = 5$。

如果以 R 程式進行折半信度 r、斯布信度 SBr 之計算，則其程式如下（請先參閱本書後面**附錄說明**，R 軟體下載與安裝操作說明）：

```
odd<-c(2,2,2,1,0)
even<-c(2,1,0,0,0)
r<-cor(odd,even)
r
SBr<-(2*r)/(1+r)
SBr
```

(b) 斯布信度 $r_{XX'} = \frac{g\, r_{OE}}{1 + (g-1)r_{OE}} = \frac{2 \times 0.5625}{1 + (2-1) \times 0.5625} = 0.72$。

(c) 佛氏信度：

求佛氏信度除了要算奇數題分數（令為 X 或令為 O）、偶數題分數（令為 Y 或令為 E），還要算出總分 T（即每位學生這 4 題的總得分）。

學生	奇數題得分 X	偶數題得分 Y	總分 T
A	2	2	4
B	2	1	3
C	2	0	2
D	1	0	1
E	0	0	0

所以，佛氏信度 $r_{XX'} = 2\left(1 - \dfrac{S_O^2 + S_E^2}{S_T^2}\right) = 2\left(1 - \dfrac{0.64 + 0.64}{2}\right) = 0.72$，這

裡，$N = 5 = $ 學生總人數，$S_O^2 = S_X^2 = \dfrac{\sum\limits_{n=1}^{N} X_n^2 - \dfrac{1}{N}(\sum\limits_{n=1}^{N} X_n)^2}{N} = \dfrac{13 - \dfrac{1}{5}(7)^2}{5} = 0.64$，

$\sum\limits_{n=1}^{N} X_n^2 = (2^2 + 2^2 + 2^2 + 1^2 + 0^2) = 13$，$\sum\limits_{n=1}^{N} X_n = (2 + 2 + 2 + 1 + 0) = 7$

$S_E^2 = S_Y^2 = \dfrac{\sum\limits_{n=1}^{N} Y_n^2 - \dfrac{1}{N}(\sum\limits_{n=1}^{N} Y_n)^2}{N} = \dfrac{5 - \dfrac{1}{5}(3)^2}{5} = 0.64$

$\sum\limits_{n=1}^{N} Y_n^2 = (2^2 + 1^2 + 0^2 + 0^2 + 0^2) = 5$，$\sum\limits_{n=1}^{N} Y_n = (2 + 1 + 0 + 0 + 0) = 3$

$S_T^2 = \dfrac{\sum\limits_{n=1}^{N} T_n^2 - \dfrac{1}{N}(\sum\limits_{n=1}^{N} T_n)^2}{N} = \dfrac{30 - \dfrac{1}{5}(10)^2}{5} = 2$，$\sum\limits_{n=1}^{N} T_n^2 = (4^2 + 3^2 + 2^2 + 1^2 + 0^2) = 30$

$\sum\limits_{n=1}^{N} T_n = (4 + 3 + 2 + 1 + 0) = 10$。

佛氏信度公式並不假設變項的變異數要相等，但這題正巧奇數題變異數與偶數題變異數相等（都是 0.64），所以，佛氏信度計算結果與斯布校正信度是一樣的（都是 0.72）。

R 程式

```
本例資料少，可以下列程式執行
x1<-c(2,2,2,1,0)
x2<-c(2,1,0,0,0)
x12<-x1+x2
N=5
V1<-var(x1)*(N-1)/N
V2<-var(x2)*(N-1)/N
V12<-var(x12)*(N-1)/N
Flanagan<-2*(1-(V1+V2)/V12)
Flanagan

如果資料較多時，則可以apply函式來執行
x<-matrix(c(2,2,2,1,0,2,1,0,0,0),ncol=2)
x
T<-apply(x,1,function(x) sum(x))
T
VT<-var(T)*(N-1)/N
T4<-apply(x,2,function(x) var(x))
T4
VT4<-sum(T4)*(N-1)/N
Flanagan<-2*(1-VT4/VT)
Flanagan
# 使用apply函式時，1 sum(x)表示每列加起來，1指的是列。
# 使用apply函式時，2 var(x)表示每行求算變異數，2指的是行。
```

注意：因為 R 在計算 var 時，分母是 N-1，但這裡變異數公式分母是 N，所以，以 $(N-1)/N$ 還原，請參閱本書後面附錄說明 2-b。當然變異數分母也可以 N-1 計算，那就不用還原。注意：要每個變異數的分母都以 N-1 計算才可以。例如，

$$S_O^2 = S_X^2 = \frac{\sum_{n=1}^{N} X_n^2 - \frac{1}{N}(\sum_{n=1}^{N} X_n)^2}{N-1} \text{、} S_E^2 = S_Y^2 = \frac{\sum_{n=1}^{N} Y_n^2 - \frac{1}{N}(\sum_{n=1}^{N} Y_n)^2}{N-1} \text{、}$$

$$S_T^2 = \frac{\sum_{n=1}^{N} T_n^2 - \frac{1}{N}(\sum_{n=1}^{N} T_n)^2}{N-1} \text{，依此類推。至於變異數分母要採用 } N-1$$

還 $N-1$ 還是 N？原則上，如果要推論到母體，則採用 $N-1$ 來求算（因為推論要用不偏估計式，亦參閱公式 (2-5)）。例如，這裡 5 位學生只是從某個母體抽樣來的，我現在要推論母體的信度，則採 $N-1$ 計算。

(d) 盧氏信度：

求盧氏信度除了要算奇數題分數、偶數題分數以及總分外，還要算出奇數題分數減偶數題分數的差異值 d，以 C 學生為例，奇數題得分 2 分、偶數題得分 0 分，所以，$d = X - Y = 2 - 0 = 2$，餘依此類推。

學生	奇數題得分 X	偶數題得分 Y	總分 T	$d = X - Y$
A	2	2	4	0
B	2	1	3	1
C	2	0	2	2
D	1	0	1	1
E	0	0	0	0

這裡，$N = 5 =$ 學生總人數，如果變異數的分母以 N 求算，則

$$S_d^2 = \frac{\sum_{n=1}^{N} d_n^2 - \frac{1}{N}(\sum_{n=1}^{N} d_n)^2}{N} = \frac{6 - \frac{1}{5}(4)^2}{5} = 0.56 \text{，} \sum_{n=1}^{N} d_n^2 = (0^2 + 1^2 + 2^2 + 1^2 + 0^2) = 6 \text{，}$$

$$\sum_{n=1}^{N} d_n = (0 + 1 + 2 + 1 + 0) = 4 \text{，} S_T^2 = 2 \text{，盧氏信度} r_{XX'} = 1 - \frac{S_d^2}{S_T^2} = 1 - \frac{0.56}{2} = 0.72 \text{。}$$

如果變異數的分母以 $N-1$ 求算，則

$$S_d^2 = \frac{\sum_{n=1}^{N} d_n^2 - \frac{1}{N}(\sum_{n=1}^{N} d_n)^2}{N-1} = \frac{6 - \frac{1}{5}(4)^2}{4} = 0.7 \text{，}$$

$$S_T^2 = \frac{\sum_{n=1}^{N} T_n^2 - \frac{1}{N}(\sum_{n=1}^{N} T_n)^2}{N-1} = \frac{30 - \frac{1}{5}(10)^2}{4} = 2.5$$

盧氏信度 $r_{XX'} = 1 - \dfrac{S_d^2}{S_T^2} = 1 - \dfrac{0.7}{2.5} = 0.72$，這裡分子分母同時考慮 N-1，

所以計算結果跟上述結果一樣。

R 程式

```
#1盧氏信度
x1<-c(2,2,2,1,0)
x2<-c(2,1,0,0,0)
x12<-x1+x2
x22<- x1-x2
N=5
VT1<-var(x12)*(N-1)/N
VT2<-var(x22)*(N-1)/N
Rulon<-(1-VT2/VT1)
Rulon

#2盧氏信度
x1<-c(2,2,2,1,0)
x2<-c(2,1,0,0,0)
x12<-x1+x2
x22<- x1-x2
N=5
VT1<-var(x12)
VT2<-var(x22)
Rulon<-(1-VT2/VT1)
Rulon
```

注意：#1 盧氏信度，變異數分母 N，所以，以 (N-1)/N 還原。#2 盧氏信度，變異數分母 (N-1)，不需還原。

(e) KR20 信度：

求 KR20 信度時，要先算每個題目的答對率 p_i、答錯率 q_i，再計算 $p_i q_i$ 以及總分 T，如下表所列。

學生	第 1 題	第 2 題	第 3 題	第 4 題	總得分 T
A	1	1	1	1	4
B	1	0	1	1	3
C	1	0	1	0	2
D	0	0	1	0	1
E	0	0	0	0	0
p_i	3/5	1/5	4/5	2/5	
q_i	2/5	4/5	1/5	3/5	
p_iq_i	6/25	4/25	4/25	6/25	

這裡，I = 題數 = 4，第 1 題答對率 p_1 = 3/5（5 個人中有 3 個人答對）、第 1 題的答錯率 q_1 = 2/5（5 個人中有 2 個人答錯）。第 2 題的答對率 p_2 = 1/5、答錯率 q_2 = 4/5，其餘依此類推。

第 1 題的變異數 = $p_1q_1 = \dfrac{3}{5} \times \dfrac{2}{5} = \dfrac{6}{25}$，第 2 題的變異數 = $p_2q_2 = \dfrac{1}{5} \times \dfrac{4}{5} = \dfrac{4}{25}$，

第 3 題的變異數 = $p_3q_3 = \dfrac{4}{5} \times \dfrac{1}{5} = \dfrac{4}{25}$，第 4 題的變異數 = $p_4q_4 = \dfrac{2}{5} \times \dfrac{3}{5} = \dfrac{6}{25}$，

所以，這 4 題的變異數和 = $\displaystyle\sum_{i=1}^{4} p_iq_i = \dfrac{6}{25} + \dfrac{4}{25} + \dfrac{4}{25} + \dfrac{6}{25} = \dfrac{20}{25} = 0.8$。如果總

分變異數的分母以 N 求算，$S_T^2 = 2$，$\text{KR20} = \dfrac{I}{(I-1)}\left[1 - \dfrac{\displaystyle\sum_{i=1}^{I} p_iq_i}{S_T^2}\right] = \dfrac{4}{(4-1)}$

$\left[1 - \dfrac{0.8}{2}\right] = 0.8$。如果總分變異數的分母以 N-1 求算，則 $S_T^2 = 2.5$，

$$\text{KR20} = \dfrac{I}{(I-1)}\left[1 - \dfrac{\displaystyle\sum_{i=1}^{I} p_iq_i}{S_T^2}\right] = \dfrac{4}{(4-1)}\left[1 - \dfrac{0.8}{2.5}\right] = 0.906。$$

R 程式

```
# 有套件kr20(x)可供使用（此套件變異數分母以N-1求算）
install.packages("validateR")
library(validateR)
x<-data.frame(x1=c(1,1,1,0,0),
              x2=c(1,0,0,0,0),
              x3=c(1,1,1,1,0),
              x4=c(1,1,0,0,0))
kr20(x)
```

(f)KR21 信度：

只要算出每個學生的總分 T 及平均分數即可

學生	第 1 題	第 2 題	第 3 題	第 4 題	總分 T
A	1	1	1	1	4
B	1	0	1	1	3
C	1	0	1	0	2
D	0	0	1	0	1
E	0	0	0	0	0

這裡，I = 題數 = 4，$\overline{X} = \dfrac{(4+3+2+1+0)}{5} = 2$，如果變異數的分母以 N

求算，$S_T^2 = 2$，則 $KR21 = \dfrac{I}{(I-1)}\left[1 - \dfrac{\overline{X}(I-\overline{X})}{I \times S_T^2}\right] = \dfrac{4}{(4-1)}\left[1 - \dfrac{2(4-2)}{4 \times 2}\right] = 0.667$；

如果變異數的分母以 N-1 求算，$S_T^2 = 2.5$，則 $KR21 = \dfrac{I}{(I-1)}\left[1 - \dfrac{\overline{X}(I-\overline{X})}{I \times S_T^2}\right]$

$= \dfrac{4}{(4-1)}\left[1 - \dfrac{2(4-2)}{4 \times 2.5}\right] = 0.8$。通常 KR20 大於 KR21，以這題來看，符合

這個情況：當變異數的分母考慮 N 時，KR20 信度 0.8 大於 KR21 信度 0.667，當變異數 的分母考慮 N-1 時，KR20 信度 0.906 仍然大於 KR21 信度 0.8。

(三)Cronbach α **信度**

Cronbach（1951）提出的 α 信度方法，適用於多元計分情形，例如，計算題，考生全部答錯給 0 分，部分答對給 1 分，全部答對給 2 分，這種稱爲三元計分型式，也可以應用在李克特氏態度五點量表（五元計分型式）上。Cronbach 提出的 α 信度計算公式如下：

$$\alpha = \frac{I}{(I-1)}\left[1 - \frac{\sum\limits_{i=1}^{I} S_i^2}{S_T^2}\right] \tag{2-13}$$

這裡，I = 題數，S_i^2 = 試題 i 的變異數，S_T^2 = 測驗總分的變異數。

Cronbach α 信度係數有下列幾項特色：(1) 組成該測驗的所有題目在測量同一個特質；(2) 適用於多元計分型式，二元計分型式只是它的特例；(3) 不適用於速度測驗；(4) 當試題是二元計分型式且測驗題目的變異數同質時，Cronbach α 與 KR20 信度係數，兩者信度係數是相同的，且接近於校正的折半信度所估計出來的數值；(5) 但當變異數異質時，Cronbach α 與 KR20 信度係數就會低於校正的折半信度，Cronbach α 與 KR20 被稱爲信度係數的下限值；(6)Cronbach α 信度係數約等於所有校正的折半信度係數值的平均（Kaplan & Saccuzzo, 1993）。Cronbach α 信度係數的誤差來源是內容抽樣（試題抽樣）與內容異質性所造成的測量誤差。

例題 2-7

已知某問卷五點量表作答如下，試求 Cronbach α 係數？

學生	第 1 題	第 2 題	第 3 題	第 4 題
A	4	5	3	5
B	3	4	4	4
C	1	2	1	1
D	5	4	5	5
E	3	3	2	2
F	2	3	3	4

解：

先計算每道題目的總分、每個人的得分。

學 生	第 1 題	第 2 題	第 3 題	第 4 題	每個人得分
A	4	5	3	5	17
B	3	4	4	4	15
C	1	2	1	1	5
D	5	4	5	5	19
E	3	3	2	2	10
F	2	3	3	4	12
總分	18	21	18	21	

$$\text{Cronbach } \alpha \text{ 信度係數} = \frac{4}{(4-1)}\left[1 - \frac{(2+1.1+2+2.7)}{26}\right] = 0.933,$$

這裡，$N = 6 = $ 人數，$I = 4 = $ 題數。這裡只列出變異數的分母考慮 N-1 時的情況：

第 1 題總分 $= 4 + 3 + 1 + 5 + 3 + 2 = 18$，第 2 題總分 $= 5 + 4 + 2 + 4 + 3 + 3 = 21$，

第 3 題總分 $= 3 + 4 + 1 + 5 + 2 + 3 = 18$，第 4 題總分 $= 5 + 4 + 1 + 5 + 2 + 4 = 21$，

學生 A 的總分 $= 4 + 5 + 3 + 5 = 17$，學生 B 的總分 $= 3 + 4 + 4 + 4 = 15$，…，

學生 F 的總分 $= 2 + 3 + 3 + 4 = 12$。

第 1 題每個分數的平方和 $= 4^2 + 3^2 + 1^2 + 5^2 + 3^2 + 2^2 = 64$，

第 2 題每個分數的平方和 $= 5^2 + 4^2 + 2^2 + 4^2 + 3^2 + 3^2 = 79$，

第 3 題每個分數的平方和 $= 3^2 + 4^2 + 1^2 + 5^2 + 2^2 + 3^2 = 64$，

第 4 題每個分數的平方和 $= 5^2 + 4^2 + 1^2 + 5^2 + 2^2 + 4^2 = 87$，

第 1 題變異數 $S_1^2 = \dfrac{\sum\limits_{n=1}^{N} T_{1n}^2 - \dfrac{1}{N}(\sum\limits_{n=1}^{N} T_{1n})^2}{N-1} = \dfrac{64 - \dfrac{1}{6}(18)^2}{5} = 2$，

第 2 題變異數 $S_2^2 = \dfrac{\sum\limits_{n=1}^{N} T_{2n}^2 - \dfrac{1}{N}(\sum\limits_{n=1}^{N} T_{2n})^2}{N-1} = \dfrac{79 - \dfrac{1}{6}(21)^2}{5} = 1.1$，

第 3 題變異數 $S_3^2 = \dfrac{\sum\limits_{n=1}^{N} T_{3n}^2 - \dfrac{1}{N}(\sum\limits_{n=1}^{N} T_{3n})^2}{N-1} = \dfrac{64 - \dfrac{1}{6}(18)^2}{5} = 2$，

第 4 題變異數 $S_4^2 = \dfrac{\sum\limits_{n=1}^{N} T_{4n}^2 - \dfrac{1}{N}(\sum\limits_{n=1}^{N} T_{4n})^2}{N-1} = \dfrac{87 - \dfrac{1}{6}(21)^2}{5} = 2.7$，

測驗總分變異數 $S_T^2 = \dfrac{\sum\limits_{n=1}^{N} T_n^2 - \dfrac{1}{N}(\sum\limits_{n=1}^{N} T_n)^2}{N-1} = \dfrac{1144 - \dfrac{1}{6}(78)^2}{5} = 26$，

這裡，每個人得分的平方和 $= 17^2 + 15^2 + 5^2 + 19^2 + 10^2 + 12^2 = 1144$，

所有考生得分總和 $= 17 + 15 + 5 + 19 + 10 + 12 = 78$。

R 程式

```
#1 以data.frame方式分析
install.packages("psych")
library(psych)
data1<-data.frame(x1=c(4,3,1,5,3,2),
                  x2=c(5,4,2,4,3,3),
                  x3=c(3,4,1,5,2,3),
                  x4=c(5,4,1,5,2,4))
data1
attach(data1)
alpha(data1,check.keys=TRUE)
```

#2 以讀取資料方式分析
```
install.packages("psych")
library(psych)
data1<-read.csv(file="d:/0207.csv", header=T)
data1
attach(data1)
alpha(data1,check.keys=TRUE)
```

0207.csv是存在作者d槽檔名0207下的Excel資料，Excel資料key in格式如下：

	A	B	C	D	E
1	x1	x2	x3	x4	
2	4	5	3	5	
3	3	4	4	4	
4	1	2	1	1	
5	5	4	5	5	
6	3	3	2	2	
7	2	3	3	4	
8					

例題 2-8

假設有一測驗是由 4 道題目所組成的，各題的平均數、標準差與變異數，以及折半之後的各種數據分別呈現於表中，如果 H_1 與 H_2 之間的相關為 0.9514，請根據這些數據回答下列問題（高考）：

(一) 請計算經過 Spearman-Brown 校正後的折半信度係數？

(二) 當用 Spearman-Brown 法來估計折半信度係數時有一個重要的假設，請說明該假設為何？

(三) 請計算 Rulon 折半信度係數？

(四) 請計算 alpha 係數？並簡述其特色。

(五) 一般的教科書都提到 alpha 係數的值等於所有可能的折半係數的平均數，這裡所說的折半係數是指用 Spearman-Brown 校正得到的信度係數或是用 Rulon 方法所計算得到的？

某份測驗資料各種折半法之基本統計表

變項	μ	σ	σ^2
各題目			
I_1	3.00	1.33	1.76
I_2	4.00	1.10	1.20
I_3	3.40	1.36	1.84
I_4	3.80	1.47	2.16
各種折半測驗			
$H_1(I_1 + I_2)$	7.20	2.40	5.76
$H_2(I_3 + I_4)$	7.20	2.71	7.36
Total	14.40	5.00	25.04
三種折半法之差異分數			
$D(H_1 - H_2)$	0.00	1.10	1.20

解：

先寫出我們熟悉的樣貌，這裡 $\mu = \overline{X} = $ 平均數，$\sigma^2 = S^2 = $ 變異數，I_1 是第 1 題，…，I_4 是第 4 題，測驗總共有 4 題，折半測驗 H_1 是每位考生第 1 題跟第 2 題得分相加，H_2 是每位考生第 3 題跟第 4 題得分相加，D 是每位考生 H_1 分數跟 H_2 分數相減。

學生	I_1	I_2	I_3	I_4	H_1	H_2	D	Total
A	.	.	.	.	.	.		.
B	:	:	:	:	:	:		:
:	:	:	:	:	:	:		:
:	:	:	:	:	:	:		:
平均數（μ）	3.00	4.00	3.40	3.80	7.20	7.20	0.00	14.40
變異數（σ^2）	1.76	1.20	1.84	2.16	5.76	7.36	1.20	25.04

（一）Spearman-Brown 校正折半信度係數　$r_{xx'} = \dfrac{g\, r_{H_1 H_2}}{1 + (g-1)\, r_{H_1 H_2}}$

$= \dfrac{2 \times 0.9514}{1 + (2-1) \times 0.9514} = 0.9751$。

（二）使用斯布校正法來估計折半信度係數時，最重要的假設是變異數同質性，也就是兩變項的變異數要相等，如果違反變異數同質性的假設，將導致信度係數高估。

（三）Rulon 折半信度係數 $r_{xx'} = 1 - \dfrac{S_d^2}{S_T^2} = 1 - \dfrac{1.2}{25.04} = 0.952$。

（四）$\alpha = \dfrac{I}{(I-1)} \left[1 - \dfrac{\sum\limits_{i=1}^{I} S_i^2}{S_T^2} \right] = \dfrac{4}{(4-1)} \left[1 - \dfrac{1.76 + 1.20 + 1.84 + 2.16}{25.04} \right] = 0.962$。

Cronbach α 信度係數有下列幾項特色：(1) 組成該測驗的所有題目在測量同一個特質；(2) 適用於多元計分型式，二元計分型式只是它的特例；(3) 不適用於速度測驗；(4) 當試題是二元計分型式且測驗題目的變異數同質時，Cronbach α 與 KR20 信度係數，兩者信度係數是相同的，且接近於校正的折半信度所估計出來的數值；(5) 但當變異數異質時，Cronbach α 與 KR20 信度係數就會低於校正的折半信度，因此，Cronbach α 與 KR20 被稱為信度係數的下限值；(6)Cronbach α 信度係數約等於所有校正的折半信度係數值的平均（Kaplan & Saccuzzo, 1993）。

（五）這裡折半係數是指用 Spearman-Brown（S-B）校正得到的信度係數。因為 S-B 信度值是 0.9751，Rulon 信度值是 0.952，在 α 是信度係數的下限值（意思是沒有比 $\alpha = 0.962$ 更小的），所以是指 S-B 值，再者，α 信度係數約等於校正的折半信度係數值的平均，意思是：

$(0.9751 + 0.952)/2 = 0.9635 \approx 0.962$。

四、Hoyt 信度

　　Hoyt（1941）從變異數分析觀點，將觀察分數的變異分為三部分：受試者間的變異、題目間的變異、誤差變異。事實上，Hoyt 信度係數公式是從相依樣本單因子變異數分析延伸來的，原本相依樣本單因子變異數分析是在檢定實驗處理效果（實驗處理效果在這裡指的是題目效果），所以 F 檢定公式就是把實驗處理的變異除以誤差的變異（即 $F = \dfrac{MS_{處理}}{MS_{誤差}}$，這裡 MS 是 Mean Square 的縮寫），但 Hoyt 則把誤差變異除以受試者變異（即 $\dfrac{MS_{誤差}}{MS_{受試者}}$）得到誤差所占的比率，再以 $(1 - \dfrac{MS_{誤差}}{MS_{受試者}})$ 來表示信度，其實這觀念等同於本章介紹測量標準誤時用 $(1 - \dfrac{S_e^2}{S_X^2})$ 來表示信度是一樣的概念。Hoyt 信度公式如下：

$$r_H = 1 - \frac{MS_{誤差}}{MS_{受試者}} \tag{2-14}$$

這裡，$MS_{誤差}$ = 誤差均方，$MS_{受試者}$ = 受試者均方，MS 就是變異數的概念，從 $\dfrac{MS_{誤差}}{MS_{受試者}}$ 對應 $\dfrac{S_e^2}{S_X^2}$ 來解讀，就可以理解 MS 也是變異數的意義。

　　Hoyt 信度，在多元計分型式下，其計算結果會與 Cronbach α 信度一致，而在二元計分型式下，其計算結果則與 KR20 信度一致。Hoyt 信度的誤差來源是內容抽樣（試題抽樣）與內容異質性所造成的測量誤差。Hoyt 信度不適用於速度測驗。

例題 2-9

　　再以例題 2-7 為例（6 位受測者作答 4 道題目），試求 Hoyt 信度。

學生	第 1 題	第 2 題	第 3 題	第 4 題
A	4	5	3	5
B	3	4	4	4
C	1	2	1	1
D	5	4	5	5
E	3	3	2	2
F	2	3	3	4

解：

以相依樣本單因子變異數分析來求算，結果如下：

變異來源	SS	df	MS
受試者間	32.5	5	6.5（ = 32.5/5）
題目（實驗處理）	1.5	3	0.5（ = 1.5/3）
誤 差	6.5	15	0.433（ = 6.5/15 ）
總 和	40.5	23	

$$\text{Hoyt 信度 } r_H = 1 - \frac{MS_{誤差}}{MS_{受試者}} = 1 - \frac{0.433}{6.5} = 0.933 \text{。}$$

讀者不難發現，Hoyt 信度等於 Cronbach α 信度。

R 程式

```
x<-data.frame(x1=c(1,1,1,1,2,2,2,2,3,3,3,3,4,4,4,4,5,5,5,5,6,6,6,6),
              x2=c(1,2,3,4,1,2,3,4,1,2,3,4,1,2,3,4,1,2,3,4,1,2,3,4),
              x3=c(4,5,3,5,3,4,4,4,1,2,1,1,5,4,5,5,3,3,2,2,2,3,3,4))
x
x<-aov(x3~factor(x1)+factor(x2),data=x)
summary(x)

#用aov指令進行變異數分析
```

五、評分者信度

　　評分者信度主要用於主觀測驗，例如，申論題、作文、口試、藝術作品、投射測驗等。因為每位評分者主觀認知、經驗不同，所以對受試者（或被評分者）評分時，評分者容易以自己主觀經驗作判斷，因此，必須考慮評分者評分的一致性，如果他們之間的評分結果愈一致，表示評分者信度愈高，反之，評分者間的評分結果愈不一致，表示其中所包含的評分者誤差就愈大。實務上，我們想知道評分者甲、評分者乙，兩位評分者他們評分的一致性情形，我們可以從他們評分的作品中（例如，作文）抽取一些樣本，然後根據他們各自評閱的分數給予排名（分數最高者第一名、次高者第二名……，當然同一個考生 A，有可能被甲乙兩位評分者評閱的名次相同，也有可能排名差距很大，例如，甲評分者評閱 A 排名第一，但乙評分者評閱 A 卻排名第五，當這些考生被甲乙兩位評分者評分後的排名越相同或越接近，評分者信度就會愈高。因為這是排序資料（順序量尺），並不是連續變項資料，不能用積差相關求算，而是以斯皮爾曼等級相關（Spearman rank correlation coefficient; Spearman, 1910）來求算評分者信度。

　　如果也是排序資料但有三位（含）以上評分者，則另以肯德爾和諧係數（coefficient of concordance; Kendall, 1970）求之。此外，亦將介紹艾肯的同質性係數（coefficient of homogeneity; Aiken, 1980, 1985）。從評分者間或評分者內的角度來看，斯皮爾曼等級相關係數與肯德爾和諧係數都是評分者間的評分者信度，而艾肯的同質性係數則是評分者內的評分者信度。評分者間與評分者內的評分者信度，這兩種的差異在：評分者內是就每一位被評分者，來探討這幾位評分者他們之間評分是否傾向一致，例如，學生 A 的作品，被四位評分者評分，這四位評分者對 A 作品評分的結果是否接近或一致，學生 B 的作品，被這四位評分者評分，評分結果是否接近或一致，依此類推。而評分者間的評分者信度則無針對每位被評分者探討不同評分者評分的結果接近性或一致性。上述這些評分者信度的誤差主要來源都是評分者差異造成的誤差。

(一) Spearman 等級相關係數

當評分者只有二位且資料是排序資料時，評分者信度以斯皮爾曼（Spearman, 1910）等級相關係數求之，公式如下：

$$\rho = 1 - \frac{6\sum_{n=1}^{N} D_n^2}{N(N^2-1)} \tag{2-15}$$

這裡，ρ = 評分者信度，D = 兩位評分者評定等第之差距值，n 是指被評分者，$n = 1,2,...,N$，被評人數總共有 N 人。

例題 2-10

某公司由甲乙主管針對 8 名員工的表現評分，試求評分者信度？

員工	甲主管	乙主管
王	87	91
張	91	95
李	88	92
吳	84	88
陳	94	94
林	81	86
鄭	82	89
蔡	70	80

解：

員工	甲評分	乙評分	甲排序	乙排序	D_n	D_n^2
王	87	91	4	4	0($D = 4 - 4$)	0
張	91	95	2	1	1($D = 2 - 1$)	1
李	88	92	3	3	0($D = 3 - 3$)	0
吳	84	88	5	6	−1($D = 5 - 6$)	1
陳	94	94	1	2	−1($D = 1 - 2$)	1
林	81	86	7	7	0($D = 7 - 7$)	0
鄭	82	89	6	5	1($D = 6 - 5$)	1
蔡	70	80	8	8	0($D = 8 - 8$)	0

斯皮爾曼等級相關係數 $\rho = 1 - \dfrac{6\sum\limits_{n=1}^{N} D_n^2}{N(N^2-1)} = 1 - \dfrac{6 \times 4}{8(8^2-1)} = 0.9523$，這

裡，$\sum\limits_{n=1}^{8} D_n^2 = 0+1+0+1+1+0+1+0 = 4$。$\rho = 0.9523$ 意思是這兩位評分者

所評的結果蠻接近的，如果這兩位評分者所評的結果完全一樣（即 $D_n =$

0，$\sum\limits_{n=1}^{8} D_n^2 = 0$），那麼 $\rho = 1$，因為 $\rho = 1 - \dfrac{6\sum\limits_{n=1}^{N} D_n^2}{N(N^2-1)} = 1 - \dfrac{6 \times 0}{N(N^2-1)} = 1$。

R 程式

```
A<-c(4,2,3,5,1,7,6,8)
B<-c(4,1,3,6,2,7,5,8)
cor.test(A,B,method="spearman")
```

(二)肯德爾和諧係數

　　若評分者三位（含）以上時，則以肯德爾（Kendall, 1970）和諧係數
來求評分者信度：

$$W = \dfrac{\sum\limits_{n=1}^{N} R_n^2 - \dfrac{(\sum\limits_{n=1}^{N} R_n)^2}{N}}{\dfrac{1}{12}K^2(N^3-N)} \qquad (2\text{-}16)$$

　　這裡，R_n = 第 n 位學生被所有評審評分的名次總和，$n = 1,2,...,N$，表
示被評分者總共有 N 人，K = 評分者總人數。

例題 2-11

假設有 5 位評審，負責對 4 位學生的作品評分，其分數如下，試求這五位評分者信度（即肯德爾和諧係數）。

評審	學生 A	學生 B	學生 C	學生 D
黃	87	90	82	91
李	80	81	84	83
陳	83	85	87	84
張	83	84	89	85
洪	85	87	81	86

解：

先就評分加以排名，評審黃先生給學生 A 打 87 分，給學生 B 打 90 分，給學生 C 打 82 分，給學生 D 打 91 分，所以排序第 1 名是學生 D，第 2 名是學生 B，第 3 名是學生 A，第 4 名是學生 C，其餘依此類推。排名結果如下所示：

評審	學生 A	學生 B	學生 C	學生 D
黃	3	2	4	1
李	4	3	1	2
陳	4	2	1	3
張	4	3	1	2
洪	3	1	4	2
R	18	11	11	10
R^2	324	121	121	100

這裡，$K = 5 =$ 評審有 5 人，$N = 4 =$ 被評分的學生人數有 4 人，

$$\text{肯德爾和諧係數 } W = \frac{\sum_{n=1}^{N} R_n^2 - \frac{(\sum_{n=1}^{N} R_n)^2}{N}}{\frac{1}{12} K^2 (N^3 - N)} = \frac{666 - \frac{50^2}{4}}{\frac{1}{12} 5^2 (4^3 - 4)} = 0.328 \text{,}$$

$R_1 = $ 學生 A 被所有評審評分排名的和 $= 3 + 4 + 4 + 4 + 3 = 18$，

$R_2 = $ 學生 B 被所有評審評分排名的和 $= 2 + 3 + 2 + 3 + 1 = 11$，

$R_3 = $ 學生 C 被所有評審評分排名的和 $= 4 + 1 + 1 + 1 + 4 = 11$，

$R_4 = $ 學生 D 被所有評審評分排名的和 $= 1 + 2 + 3 + 2 + 2 = 10$，

$\sum_{n=1}^{4} R_n = 18 + 11 + 11 + 10 = 50$，$\sum_{n=1}^{4} R_n^2 = 18^2 + 11^2 + 11^2 + 10^2 = 666$。

R 程式

```
install.packages("irr")
library(irr)
x<-data.frame(x1=c(3,2,4,1),
              x2=c(4,3,1,2),
              x3=c(4,2,1,3),
              x4=c(4,3,1,2),
              x5=c(3,1,4,2))
kendall(x, )
```

(三)艾肯同質性係數

　　除了探討不同評分者間他們評分的一致性外，我們也想知道當固定被評分者學生 A 時，這幾位評審對學生 A 的評分之間是否有著一致性的評斷？固定學生 B 時，這幾位評審評分是否有著一致性的評斷？這種適用於次序變項資料，且固定被評分者，來探討這些評審一致性（同質性）方法，稱為艾肯（Aiken, 1980, 1985）同質性係數：

$$H_n = 1 - \frac{4S_{\cdot n}}{(c-1)(K^2-m)} , \; S_{\cdot n} = \sum_{k'=1}^{K-1} \sum_{k=k'+1}^{K} \left| r_{kn} - r_{k'n} \right| \tag{2-17}$$

這裡，k 是指評分者（評審或老師），$k = 1,2,..., K$，表示評分者有 K 人，n 是指被評分者（學生或參賽者），$n = 1,2,..., N$，表示被評分者有 N 人，H_n = 被評分者 n 的同質性係數，r_{kn} = 評分者 k 在被評分者 n 上評定的名次，$S_{\cdot n}$ = 被評分者 n 被所有評分者評定的名次，經兩兩比較後的差距值之和，c = 評分名次最大數目（例如，評分結果從第一名排到第 4 名，則 $c = 4$），m 定義如下：

$$m = 虛擬變項 = \begin{cases} 1 , & 當 K 是奇數時 \\ 0 , & 當 K 是偶數時 \end{cases}$$

例題 2-12

	學生 A	學生 B	學生 C	學生 D	學生 E
甲評審	2	5	1	3	4
乙評審	2	4	1	3	5
丙評審	1	4	2	3	5
丁評審	1	4	2	5	3

假設有 4 位評審，每位評審都將評閱 5 位學生作品，作品評分名次從第一名到第五名，資料如上，試求同質性係數？

解：

首先，要算兩兩比較的差異值，以學生 A 作品為例，被所有評審評分的兩兩比較組合有（甲，乙）（甲，丙）（甲，丁）（乙，丙）（乙，丁）（丙，丁）6 組，被評的名次分別是（甲，乙）=（2,2），（甲，丙）=（2,1），（甲，丁）=（2,1），（乙，丙）=（2,1），（乙，丁）=（2,1），（丙，丁）=（1,1），所以，學生 A 作品兩兩比較後的差異值的和 S_A，其值如下：

$$S_{\cdot A} = \left| 2-2 \right| + \left| 2-1 \right| + \left| 2-1 \right| + \left| 2-1 \right| + \left| 2-1 \right| + \left| 1-1 \right| = 4 \text{,}$$

學生 B 作品，兩兩比較也是有上述那 6 組組合，被評的名次分別是（甲，乙）＝（5,4），（甲，丙）＝（5,4），（甲，丁）＝（5,4），（乙，丙）＝（4,4），（乙，丁）＝（4,4），（丙，丁）＝（4,4），所以，學生 B 作品兩兩比較後的差異值的和 $S_{\cdot B}$：

$$S_{\cdot B} = \left| 5-4 \right| + \left| 5-4 \right| + \left| 5-4 \right| + \left| 4-4 \right| + \left| 4-4 \right| + \left| 4-4 \right| = 3 \text{,}$$

同理，學生 C、D、E 作品也都有上述那 6 組組合，他們兩兩比較後的差異值的和，分別是：

$$S_{\cdot C} = \left| 1-1 \right| + \left| 1-2 \right| + \left| 1-2 \right| + \left| 1-2 \right| + \left| 1-2 \right| + \left| 2-2 \right| = 4 \text{,}$$

$$S_{\cdot D} = \left| 3-3 \right| + \left| 3-3 \right| + \left| 3-5 \right| + \left| 3-3 \right| + \left| 3-5 \right| + \left| 3-5 \right| = 6 \text{,}$$

$$S_{\cdot E} = \left| 4-5 \right| + \left| 4-5 \right| + \left| 4-3 \right| + \left| 5-5 \right| + \left| 5-3 \right| + \left| 5-3 \right| = 7 \text{,}$$

接著，計算每位學生作品的同質性係數：

$$H_A = 1 - \frac{4 S_{\cdot n}}{(c-1)(K^2 - m)} = 1 - \frac{4 \times 4}{(5-1)(4^2 - 0)} = 0.75 \text{,}$$

也就是對學生 A 作品的評分，這四位評審一致性（同質性）的程度為 0.75。這裡，$m = 0$（因為 $K = 4 =$ 偶數），$c = 5$（因為排到第五名）。同理，

$$H_B = 1 - \frac{4 \times 3}{(5-1)(4^2 - 0)} = 0.813 \text{,} \quad H_C = 1 - \frac{4 \times 4}{(5-1)(4^2 - 0)} = 0.75 \text{,}$$

$$H_D = 1 - \frac{4 \times 6}{(5-1)(4^2 - 0)} = 0.625 \text{,} \quad H_E = 1 - \frac{4 \times 7}{(5-1)(4^2 - 0)} = 0.563 \text{,}$$

結論：

這四位評分者對學生 B 的作品看法最一致、最同質（因為同質性係數最高 0.813），對學生 E 的作品看法最不一致、最不同質（因為同質性

係數最低 0.563）。

上述是每個學生作品被這四位評分者評分同質性的程度，如果我們想知道全部學生作品被所有評分者評定的同質性程度（即全部作品的同質性係數）時，則公式如下（余民寧，1993）：

$$\overline{H} = \frac{\sum_{n=1}^{N} H_n}{N} \qquad\qquad (2\text{-}18)$$

以這題為例，全部作品的同質性係數

$$\overline{H} = \frac{0.75 + 0.813 + 0.75 + 0.625 + 0.563}{5} = 0.70 \text{。}$$

一般而言，主觀測驗的信度係數較難有一致性的評斷標準，而且評分等級與評分分數也有可能產生極大的差異，例如，評審甲給學生 B 第一名 96 分、給學生 D 第二名 90 分，評審乙給學生 B 也是第一名但給分 80 分、給學生 D 也是第二名卻 72 分，這種情形，如果評審們評同等級情況蠻多的，那麼評分者信度、同質性係數就會蠻高的，但給分差異甚大，有的評 96 分、有的評 80 分，這無法從評分等級（第一名、第二名）看出其中的差異，名次沒有差異但分數差距極大。

至於，客觀測驗的信度係數，較容易有一致性的評斷標準，一般認為，至少須達到 0.8，但仍需考量樣本數大小、測驗計分型式、基本假設及限制（例如，偏記憶測驗就不適合用重測信度）以及所使用的信度統計方法。這裡列出信度指標評等，如表 2-2 所示。一份好的教育或心理測驗，信度要達到高於 0.8 以上的要求，才有使用意義及應用價值。

表 2-2　信度指標評等

信度指數	信度等級
0.9 以上	優
0.8~0.9	佳
0.7~0.8	可
0.7 以下	劣

例題 2-13

已知測驗評量誤差：時間取樣誤差 10%、內容抽樣誤差 10%、內容異質誤差 5%、評分者誤差 20%，若某成就測驗，有甲乙複本，先施測甲本，一個月後再測乙本，試求 (1) 複本信度？(2) 如果只施測甲本，請問折半信度爲何？(3)α 係數？(4) 某藝術作品評分，請問評分者信度爲何？

解：

(1) 先測甲本，一個月後再測乙本，這是異時複本信度（表 2-1），誤差來源是時間取樣與內容抽樣，所以，複本信度 = 1 − 0.1 − 0.1 = 0.8。

(2) 只測甲本 = 只測一次，折半信度的誤差來源是內容抽樣，所以，折半信度 = 1 − 0.1 = 0.9。

(3) α 係數誤差來源是內容抽樣、內容異質，所以，α 係數 = 1 − 0.1 − 0.05 = 0.85。

(4) 評分者信度誤差來源是評分者誤差，所以，評分者信度 = 1 − 0.2 = 0.8。

第三節　影響信度的因素

編製測驗或量表最重要考慮的因素之一就是信度高低，而影響信度高低的兩大重要因素：受測者與測驗題目。從受測者角度來看，以重測信度為例，在二次的施測中，假如為數眾多的受測者上次胡亂填答，那麼這些受測者根本記不起來或不知道他們上次填寫什麼答案，這次也是隨意填答，可想而知，這二次的一致性會很低，信度自然也低。從測驗題目角度來看，如果測驗題目題意說明不夠詳細或使用太多專業術語，也有可能造成受測者解讀錯誤，使得信度偏低。

如果再從受測者來看，可以進一步探討受測者的異質性程度，像是教育及生長環境的差異，或是個體特質上的不同，對信度的影響。再從測驗題目來看，也可以進一步探討測驗長度、題目難度、題目計分方式，對信度的影響。影響信度的因素，可約略歸納如下（余民寧，2011）：

一、測驗長度

測驗信度與測驗長度的關係是題數愈多（測驗長度越長），信度就愈高，但兩者並不是直線關係。如果測驗題數本來 10 題，信度 0.5，當題數增加變為 20 題、30 題、40 題、50 題時，信度為何？以斯布校正公式來求算

當題數變為 20 題時，增加 2 倍，斯布 $r_{xx'} = \dfrac{2 \times 0.5}{1 + (2-1) \times 0.5} = 0.67$，

當題數變為 30 題時，增加 3 倍，斯布 $r_{xx'} = \dfrac{3 \times 0.5}{1 + (3-1) \times 0.5} = 0.75$，

當題數變為 40 題時，增加 4 倍，斯布 $r_{xx'} = \dfrac{4 \times 0.5}{1 + (4-1) \times 0.5} = 0.80$，

同理，50 題時，斯布 $r_{xx'} = 0.83$。

如果把不同題數擺在橫軸，信度係數擺在縱軸，將上述計算出來的這些點連接起來會是一條微彎曲線（見圖 2-2）。

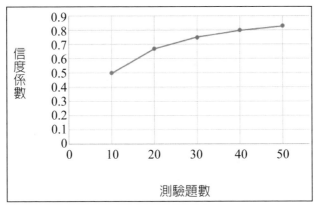

圖 2-2　測驗信度與測驗長度關係

二、受試者的異質性

　　受試者團體愈異質性（即分數差異大），信度係數會愈高。信度係數如果從積差相關來看，積差相關會計算到離均差問題，當分數差異大，求出來的積差相關值大，信度係數也就越大。例如，甲生 x 測驗考 78 分，y 測驗考 10 分，乙生 x 測驗考 80 分，y 測驗考 92 分，丙生 x 測驗考 80 分，y 測驗考 20 分，可計算出共變數是 20.4，積差相關 0.59。反之，當受試團體愈同質性（即分數差異小），積差相關值愈小，信度係數會愈小。例如，甲生 x 測驗考 80 分，y 測驗考 82 分，乙生 x 測驗考 78 分，y 測驗考 74 分，丙生 x 測驗考 80 分，y 測驗考 70 分，可計算出共變數是 0.89，積差相關 0.19。因此，同質性高的受試團體，其信度係數會低於異質性高的受試團體。常態編班測驗結果的信度係數通常會高於能力編班測驗結果的信度係數，因為能力編班表示這班學生能力差異小（大家能力差不多，所以，編在同一班），分數差異小，信度係數也會較小。結論：受測團體變異性越大，信度越高。

三、題目難度

試題難度與受試者異質性是一體的兩面，題目太難或太容易，考生的分數就會非常接近，信度係數也會較小。題目太難，多數人考低分（分數呈右偏態分布），分數多集中在低分，分數的差異性小，信度係數就小；題目太容易，多數人考高分（分數呈左偏態分布），分數多集中在高分，分數的差異性小，信度係數也小。選擇難易適中的題目（難度 0.5），分數比較會呈現常態分布，分數的差異性會較大，信度係數也會較高。

四、計分的客觀性

前面介紹評分者信度時提到，不論是評分者間或評分者內，一旦評分者主觀判斷差異性大，誤差就大，信度就小，所以，評分者越客觀，信度就越高。另一方面，如果採用是非題、選擇題、配合題，因為計分客觀，不受評分者主觀判斷影響，信度係數亦較為可信。

五、信度的估計方法

不同的信度估計方法求算出來的信度係數值不同，例如，折半信度、斯布校正信度、KR20、KR21，計算出來的結果有些不同。在實務上，我們以信度大小作為測驗可被使用的佐證時，要謹慎考慮到各種信度估計方法的差異性，它們的適用情境以及測量誤差的來源，以免誤用。

第四節　效標參照測驗的信度

常模參照測驗目的在了解學生的相對位置，在於區別學生的學習成就水準（例如，有人考 97 分、有人考 24 分等），分數差異大，測驗分數變異性就大，而效標參照測驗重點不在於區別學生學習分數差異的大小，它不強調個體間的變異，而是強調學生學習精熟與否（精熟 = 1，未精熟 = 0）的情況，當大部分學生都達到精熟水準後，測驗分數的變異性變小了。例如，某班級數學科學生精熟與否的資料是（1,0,1,1,0,1,1,1,1,1），意思是 10 個學生中有 8 個精熟，2 個未精熟，如果計算變異數就會得到 0.16，因為

$$二元計分變異數 = pq = \frac{8}{10} \times \frac{2}{10} = 0.16，$$

如果 10 個學生中有 9 個精熟，1 個未精熟，則變異數為 0.09，如果全部精熟，則變異數為 0。很顯然，在效標參照測驗中，分數的變異性隨著越來越多學生達到精熟水準後，越變越小了，上述介紹的常模參照測驗信度求法，也因此並不適用。針對變異性小的效標參照測驗的信度作法，常用的有百分比一致性指標、Kappa 係數。

一、百分比一致性指標

百分比一致性（percent agreemant, PA）指標適用於類別變項或名義變項分類結果之分析，例如，一群受試者接受兩次測驗（複本測驗），我們可以統計這兩次測驗結果均達到精熟或均未達到精熟的人數百分比，即可求得百分比一致性。這裡，一致性有第一次精熟第二次也精熟的的一致性，也有第一次未精熟第二次也未精熟的一致性。PA 指標公式如下：

$$P_A = \frac{A}{N} + \frac{D}{N} = \frac{A+D}{N} \tag{2-19}$$

這裡 $\frac{A}{N} = \dfrac{兩次測驗均精熟的人數}{總人數}$，$\frac{D}{N} = \dfrac{兩次測驗均未精熟的人數}{總人數}$。

例題 2-14

同一群受試者複本測驗精熟與否，如下表，試求百分比一致性？

		複本 1		
		精熟	未精熟	
複本 2	精熟	28 A	5 B	33
	未精熟	2 C	15 D	17
		30	20	50

解：

$$百分比一致性指標 = P_A = \frac{A}{N} + \frac{D}{N} = \frac{28+15}{50} = \frac{43}{50} = 0.86。$$

二、Cohen Kappa 係數（κ 係數）

Cohen (1960) Kappa 係數適用於類別變項或名義變項分類結果之分析上，也是在求一致性比例，差異在 PA 指標只考慮實際次數的百分比一致性，而 κ 係數則把理論次數（期望值）百分比一致性也納入考量。κ 係數以機率論變項獨立的觀念來計算理論次數的比例（參閱心理與教育統計學中，有關 χ^2 分配的百分比同質性檢定章節），再把實際次數的百分比一致性減去理論次數的百分比一致性，視為真正的一致性的貢獻，也就是 Cohen 考慮了理論次數的因素，將 P_A 作了些校正，κ 係數公式如下：

$$\kappa = \frac{P_A - P_C}{1 - P_C} \tag{2-20}$$

仍以上面 2-14 題為例

$$\kappa \text{ 係數} = \frac{P_A - P_C}{1 - P_C} = \frac{0.86 - 0.532}{1 - 0.532} = 0.7 \text{ 。}$$

這裡，$P_A = 0.86$。理論次數百分比一致性 P_C 作法如下：

$$P_C = \left(\frac{A+B}{N} \times \frac{A+C}{N}\right) + \left(\frac{C+D}{N} \times \frac{B+D}{N}\right) = \left(\frac{33}{50} \times \frac{30}{50}\right) + \left(\frac{17}{50} \times \frac{20}{50}\right) = 0.532$$

$\left(\dfrac{A+B}{N} \times \dfrac{A+C}{N}\right) = $ 複本兩次測驗皆精熟的比例，

$\left(\dfrac{C+D}{N} \times \dfrac{B+D}{N}\right) = $ 複本兩次測驗皆未精熟的比例，

$\dfrac{A+C}{N} = $ 複本 1 精熟比例，$\dfrac{A+B}{N} = $ 複本 2 精熟比例，

$\dfrac{C+D}{N} = $ 複本 2 測驗未精熟比例，$\dfrac{B+D}{N} = $ 複本 1 測驗未精熟比例。

習題

1. 估計教育測驗信度的方法有哪些？試舉例說明之（普考）

2. 何謂決定係數？

3. 信度與效度的意義與關係。（高考）

4. 何謂測量標準誤（standard error of measurement）（107 高考）

5. 何謂異質性、同質性？

   答案：同質性即變異數相等、測驗在測量同一特質。所以，作答時需提到受試者樣本與測驗題目，樣本在測驗分數上的變異數是否相等以及測驗是否測量同一特質。

6. 試說明良好的測驗工具所應具備的條件中的信度與效度。（普考）

7. 已知某問卷五點量表學生作答結果如下（5 表示非常同意，…，1 表示

非常不同意），試求 Cronbach α 係數？答案：0.96

學 生	第1題	第2題	第3題	第4題
A	3	4	3	4
B	4	5	4	5
C	1	2	1	1
D	5	5	5	4
E	3	4	4	5

8. 某公司針對內部 5 名員工，就他們個人的綜合表現，由甲乙主管評定名次（第 1 名至第 5 名，1 表示表現最佳，5 表示表現最差），試求兩位主管之評分者信度 ρ？答案：0.9

員工	甲主管	乙主管
王	4	4
張	1	2
李	3	3
吳	5	5
陳	2	1

9. 某數學成就測驗適用於小學四年級到六年級，測驗發展者報告間隔 6 個月的再測信度為 0.64，研究樣本來自某所小學的四年級到六年級的學生 100 名。該測驗的平均數為 250，標準差為 50。（地方特考）

   (一)請從分數變異的觀點解釋信度值 0.64 的意義。真分數與觀察分數的相關為何？

   (二)若由你來設計信度研究，你會變更那些研究設計（思考目前的信度研究有何缺失）？

   (三)請計算該測驗的測量標準誤，若小華在該測驗的得分為 200 分，則其分數的 68% 信賴區間為何？解釋此一信賴區間的意義。

10. 有 6 位學生接受 4 個題目的測驗，其得分如表所列：試以奇數題、偶數題折半，求(1)斯布信度(2)佛氏信度(3)盧氏信度(4)庫李 20 信度。

答案：(1)0.863 (2)0.778 (3)0.778 (4)0.407。

學生	第1題	第2題	第3題	第4題
王	0	0	1	1
李	1	1	1	0
陳	1	0	0	1
張	0	0	1	1
劉	1	0	1	1
洪	0	0	0	0

11. 同一群受試者複本測驗精熟與否如下表所示，試求 (1) 百分比一致性 (2)Kappa 係數。答案：(1)0.9 (2)0.78。

複本 1

		精熟	未精熟	
複本2	精熟	30 A	3 B	33
	未精熟	2 C	15 D	17
		32	18	50

12. 某教育測驗專家初擬一份僅含 5 題試題的成就測驗，經樣本預試後，發現其信度係數值僅達 .40，不符理想。他如果想獲得一份信度係數值高達 .80 理想值的成就測驗，則根據斯布校正公式，他還需要至少增加多少題什麼性質的試題才夠？請寫出計算程序並解釋結果。（高考）答案：需新增 25 題試題

13. 測驗編製及實施時，信度是重要的考量，請針對穩定係數、延宕複本信度、內部一致性以及評分者信度等信度估計方法來分析各種方法可能的誤差來源。此外，請說明在比較不同評量工具的信度係數時，需考量的因素有哪些？（普考）答案：參閱本書第二章

14. 李老師編製了一份數學推理測驗 X，下表為該份測驗的一些相關資

料，請根據數據回答問題。

平均數	20
標準差	6
題數	20
KR20	0.64

(一) 以 KR20 為例：

    1. 從古典測驗理論真分數模式的角度，解釋該係數所代表之意義及其基本假定。

    2. 計算觀察分數與真分數的相關。

    3. 說明此信度係數之高低受哪些因素的影響。

(二) 小英與小明在該份測驗上分別得到 20 分及 25 分，請據此建立 68% 信心區間，並解釋及比較兩人的表現。

(三) 若 X 測驗之兩週再測信度為 0.70，以 68% 信心區間預測小英兩週後的再測成績為何？

(四) 由於 X 測驗之信度不理想，李老師決定將測驗題數增加至 40 題，請根據 KR20 之值估計 40 題測驗的信度。李老師在編製完成 40 題的新測驗後，以該校 200 位資優生進行預試，得到 KR20 係數 0.68，說明係數未如預期提高的可能原因為何？

15. 假定性向測驗的分數是以 T 分數表示，其中語文推理測驗的信度為 0.85，數學性向測驗為 0.90。某生在性向測驗上得到語文推理性向分數為 54 分，數學性向分數為 62 分，兩性向分數相差 8 分，試問該生的數學性向是否優於語文性向？（地方特考）答案：信賴區間為 −1.8 到 17.8 之間，有包含 0，表示兩性向測驗的差異分數並無顯著差異。因此，該生的數學性向並未顯著優於語文能力。

第三章

效 度

第一節　效度的意義

　　效度（validity）直譯就是測驗（或量表）的有效程度，是指測驗分數的正確性，也就是測驗能夠測量到它所想要測量的特質（例如，人格）的正確程度。相對而言，信度則是指測驗結果的一致性、穩定性、可靠性。假設我們想知道學生的人格特質，原本應該進行人格測驗，結果卻拿智力測驗來測量，測了兩次，如果兩次智力測驗結果分數蠻一致性的，這種情形我們說測驗有信度，但沒有效度（因為我們真正要測量的是人格特質，不是智力）。效度如果用統計學變異數的觀念來講，是指欲測特質分數的變異數在整個測驗分數變異數中所占的比率，欲測特質是編製這份測驗最主要的目的（例如，編製一份憂鬱量表最主要的目的就是想要測量憂鬱），透過欲測特質分數變異數所占的比率可以知道測驗的效度，當然亦可從內容效度、效標關聯效度、建構效度來探討（詳下節介紹）。信度和效度的差別，從古典測驗理論的線性模式來看：

$$X = T + e = CO + SP + e \tag{3-1}$$

　　這裡，X、T、e定義如第二章，$CO =$ 欲測特質分數 = 共同因素分數，$SP =$ 特殊因素分數。不難看出，真實分數等於共同因素分數與特殊因素分數之和（即 $T = CO + SP$）。

　　探討測驗信度時，分成二個部分（T、e），T 與 e 是互相獨立的。探討效度時，分成三個部分（CO、SP、e），這三個部分也是彼此獨立的，它們的變異數分別是共同因素變異數（common factor variance）、特殊因素變異數（specific factor variance）、誤差變異數（error variance）。共同因素變異數是指該測驗與外在校標測驗共同測量（共同關聯）到的變異，例如，英文測驗與國文測驗共同測量到語言能力這個因素，語言能力的變異數就是共同因素變異數。特殊因素變異數是該測驗單獨測量到的因素，例如，英文測驗測量到英文的文法能力這個因素，這英文文法能力並非由國文測驗所測量的，這種獨特因素的變異數就是特殊因素變異數。而誤差變異數是無法由共同因素也無法由特殊因素解釋的變異，這三種變異數組成了測驗分數變異數：

$$S_X^2 = S_{CO}^2 + S_{SP}^2 + S_e^2 \tag{3-2}$$

這裡，S_X^2 = 測驗分數變異數，S_{CO}^2 = 共同因素變異數，S_{SP}^2 = 特殊因素變異數，S_e^2 = 誤差變異數。兩邊同時除以 S_X^2，得到

$$1 = \frac{S_X^2}{S_X^2} = \frac{S_{CO}^2}{S_X^2} + \frac{S_{SP}^2}{S_X^2} + \frac{S_e^2}{S_X^2} \tag{3-3}$$

這裡，效度(r_{Val}) $= \dfrac{S_{CO}^2}{S_X^2}$，信度($r_{XX'}$) $= \dfrac{S_{CO}^2}{S_X^2} + \dfrac{S_{SP}^2}{S_X^2}$ = 效度 + 特殊性。

底下我們進一步說明信度與效度之間的關係：

1. 從變異數的大小來看：效度永遠小於或等於信度（即 $r_{Val} \leq r_{XX'}$），這從上述公式 (3-3) 中的 $r_{Val} = \dfrac{S_{CO}^2}{S_X^2} \leq \dfrac{S_{CO}^2 + S_{SP}^2}{S_X^2} = r_{XX'}$ 即可看出。

2. 當 $S_{SP}^2 = 0$ 時，效度等於信度，即 $_{Val} = \dfrac{S_{CO}^2}{S_X^2} = \dfrac{S_{CO}^2 + 0}{S_X^2} = r_{XX'}$。

3. 當 $S_{SP}^2 = S_e^2 = 0$ 時，效度 = 信度 = 1，因為

$$r_{XX'} = \frac{S_{CO}^2}{S_X^2} + \frac{S_{SP}^2}{S_X^2} = \frac{S_{CO}^2}{S_X^2} + \frac{0}{S_X^2} = \frac{S_{CO}^2}{S_X^2} = r_{Val}$$

$$1 = \frac{S_{CO}^2}{S_X^2} + \frac{S_{SP}^2}{S_X^2} + \frac{S_e^2}{S_X^2} = \frac{S_{CO}^2}{S_X^2} + \frac{0}{S_X^2} + \frac{0}{S_X^2} = \frac{S_{CO}^2}{S_X^2} = r_{Val} = r_{XX'} \text{。}$$

不過，誤差通常無法完全消除（即 $S_e^2 \neq 0$），所以，信度、效度值常介於 0 到 1 之間，效度越接近 1，表示效度越好，越能夠測量到它所想要測量的特質且正確程度高。反之，效度越接近 0，表示效度越差，也就是測驗越不能夠測量到它想要測量的特質且正確程度低。

4. 信度是效度的必要條件，但非充分條件。測驗要有效度，必須先要有信度，但是，有信度並不能保證有效度，效度雖不是信度的必要條件，但效度可以保證某種程度的信度（Stanley & Hopkins, 1972）。更確切的說，信度與效度的關係：信度低，效度一定低，但信度高，效度不一定高；效度高，信度一定高，但效度低，信度不一定低（簡茂發，1978）。這些關係都是建立在 $r_{Val} \leq r_{XX'}$ 這個基礎上的：

(1) 當信度低時，例如 $r_{XX'} = 0.1$，在效度必須小於或等於信度條件下，效度只能小於或等於 0.1（所以，信度低，效度一定低）。

(2) 當信度高時，例如 $r_{XX'} = 0.9$，那麼效度有可能是高的 $r_{Val} = 0.9$，也有可能是低的 $r_{Val} = 0.1$（所以，信度高，效度不一定高）。

(3) 當效度高時，例如 $r_{Val} = 0.9$，那麼信度一定高於或等於 0.9（所以，效度高，信度一定高）。

(4) 當效度低時，例如 $r_{Val} = 0.1$，那麼信度有可能是低的 $r_{XX'} = 0.1$，也有可能是高的 $r_{XX'} = 0.9$，（所以，效度低，信度不一定低）。

最後以射箭為例，說明信度與效度關係。圖 3-1 最左邊圖是效度高，信度也高的情況（皆命中紅心，效度高，信度一定高），中間圖是信度高但效度不高的情況（信度高，效度不一定高。雖然射中集中，但沒有命中紅心），最右邊圖是信度低，效度也低的情況（信度低，效度一定低。既沒有集中，也沒有命中）。

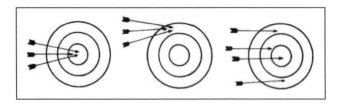

圖 3-1 信度效度關係圖

例題 3-1

已知某測驗分數變異數 $S_X^2 = 14.5$，共同因素變異數 $S_{co}^2 = 11.31$，誤差變異數 $S_e^2 = 1.45$，請問獨特變異數 S_{sp}^2？信度？效度？信度指標？

解

$14.5 = S_{co}^2 + S_{sp}^2 + S_e^2 = 11.31 + (S_{sp}^2) + 1.45$，所以，$S_{sp}^2 = 1.74$，

信度 $= \dfrac{11.31 + 1.74}{14.5} = 0.9$，效度 $= \dfrac{11.31}{14.5} = 0.78$，信度指標 $= \sqrt{0.9} = 0.95$。

第二節　效度的類別

美國教育研究協會（American Educational Research Association, AERA）、美國心理學會（American Psychological Association, APA）與國家教育測量委員會（National Council on Measurement in Education, NCME）三個教育團體所組成的聯席委員會，在西元 1999 年，出版「教育與心理測驗標準」一書，其中規範了測驗依使用目的不同，在解釋及推論測驗分數意義時，應涵蓋內容效度（content validity）、效標關聯效度（criterion-related validity）、建構效度（construct validity）等三種不同的測驗效度。

一、內容效度

　　內容效度是指測驗內容具備教材內容（例如，加減乘除運算）與教學目標（例如，學會加減乘除，達到認知、理解、應用的目標）的程度。教材內容與教學目標就是雙向細目表（two-way specification table）的框架（表 3-1）。我們根據雙向細目表來評估測驗的內容效度，當自行編製的測驗試題或從試題題庫中抽出的試題樣本，此樣本的測驗內容越能夠測量到具代表性的教材內容與教學目標時，表示內容效度越佳。評估內容效度方法主要有：

　　1. 邏輯分析法，此法又稱邏輯效度（logical validty），是聘請測驗或學科的專家學者，就雙向細目表進行教材內容與教學目標之矩陣式判斷，矩陣中的每個細格（cell），例如，表 3-1 共有 12（4×3）個細格，每個細格都要進行教材內容（學習主題）與教學目標的代表性與適切性的符合程度檢視。

　　邏輯效度就是建立在這種雙向實質理性判斷上。其分析步驟：

　　(1)列出教材內容主題（加減乘除）與教學目標（認知、理解、應用）。

　　(2)判斷每一個主題的相對重要性，例如，教材內容加減乘除重要性比重分別為 16%、24%、24%、36%；教學目標認知、理解、應用重要性比重分別為 20%、50%、30%。

　　(3)依比重編製測驗題目，例如，加減乘除共 50 題，則各出 8 題、12 題、12 題、18 題，而這 50 題中屬於認知類有 10 題、理解類有 25 題、應用類有 15 題。如下表所示：

表 3-1　雙向細目表

	認知	理解	應用	題數	比例
加法	2	4	2	8	16%
減法	2	6	4	12	24%
乘法	2	7	3	12	24%
除法	4	8	6	18	36%

	認知	理解	應用	題數	比例
題數	10	25	15	50	
比例	20%	50%	30%		

2. 實證分析法，此法即 Aiken（1980, 1985）的內容效度係數公式：

$$V_i = \frac{S_{.i}}{K(c-1)} \text{，} S_{.i} = \sum_{k=1}^{K} d_{ki} \text{，} \tag{3-4}$$

這裡，V_i 表示第 i 題之內容效度係數；d_{ki} 是指評分者 k 在試題 i 之評分與最低分兩者之差距值；$S_{.i}$ 表示所有評分者在第 i 題之評分的差距值之總和；k 是指評分者（專家或老師），$k = 1,2,..., K$，表示評分者總共有 K 人；i 是指試題，$i = 1,2,..., I$，表示總共有 I 題；c 是指評分等級數目（例如，李克特氏五點量表，則 $c = 5$）。

$$\text{這份測驗的內容效度係數} = \overline{V} = \frac{\sum_{i=1}^{I} V_i}{I} \tag{3-5}$$

$\overline{V}$ 值介於 0 到 1 之間，數值愈大表示內容效度愈高。

例題 3-2

已知有 3 位專家針對 4 道題目評估課程內容符合程度如下：

	題目 1	題目 2	題目 3	題目 4
第 1 位專家	4	4	2	3
第 2 位專家	2	2	3	4
第 3 位專家	1	3	4	1

這裡，4 = 非常符合、3 = 符合、2 = 不符合、1 = 非常不符合。評分最小等級是 1，所以，

第 1 題 $d_{11} = 4 - 1 = 3$，$d_{21} = 2 - 1 = 1$，$d_{31} = 1 - 1 = 0$，

第 2 題 $d_{12} = 4 - 1 = 3$，$d_{22} = 2 - 1 = 1$，$d_{32} = 3 - 1 = 2$，

第 3 題 $d_{13} = 2 - 1 = 1$，$d_{23} = 3 - 1 = 2$，$d_{33} = 4 - 1 = 3$，

第 4 題 $d_{14} = 3 - 1 = 2$，$d_{24} = 4 - 1 = 3$，$d_{34} = 1 - 1 = 0$，

$S_{.1} = \sum_{k=1}^{K} d_{k1} = 3 + 1 + 0 = 4 = $ 這 3 位專家在第 1 題的評分之差距值總和，

$S_{.2} = \sum_{k=1}^{K} d_{k2} = 3 + 1 + 2 = 6 = $ 這 3 位專家在第 2 題的評分之差距值總和，

$S_{.3} = \sum_{k=1}^{K} d_{k3} = 1 + 2 + 3 = 6 = $ 這 3 位專家在第 3 題的評分之差距值總和，

$S_{.4} = \sum_{k=1}^{K} d_{k4} = 2 + 3 + 0 = 5 = $ 這 3 位專家在第 4 題的評分之差距值總和，

$V_1 = \dfrac{S_{.1}}{K(c-1)} = \dfrac{4}{3(4-1)} = \dfrac{4}{9} = $ 第 1 題的內容效度係數，

$V_2 = \dfrac{S_{.2}}{K(c-1)} = \dfrac{6}{3(4-1)} = \dfrac{2}{3} = $ 第 2 題的內容效度係數，

$V_3 = \dfrac{S_{.3}}{K(c-1)} = \dfrac{6}{3(4-1)} = \dfrac{2}{3} = $ 第 3 題的內容效度係數，

$V_4 = \dfrac{S_{.4}}{K(c-1)} = \dfrac{5}{3(4-1)} = \dfrac{5}{9} = $ 第 4 題的內容效度係數，

這份測驗的內容效度係數 $= \bar{V} = \dfrac{\sum_{i=1}^{I} V_i}{I} = \dfrac{\frac{4}{9}+\frac{2}{3}+\frac{2}{3}+\frac{5}{9}}{4} = \dfrac{7}{12}$。

　　另一方面，與內容效度容易混淆的是表面效度（face validity），所謂表面效度是指從外表看起來像是要測量某特質，但並不一定就是我們原本所要測量的。由於表面效度缺乏像內容效度雙向細目表那種系統性的邏輯分析，因此並非一種客觀的效度。不過，就測驗的施測而言，表面效度有其重要性，例如，訪談者親切有禮貌，受訪者會比較願意接受訪談，又如，有些問卷編製排版粗糙，受試者一看就不想填答，這些都將影響測驗的實施。總之，測驗有內容效度，則會有表面效度，但有表面效度，未必

會有內容效度。

二、效標關聯效度

內容效度分析法較不適用於性向測驗、人格測驗，因為這二種測驗皆須作經驗驗證，而內容效度分析法無法提供這方面的驗證。所以，性向測驗、人格測驗常需藉助效標關聯效度分析。效標關聯效度是指新編製的測驗與外在效標（external criterion）間關聯的程度，它是以經驗實證分析的方法探討，故又稱為經驗效度或統計效度（empirical or statistical validity），其計算方式就是在求積差相關係數 r_{XY}，也就是將新編製的測驗分數（Y 分數）與外在效標（X 分數），求兩者間的相關。例如，我們新編了人格測驗，我們如何確認新編的這個人格測驗有效度？最快速方法就是找公認具效度的外在效標，例如，明尼蘇達多項人格量表（Minnesota multiphasic personality inventory, MMPI）來驗證，如果兩者積差相關係數高，表示我們新編的人格測驗應是可行，如果低，表示我們新編的人格測驗亟待改進，這是因為我們編製的測驗還在驗證端，還要檢視效度，而 MMPI 已經在應用端，已經被證實了，可以提供經驗的佐證。

效標關聯效度分為兩大類：

1. **同時效度：** 測驗實施時，外在效標已存在，這種測驗分數與外在效標分數可以同一時間取得並求得相關程度，就是效標關連效度的同時效度。例如，班上這次微積分成績與當初入學考試成績的相關（評估個體目前的實際表現），又如，高中生輔導性向測驗以高中生學業成績為外在效標求相關（評估個體目前的性向情況）。

2. **預測效度：** 測驗所要預測的行為，如果是以測驗實施一段時間後受測者的行為表現為效標，則測驗的目的就是在預測未來的行為（或工作）表現，如果測驗分數與後來的行為表現相關係數高，表示預測效度高，反之，預測效度低。例如，以機械性向測驗分數決定錄取人員，該人員進入公司後的工作表現為效標，求得兩者間的相關。又如，以高中學業成績預測大學學業成績也是預測效度。預測效度最適合用在人員選擇與分類的測驗上，像是美國軍勤職業性向測驗（armed services vocational aptitude battery, ASVAB）常作爲各種人事派職不同崗位的決策，並預測人員未來在軍職上的表現。

同時效度與預測效度不同在於 (1) 效標取得時間不同：同時效度是測驗與效標同時間可以蒐集到，而預測效度則是測驗實施一段時間後才可取得效標 (2) 測驗的目的不同：同時效度在評估目前現況，而預測效度則是在預測未來的行爲表現。

再者，判斷效標關聯效度，首要考慮的是外在效標的取得以及這個外在效標的適當性。適當的外在效標應具備四項特徵：

(1) 適切性（relevance）：外在效標越能彰顯出想要測量的特質之重要特徵，就越能襯托出適切性，適切性的判斷要藉助研究者多年的研究經驗，再者相關文獻也可以提供幫助。

(2) 可靠性（reliability）：外在效標本身必須具備可靠性（高信度），當外在效標具有信度後，在信度是效度的必要條件前提下，才可能滿足同時效度或預測效度的最起碼要求。

(3) 客觀性（freedom from bias）：主觀評分容易偏差，容易受到自己偏愛的風格影響，跟自己風格接近者常給高分，處理外在效標時要避免這種系統性偏差（例如，一致性的給某類族群者高分），另一種是月暈效應所造成的效標混淆（criterion contamination）偏差，效標混淆會造成效標失去客觀性，例如，已知受試者機械性向測驗低分，這時評分者也會對他儀器操作工作上的表現評低分，或是已知受試者創造力測驗偏低，這時評分他的創造力表現也會評低分，這種效標混淆應避免。

(4) 可用性（availability）：取得良好外在效標，從實用性來看，應該要取得容易且方便，從時間上來看，外在效標的取得時間不宜過長，從經費上來看，外在效標的取得經費也不宜太貴，時間過長、經費太貴，可用性較低。

實務上或研究上常參考的外在效標有下列數種：

(1) 學習成就（academic achievement）：學業成績、畢業成績、升學考試成績等學習成就，最常作爲智力、人格或多元性向測驗的效標。

(2)特殊訓練的表現（performance in specialized training）：校內各種特殊專門訓練的成績，常作為性向測驗的外在效標。例如，工業機械、汽車修護、護理長照、飛行訓練等校內專業訓練的學習成績，常作為各種專業性向測驗的效標。

(3)精神病學之診斷：針對個案的觀察、診斷、醫療、追蹤的各種資料紀錄或評分都可做為人格測驗的適切效標。

(4)評比者分數：學習成就通常是由一位老師打成績，這裡評比者分數則是由不同評分者（老師、心理師、輔導員、同學、同事、朋友）所評定的分數。

評分者分數可作為人格適應或工作表現的適切效標，尤其是不同評分者多方向的評分，較為客觀，特別適用於人格測驗的外在效標，而對於工作表現，不同評分者多方位的工作經驗，亦較能作出適切的評斷，特別適用於特殊性向測驗的外在效標。

(5)已被認可之有效測驗：例如，明尼蘇達多項人格量表（MMPI）、魏氏智力量表（WAIS）或比西智力量表皆可作為新編相關測驗的適切效標。

(6)對照團體：有些效標不易取得且有其特殊性，例如，新編的音樂性向測驗會以音樂學校（或音樂系）學生成績表現作為對照的外在效標，美術性向測驗會以藝術學校（或美術科系）學生成績表現作為對照的外在效標。

三、建構效度

建構效度又稱為構念效度，是指測驗能測量到理論構念的程度。主要探討測驗對構念意義所作的分析與解釋。建構或構念都是我們在解釋個體外在行為時，基於理論需要，所先預設的某種潛在特質或概念。潛在特質（例如，動機、性向、人格等）常是無法直接觀察得到的，也無法直接測量（不像身高體重可以直接量測），常需透過問卷或量表獲得，但心理學理論上假設它是存在的，並做為我們解釋的依據。

　　建構效度已成為一份測驗編製發展過程中，必須檢視的標準過程或標準程序（Gronlund, 1993），檢視過程的第一項要務是理論的建構，根據這個理論，將所要評量的特質（例如，焦慮）界定清楚，並釐清該特質與其他重要變項（例如，焦慮程度與個體努力）之間的關係，再設計編製出測驗題目（例如，焦慮量表）。第二項要務是基於上述的理論構念提出預測，例如，預測焦慮程度與個體努力程度有關，也就是個體越努力，壓力越大，焦慮程度就越高。而第三項要務則是提供實際資料的驗證，以檢視預測結果的可靠性與正確性。判斷構念效度的方法，這裡略舉其要，說明如下：

　　1. 相關研究（correlation studies）：將新編測驗和已被公認的測驗兩者求積差相關，如果相關係數高，表示新編測驗亦能測量到跟已被公認的測驗原本測量的特質。例如，新編智力測驗和魏氏智力量表兩者的相關係數高，表示新編智力測驗也能測量到智力這個構念。當然新編測驗和測量不同特質的其他測驗的相關係數，理論上應低相關，例如，新編智力測驗與音樂性向測驗兩者的相關係數應較低。

　　2. 群體差異之分析：測驗分數常因群體特性不同而有所差異，研究上，我們常把群體特質區分為相異兩組，並預測相異存在，例如，青少年與兒童在智力測驗上得分不同，如果新編的測驗，在這兩組上的表現有明顯差異，則此測驗便可能有一定的效度，又如，適應良好者與適應不良者，在人格測驗上，兩組的表現應有明顯差異，則此測驗便可能具有一定的區別差異效度存在。

　　3. 相依樣本研究：上述群體差異是受試者間的差異，屬於獨立樣本（即不同的受試者）的研究，受試者內的差異分析則是相依樣本（即同一群受試者）的研究，如果新編的測驗，在教學前、輔導前、實驗前的測驗分數與教學後、輔導後、實驗後的測驗分數，前後表現有明顯差異，表示新編的測驗能反應出操弄變項所造成的影響，亦可用來作為建構效度的證據之一。

　　4. 內部一致性分析：對測驗作內部一致性分析時，如果是測量單一構念，則其內部一致性高，如果摻雜測量到其他構念，則內部一致性會較低。內部一致性的分析方法通常都是以測驗總分為效標，常用有三種方法：

(1) 鑑別度分析法：依學生成績總分排序分成高分組、低分組（例如，分數前 25% 為高分組、分數後 25% 為低分組），然後比較每個題目的答對率，如果這個題目高分組的答對率並未顯著性的高於低分組的答對率，表示這個題目可能要再斟酌，因為採總分排序，總分是這份測驗每題得分的加總，整份測驗都在測量同一構念，當然個別題目的鑑別功能要和整個測驗的鑑別功能一致才是，所以，每個題目越是能夠滿足高分組的答對率高於低分組的答對率之功能，便和總分間越具有一致性（亦請參閱第五章的介紹）。

(2) 相關分析法：這裡是指點二系列相關（point-biserial correlation），點二指的是二元計分，系列指的是連續變項，題目答對還是答錯屬於二元計分，測驗總分則是連續變項。點二系列相關就是在求某個題目考生是答對還是答錯（Y 變項）與每位考生總分（X 變項）的相關程度（參考例題 5-3 的作法），凡達到顯著相關，則保留此題，否則刪除。

(3) 計算分測驗分數與總分的相關：如果這份測驗編有許多分測驗，我們可以求算分測驗與總分的相關，如果相關太低，表示分測驗可能要再斟酌。總結上述，不難看出，這三種方法，皆以測驗總分為效標。

5. 因素分析： 因素分析是研究構念效度最常使用的方法之一，因素分析主要功能在於縮減維度（dimensionality reduction），例如，把原本 20 個觀察變項縮減成 4 個共同因素，20 個觀察變項如以測驗編製來看，意思就是 20 道題目，4 個共同因素就是 4 個共同成分，在因素分析中，成分、構念、特質或維度皆與因素意思等同，觀察變項與因素的關係以圖 3-1 為例來說明。

圖 3-2 中可以看出每道題目都在測量二個共同因素，不難發現有 8 條射線，射線上的 $\lambda_{11}, \lambda_{12}, \cdots\cdots, \lambda_{42}$，都各自代表題目與共同因素之間的相關係數值，這個相關係數值特稱為因素負荷量（factor loading），λ_{11} 表示題目 1 與共同因素 1 的因素負荷量，λ_{12} 表示題目 1 與共同因素 2 的因素負荷量，依此類推，λ_{42} 表示題目 4 與共同因素 2 的因素負荷量。在符號的

表示上，第一個觀察變項就是題目 1，以 x_1 表示，第二個觀察變項就是題目 2，以 x_2 表示，……；f_1 稱爲共同因素 1，f_2 稱爲共同因素 2；ε_1 稱爲題目 1 唯一的（unique）變項，ε_2 稱爲題目 2 唯一的變項，……。

此例的因素模式爲

$$題目\ 1 = x_1 = \lambda_{11}f_1 + \lambda_{12}f_2 + \varepsilon_1，$$
$$題目\ 2 = x_2 = \lambda_{21}f_1 + \lambda_{22}f_2 + \varepsilon_2，$$
$$題目\ 3 = x_3 = \lambda_{31}f_1 + \lambda_{32}f_2 + \varepsilon_3，$$
$$題目\ 4 = x_4 = \lambda_{41}f_1 + \lambda_{42}f_2 + \varepsilon_4，$$

對於因素分析我們常會有一些假設或設定，這裡，共同因素 f 之間假設互爲獨立（即 $f_1, f_2, f_3,……,$ 彼此獨立），其平均數爲 **0**，變異數爲 **1**。ε 之間也互爲獨立（即 $\varepsilon_1, \varepsilon_2, \varepsilon_3,……,$ 彼此獨立），其平均數爲 **0**，變異數爲 ψ_ε。

觀察變項的共變異矩陣 $\Sigma_{x_{4\times4}} = \Lambda_{4\times4} + \psi_{\varepsilon_{4\times4}}$，這裡，$\Lambda_{4\times4}$ 是因素負荷組合矩陣；ψ_ε 稱爲唯一性變異數（unique variance），簡稱唯一性（uniqueness）。唯一性變異數又分爲特殊變異數與誤差變異數兩部分，特殊變異數常簡稱爲獨特性。本例觀察變項的共變異矩陣

$$\Sigma_{x_{4\times4}} = \begin{bmatrix} \sigma_1^2 & \sigma_{12} & \sigma_{13} & \sigma_{14} \\ \sigma_{21} & \sigma_2^2 & \sigma_{23} & \sigma_{24} \\ \sigma_{31} & \sigma_{32} & \sigma_3^2 & \sigma_{34} \\ \sigma_{41} & \sigma_{42} & \sigma_{43} & \sigma_4^2 \end{bmatrix}_{4\times4} = \begin{bmatrix} \sigma_1^2 & '' & '' & '' \\ \sigma_{21} & \sigma_2^2 & '' & '' \\ \sigma_{31} & \sigma_{32} & \sigma_3^2 & '' \\ \sigma_{41} & \sigma_{42} & \sigma_{43} & \sigma_4^2 \end{bmatrix}_{4\times4} = \Lambda_{4\times4} + \psi_{\varepsilon_{4\times4}}$$

$$= \begin{bmatrix} \lambda_{11}^2 + \lambda_{12}^2 & '' & '' & '' \\ \lambda_{21}\lambda_{11} + \lambda_{22}\lambda_{12} & \lambda_{21}^2 + \lambda_{22}^2 & '' & '' \\ \lambda_{31}\lambda_{11} + \lambda_{32}\lambda_{12} & \lambda_{31}\lambda_{21} + \lambda_{32}\lambda_{22} & \lambda_{31}^2 + \lambda_{32}^2 & '' \\ \lambda_{41}\lambda_{11} + \lambda_{42}\lambda_{12} & \lambda_{41}\lambda_{21} + \lambda_{42}\lambda_{22} & \lambda_{41}\lambda_{31} + \lambda_{42}\lambda_{32} & \lambda_{41}^2 + \lambda_{42}^2 \end{bmatrix}_{4\times4} + \begin{bmatrix} \psi_{11} & 0 & 0 & 0 \\ 0 & \psi_{22} & 0 & 0 \\ 0 & 0 & \psi_{33} & 0 \\ 0 & 0 & 0 & \psi_{44} \end{bmatrix}_{4\times4}$$

注意：上面矩陣中的符號 " 意思是對稱，例如，矩陣中元素（2,1）與元素（1,2）是一樣的（即 $\sigma_{21} = \sigma_{12}$），又如（4,2）與（2,4）也是一樣的（即 $\sigma_{42} = \sigma_{24}$），依此類推。

在上述矩陣中，如果只看主對角線（diagonal）元素，則

$$\sigma_1^2 = \lambda_{11}^2 + \lambda_{12}^2 + \psi_{11},$$
$$\sigma_2^2 = \lambda_{21}^2 + \lambda_{22}^2 + \psi_{22},$$
$$\sigma_3^2 = \lambda_{31}^2 + \lambda_{32}^2 + \psi_{33},$$
$$\sigma_4^2 = \lambda_{41}^2 + \lambda_{42}^2 + \psi_{44},$$

我們稱 $\lambda_{11}^2 + \lambda_{12}^2$、$\lambda_{21}^2 + \lambda_{22}^2$、$\lambda_{31}^2 + \lambda_{32}^2$、$\lambda_{41}^2 + \lambda_{42}^2$ 為共同性（communality）。所以，觀察變項的變異數＝共同性＋唯一性＝共同性＋獨特性＋誤差。

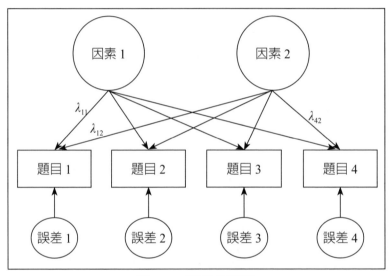

圖 3-2　因素負荷量

從圖 3-2，我們也想知道這些題目對這二個共同因素的解釋力有多少？這些題目都值得保留成為考題嗎？如何判斷值不值得保留？這牽涉到上述提到的共同性的計算，共同性的算法就是這個題目對應到共同因素的負荷量之平方和（注意：對應到共同因素意思就是有射線，沒有對應到就不會有射線），例如，表 3-2 中第 1 題對這二個共同因素的負荷量，λ_{11} = 0.81，λ_{12} = 0.1，那麼共同性＝$\lambda_{11}^2 + \lambda_{12}^2$ = $0.81^2 + 0.1^2$ = 0.666，意思是第 1 題的變異數中，有 66.6% 是由這二個共同因素來解釋的或說是由這二個

共同因素所影響的，不難看出，因素 1 比因素 2 對第 1 題的影響更形重要（因爲 0.81 大於 0.1），這裡，0.666 是第 1 題的共同性，也可說是第 1 題的構念效度。再者，用總變異數 1 減去共同性 0.666，就可得到唯一性 0.334，因爲唯一性 = 獨特性 + 誤差，所以，第 1 題的變異數中，由獨特性與誤差解釋的比例是 33.4%。

　　因素分析也需要針對共同因素加以命名與解釋，這要藉助摘要表來解釋較容易，表 3-2 是資訊倫理量表的因素分析摘要表，從表上可以看出題目與共同因素間因素負荷量關係，很明顯地，因素 1 與第 1 題、第 2 題的因素負荷量（分別爲 0.81、0.78）較大，因素 2 則與第 3 題、第 4 題的因素負荷量（分別爲 0.79、0.83）較大，因此我們可以從第 1 題、第 2 題的題意，來命名因素 1 的名稱，暫且命名爲資訊倫理；再從第 3 題、第 4 題的題意，來命名因素 2 的名稱，暫且命名爲主觀規範。

　　第 1 題的共同性上述已解釋過，第 2 題共同性 $0.78^2 + 0.18^2 = 0.641$，意思是第 2 題的變異數中，有 64.1% 是由這二個共同因素來解釋的，而因素 1 比因素 2 對第 2 題的影響更爲重要，依此類推，可以算出第 3 題共同性 0.644，第 4 題共同性 0.695。最後要提醒的是：從每個題目來看（橫看），就是在看每個題目的共同性（效度），如果從共同因素來看（縱看），就是在看題意，用來命名因素名稱。

表 3-2　資訊倫理量表因數分析摘要表

	因素 1	因素 2	共同性
1. 我願意配合公司資訊倫理政策	0.81(λ_{11})	0.10(λ_{12})	0.666
2. 我會尊重別人的智慧財產權	0.78(λ_{21})	0.18(λ_{22})	0.641
3. 我不會在網路上用暱稱發表誹謗文章	0.14(λ_{31})	0.79(λ_{32})	0.644
4. 盜版是違法的行爲，我不會這樣做	0.08(λ_{41})	0.83(λ_{42})	0.695

　　前面提到因素分析主要功能是維度縮減，如果維度縮減後的數目跟當初設定的理論架構維度數目接近，表示這份編製的測驗具有構念效度，本例 4 道題目維度縮減成 2 個共同因素，如果跟當初設定的 2 個維度數目一樣，而且共同性解釋變異比例高，那麼這份測驗具有構念效度。

　　因素分析又可分為探索性因素分析（exploratory factor analysis, EFA）與驗證性因素分析（confirmatory factor analysis, CFA），前者是變項與因素間的影響未知，理論架構亦無全面輪廓或極少理論文獻可以參考，只能針對欲研究的構念進行探索性因素分析，也就是沒有既有的理論架構時，會以探索性因素分析來釐清該構念中所隱含的理論或基本概念。後者則是變項與因素間的影響已知，而且了解因素背後的理論架構以及相關的理論文獻，於是針對因素理論架構進行驗證性因素分析，也就是根據既有理論架構來編製題目，並驗證編製的題目是否符合理論定義。

　　常見的因素分析套裝軟體，有 LISREL（LInear Structural RELations），LISREL 是由學者 Jöreskog & Sörbom（1976）所發展出來的結構方程模式（Structural Equation Modeling）軟體，推出後，陸續亦有其他學者發展出其他軟體工具，例如，EQS（structural EQuation Sytems, Bentler, 1985）、SAS 的 CALIS（Hartmann, 1992）、AMOS（Analysis of MOment Structures, Arbuckle, 1997）、Mplus（Muthén & Muthén, 1998）等等，這些分析工具使用上皆非常便利，讓學術研究效益提高許多。在這類軟體中常用圓形來表示潛在特質（例如，圖 3-2 中的因素 1、因素 2），用方形來表示觀察變項（例如，圖 3-2 中的題目 1，題目 2 等）。

　　因為因素分析在心理測驗中扮演極為重要的角色，可是又極為繁雜，所以，底下條列其重要觀念。

　　(1)因素分析可用來驗證建構效度。

　　(2)施測人數：要作因素分析，施測人數（即樣本數）至少要題數的 3 倍。

　　(3)決定因素個數：以特徵值大於 1 或累積的解釋比例超過 50% 以上為取捨標準。以表 3-3 SPSS 結果為例，表左上方的元件是指因素，總數是指特徵值數值，這裡特徵值 12.802 可以解釋總變異數的比例是 14.802%，特徵值 10.556 可以解釋總變異數的比例是 11.386%，依此類推，特徵值大於 1 的因素有 8 個。如果以累積的解釋比例來看，要想累積的解釋比例超過 50% 以上，則至少要 5 個。實務上，因素個數較少較好解釋，所以，可取 5 個元素即可。

　　(4)因素轉軸：探索性因素分析使用轉軸法時，有直交轉軸法（orthog-
onal rotation）、斜交轉軸法（oblique rotations）。直交轉軸法是因素間彼
此獨立，因素間夾角90度，直交轉軸法包含最大變異法（varimax）、四
次方最大值轉軸法（quartimax）以及均等最大法（equamax）。斜交轉軸
法是因素間彼此有關，因素間夾角並不呈90度，斜交轉軸法包含直接斜
交法（direct oblimin）以及promax法。因素分析目的就是在將多個變項
簡化為少數因素，常見的最大變異法就是將因素負荷量轉成彼此獨立（直
角90度），以方便命名及解釋。例如，圖3-3是轉軸前因素負荷量圖，
只能看出有二個因素，無法看出明顯的差異（二個因素蠻接近的），圖3-4

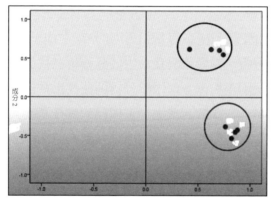

圖 3-3　轉軸前因素負荷量圖

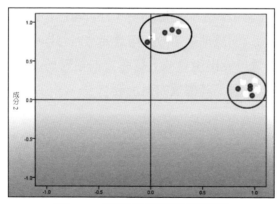

圖 3-4　轉軸後因素負荷量圖

是直交轉軸後因素負荷量圖，可以看出有二個因素，一個因素在橫軸上，另一個因素在縱軸上，兩者呈 90 度，我們可以根據橫軸因素一圈起來的那些題目的題意來命名因素一的名稱，再根據縱軸因素二圈起來的那些題目的題意來命名因素二名稱，這就是為何要轉軸的原因，方便解釋及命名。

(5)因素負荷量：以大於 0.5 為取捨標準，越大表示題目越能解釋該向度上的因素意義。例如，$\lambda_{11} = 0.81 > \lambda_{31} = 0.14$，$\lambda_{11}$ 優於 λ_{31}，λ_{11} 保留，λ_{31} 可捨棄。

(6)因素命名：測驗題目中的因素負荷量較大者排在一起，從這幾個因素負荷量較大的題目中，揣其題意，加以命名，成為共同因素名稱（參閱上述）。

(7)找出共同因素：在高等統計學中，有主成分分析（component analysis）、因素分析。兩者差異在：主成分分析在找出使受試者在一些成分上彰顯出最大個別差異來，而因素分析則在找出共同因素。前者找差異點，後者找相同點。在統計方法上，主成分分析在求變異數極大化，透過特徵值與特徵向量，把觀察分數轉為成分分數，並使成分分數在新軸上的變異數達到最大，而因素分析關心的是觀察變項之間的共變數，把共變數處理成共同性與唯一性之和。簡言之，主成分分析關注變異數，因素分析關注共變數。

(8)所有反向題須先作處理，避免結果混淆。五點量表時，反向題計分方法是當受試者勾選非常不同意則給 5 分，勾選不同意則給 4 分，勾選普通則給 3 分，勾選同意則給 2 分，勾選非常同意則給 1 分。

(9)因素負荷量可能出現負值，這時需取絕對值，以正數看待負值。注意：只是反方向影響，其權重如同正數。

表 3-3　SPSS 因數分析初始特徵值

元件		初始特徵值 [a]			平方和負荷量萃取		
		總數	變異數的 %	累積 %	總數	變異數的 %	累積 %
原始	1	12.802	14.802	14.802	12.802	14.802	14.802
	2	10.556	11.386	26.188	10.556	11.386	26.188
	3	8.665	9.413	35.601	8.665	9.413	35.601
	4	7.731	8.891	44.492	7.731	8.891	44.492
	5	6.597	8.041	52.533	6.597	8.041	52.533
	6	4.704	7.490	60.023	4.704	7.490	60.023
	7	3.343	6.830	66.853	3.343	6.830	66.853
	8	1.163	6.209	73.062	1.163	6.209	73.062
	9	0.954	5.160	78.222	0.954	5.160	78.222
	⋮	⋮	⋮	⋮	⋮	⋮	⋮
	14	0.153	1.519	100.000	0.153	1.519	100.000

　　底下以 R 程式進行一個簡單例子的因素分析。R 程式可以執行因素分析的套件蠻多的，底下分別以套件 factanal（ ）、principal（ ）來進行因素分析，兩者結果會有些微差異，這裡先以 factanal（ ）進行分析。

R 程式

```
Fact1<-read.csv(file="c:/RHLF/factor1.csv", header=T)
Fact1
Fact1.m=factanal(Fact1,factors=2)
print(Fact1.m,digits=2)
```

R 執行結果

```
> Fact1<-read.csv(file="c:/RHLF/factor1.csv", header=T)
> Fact1
   A1 B1 C1 D1 E1
1  173 66 79 71 86
2  155 49 71 61 79
3  175 72 80 69 84
4  171 68 67 72 79
5  166 63 65 60 77
```

```
6  167 64 68 55 80
7  163 61 78 71 85
8  155 52 68 61 77
9  159 55 58 57 77
10 168 65 57 56 74
11 166 61 64 64 76
12 169 73 68 64 82
13 159 57 64 66 78
14 154 49 66 56 77
15 160 60 75 69 86
```

Fact1是c槽RHLF下的factor1.csv資料。其中變項A1是身高，B1是體重，C1

是國文成績，D1是數學成績，E1是英文成績。

```
> Fact1.m=factanal(Fact1,factors=2)
> print(Fact1.m,digits=2)
```

Call:
factanal(x = Fact1, factors = 2)

Uniquenesses:
 A1   B1   C1   D1   E1
0.11 0.00 0.06 0.42 0.12

Loadings:
   Factor1 Factor2
A1   0.21   0.92
B1   0.19   0.98
C1   0.97
D1   0.70   0.29
E1   0.91   0.21

                Factor1 Factor2
SS loadings   2.34   1.94
Proportion Var   0.47   0.39
Cumulative Var   0.47   0.85

Test of the hypothesis that 2 factors are sufficient.
The chi square statistic is 2.39 on 1 degree of freedom.
The p-value is 0.122

R 執行結果說明

共同性，可由因素負荷量的平方求得，例如，**B1**的兩個因素負荷量分別是
0.19、**0.98**，所以，**B1**的共同性 = $0.19^2 + 0.98^2 = 0.9965$，**B1**的唯一性
= 1 − 0.9965 = 0.0（參閱**Uniquenesses: B1**值**0.00**）。同理，**C1**的共同性 =
$0.97^2 + 0^2 = 0.940$，**C1**的唯一性 = 1 − 0.940 = 0.06（參閱**Uniquenesses: C1**值
0.06）。
Loadings是轉軸後的成分矩陣，**Factor1**的因素負荷量以**C1, D1, E1**較大
（$\lambda_{C1,1} = 0.97, \lambda_{D1,1} = 0.70, \lambda_{E1,1} = 0.91$），可集爲同一個因素，可將**Factor1**
暫時命名爲學業指數。**Factor2**的因素負荷量以**A1, B1**較大（$\lambda_{A1,2} = 0.92,$
$\lambda_{B1,2} = 0.98$），亦可集爲同一個因素，可將**Factor2**暫時命名爲身體指數。
SS loadings是指共同性因素的特徵值，特徵值是變異數的意思，第一個共同
性因素的特徵值是**2.34**，第二個共同性因素的特徵值是**1.94**。
Proportion Var是指共同性因素解釋變異量的比例，第一個共同性因素解釋
指標變項變異量的比例是**47%**，第二個共同性因素解釋指標變項變異量的比
例是**39%**。指標變項就是觀察變項，如果是問卷，觀察變項就是題目。
Cumulative Var是指解釋變異量的累積比例，第一個共同性因素解釋變異量
的比例是**47%**，二個共同性因素解釋變異量的累積比例爲**85%**（實際上，是
47%+39%，因爲進位問題會有些微差距）。
p-value = 0.122表示不拒絕虛無假設，也就是萃取這二個**factors**是可以的。

　　若以 R 程式的 principal( ) 來進行因素分析，則在 Source 編輯區鍵入

```
Fact1<-read.csv(file="c:/RHLF/factor1.csv", header=T)
Fact1
install.packages("psych")
library(psych)
install.packages("GPArotation")
library(GPArotation)
KMO(Fact1)
cortest.bartlett(Fact1)
efa.m=principal(Fact1,nfactors=2,rotate="varimax")
print(efa.m,digits=2)
```

```
Egi1<-round(efa.m$values,2)
plot(Egi1)
lines(Egi1)
```

R 執行結果說明

```
> library(GPArotation)
> KMO(Fact1)
Kaiser-Meyer-Olkin factor adequacy
Call: KMO(r = Fact1)
Overall MSA = 0.57
MSA for each item =
  A1    B1    C1    D1    E1
0.50  0.48  0.54  0.95  0.57
> cortest.bartlett(Fact1)

R was not square, finding R from data
$`chisq`
[1] 57.87451
$p.value
[1] 9.128031e-09
$df
[1] 10

> efa.m=principal(Fact1,nfactors=2,rotate="varimax")
> print(efa.m,digits=2)
Principal Components Analysis
Call: principal(r = Fact1, nfactors = 2, rotate = "varimax")

Standardized loadings (pattern matrix) based upon correlation matrix
     RC1  RC2   h2    u2    com
A1  0.18 0.97 0.96 0.035  1.1
B1  0.18 0.97 0.97 0.031  1.1
C1  0.95 0.09 0.91 0.088  1.0
D1  0.81 0.31 0.75 0.252  1.3
E1  0.93 0.19 0.91 0.094  1.1

                      RC1  RC2
SS loadings          2.49 2.01
Proportion Var       0.50 0.40
Cumulative Var       0.50 0.90
Proportion Explained 0.55 0.45
```

Cumulative Proportion   0.55   1.00

Mean item complexity = 1.1
Test of the hypothesis that 2 components are sufficient.
The root mean square of the residuals (RMSR) is   0.05
 with the empirical chi square 0.76 with prob < 0.38

Fit based upon off diagonal values = 0.99

 Egi1<-round(efa.m$values,2)
 plot(Egi1)
 lines(Egi1)

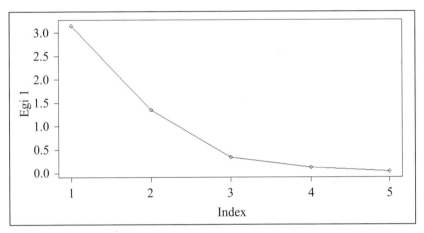

圖 3-5　因素分析陡坡圖

KMO的因素適切性指標（**Overall MSA**）本例只有**0.57**，小於理論上要求的
0.8以上，所以，並不太適合進行因素分析。
題目（變項）取樣適切性指標值（**MSA for each item**）要大於**0.8**，題目（變項）
才可以納入分析，本例僅**D1**指標值**0.95**達到要求。
Bartlett球型檢定p值是**9.128031e-09 < 0.001**，表示達到顯著水準，也就是
拒絕H_0（H_0：變項間無關），拒絕H_0表示變項間彼此相關，有共同因素。
Standardized loadings是**RC1**、**RC2**是轉軸後的成分矩陣，h2是共同性。
例如，**A1**的共同性**0.96**，是由$0.18^2 + 0.97^2$求得。
u2是唯一性，也就是共同性無法解釋的變異，**u2=1-h2=1-0.96=0.04**，注
意：與程式執行結果**0.035**有些差距。

從主成分（**RC1**、**RC2**）的線性關係來看：

$RC1 = 0.18 \times A1 + 0.18 \times B1 + 0.95 \times C1 + 0.81 \times D1 + 0.93 \times E1$

$RC2 = 0.97 \times A1 + 0.97 \times B1 + 0.09 \times C1 + 0.31 \times D1 + 0.19 \times E1$

從因素分析的線性關係來看：

$A1 = 0.18 f_1 + 0.97 f_2 + \varepsilon_1 = 0.18 \times RC1 + 0.97 \times RC2 + \varepsilon_1$

$B1 = 0.18 f_1 + 0.97 f_2 + \varepsilon_2 = 0.18 \times RC1 + 0.97 \times RC2 + \varepsilon_2$

$C1 = 0.95 f_1 + 0.09 f_2 + \varepsilon_3 = 0.95 \times RC1 + 0.09 \times RC2 + \varepsilon_3$

$D1 = 0.81 f_1 + 0.31 f_2 + \varepsilon_4 = 0.81 \times RC1 + 0.31 \times RC2 + \varepsilon_4$

$E1 = 0.93 f_1 + 0.19 f_2 + \varepsilon_5 = 0.93 \times RC1 + 0.19 \times RC2 + \varepsilon_5$

SS loadings：共同性因素的特徵值，特徵值就是變異數，第一個共同性因
素的特徵值是**2.49**，第二個共同性因素的特徵值是**2.01**。這裡是用主成分
方法（也就是**principal**函式）分析，跟上面用**factanal**函式結果有些差異。

Proportion Var：共同性因素解釋變異量的比例，第一個共同性因素解釋指
標變項變異量的比例是**50%**，第二個共同性因素解釋指標變項變異量的比
例是**40%**。

Cumulative Var：解釋變異量的累積比例，第一個共同性因素解釋指標變
項變異量的比例是**50%**，二個共同性因素解釋變異量的累積比例**90%**。

Proportion Explained：已解釋變異量的比例，例如第一個共同性因素已解
釋的比例為**0.55=0.5/(0.5+0.4)**。

陡坡圖以特徵值大於1來判斷，會取2個因素，若以曲線下降到水平處來
判斷，會取3個因素，取2個或3個因素，由實務經驗判斷之。

6. 多項特質－多項方法分析（multitrait-multimethod approach）：
此分析法是以矩陣型式來說明各種信效度。例如，現有二種方法（方法
一、方法二），用來測量三種特質（A、B、C），方法一測量特質 A 稱為
A1，方法二測量特質 B 稱為 B2，以此類堆，如表 3-4 所示。

　　表中主對角線（diagonal）的數字即為信度係數（即括號起來的 0.79,
0.81, 0.71, 0.89, 0.78, 0.83），信度係數就是用相同方法測量相同的特質所
得到的相關係數值。例如，0.79 就是用同樣的方法一測量相同的特質 A
所得到的係數值，0.81 就是用同樣的方法一測量相同的特質 B 所得到的

係數值，……，0.83 就是用同樣的方法二測量相同的特質 C 所得到的係
數值。

表 3-4　多項特質－多項方法分析矩陣

	特質	方法一			方法二		
		A1	B1	C1	A2	B2	C2
方法一	A1	(0.79)					
	B1	0.28	(0.81)				
	C1	0.19	0.32	(0.71)			
方法二	A2	0.53	0.30	0.15	(0.89)		
	B2	0.33	0.62	0.13	0.37	(0.78)	
	C2	0.17	0.20	0.54	0.25	0.22	(0.83)

　　再者，表中被框起來的 0.53 ，0.62 ，0.54 ，稱為聚斂效度（conver-
gent validity）係數值，聚斂效度是用不同方法測量相同的特質所得到的相
關係數值，例如，0.53 是用方法一、方法二測量相同的特質 A 所得到的
係數值，0.62 是用方法一、方法二測量相同的特質 B 所得到的係數值，
0.54 是用方法一、方法二測量相同的特質 C 所得到的係數值。

　　表中未被括號或未被框起來的其餘數字，稱為區別效度（discriminant
validity）係數值，區別效度就是不論是用相同方法或用不同方法只要在
測量不同的特質所得到的相關係數值，例如，0.19 就是用同樣的方法一測
量 A、C 這二個不同特質所得到係數，0.20 就是用不同的方法一、方法二
測量 B、C 這二個不同特質所得到係數。

　　一份好的測驗應該聚斂效度係數值大於區別效度係數值，例如，有中
文測驗、英文測驗、物理測驗，其中中文測驗、英文測驗這兩個測驗都在
測量語文能力，屬於聚斂效度，而中文測驗、物理測驗這兩個測驗在測量
不同能力，屬於區別效度。聚斂效度的係數值應大於區別效度係數值，也
就是測量相同特質（聚斂效度）應該具較高相關，測量不同特質（區別效

度）應該具低相關。信度係數、聚斂效度、區別效度三者關係，信度係數、聚斂效度皆應高於區別效度，符合這關係，至少顯示其所測得特質符合構念理論，滿足建構效度存在的理論假設。

第三節　影響效度的因素

除了了解效度的意義與計算公式外，對於影響效度的一些因素亦應有所理解，以作為編製測驗時的參考，以下探討這些影響因素（余民寧，2011；郭生玉，2018）。

一、測驗品質

測驗的品質幾乎都與試題息息相關，測驗品質不佳，有可能是：
1. 對於要測量的特質，編製的試題不具有代表性。
2. 測驗指導語不夠清楚。
3. 測驗信度不足。
4. 試題難度不適當。
5. 題意不清。
6. 題數太少。
7. 試題缺乏誘答力。
8. 試題的排列不當。
9. 計分主觀或評分錯誤。

二、測驗實施

測驗實施時的物理情境（例如，燈光、溫度、通風還有其他空間環境因素等）以及心理情境（例如，監考官或施測者的口語表達語氣）是否適當，對效度亦有影響。如果測驗實施時，未遵守測驗指導語的說明，作答時間未依規定，或是給予學生太多額外提示，施測過程中出現過多的干擾和中斷，教室或座次安排不當等都可能對效度有所影響。

三、受試者因素

測驗實施時，受試者的身心狀況也是影響效度的重要因素。例如，受試者的動機、情緒、焦慮、疲勞、生病等都有可能影響作答反應，而且受試者的反應心向（response set）也會影響到測驗結果。反應心向是指受試者對於是非題或選擇題沒把握的題目會依照他過去猜測的經驗，例如，是非題都猜 ×，選擇題都猜 3，如果這次是非題或選擇題的正確答案中 × 或 3 的題數較多，顯然對這群反應心向者較為有利，這當然影響了測驗實際結果。或者是喜歡第一個交卷、常會再三斟酌導致做不完題目、投主試者所好（例如，問到議題研究價值時，會回答極具研究價值）、傾向社會期許（例如，應徵護士被問到細心愛心時，會傾向回答社會大眾希望護士應具備的條件），這些都可歸類為反應心向，也都可能影響測驗效度（因為並未真實回答）。

四、效標品質

有些測驗（例如，憂鬱、躁鬱量表）要找到好的效標並不容易，所以，很難得到良好效度的外部佐證資料。一般我們所編製的測驗要與外在效標具有實質關係，測驗的效度才會有意義。例如，智力測驗卻以身高為效標，事實上兩者並無實質關係，即使碰巧兩者相關係數信度高，亦不能表示效度高。再者，我們所找的外在效標它本身先決條件必須信度高才可以，Kaplan & Saccuzzo（1993）針對此先決條件曾提出一個公式：效標關聯效度恆小於等於兩者各自的信度乘積的平方根：

$$r_{XY} \leq \sqrt{r_{XX'}\, r_{YY'}} \tag{3-6}$$

這裡，r_{XY} = 效標關聯效度，$r_{XX'}$ = 測驗分數的信度，$r_{YY'}$ = 外在效標的信度。例如，假設 $r_{XX'}$ = 0.81，外在效標信度有二個，一為高信度 $r_{YY'}$ = 0.64，一為低信度 $r_{YY'}$ = 0.16，由公式 (3-6) 可得 $r_{XY} \leq \sqrt{0.81 \times 0.64} = 0.72$，$r_{XY} \leq \sqrt{0.81 \times 0.16} = 0.36$，可見得外在效標信度低時（例如，0.16），效標關聯效度也跟著低（0.36），所以，效標的信度品質高，參照出的效度才有意義。

注意：公式 (3-6) 亦可用來說明萎縮的相關係數的校正公式（correction for attenuation），萎縮在這裡的意思是指偏低的，相關係數為何萎縮？其實，在實務上，常面臨取樣不易、難以重新取樣或難以重測一次的困境。所以，針對已取樣但樣本數少，所計算出來偏低的相關係數也不太可能棄而不用，這時可以考慮校正公式

$$\hat{r}_{XY} = \frac{r_{XY}}{\sqrt{r_{XX'} \, r_{YY'}}} \tag{3-7}$$

這與公式 (3-6) 是互通的，因為

$$r_{XY} \leq \sqrt{r_{XX'} \, r_{YY'}} \implies \frac{r_{XY}}{\sqrt{r_{XX'} \, r_{YY'}}} \leq \frac{\sqrt{r_{XX'} \, r_{YY'}}}{\sqrt{r_{XX'} \, r_{YY'}}} = 1 \implies \frac{r_{XY}}{\sqrt{r_{XX'} \, r_{YY'}}} \leq 1,$$

我們定義 $\hat{r}_{XY} = \dfrac{r_{XY}}{\sqrt{r_{XX'} \, r_{YY'}}}$。

例如，假設 $r_{XY} = 0.36$，$r_{XX'} = 0.81$，$r_{YY'} = 0.64$，則

$$\hat{r}_{XY} = \frac{r_{XY}}{\sqrt{r_{XX'} \, r_{YY'}}} = \frac{0.36}{\sqrt{0.81 \times 0.64}} = 0.5,$$

因此，由原本信度 0.36，校正後提高為 0.5，這也是測驗或取樣困境下的一種可行方式。

四、團體變異性

　　測驗效度，如同信度一樣，樣本異質性越大，測驗分數分布越廣，效度就越大。所以，要效度高，就要取樣擴大，讓團體異質性增大，但在團體異質性中，要注意有一種情況：在某個分數區間呈現異質性大，但在某個分數區間，卻是異質性變小了，這種測驗分數的散佈圖，如圖 3-6 所示，右半部呈水平狀，在水平狀區間，測驗分數（X軸）變動較大，但效標分數（Y軸）變化不大，所以，異質性較小（效度可能較小），但左半部呈斜升狀，異質性較大（效度可能較大），所以，在進行效度分析時，要特別注意這類異質性的改變：測驗分數與效標間並不是線性相關而是微彎的曲線相關。

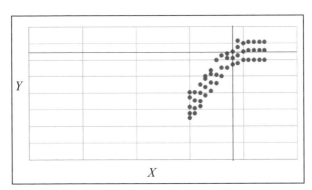

圖 3-6　測驗分數與效標分數相關圖

習題

1. 何謂效標關聯效度？（高考）
2. 何謂建構效度？（高考）
3. 何謂表面效度？
4. 何謂聚斂效度？（高考）答案：需簡要提到區別效度以對照聚斂效度
5. 何謂效標混淆？答案：需簡要提到月暈效應的影響

6. 何謂驗證性因素分析（Confirmatory Factor Analysis）？（107 普考）

7. 何謂多項特質—多項方法分析？

8. 何謂雙向細目表？

9. 何謂區別性效度？答案：需簡要提到聚斂效度以對照區別性效度

10. 何謂反應心向？答案：從社會期許、投其所好、猜題經驗說明之。

11. 某校在數學（M）與英語（E）的評量方式有教室觀察（O）、紙筆測驗（T）以及實作表現（P）等三種，分別以 MO、MT、MP、EO、ET、EP 代表學生在這三種評量方式中，數學和英語的得分情形。該校計算學生這 6 項分數之間的兩兩相關。請問若要證明這些評量有聚斂（Convergent）及區辨（Divergent）效度，則這些分數中，哪些相關應該較高？而哪些相關應較低？（高考）

(一) 請先說明何謂聚斂（Convergen）及區辨（Divergent）效度。

(二) 再說明哪些應較高，哪些應較低。

答案：以下列相關矩陣回答會更清楚。

| 方法 | | O | | T | | P | |
特質		M	E	M	E	M	E
O	M	信度 (OOM) 區辨					
	E	信度 (OOE)				
T	M	聚斂 (OTM) 區辨	區辨	信度 (TTM)			
	E	聚斂 (OTE)	區辨	信度 (TTE)		
P	M	聚斂 OPM 區辨	區辨	聚斂 (TPM) 區辨		信度 (PPM)	
	E	聚斂 (OPE)	區辨	聚斂 (TPE)	信度 (PPE) 區辨	

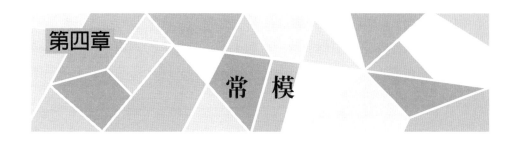

第四章

常　模

第一節　常模的意義與功能

一、常模意義

　　測驗分數可作為自我比較或團體比較之用，自我比較是看自己分數是否精熟，團體比較是看自己分數的排名。前者在看自己得分是否達到精熟標準，達到標準就是精熟，這是跟預定的精熟分數比較，不是跟別人的得分比較，又稱為效標參照測驗比較，常見的及格、重修、留級就是這類情形；後者是看自己得分贏過多少人，這是跟所屬團體的其他人作比較，又稱為常模參照測驗比較，常見的百分等級（percentile rank, PR）、標準分數就是屬於這類。

　　常模整體來看就是測驗分數的分布圖（通常是常態圖），聚焦來看就是平均數、中位數、眾數這些用來解釋測驗分數意義的點（數線上的點），所以，有時候常模被視為平均數或中位數的同義詞。接著我們由平均數衍生出標準差、標準分數，由中位數衍生出百分等級、百分位數（percentile）。

　　一般人會把精熟與常模混為一談，事實上，常模是測驗分數的分布，而精熟則是事前決定的標準（例如，精熟標準 60 分，60 只是一個數線上的一個點，並不是測驗分數的分布）。實務分析上，常模常以平均數或中位數，作為解釋測驗分數的參照依據。如果只告訴你考 75 分，你無從得知這樣是考得比別人好還是壞，如果同時告訴你班上平均數 60 分或是班上中位數 62 分，顯然你的分數落在平均數或中位數之上，而且可能贏過不少人，這就是由常模平均數或中位數來指出每個人的測驗分數在所屬團體中的相對位置。而精熟就是二分，一邊精熟、一邊未精熟。如果精熟標準是 60 分，你考 75 分，你在精熟這邊。

二、常模的功能

個人測驗分數必須藉由常模參照才能指出其相對位置並且解釋其意義，所以，常模的功能主要有二，一是指出個人分數在所屬參照團體中的相對位置；二是提供個人在不同測驗上分數位置的比較。前者是受試者間（interindividual comparison）或組間的比較，後者是受試者內（intraindividual comparison）或組內的比較，例如，某班甲生智力測驗 PR84、乙生 PR50，甲生智力測驗優於乙生，這指出了個人智力分數在所屬班級中相對位置，是受試者間的比較；又智力測驗有六個分測驗，假如丙生在這六個分測驗中百分等級分別為數字能力測驗 PR86、空間關係測驗 PR52、語文推理測驗 PR68、抽象推理測驗 PR74、機械推理測驗 PR52、文書速度及正確測驗 PR30，那麼丙生智力測驗中以數字能力測驗最好，其次是抽象推理測驗，較差的是文書速度及正確測驗，很明顯地，這提供了丙生在不同測驗上分數位置的比較，是受試者內的比較。讀者不難看出，不論是跟自己比較或是跟別人比較，這些測驗都需藉助衍生分數（derived score），例如，這裡提到的百分等級，才能比較出高低順序。

第二節　常模的類型

常模類型眾多，一般而言，在測驗指導手冊中會寫出參照的常模。根據建立常模時參照團體不同，約有下列四種類型：

1. 全國性常模：依據全國代表性的樣本所建立的常模，是心理與教育測驗中最常使用的常模，應用範圍非常廣，建立時須注意取樣之有效性，必要時可依性別、教育程度、地理區域或學校屬性，建立個別的全國性常模表。

2. 地區性常模：是根據地區所建立的常模，在測驗分析比較時，同區域的其他學校是最好的參照團體，例如，同屬臺北市區域，比較時即可選臺北市其他行政區的學校作為參照常模，尤其是要作跨校比較或是城市之間的比較時，特別有用。目前國內學生選擇區域高中就讀的趨勢越來越多，地區性的常模可作為選擇的決定（例如，要讀哪間學校）或安置的決定（例如，學校應安置更適合學生發展的班級）。

3. 特殊團體常模：這是為特殊身心特質者所建立的常模，例如，身體或精神障礙者、盲人或聾者、音樂、美術特殊性向等。如果測驗是為身體障礙者或為音樂、美術特殊性向者所設計的，顯然要有該類特殊團體參照常模。

4. 學校平均常模：一般常模都是代表性樣本所建立的，這些代表性樣本通常是取樣而來的，學校平均常模則是依全國所有學校各校平均數順序來建立常模的，當想查閱自己學校平均數時，即可對照學校平均常模，找到自己學校的排名位置。要注意的是，學校平均常模的變異數較小（因為各校都是取平均數，分數較集中，變異數就會較小），不可以將個別分數，例如，丙生的得分，對照學校平均常模，以免解釋錯誤（因為個別分數較分散，變異數較大）。

第三節　常模衍生量尺

建立常模參照時，須將原始分數轉換成衍生分數（或稱衍生量尺）才能比較。衍生分數主要有二種，一種是用來指出個人分數在所屬參照團體中的相對位置，這種衍生分數主要有：百分等級、標準分數、T 量表分數（T-scaled score）、標準九（Stanine）、C 量表分數、標準十（Sten）。另一種是從個體發展的歷程來參照比較的，是偏向個體發展性的常模參照，主要有年齡常模與年級常模。

一、百分等級

百分等級的意思是在一團體中,把團體依某項屬性分成一百個等分(百分點),該成員占第幾等分,這就是百分等級,以 PR 表示。而百分位數意思是該成員百分等級的分數,以 P_P 表示,P_P 其實是 P_{PR} 的簡寫。例如,$P_P = P_{45} = 82$,意思是此人百分等級 45,他得分 82 分。反過來說,此人得分 82 分,只贏過 45 人(假如全部有 100 人)。百分等級求法,可分三種情況:

1. 分組(歸類)時:

$$PR = \frac{100}{N}\left[\frac{(X - l_x)f_x}{h} + F_x\right] \tag{4-1}$$

$X =$ 原始分數
$h =$ 組距
$N =$ 總人數
$l_x =$ 原始分數所在組的真正下限
$F_x =$ 原始分數所在組之下的累積人數
$f_x =$ 原始分數所在組的人數

2. 未分組(未歸類)時:

$$PR = 100 - \frac{(100R - 50)}{N} \tag{4-2}$$

這裡,R 是指排序的名次。例如,第二名時 $R = 2$,依此類推。

3. 相同分數併計時:

$$PR = \frac{100}{N}\left(\frac{f}{2} + F\right) \tag{4-3}$$

這裡，f 是指同分時的人數，F 是指同分之下的累計人數。

例題 4-1

50 名學生分數累積人數表

分數	人數	累積人數
100～109	2	50
90～99	2	48
80～89	6	46
70～79	7	40
60～69	8	33
50～59	8	25
40～49	12	17
30～39	5	5

試求分數 65 分的百分等級是多少？

解：

分數 65 分屬於 60～69 這一組，這一組的真正下限是 59.5，所以，

$$PR = \frac{100}{N}\left[\frac{(X - l_x)f_x}{h} + F_x\right] = \frac{100}{50}\left[\frac{(65 - 59.5) \times 8}{10} + 25\right] = 58.8 \text{，}$$

所以，65 分的百分等級是 59。

例題 4-2

研究生高統成績如下：53，56，74，64，81，78，61，72，76，91，試求得分 81 分及 72 分的百分等級各是多少？

解：

得分 81 分的成績排名是第 2 名，其百分等級

$$PR = 100 - \frac{(100R - 50)}{N} = 100 - \frac{(100 \times 2 - 50)}{10} = 85,$$

得分 72 分的成績排名是第 6 名，其百分等級

$$PR = 100 - \frac{(100R - 50)}{N} = 100 - \frac{(100 \times 6 - 50)}{10} = 45,$$

所以，得分 81 分及 72 分的百分等級各是 85、45。

注意：因為本例只有 10 人，卻占一百分等級，所以每人占十個等級，又取這十個等級的中點為代表，所以，第二名所占的百分等級為 80 到 90，取中點 85 為代表，第六名所占的百分等級為 40 到 50，取中點 45 為代表。公式 (4-2) 可以作此理解。

例題 4-3

分數	人數	累積人數
85	4	36
78	6	32
67	4	26
56	6	22
45	3	16
34	5	13
23	6	8
12	2	2

某班級 36 名學生英文成績如上表，試求得分 56 分的百分等級？

解：

本題為相同分數併計

$$PR = \frac{100}{N}(\frac{f}{2} + F) = \frac{100}{36}(\frac{6}{2} + 16) = 52.78,$$ 所以百分等級為 53。

注意：

(1) 在心理與教育測驗中，有原始分數與百分等級對照表，主要是用來對照個人分數在團體中的相對位置。

(2) 百分等級並非百分比，例如，40 題我答對 20 題，答對百分比50%，但我百分等級 PR80，我答對 20 題已贏過 80 人了。

(3) 百分等級的優點是簡單易懂，適用各種測驗且不管原始分數是什麼分配。缺點是如果我們不知道原始分數只知道百分等級，那我們只能看出排名優劣高低，無法對原始分數作更多的判斷，例如，甲生PR80、乙生 PR70、丙生 PR50、丁生 PR40，我們可以知道甲生原始分數最高，丁生的原始分數最差，但我們不能說甲生乙生的 PR差距 10，丙生丁生的 PR 差距也是 10，所以，他們的原始分數差距也是 10，這是錯的，因爲有可能甲生考 71、乙生考 66、丙生考60、丁生考 57，甲生乙生的原始分數差距 5，丙生丁生的差距是3，並不相同。

(4) 百分等級知道學生成績的相對位置，但無法得知學習是否精熟（除非我們知道原始分數）。

二、標準分數

(一)直線轉換

　　標準分數或稱 Z 分數，作法是把原始分數減去平均數，再除以標準差。這種減去平均數，再除以標準差的計算過程稱爲「標準化」，而這只是直線轉換，並沒有改變資料分配型態。標準分數公式如下：

$$Z = \frac{X - \overline{X}}{S} \tag{4-4}$$

這裡，X 是原始分數，$\overline{X}$ 是平均數，S 是標準差。

注意：

(1) 把上面公式作個轉換，得到 $X - \overline{X} = ZS$。如果 $Z = 1.96$，則 $X - \overline{X} = 1.96S$，意思是 X 分數在平均數以上 1.96 個標準差的地方。又如 $Z = -1.5$，則 $X - \overline{X} = -1.5S$，意思是 X 分數在平均數以下 1.5 個標準差的地方。

(2) 標準分數有其實用性。例如，甄試入學口試或研究所選考科目（三選二）計分方式，遇到口試分數打很低的教授或是選到超難的考科，如果只看原始成績就有可能造成不公平，如何解決？改採標準分數計算。例如，分配到甲組的考生 A，因為教授口試給分寬鬆，口試成績 85 分，假設 85 分是這組分數最低的，這組平均數會比 85 分高（例如平均 90 分），85 分減去 90 分後會變成負值。分配到乙組的考生 B，因為教授口試給分嚴格，口試成績 80 分，假設 80 分是這組分數最高的，這組平均數會比 80 分低（例如平均 75 分），80 分減去 75 分後是正值，再各自除以自己標準差後，不難發現，從原始分數來看，A 生 85 分大於 B 生 80 分，但 A 生的標準分數是負的，B 生的標準分數卻是正的，顯然，B 生 Z 分數優於 A 生 Z 分數。選考科目道理亦同，只要化為各組的標準分數，就不用煩惱選到難考的考科，即使成績只有 30 分，卻是這組的最高分，也不用擔心輸給考科容易，成績 65 分，卻是那組最低分的考生。

(3) 為何減去平均數後還要除以標準差？舉例來說，假如我們去量長度，一人用公尺作單位，另一人用公里作單位，則一樣的長度會出現不一樣的數據。例如，用公尺作單位者，量出 1200，1300，……，等數據；用公里作單位者，量出 1.2，1.3，……，等數據。那麼用公尺作單位算出來的標準差值會比用公里作單位的標準差值大很多，如果我們除以標準差，則可以免去單位所造成的不同。同理，不同教師所打的分數也會出現變異很大的情況，除以各自的標準差後即可排除這種情況。

(4) 標準分數的特性：平均數為 0，變異數為 1。

(5) 上面提到直線轉換，並沒有改變資料分配型態，意思是原始分數呈常態分配，轉換 Z 分數後仍是常態形狀，原始分數非常態分配，轉換 Z 分數後也是非常態形狀。而團體中彼此之間的相對位置關係轉換前後依然維持不變的次序關係（即標準分數具保序性，轉換前第一名，轉換後還是第一名，轉換前第五名，轉換後也是第五名）。

例題 4-4

甲生國文成績 75 分，英文成績 85 分，已知班上國文平均 65 分，標準差 5 分，英文平均 90 分，標準差 4 分，請問該生相對位置而言，哪一科較好？

解：

國文：$Z = \dfrac{X - \overline{X}}{S} = \dfrac{75 - 65}{5} = 2$，

英文：$Z = \dfrac{X - \overline{X}}{S} = \dfrac{85 - 90}{4} = -1.25$，所以該生國文科較好。

(二)常態標準分數種類

原始分數轉換為 Z 分數後，可能出現小數與負數，所以應用起來並不方便也不容易理解（例如，Z 分數介於 -3 到 3 之間，與我們習慣的 0 分到 100 分格格不入）。因此又將 Z 分數轉換為其他標準分數，以下這些標準分數其原始分配都是常態分配，所以這些都是屬於常態標準分數，它的轉換公式（也是直線轉換）：

$aZ + b = $ 轉換後分數，a 是標準差，b 是平均數。

我們把常用的一些常態標準分數整理如下：

• 比西量表（Binet-Simon Scale, BSS）：

$$BSS = 16Z + 100，$$
BSS 分數的標準差為 16，平均數為 100。

• 魏氏兒童智力量表（Wechsler Intelligence Scale for Children, WISC）：

$$WISC = 15Z + 100，$$
WISC 分數的標準差為 15，平均數為 100。

• 陸軍普通分類測驗（Army General Classification Test, AGCT）：

$$AGCT = 20Z + 100，$$
AGCT 分數的標準差為 20，平均數為 100。

• 美國大學入學考試（College Entrance Examination Board, CEEB）：

$$CEEB = 100Z + 500，$$
CEEB 分數的標準差為 100，平均數為 500。

• 托福測驗（Test of English as A Foreign Language, TOEFL）：

$$TOEFL = 100Z + 500，$$
TOEFL 分數的標準差為 100，平均數為 500。

• 美國研究所入學考試（Graduate Records Examination, GRE）：

$$GRE = 100Z + 500，$$
GRE 分數的標準差為 100，平均數為 500。

　　上述介紹的是由 Z 分數換成其他標準分數，當然也可以從標準分數反求 Z 值。以 WISC 為例，如果有人分數 130 分，表示 $130 = 15Z + 100$，所以，$Z = 2$，查常態表，得知 $Z = 2$ 時，其面積是 0.9772，也就是 100 人中贏過 97 人。再以 CEEB 為例，如果有人考 600 分，表示 $600 = 100Z + 500$，所以，$Z = 1$，查常態表，得知 $Z = 1$ 時，面積是 0.8413，也就是 100 人中贏過 84 人。如果有人 TOEFL 考 664.5，表示 $664.5 = 100Z + 500$，所以，$Z = 1.645$，查常態表，得知 $Z = 1.645$ 時，面積是 0.95，也就是 100 人中贏過 95 人。

> **注意：**
>
> 有關常態分配查法，教科書上常用的有二種方式 (1) 從左邊的 $-\infty$ 開始往右積分的 (2) 從中間的 0 開始往右積分的。

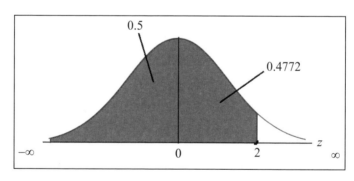

圖 4-1 　（$-\infty$, 2）標準常態分配面積

　　以圖 4-1 為例，這是從左邊的 $-\infty$ 開始往右積分，積分到 2 的面積（機率）是 0.9772，反過來說，機率是 0.9772，那麼 z 那個點是多少？答案是 2。

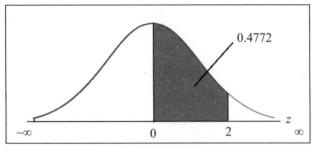

圖 4-2 （0,∞）標準常態分配面積

如果是從中間的 0 開始往右積分，積分到 2 面積是 0.4772（圖 4-2），這種圖式如果有人問機率是 0.4772，那麼 z 那個點是多少？答案也是 2。常態分配是對稱分配，所以，以 0 為基準點，分成兩半，左半面積 0.5，右半面積也是 0.5，常態分配上的橫軸有時稱為 Z 軸，其實就是我們熟知的 X 軸。

例題 4-5

有研究者自編智商量表，若某生成績 86 分，該團體平均數 78，標準差 14，請問轉換成比西量表後分數會是多少？

解：

因為 $Z = \dfrac{X - \overline{X}}{S} = \dfrac{86 - 78}{14} = \dfrac{4}{7}$，所以，

比西量表分數 $= 16Z + 100 = 16 \times \dfrac{4}{7} + 100 = 109.1$。

例題 4-6

某生數學成績居全校第三名，該校總共 500 名學生，請問此生 Z 分數是多少？

解：

先求未分組資料之百分等級，再求 Z 分數。因為排名第 3 名，所以，

$$PR = 100 - \frac{(100R - 50)}{N} = 100 - \frac{(100 \times 3 - 50)}{500} = 99.5$$

$PR = 99.5$，查 Z 表，$Z = 2.575$。

注意： 百分等級與標準分數的關係：百分等級與標準分數都是相對地位量數。不過，百分等級是次序變數，不能作加減乘除運算，而標準分數則可以作數學四則運算。又百分等級較標準分數淺顯易懂，因此，學校普遍採用百分等級作為個體之間的比較；標準分數則較適用於學術上的應用。再者，百分等級較常用於同一性質、同一團體的比較（例如：國中會考、大學學測），標準分數則較常用於不同性質、不同團體間的比較（例如：某考試分甲乙丙三組時，各組採計標準分數依序擇優錄取）。

例題 4-7

　　某生國文成績 70 分，該團體國文平均數 80，標準差 10，請問此生 Z 分數多少？百分等級是多少？

解：

$Z = \dfrac{X - \overline{X}}{S} = \dfrac{70 - 80}{10} = -1$，查 Z 表，得到 $P(Z \leq -1) = 0.1587 = 15.87\%$，所以，$Z$ 分數 -1，百分等級 16。

例題 4-8

　　甲生成績在比西量表上的百分等級為 16，乙生的百分等級為 84，試問兩人在比西量表上的成績相差多少？

解：

　　$PR = 16 \Rightarrow Z = -1$，$BSS = 16Z + 100 = 16 \times (-1) + 100 = 84$。

　　$PR = 84 \Rightarrow Z = 1$，$BSS = 16Z + 100 = 16 \times 1 + 100 = 116$。

　　$116 - 84 = 32$，所以，兩人在比西量表上的成績相差 32 分。

三、T 量表分數

　　分數轉換方式有直線轉換與非直線轉換。直線轉換是線性轉換，轉換前常態分配，轉換後還是常態分配，轉換前非常態分配，轉換後還是非常態分配；非直線轉換則是非線性轉換，將非常態分配（例如，左偏態）轉換為常態分配，通常又稱為常態化標準分數（normalized standard scores）。常態化標準分數意思是不論原始分數呈何種分配型態，經常態化轉換後的衍生分數，必然變成常態分配的標準分數，常見的 T 量表分數（McCall, 1922）就是常態化的標準分數。底下細述 T 量表分數如何從非常態分配轉成常態分配的轉換過程。

　　已知某測驗分數 58, 58, 59, 60, 64, 64, 68, 68, 72, 72, 72, 72, 78, 79, 81, 88, 88, 88, 95, 97，總人數 $N = 20$，這分測驗平均分數是 74.05，標準差是 12.28。接著依序

1. 將群體的分數從最高分排到最低分。

2. 列出每個分數的人數。

3. 計算累積次數（cf），由下而上加總，例如，64 分的 cf = 2 + 1 + 1 + 2 = 6，即 64 分（含）以下有 6 個人。

4. 計算累積至組中點的次數（cf_{mp}），cf_{mp} 公式 = cf − f/2，例如，72 分的 cf_{mp} = cf − f/2 = 12 − 4/2 = 12 − 2 = 10，即 72 分（含）以下有 12 個人，

再減去 72 分那組人數的一半（2 個人），得到 10 人。

5. 計算分數組中點的累積百分比（CP_{mp}），CP_{mp} 公式 = cf_{mp} / $N \times 100$，例如，95 分的 $CP_m = cf_{mp}$ / $N \times 100 = 18.5/20 \times 100 = 92.5$。

6. 對 CP_{mp} 取整數即為 PR，例如，72.5 取整數為 73。

7. 將 PR 視為常態分配表中的概率，並對照常態分配表，查出對應最接近的 Z 值。例如，PR = 98，在常態分配表中，以 0.9798 最接近，對應的 Z 值為 2.05，依此類推，參閱表 4-1 中常態化 Z 那行。

8. 利用 T = 10Z + 50 之公式，即可得常態化 T 量表分數。例如，Z 值 2.05，代入 T = $10 \times 2.05 + 50 = 71$；Z 值 1.48，代入 T = $10 \times 1.48 + 50 = 65$，也就是原始分數 97 分、95 分，常態化 T 量表分數是 71 分、65 分。

9. 未常態化 T 分數，例如，原始分數 97 分，$Z = \dfrac{(97-74.05)}{12.28} = 1.87$，所以，未常態化 T 分數 = $10 \times 1.87 + 50 = 69$，原始分數 95 分，$Z = \dfrac{(95-74.05)}{12.28} = 1.7$，所以，未常態化 T 分數 = $10 \times 1.7 + 50 = 67$，依此類推，參閱表 4-1 中最右那行。

表 4-1　T 量表分數轉換

分數	f	cf	cf_{mp}	CP_{mp}	PR	常態化 Z	常態化 T	未常態化 Z	未常態化 T
97	1	20	19.5 (=20-1/2)	97.5 (=19.5/20×100)	98	2.05	71	1.87	69
95	1	19	18.5 (=19-1/2)	92.5 (=18.5/20×100)	93	1.48	65	1.71	67
88	3	18	16.5 (=18-3/2)	82.5 (=16.5/20×100)	83	0.95	60	1.14	61
81	1	15	14.5 (=15-1/2)	72.5 (=14.5/20×100)	73	0.61	56	0.57	56
79	1	14	13.5 (=14-1/2)	67.5 (=13.5/20×100)	68	0.47	55	0.4	54
78	1	13	12.5(=13-1/2)	62.5(=12.5/20×100)	63	0.33	53	0.32	53
72	4	12	10 (=12-4/2)	50 (=10.0/20×100)	50	0.00	50	-0.17	48
68	2	8	7 (=8-2/2)	35 (=7.0/20×100)	35	-0.39	46	-0.49	45
64	2	6	5 (=6-2/2)	25 (=5.0/20×100)	25	-0.67	43	-0.82	42
60	1	4	3.5 (=4-1/2)	17.5 (=3.5/20×100)	18	-0.92	41	-1.14	39
59	1	3	2.5 (=3-1/2)	12.5 (=2.5/20×100)	13	-1.13	39	-1.23	38
58	2	2	1 (=2-2/2)	5 (=1.0/20×100)	5	-1.65	34	-1.31	37

注意：括號內是計算方法。

注意：T 量表分數與 T 分數，都是以 T = 10Z + 50 爲轉換後分數，但不同在於 T 量表分數是經過常態化轉換（非直線轉換），所以，T 量表分數是常態分配，而 T 分數是直線轉換，如果原始分數不是常態分配，T 分數轉換後也不會是常態分配，如果原始分數是常態分配，T 分數轉換後也是常態分配。有時候，我們會各稱 T 量表分數、T 分數以示區別。表 4-1 常態化 T 那行就是 T 量表分數，而最右行 T 是 T 分數。

四、標準九

標準九（Stanine）是 standard 和 nine 的縮寫，標準九是平均數 5，標準差 2，單位爲半個標準差的常態化標準分數。半個標準差就是 1，因爲標準差 2。有些教科書上會這麼寫：標準九是平均數 5，標準差 2，單位 1 的常態化標準分數，從圖 4-3 不難看出，除了標準九 1 與標準九 9 外，其餘標準九 2 到標準九 8 之間，每個寬度都是 1 個單位。Stanine 從標準九 1，一直到標準九 9，各自對應的常態分配機率分別爲 4%、7%、12%、17%、20%、17%、12%、7%、4%，並以標準九 5 爲基準，左右對稱，例如：標準九 4 對稱標準九 6，標準九 3 對稱標準九 7，依此類推。

底下舉例說明如何計算標準九。假設 25 人分數已按大小排列：50, 53, 54, 55, 58, 58, 59, 59, 60, 63, 64, 65, 68, 70, 71, 72, 78, 79, 81, 82, 84, 85, 88, 95, 97。

作法：

1. 標準九 1 與標準九 9 的分配機率都是 4%，所以，理論上，標準九 1 占 25×0.04 = 1 人，同理標準九 9 也占 1 人，把最低分 50 安排在標準九 1，把最高分 97 安排在標準九 9。

2. 標準九 2 與標準九 8 的分配機率都是 7%（25×0.07 = 1.75），所以，理論上，標準九 2 與標準九 8 都應占 2 人，把 53、54 分安排在標準九 2，把 88、95 分安排在標準九 8。

3. 標準九 3 與標準九 7 的分配機率都是 12%（25×0.12 = 3），所以，理論上，標準九 3 與標準九 7 都應占 3 人，把 55、58、58 分安排在標準九 3，把 82、84、85 分安排在標準九 7。

4. 標準九 4 與標準九 6 的分配機率都是 17%（25×0.17 = 4.25），所以，理論上，標準九 4 與標準九 6 都應占 4 人，把 59、59、60、63 分安排在標準九 4，把 72、78、79、81 分安排在標準九 6。

5. 標準九 5 的分配機率是 20%（25×0.2 = 5），所以，理論上，標準九 5 應占 5 人，把 64、65、68、70、71 分安排在標準九 5。結果如下表所示：

表 4-2　標準九理論次數作法

標準九	實際次數（理論次數）	原始分數
9	1 (1.00)	97
8	2 (1.75)	88, 95
7	3 (3.00)	82, 84, 85
6	4 (4.25)	72, 78, 79, 81
5	5 (5.00)	64, 65, 68, 70, 71
4	4 (4.25)	59, 59, 60, 63
3	3 (3.00)	55, 58, 58
2	2 (1.75)	53, 54
1	1 (1.00)	50

注意：括號內是理論次數。

　　歸納上述作法，首先計算理論人數，再將接近理論人數的實際分數分到該標準九內，如果同分則必須分派到相同的標準九。標準九適用於成就測驗與性向測驗，它的優點是只用 1 到 9 數字就能知道分數的相對位置，容易作比較，容易解釋及理解而且可以算術運算。標準九、T 分數、Z 分數位置關係，如圖 4-3 所示。

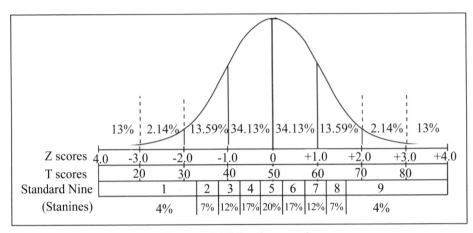

圖 4-3　標準九（Stanine）

　　除了標準九外，還有標準九的延伸：C 量表分數（C-scaled scored）、標準十（Sten），底下介紹之。

(一)C 量表分數

　　C 量表分數是由吉爾福（Guilford, 1967）所發展出來的。美國舍利丹心理學服務社（Sheridan Psychological Service）出版的一系列心理測驗就是以 C 量表分數為參照常模。C 量表分數是一種常態化標準分數，平均數 5，標準差 2，是由標準九兩端的 1 和 9，各延伸一個單位，變成 0 至 10，故有 11 個單位，有時稱為標準十一。C 量表分數每個分數所占百分比，如表 4-3 所示，例如，C 量表分數 5，所占比率 20%，C 量表分數 8，所占比率 7%。

表 4-3　C 量表分數

	最低				中央					最高
百分比	1%	3%	7%	12%	17%	20%	17%	12%	7%	3%	1%
C 量表分數	0	1	2	3	4	5	6	7	8	9	10
累積百分比	1	4	11	23	40	60	77	89	96	99	100

(二)標準十

標準十（Sten）是一種常態化標準分數，由 1 至 10，10 個單位所構成。美國人格與能力測驗社（institute of personality and ability testing）所出版的心理測驗，以 Sten 為參照常模（表 4-4）。Sten 分數平均數 5，標準差 2，在左右對稱下，兩側各有五個分數，最低分是 1 分，最高分是 10 分，除了 Sten1 與 Sten10 外，從 Sten2 到 Sten9 之間，每個級分間距皆為 1 個單位（跟標準九一樣，也是半個標準差，半個標準差就是 1 個單位）。在 Sten 分數的中央位置有 Sten5 與 Sten6，各占 19%，兩端有最低分的 Sten1 與最高分的 Sten10，各占 2%。

表 4-4　Sten 分數

	最低				中央	中央				最高
百分比	2%	5%	9%	15%	19%	19%	15%	9%	5%	2%
Sten 分數	1	2	3	4	5	6	7	8	9	10
累積百分比	2	7	16	31	50	69	84	93	98	100

五、年齡常模

依據個體生長發展所建立的常模，可以用來說明個人的成熟水準，對於小學階段孩童成長或臨床實驗研究，特別有參照價值，這類型常模主要有年齡常模與年級常模。年齡常模是以標準化樣本求得該年齡的平均表現為該年齡常模，適用於隨年齡而成長的特質（例如，身高、體重、智力、閱讀能力等）研究。年齡常模起源於早期的比西量表，依照年齡排序，並以心理年齡（mental age, MA）來解釋智力測驗的結果，如果一個實足年齡（chronological age, CA）八歲的孩童通過十歲心理年齡的題目，表示聰明；如果通過八歲心理年齡的題目，表示普通；如果通過七歲心理年齡的題目，表示發展較緩。

我們熟知的 IQ（ratio intelligence quotient）就是比率智商，其計算

公式爲 $IQ = \dfrac{MA}{CA} \times 100$，當心理年齡等於實足年齡，IQ 恰爲 100；當心理年齡小於實足年齡，IQ 低於 100；當心理年齡大於實足年齡，IQ 大於 100。由於比率智商，各年齡層的標準差不同，不易比較，而且 CA 的最大値是多少，也無定論，所以，後來又發展出離差智商（例如，BSS 分數、WISC 分數）。離差智商與比率智商最大差異就是離差智商有標準差（例如，WISC 標準差 15），所以離差智商是一種標準分數。最後要提醒的是，年齡常模並不意謂著同樣的年齡皆具有相同年齡的能力或技巧，八歲孩童的心理年齡十歲，並不表示他可以處理十歲的心理工作。

六、年級常模

年級常模是以不同年級的標準化樣本，求得不同年級的平均表現，即爲年級常模，年級常模會以 3.2、4.8 或 6.3 等等形式表示，3.2 是指有位三年級學生在某測驗得到年級等級 3.2，他的得分或說是他的能力相當於 3 年級 2 個月能力，同理，4.8 是指有位四年級學生在某測驗得到年級等級 4.8，他的得分相當於 4 年級 8 個月能力，餘此類推。

年級常模具有年齡常模的特性，只是改以年級組別替代年齡組別。年級常模適用於隨年級而成長的特質，例如，閱讀、算術、語言等成就測驗。就像年齡常模較適於小學成長階段，較不適於成人一樣，年級常模亦不適於高中以上的學生。年級常模用於解釋小學生在各科學業成就上的表現，相當方便而具實用性。

習題

1. 何謂常態化標準分數？（普高考）
2. 何謂百分等級？（普考）
3. 何謂衍生分數？

4. 何謂智商常模？（普考）

5. 試簡要說明常模的類型有哪些？

6. 何謂因素分析？（普考）

7. 何謂智商常模？（普考）

8. 試解釋李生測驗所得的 RS（Raw Score）轉換 T 分數為 60。（高考）

9. 試解釋洪生測驗所得的 RS（Raw Score）轉換 Z 分數為 –2。（高考）

10. 將受試者在教育測驗的得分轉換為百分等級和標準分數後，再解釋其結果各有何優缺點？（高考）

11. 常模參照與效標參照測驗在試題編製、信度、效度與解釋上的差異。

12. 有 16 名學生成績如下：71, 70, 68, 67, 64, 60, 56, 74, 76, 79, 80, 82, 83, 86, 90, 94，試求第五名的 PR？答案：PR=72

13. 有 65 名學生測驗成績如下，試求考 90 分的學生 PR 多少？答案：PR=95

分數	人數	累積人數
92～95	1	65
88～91	6	64
84～87	9	58
80～83	15	49
76～79	12	34
72～75	9	22
68～71	7	13
64～67	4	6
60～63	2	2

14. 呈上題，試求百分等級 80 的學生他考幾分？（普考）答案：84.83

15. 請問

(一) 百分等級用何種方式來解釋受試者的表現？試述百分等級的優點和缺點各一項。

(二) 標準分數用何種方式來解釋受試者的表現？試述標準分數的優點

和缺點各一項。（**105 地方特考**）

16. 某國中七年級新生在兩種測驗的原始分數平均數、中位數、標準差如下：語文能力（M = 35.8、Md = 37、SD = 10.2）、數學能力（M = 26.5、Md = 25、SD = 8.6）語文和數學的積差相關係數為 0.80。試回答下列問題（請寫出計算過程或說明理由）：（**105 地方特考**）

(一) 該校新生哪一種能力的個別變異較大？

(二) 「小華在語文能力和數學能力的測驗分數分別是 36 分和 30 分，所以他的語文表現優於數學表現。」試問此一說法是否適當？

(三) 將兩種測驗分數都經線性轉換成 T 分數，試問該校七年級生語文和數學之 T 分數的相關係數和共變數分別為多少？

(四) 小美的數學能力分數對應的百分等級為 50，試問其線性轉換的 T 分數是多少分？

(五) 將語文測驗分數換成常態化的標準分數 W，已知 W 的平均數是 100 分，標準差是 15 分，小明在語文能力測驗的得分是 37 分，試問其 W 分數是多少？

(六) 請綜合上述評論，判斷該題的命題品質良窳？

第一節　試題分析的功用

　　試題分析（item analysis）是指藉由統計方法與品質分析方法來探討測驗內容、測驗題目的難度（difficulty）、鑑別度（discrimination）以及誘答力（distraction）的效果，來衡量測驗的品質並據以選擇優良題目，建立題庫，提高測驗的信度與效度，並提供回饋給老師與學生，做為改進教學或學習的參考。試題分析具體方法可從兩方面著手：(1) 針對測驗的形式和內容進行品質分析，這包括教材內容、教學目標、命題原則的邏輯審查，確保表面效度、內容效度的達成；(2) 針對試題三大統計特徵：難度、鑑別度與誘答力進行統計分析。

　　實務上，試題分析進行時，測驗編製者依照測驗題目學生的表現，一一加以客觀的量化分析及評估，包括檢視題目測量功能是否如預期？題目難度是否適當？題目是否具有良好的鑑別度？選擇題選項是否具有誘答力？以作為修改試題的依據，方便建立試題的題庫，作為日後之用。此外，試題分析對教師而言，還有下列幾項功能：

1. 提供回饋給學生

　　試題分析後，教師通常會發回考卷，逐題和學生討論及解釋對錯原因，必要時並提供每題的難度、鑑別度分析的結果給學生，學生自然知道全班作答反應情況，同時審視自己錯誤的概念和解法，修正不良的學習慣性與不夠周慮的作答思考技巧，改進下次測驗表現。

2. 可作爲實施補救教學的依據

試題分析可以知道學生學習分布情形，亦可看出多數學生學習困難之處，教師可以針對學生易犯的錯誤導入改進策略，實施補救教學或其他矯正措施。

3. 提供課程內容修訂及改進教學的依據

試題分析是藉由評量學生學習效果的表現，提供教師修訂課程內容參考，尤其不是只有單一班級學生學習有問題，而是遍及各班級或各校時，就應建議調整課程內容順序或改變教學方式。

4. 增進教師編製測驗的技巧

試題分析讓老師知道題目是否出得太難或太易、鑑別度是否適當、誘答選項是否有效、題意是否表達清楚或有無暗示答案線索，這些訊息都可以作爲教師修改試題的參考依據，進而增進編製測驗的命題技巧。

5. 增進題庫運用的效能

電腦盛行後，題庫儲存功能與抽取的方便性，跟過去相比，已不可同日而語，教師經過多年的教學經驗，熟悉試題分析方法後，累積了許多具有良好試題統計特徵（例如，具備內容效度、內部一致性信度、難度、鑑別度與誘答力）的試題，並將這些試題儲存於題庫中，供課程教學考試所用。

第二節　常模參照測驗的試題分析

常模參照測驗的試題分析與效標參照測驗的試題分析有些差異，這節先介紹常模參照測驗試題分析，下一節介紹效標參照測驗試題分析。

一、難度分析

每道題目都有難度，題目的難度指標（item difficulty index）是用來表示每道試題難易的程度。常用的分析方法有答對百分比法（number correct ratio）、范氏試題分析（Fan's item analysis）法。

(一)答對百分比法

答對百分比法，如果只看全部學生中答對的人數，則第 i 題的答對百分比公式為

$$P_i = \frac{R_i}{N} \tag{5-1}$$

這裡，P_i = 第 i 題答對百分比。假設班級有 60 名學生，如果第 3 題有 54 人答對，表示這題答對百分比 = $P_3 = \frac{54}{60} = 0.9$，有 90% 的人答對。這方法有個缺點，就是不知道成績好的有多少人答對，成績差的有多少人答對，例如，有 54 人答對，是成績好的有 44 人答對，成績差的有 10 人答對，還是成績好的有 28 人答對，成績差的有 26 人，或是有其他的組合，我們無從得知，我們只知道有 54 人答對。為了改進這個缺點，學者提出高分組、低分組各自答對人數納入計算中，其分析步驟如下：

1. 先將學生得分按高低分排序，並登錄每位學生該題答對還是答錯。

2. 從得分最高的學生往下選取總人數的 $\frac{1}{4}$（或 $\frac{1}{3}$），設為高分組，再由得分最低的學生往上選取總人數的 $\frac{1}{4}$（或 $\frac{1}{3}$），設為低分組。取四分之一或三分之一，可由教師決定，約略以整數值為準，例如，100 人就取四分之一，90 人就取三分之一。

3. 分別計算高分組和低分組學生在第 i 題答對百分比。

$$P_{iH} = \frac{R_{iH}}{N_H} , \ P_{iL} = \frac{R_{iL}}{N_L} \tag{5-2}$$

這裡，R_{iH}、R_{iL} 分別表示高分組和低分組學生在第 i 題上的答對人數，

N_H 和 N_L 分別表示高分組和低分組學生的總人數，P_{iH} 和 P_{iL} 分別表示高分組和低分組學生在第 i 題上答對人數百分比。

4. 這個題目的難度指標：

$$P_i = \frac{P_{iH} + P_{iL}}{2} \tag{5-3}$$

這裡，P_i = 第 i 題難度指標，P_i 值越大就是難度指標值越大，表示答對率越大，也就是題目越容易，反之，P_i 值越小，表示題目越難。

例題 5-1

研究者想了解試題第 8 題的難度指標，已知全班 15 名碩士生中，每個人的總分以及該題目答對還是答錯，如下表所列，試求第 8 題的難度指標。

學生	對錯	總分	學生	對錯	總分	學生	對錯	總分
A	0	85	F	0	81	K	1	98
B	1	99	G	0	42	L	0	70
C	0	65	H	0	40	M	0	25
D	0	95	I	1	63	N	1	84
E	1	43	J	0	51	O	1	86

解：

1. 先將學生得分按高低分排序。

學生	對錯	總分	組別	答對百分比
B	1	99		
K	1	98	高分組	$\frac{3}{5} = 0.6$
D	0	95		
O	1	86		
A	0	85		

學生	對錯	總分	組別	答對百分比
N	1	84		
F	0	81		
L	0	70		
C	0	65		
I	1	63		
J	0	51		
E	1	43		
G	0	42	低分組	$\frac{1}{5} = 0.2$
H	0	40		
M	0	25		

2. 全班 15 人，高低分組各取三分之一，所以，高低分組都各 5 人。

3. 高分組有 5 人，答對有 3 人，所以，高分組答對百分比是 0.6，低分組有 5 人，答對有 1 人，所以，低分組答對百分比是 0.2。

4. 第 8 題難度指標 $P_8 = \dfrac{0.6 + 0.2}{2} = 0.4$

注意：

(1) 難度指標 P_i 是順序量尺，只能比排序，不能計算差異大小，例如，難度 $P_3 = 0.7$、$P_6 = 0.5$、$P_8 = 0.3$，只能說第 3 題最容易，第 5 題次之，第 8 題最難，如硬要計算 $P_3 - P_6 = P_6 - P_8 = 0.2$，並無意義，因為我們無法指出第 3 題與第 6 題難度的差異，會等於第 6 題與第 8 題難度的差異。

(2) 古典測驗理論中，以這種答對百分比來定義題目的難度指標，有個極大缺點，就是樣本依賴（sample dependent），意思是這個題目給能力佳的 A 校學生作，答對率非常高（A 校學生認為題目簡單），給能力差的 B 校學生作，答對率非常低（B 校學生認為題目難），那請問這個題目是難還是易？難不難完全依賴樣本能力佳或差，重點是現在在問題目難度，不是在問能力佳或差，後來試題反應理論（IRT）就把能力跟難度分開來看，分析方法異於古典測驗理論的樣本依賴。

(二)范氏（Fan's）試題分析法

如果所要測量的特質為常態分配，則我們可以根據常態分配表，將試題的難度轉換成具等距量尺特性的范氏試題難度。根據美國教育測驗服務社（educational testing service, ETS）提出的范氏試題難度指標如下：

$$\Delta = 13 + 4Z \tag{5-4}$$

這裡，Δ（唸 delta）= 范氏試題難度指標，Z = 標準分數。當 $Z = 3$ 時，$\Delta = 25$；當 $Z = -3$ 時，$\Delta = 1$。所以，Δ 值約介於 1 到 25 間，且 Δ 值的平均數 13，標準差 4。

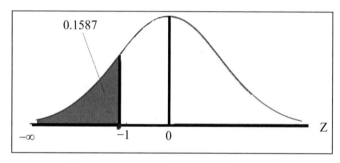

圖 5-1　$(-\infty, -1)$ 標準常態分配面積

計算 Δ 值時，要先把答對率換算成答錯率，以求得 Z 值，再代入公式 (5-4)。例如，某次考試第 2 題答對百分比是 84.13%（即 $P = 0.8413$），換算成答錯率是 0.1587，對照圖 5-1，知道從 $-\infty$ 積分積到 -1 的面積是 0.1587，所以，$Z = -1$，代入公式 (5-4) 得到 $\Delta = 13 + 4 \times (-1) = 9$。

> **注意**：分數低（答錯）這種情況在圖左邊，分數高（答對）這種情況在圖右邊。所以，在求算 Δ 值時，先換算成答錯率（左邊）來做較易懂。

又如，某題答對的百分比是 2.28%（即 $P = 0.0228$），換算成答錯率是 0.9772，對照圖 5-2，知道從 $-\infty$ 積分積到 2 的面積是 0.9772（= 0.5 + 0.4772），所以，$Z = 2$，代入公式 (5-4) 得到 $\Delta = 13 + 4 \times 2 = 21$。

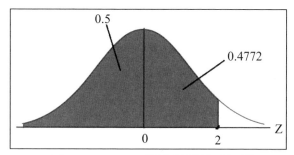

圖 5-2　$(-\infty, 2)$ 標準常態分配面積

再者，假設第 6 題答對的百分比是 50%（即 $P = 0.5$），換算成答錯率也是 0.5，對照圖 5-3，知道從 $-\infty$ 積分積到 0 的面積是 0.5，所以，$Z = 0$，代入公式 (5-4) 得到 $\Delta = 13 + 4 \times 0 = 13$。

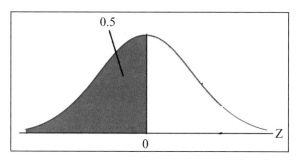

圖 5-3　$(-\infty, 0)$ 標準常態分配面積

讀者不難發現，Δ 值愈大，答對率 P 越小，表示題目愈難（上述第 3 題 $\Delta = 21$，$P = 0.0228$；第 6 題 $\Delta = 13$，$P = 0.5$；第 2 題 $\Delta = 9$，$P = 0.8413$），反之，答對率 P 越大，題目愈容易，Δ 值愈小。

P、Z、Δ 關係如表 5-1，這裡加入答錯率，是為了更直覺其中的涵義：答錯率越高，題目愈難，Δ 值愈大，Z 值愈大。表 5-1 中，Z 值最小值是 -3，最大值是 3，平均數是 0；從 Δ 值來看，Δ 值最小值是 1，最大值是 25，平均數是 13；它們的平均數都是最小值加最大值除以 2 得來的（例如，$(-3 + 3)/2 = 0$，$(1 + 25)/2 = 13$），而從標準差來看，Z 值為 1 時，對應到 Δ 值 17，Z 值為 0 時，對應到 Δ 值 13，Z 值標準差相差 1（因為 $1 - 0 = 1$），對應到 Δ 值標準差相差 4（因為 $17 - 13 = 4$）。

表 5-1　范氏試題難度指標分析表

P	答錯率	Z	Δ
0.9987	0.0013	-3	$\Delta = 13 + 4(-3) = 1$
0.9772	0.0228	-2	$\Delta = 13 + 4(-2) = 5$
0.8413	0.1587	-1	$\Delta = 13 + 4(-1) = 9$
0.5	0.5	0	$\Delta = 13 + 4(0) = 13$
0.1587	0.8413	1	$\Delta = 13 + 4(1) = 17$
0.0228	0.9772	2	$\Delta = 13 + 4(2) = 21$
0.0013	0.9987	3	$\Delta = 13 + 4(3) = 25$

注意：測驗分數是常態分配時，范氏試題難度指標才能達到最大效用。當難度高時（例如，$P \leq 0.25$），測驗題目分配型態為正偏態（即很多人考低分），如果可以增加題目，這時應增加難度低的題目；當難度低時（例如，$P \geq 0.80$），測驗題目分配型態為負偏態（即很多人考高分），應增加難度高的題目，如此一來，可使測驗分數接近常態分配達到范氏試題難度指標最大效能。

二、鑑別度分析

　　鑑別度分析主要在探討試題作答情形與學生能力高低之關係，鑑別度越高表示越可以區分出「能力越高，答對率越高」的作答反應傾向，藉此獲得學生在試題作答表現上的差異之訊息，包括內在構念差異或是外在效標差異之訊息。內在構念差異採用內部一致性分析法（internal consistency），來探討題目作答反應（答對或答錯）與總分高低是否一致？一致性越高，內在構念越一致，越有鑑別度，此種分析可以改進內容效度及建構效度，但無法增進效標關聯效度。外在效標差異採用外在效度法（external validity）來探討題目作答反應與外在效標的相關程度，也就是分析學生在試題上反應與在效標上表現間的關係，相關程度越高，外在效度越大，鑑別度越好。

(一)內部一致性分析法

1. 鑑別度分析法

從受試者間來看，鑑別度分析就是在探討能否有效區別高分者與低分者這些不同的受試者在構念上的差異程度。但現實上，測量的構念短時間內很難找到適宜的效標，所以，常以測驗總分為效標，用來區辨總分高者答對之比例是否比總分低者答對之比例還高，這種方法我們稱為內部一致性分析，最常使用的內部一致性分析就是公式 (5-5) 的鑑別度分析，這種分析有個基本假設：整個測驗的總分可以代表某種程度的效度，在這個假設下，如果個別試題的作答反應與總分間具有一致性，即表示個別試題亦具有某種程度的效度。鑑別度分析公式如下：

$$D_i = P_{iH} - P_{iL}, \ i = 1, 2, ..., k \tag{5-5}$$

這裡，D_i = 第 i 題的鑑別度指標，P_{iH} 和 P_{iL} 定義見公式 (5-2)。
從公式 (5-5) 可以推知，D_i 的值介於 -1 到 1 之間，$-1 = P_{iH} - P_{iL} = 0 - 1$，$1 = P_{iH} - P_{iL} = 1 - 0$。當低分組這道題目答對的比例比高分組答對的比例還高（低分組同學答對，高分組同學卻答錯），顯然這個題目不恰當，此種題目的鑑別度為負鑑別度（negative discrimination），當負鑑別度 $D_i = -1$，意思是低分組全部答對，高分組卻全部答錯，顯然這道題目應該刪除，負鑑別度題目通常捨棄不用。實務上，我們所採用的鑑別度值介於 0 到 1 之間。

如果高分組、低分組在這道題目答對的比例太接近，尤其是題目太容易或太困難，造成高分組、低分組都答對（即 $P_{iH} = P_{iL} = 1$）或都答錯

（即 $P_{iH} = P_{iL} = 0$），那麼高分組、低分組相減後都是 $D_i = 0$（即 $P_{iH} - P_{iL}$ $= 1 - 1 = 0$ 或 $P_{iH} - P_{iL} = 0 - 0 = 0$），就無法分辨出學生能力差異，此類試題沒什麼鑑別度，沒鑑別度會讓人懷疑此種題目是否眞有測量到想要測量的構念？理想的試題當然是這道題目的作用和總分的作用一致，總分高的高分組同學傾向答對，低分組的同學傾向答錯，也就是高分組答對的比例大於低分組答對的比例，此種題目的鑑別能力強，稱爲正鑑別度（positive discrimination）。正鑑別度的值最小值 0，最大值 1，鑑別度值 1 意思是這道題目高分組全部答對，低分組全部答錯，這時難度正好是 0.5（即 $\dfrac{P_{iH} + P_{iL}}{2} = \dfrac{1+0}{2} = 0.5$）。這是編製試題最理想的情況，鑑別度值 1，難度值 0.5。

例題 5-2

以題目 5-1 爲例，試求該題的鑑別度指標爲何？

解：

$D_8 = P_{8H} - P_{8L} = 0.6 - 0.2 = 0.4$，所以，該題鑑別度指標值 0.4。

2. 點二系列相關法（point-biserial correlation，r_{pb}）

除了公式 (5-5) 鑑別度分析外，內部一致性分析法亦常使用點二系列相關法（r_{pb}）進行試題分析。此法主要在探討學生在題目上的作答反應（Y 變項）與其總分（X 變項）上的表現之相關程度，這裡作答反應 Y 變項是二元計分變項（答對或答錯），總分 X 變項則是連續變項（測驗分數，從 0 分到 100 分）。例如，教師針對微積分選擇題，想知道某選擇題是否有鑑別度，便以微積分每人總分爲 X 變項，探討與選擇題（答對或答錯，Y 變項）之間的關係，稱爲點二系列相關法（r_{pb}）。r_{pb} 適用於內部一致性分析法亦適用於外在效度分析法，差別在於：X 變項在內部一致性分析法中是指原試卷的測驗總分，而在外在效度分析法中並不是原試卷的總分而是另找一個外在效標變項（但二者公式是一樣的），這裡 r_{pb} 作爲試題的鑑別度指標，其公式：

$$r_{pb} = \frac{\overline{X}_p - \overline{X}_q}{S_X} \times \sqrt{pq} \tag{5-6}$$

這裡，$\overline{X}_p$ 為該題所有答對的學生他們該科目得分的平均分數，

$\overline{X}_q$ 為該題所有答錯的學生他們該科目得分的平均分數，

p 為答對的百分比，

q 為答錯的百分比（即 $q = 1 - p$），

S_X 為該科目每位學生得分的標準差。

例題 5-3

學生	微積分對錯	微積分成績
B	1	99
K	1	98
D	0	95
O	1	86
A	0	85
N	1	84
F	0	81
L	0	70
C	0	65
I	1	63
J	0	51
E	1	43
G	0	42
H	0	40
M	0	25

本例題與例題 5-1 一樣，只是總分是微積分成績，試求 r_{pb}？

解：

全部學生 15 位，該題答對的學生 6 位，其分數為 99, 98, 86, 84, 63,

43, 所以，$\overline{X}_p = \dfrac{99+98+\cdots+43}{6} = 78.83$，該題答對的百分比 $= p = \dfrac{6}{15}$，該題答錯的學生有 9 位，其分數分別為 95, 85, 81, 70, 65, 51, 42, 40, 25, 所以，$\overline{X}_q = \dfrac{95+85+\cdots+25}{9} = 61.56$，該題答錯的百分比 $= q = \dfrac{9}{15}$，

$$S_X = \sqrt{\dfrac{\sum_{n=1}^{N}(X_n - \overline{X})^2}{N}} = \sqrt{\dfrac{\sum_{n=1}^{N}X_n^2 - \dfrac{\left(\sum_{n=1}^{N}X_n\right)^2}{N}}{N}} = \sqrt{\dfrac{78201 - \dfrac{(1027)^2}{15}}{15}} = 22.93$$

$$\sum_{n=1}^{15}X_n^2 = 99^2 + 98^2 + 86^2 + \cdots + 40^2 + 25^2 = 78201,$$

$$\sum_{n=1}^{15}X_n = 99 + 98 + 86 + \cdots + 40 + 25 = 1027,$$

$$r_{pb} = \dfrac{\overline{X}_p - \overline{X}_q}{S_X} \times \sqrt{pq} = \dfrac{78.83 - 61.56}{22.93} \times \sqrt{\dfrac{6}{15} \times \dfrac{9}{15}} = 0.369,$$ 表示該題的鑑別度指標值為 0.369。

如果標準差改以分母 N-1 來算，則 $S_X = \sqrt{\dfrac{78201 - \dfrac{(1027)^2}{15}}{15-1}} = 23.73$，

$r_{pb} = \dfrac{78.83 - 61.56}{23.73} \times \sqrt{\dfrac{6}{15} \times \dfrac{9}{15}} = 0.3565$，表示該題的鑑別度指標值為 0.3565。

注意 1：變異數（或標準差）分母可採用 N-1 或 N，原則上如果要推論到母體，則採用 N-1 來求算。例如，這裡 15 位學生只是從某個母體抽樣來的，現在要推論母體的鑑別度，則採 N-1 計算，以下依此觀念類推。

注意 2：變異數（或標準差）分母採用 N，r_{pb} 就會等於積差相關（公式 (2-7)），也就是用公式 (2-7) 或用公式 (5-6) 算出來的答案是一樣的。

3. 二系列相關法（biserial correlation, r_{bis}）

內部一致性分析法中還有二系列相關法（r_{bis}），此法 X 變項與 Y 變項原本均為常態分配，但其中 Y 變項因為人為需要，改為二元計分變項（例如，分成精熟或不精熟，精熟以 1 表示，不精熟以 0 表示），這種 X 變項是連續型的常態分配，Y 變項是連續型的常態分配卻被人為二分（有時稱此為常態二元變項），這時使用二系列相關法進行分析。此法與上面 r_{pb} 最大差異在：Y 變項在 r_{pb} 中原本就是二元計分變項，但在 r_{bis} 中則是原本連續型的常態分配卻被人為二元計分變項。

再者，r_{bis} 適用於內部一致性分析法亦適用於外在效度分析法，差別在於：X 變項在內部一致性分析中，是指原試卷的測驗總分，而在外在效度分析法中並不是原試卷的測驗總分而是另找一個外在效標變項（但二者公式是一樣的），其計算公式：

$$r_{bis} = \frac{\overline{X}_p - \overline{X}_q}{S_X} \times \frac{pq}{y} \tag{5-7}$$

這裡，$\overline{X}_p$、$\overline{X}_q$、p、q、S_X 定義同前，y 為答對人數百分比 p 值所在位置之常態分配曲線的高度。如果進一步推導，可得二系列相關與點二系列相關之關係：

$$r_{bis} = \frac{\overline{X}_p - \overline{X}_q}{S_X} \times \frac{pq}{y} = \left(\frac{\overline{X}_p - \overline{X}_q}{S_t} \times \sqrt{pq}\right)\frac{\sqrt{pq}}{y} = r_{pb}\frac{\sqrt{pq}}{y} \tag{5-8}$$

例題 5-4

學生心理測驗（I）學習成績，分為精熟與否（人為二分法），80 分（含）以上為精熟，以 1 表示，不到 80 分為不精熟，以 0 表示，心理測驗（II）學習成績如表所列，試求 r_{bis}（內部一致性分析法）？

學生	心理測驗（I）成績	精熟與否	心理測驗（II）成績
B	86	1	99
K	90	1	98
D	78	0	95
O	84	1	86
A	79	0	85
N	81	1	84
F	76	0	81
L	72	0	70
C	68	0	65
I	80	1	63
J	62	0	51
E	80	1	43
G	40	0	42
H	36	0	40
M	30	0	25

解：

　　全部學生 15 位，精熟的學生 6 位，其心理測驗（II）分數為 99, 98, 86, 84, 63, 43，所以，$\overline{X}_p = 78.83$，精熟百分比 $= p = 0.4$（精熟屬於分數高、答對這種情況，當然面積在右邊），得到 $y = 0.3863$（參閱圖 5-4）。又不精熟的學生有 9 位，其心理測驗（II）分數為 95, 85, 81, 70, 65, 51, 42, 40, 25，可得 $\overline{X}_q = 61.56$，不精熟的百分比 $= q = 0.6$，又 $S_X = 22.93$，所以，

$$r_{bis} = \frac{\overline{X}_p - \overline{X}_q}{S_X} \times \frac{pq}{y} = \frac{78.83 - 61.56}{22.93} \times \frac{0.4 \times 0.6}{0.3863} = 0.468$$

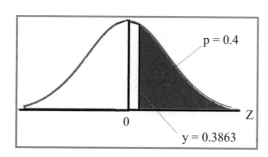

圖 5-4　標準常態分配曲線高度（當 $p = 0.4$ 時）

亦可推得二系列相關與點二系列相關之關係

$$r_{bis} = r_{pb} \frac{\sqrt{pq}}{y} = 0.369 \times \frac{\sqrt{0.4 \times 0.6}}{0.3863} = 0.468,$$

$r_{bis} = 0.468$ 意思是以 80 分作為精熟與否的內部一致性鑑別度指標值約為 0.468。如前所述，標準差分母有採用 $N\text{-}1$ 或 N，這裡採用 N 的算法，如要採用 $N\text{-}1$ 的算法，讀者參閱例題 5-3 即可。

注意：

(1) 這裡完全是為了方便說明，所以，例題數字都一樣，差異只在 X 變項是原本二元、人為二元或是效標名稱不同而已。本章習題 16 則數字不一樣，可供練習。

(2) 讀者可以試查當 $p = 0.5$ 時，則 $y = 0.3989$，0.3989 是標準常態分配高度中最高者（參閱圖 5-5）。$p = 0.5$ 時，從橫軸 Z 軸數線上的點來看，即 $Z = 0$。

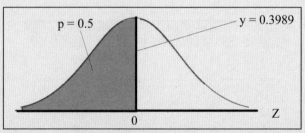

圖 5-5　標準常態分配曲線高度（當 $p = 0.5$ 時）

(3) 讀者可以再試查當 $p = 0.6$ 時（圖 5-6），標準常態分配高度 y 是 0.3863，不難看出，當 $p = 0.4$ 時，它的高度也是 $y = 0.3863$，因為標準常態分配是對稱分配，以 0 為對稱點，圖形左右對稱，高度一樣，y 值一樣。

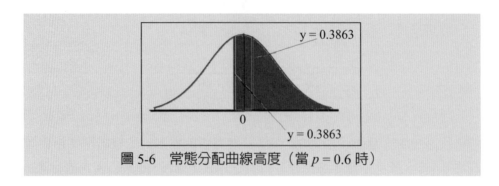

圖 5-6 常態分配曲線高度（當 $p = 0.6$ 時）

(二)外在效度分析法

1. 點二系列相關法（r_{pb}）

此法計算公式與內部一致性分析法公式 (5-6) 一樣，但必須另找一外在效標變項。同上例，教師想知道微積分某道題目是否有鑑別度，如果學生修過心理統計學這門課，這時可以心理統計學分數為其外在效標，此即外在效度分析之 r_{pb}，r_{pb} 可作為該題的鑑別度指標值。

例題 5-5

學生	微積分對錯	心理統計學成績
B	1	99
K	1	98
D	0	95
O	1	86
A	0	85
N	1	84
F	0	81
L	0	70
C	0	65
I	1	63
J	0	51
E	1	43
G	0	42
H	0	40
M	0	25

這裡只是把例題 5-3 微積分成績改成是心理統計學成績（外在效標），試求 r_{pb}？

解：

全部學生 15 位，答對的學生 6 位，其效標分數為 99, 98, 86, 84, 63, 43, 所以，$\bar{X}_p = \dfrac{99+98+\cdots+43}{6} = 78.83$，答對的百分比 $= p = \dfrac{6}{15}$，

答錯的學生有 9 位，其效標分數為 95, 85, 81, 70, 65, 51, 42, 40, 25, 所以，$\bar{X}_q = \dfrac{95+85+\cdots+25}{9} = 61.56$，答錯的百分比 $= q = \dfrac{9}{15}$，$S_X = 22.93$，

$r_{pb} = \dfrac{\bar{X}_p - \bar{X}_q}{S_X} \times \sqrt{pq} = \dfrac{78.83 - 61.56}{22.93} \times \sqrt{\dfrac{6}{15} \times \dfrac{9}{15}} = 0.369$，表示該題的鑑別度指標值為 0.369（答案跟前面一樣，只是變成外在效標變項名稱而已）。

R 程式

```
x <- c(1,1,0,1,0,1,0,0,0,1,0,1,0,0,0)
y <- c(99,98,95,86,85,84,81,70,65,63,51,43,42,40,25)
cor.test(y,x)

# 亦可以下列程式進行
install.packages("ltm")
library(ltm)
x <- c(1,1,0,1,0,1,0,0,0,1,0,1,0,0,0)
y <- c(99,98,95,86,85,84,81,70,65,63,51,43,42,40,25)
biserial.cor(y, x, use = c("all.obs"), level = 2)
```

2. 二系列相關法（biserial correlation, r_{bis}）

此法計算公式與公式 (5-7) 一樣，但必須另找一外在效標變項。前面提到，r_{bis} 適用於 X 變項是連續型的常態分配，Y 變項是常態分配卻被人為二分，使用 r_{bis} 可作為精熟與外在效標之鑑別程度。

例題 5-6

學生心理測驗（I）學習結果，分為精熟與否（人為二分法），80 分（含）以上為精熟，以 1 表示，不到 80 分為不精熟，以 0 表示，心理統計學成績仍為外在效標，試求 r_{bis}？

學生	心理測驗（I）成績	精熟與否	心理統計學成績
B	86	1	99
K	90	1	98
D	78	0	95
O	84	1	86
A	79	0	85
N	81	1	84
F	76	0	81
L	72	0	70
C	68	0	65
I	80	1	63
J	62	0	51
E	80	1	43
G	40	0	42
H	36	0	40
M	30	0	25

解：

全部學生 15 位，精熟的學生 6 位，其外在效標分數為 99, 98, 86, 84, 63, 43，所以，$\overline{X}_p = \dfrac{99 + 98 + \cdots + 43}{6} = 78.83$，精熟百分比＝ $p = \dfrac{6}{15} = 0.4$（精熟屬於分數高、答對這種情況，當然面積在右邊），再去查常態表中的高度，得到 $y = 0.3863$。

又不精熟的學生有 9 位，其外在效標分數為 95, 85, 81, 70, 65, 51, 42, 40, 25，可得 $\overline{X}_q = \dfrac{95 + 85 + \cdots + 25}{9} = 61.56$，不精熟的百分比 ＝ $q = \dfrac{9}{15} = 0.6$，又 $S_X = 22.93$，所以，二系列相關

$$r_{bis} = \frac{\overline{X}_p - \overline{X}_q}{S_X} \times \frac{pq}{y} = \frac{78.83 - 61.56}{22.93} \times \frac{0.4 \times 0.6}{0.3863} = 0.468 ,$$

亦可推得二系列相關與點二系列相關之關係

$$r_{bis} = r_{pb} \frac{\sqrt{pq}}{y} = 0.369 \times \frac{\sqrt{0.4 \times 0.6}}{0.3863} = 0.468 ,$$

$r_{bis} = 0.468$ 意思是以 80 分作爲精熟與否的外在效度分析鑑別度指標值約爲 0.468。

3. ϕ 相關法（phi correlation, ϕ 唸 fai）

此法適用於 X 變項與 Y 變項均爲二元計分變項之情況。但實務上，其中一個變項，原本是連續變項，卻被人爲二分，變成二元計分變項，亦可適用。例如，分數 60 分以上列爲精熟、60 分以下列爲未精熟。此類題目雖有其他算法，但以整理成下列 2×2 方格較爲簡易。其計算公式如下：

$$\phi = \frac{BC - AD}{\sqrt{(A+B)(C+D)(A+C)(B+D)}} \tag{5-9}$$

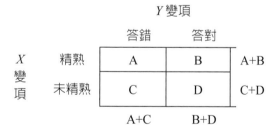

例題 5-7

研究者想知道作答反應（對 = 1、錯 = 0）與精熟情形（精熟 = 1、未精熟 = 0）的關係，他調查 15 人，結果如下，試求相關係數值爲何？

學生	對錯	精熟情形	學生	對錯	精熟情形	學生	對錯	精熟情形
S1	1	1	S6	0	0	S11	1	1
S2	1	0	S7	1	0	S12	1	1
S3	0	1	S8	1	1	S13	0	0
S4	1	0	S9	0	0	S14	1	1
S5	1	1	S10	1	1	S15	1	0

解：

Y 變項

		答錯 (0)	答對 (1)	
X 變項	精熟 (1)	1 A	7 B	8 (A+B)
	未精熟 (0)	3 C	4 D	7 (C+D)
		4 (A+C)	11 (B+D)	

先整理成上表 2×2 方格，例如，答錯卻精熟只有一個人（S3），答錯未精熟有 3 個人（S6、S9、S13），其餘類推。

$$\phi = \frac{BC - AD}{\sqrt{(A + B)(C + D)(A + C)(B + D)}} = \frac{7 \times 3 - 1 \times 4}{\sqrt{8 \times 7 \times 4 \times 11}} = 0.34$$

$\phi = 0.34$，表示該題鑑別度指標值約為 0.34。

如果要以 R 軟體的 phi 函數來進行分析，則將原表改成下表，以符合程式編寫者設定的模版。

Y 變項

		答錯 (0)	答對 (1)	
X 變項	未精熟 (0)	3	4	7
	精熟 (1)	1	7	8
		4	11	

R 程式

```
install.packages("psych")
x<-matrix(c(3,1,4,7), nrow = 2)
x
library(psych)
phi(x, digits = 2)

# digits = 2表示計算到小數點後第二位
```

注意：截至本章，我們已介紹相當多的相關係數公式，現依兩變項性質
列出對應的相關係數名稱如下表 5-2。

表 5-2　常用的相關係數名稱

		Y 變項			
		二元變項	常態二元變項	次序變項	連續變項
	類別變項			W	
X 變項	二元變項	ϕ			
	常態二元變項	ϕ	r_{tet}		
	次序變項	r_{rb}	r_{rb}	ρ	
	連續變項	r_{pb}	r_{bis}		r_{XY}

常態二元變項：

原本是常態分配的連續變項，卻被人為二分變成二元計分變項。

r_{tet}（四分相關，tetrachoric correlation）：

X 變項、Y 變項皆為常態分配的連續變項，卻皆被人為二分變成二元
計分變項，例如，X 變項是統計學成績被人為二分（及格、不及格），Y
變項是微積分成績被人為二分（精熟、未精熟），求兩變項之相關。

r_{rb}（等級二系列相關）：

X 變項是次序變項，Y 變項是真正二元變項或人為二元計分變項，求

兩變項之相關。此相關法極爲少用。

r_{pb}（點二系列相關）：

X 變項是連續變項，Y 變項是眞正二元變項，例如，X 變項是統計學成績，Y 變項是性別（男女），求性別與成績之相關。

r_{bis}（二系列相關）：

X 變項、Y 變項皆爲連續變項，但其中 Y 變項被人爲二分變成二元計分變項，例如，X 變項是統計學成績，Y 變項是心理測驗成績精熟與否的人爲二分變項，求兩變項之相關程度。

ρ（斯皮爾曼等級相關係數）：

X 變項、Y 變項皆爲次序變項，例如，X 變項是甲評審評分學生作品的排名，Y 變項是乙評審評分學生作品的排名，求兩變項（即兩位評審評分結果）之一致性。

W（肯德爾和諧係數）：

X 變項是學生作品的類別變項，Y 變項是評審評分學生作品的名次或等第（次序變項），求這些評審評分名次次序具一致性的程度。

r_{XY}（皮爾森積差相關係數）：

X 變項、Y 變項皆爲連續變項，例如，X 變項是統計學成績，Y 變項是微積分成績，求兩變項之皮爾森積差相關。

(三)內部一致性分析與外在效度分析之比較

內部一致性分析與外在效度分析兩者之差異，如果編製測驗的目的，只是想了解目前這份測驗編製良窳以及鑑別度情況，則使用內部一致性分析的鑑別度分析法或點二系相關法（以原試卷總分爲效標）較爲適當。如果測驗使用目的是希望能預測學生未來在外在效標上的表現，則使用外在效度分析法，這時必須找來自測驗外部的效標變項，而此效標變項與想要預測的未來行爲必須有關，才能有效預測其結果，也才不會降低試題或測驗在未來使用時的效度驗證。從效度來看，內部一致性分析法，在求作答反應（答對答錯）與總分是否具一致性，並無分析效度，但外在效度分析法則含有效度的探討，當我們取得外在效標分數（例如，已被驗證具有效度的智力測驗），並與我們編製的學業成就測驗分數，求算效標關聯效度，如果得到高效標關聯效度，說明了我們編製的學業成就測驗亦有效度。上述外在效度分析法中的 r_{pb}、r_{bis}、ϕ，隱涵了效度意涵。

　　如果就計算的簡易性而言，使用內部一致性分析的鑑別度分析法最爲方便，除了公式本身簡單外，又可以同時分析難度指標與鑑別度指標（這兩種指標都使用到高分組低分組資料）。就效標變項取得的方便性而言，內部一致性分析取得原考卷測驗總分爲其效標，顯然比外在效度分析法取得外部效標變項更爲方便，不過，由於電腦軟體的快速發展，資料蒐集與外在效標的存取，相較過去，現在使用外在效度分析法似乎比過去方便許多。從時間點來看，如果研究者只是進行橫斷研究（cross-sectional research），則內部一致性分析較爲適切，如果進行縱貫研究（longitudinal research），則外在效度分析法對於未來行爲表現的預測性將比橫斷研究更爲適合。

(四) 難度與鑑別度關係

　　由難度與鑑別度各自的計算方式可以得知，難度與鑑別度兩者並非相互獨立。難度是高分組低分組答對率之平均（見公式 (5-3)），鑑別度是高分組低分組答對率之差（見公式 (5-5)），由此可見難度與鑑別度相互關聯，然而兩者究竟存在著什麼關係，這由圖 5-7 即可看出兩者呈菱形關係，橫軸表示試題難度指標值，縱軸表示試題鑑別度指標值。難度指標值域介於 0 到 1 之間，當難度指標值爲 0 時（即高分組無人答對，低分組也是無人答對，$P_i = \dfrac{P_{iH} + P_{iL}}{2} = \dfrac{0+0}{2} = 0$），題目最難；當難度指標值爲 0.5 時，題目難易適中，一半左右的人答對；當難度指標值爲 1 時（即高分組全部答對，低分組也是全部答對，$P_i = \dfrac{P_{iH} + P_{iL}}{2} = \dfrac{1+1}{2} = 1$），題目最簡單。簡言之，難度指標值越大，題目越簡單，答對率越高。

鑑別度指標值域介於 −1 到 1 之間，前面提過，負鑑別度值（即下三角形）捨棄不用，所以，我們只關心介於 0 到 1 之間的鑑別度指標值（即上三角形），從圖上不難對照出，當難度指標值為 0.50 時，鑑別度指標值等於 1，也就是試題難度指標值越接近 0.5（難易適中）時，鑑別度指標值達到最大。當試題難度指標值越接近 1 時，表示試題越容易，鑑別度指標值將趨近於 0，這時題目幾乎無鑑別作用。當試題難度指標值越接近 0 時，表示試題越困難，鑑別度指標值亦將趨近於 0，這時題目幾乎無鑑別作用。所以，試題分析應以難度指標值越接近 0.5 時為佳，因為此時鑑別度指標值達到最大。從分配情形來看，當難度指標值接近 0.5 時，測驗分數的分配會呈常態分配。

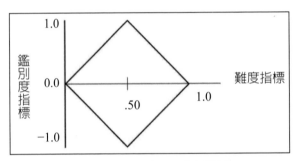

圖 5-7　難度與鑑別度關係

除了常態分配外，在心理統計學也學過右偏態分配、左偏態分配。右偏態分配是很多人考低分，左偏態分配是很多人考高分。當難度指標值小於 0.5 時，測驗分數會呈現右偏態分配，因為難度指標值較小時表示答對率較小，顯然題目較困難，考低分的人較多。下圖 5-8 為右偏態分配圖，從圖上不難看出考低分的人占大多數。

當難度指標值大於 0.5 時，測驗分數會呈現左偏態分配，因為難度指標值較大表示答對率較大，顯然題目較容易，考高分的人較多。下圖 5-9 為左偏態分配圖，從圖上不難看出考高分的人占大多數（左偏態、右偏態圖形都是以綿長來定義的，在右偏態圖形中，右邊的曲線越綿長，而在左

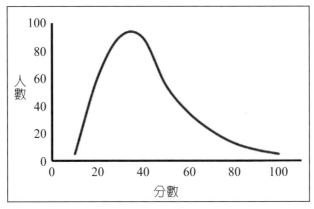

圖 5-8　右偏態分配

偏態圖形中，左邊的曲線越綿長，右綿長就叫右偏態，左綿長就叫左偏態）。

　　值得注意的是，當測驗分數呈右偏態分配，難度指標值會較小，就較無法有效鑑別能力較低學生的作答差異，這從圖 5-7 可以看出，題目難度指標值越小，越趨近於 0，鑑別度也越趨近於 0，越無法有效鑑別。同理，當測驗分數呈左偏態分配，難度指標值會較大，就較無法有效鑑別能力較高學生的作答差異，這從圖 5-7 可以看出，題目難度指標值越大，越趨近於 1，鑑別度會越趨近於 0，越無法有效鑑別。所以，難度適中的測驗，其分數呈常態分配，會有最佳的鑑別度。

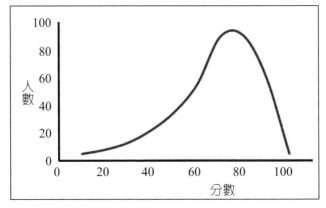

圖 5-9　左偏態分配

三、誘答力分析

　　一份好的測驗除了要有難度、鑑別度外，也要有誘答力。誘答力分析主要針對客觀測驗，尤其是選擇題，測驗編製者希望除了正確選項有人選答外，非正確選項也能誘使受試者勾選，達到誘答的目的。為使題目具備誘答力，出題者在測驗編製上，應加強不正確選項的編擬與撰寫技巧，讓這些不正確選項能誘使到對課程知識不熟稔的學生選答，達到試題鑑別度功能，也讓學生反思自己不熟悉、不理解的單元課程或教材內容，老師亦可藉由這些不正確選項學生選答情況，了解學生理解程度，必要時改變教學方法。

　　如何知道試題具有誘答力？有兩個判斷原則 (1) 每個不正確選項，至少低分組有一位學生選它 (2) 每個不正確選項，低分組學生總是比高分組學生更多人選答。只要違反上述二原則之一，即判定該試題不正確選項缺乏誘答力，必須修改或刪除。底下試舉一例說明之。

例題 5-8

　　某試卷選擇題第 3 題，該題有四個選項 A B C D，正確答案是 B，高分組低分組各有學生15人，選答結果如下，試求難度、鑑別度及誘答力。

組別	選項				
	A	B	C	D	未答
高分組	4	8	2	1	0
低分組	3	4	8	0	0

解：

第 3 題難度 $P_3 = \dfrac{P_{3H} + P_{3L}}{2} = \dfrac{\dfrac{8}{15} + \dfrac{4}{15}}{2} = 0.4$，

第 3 題鑑別度 $D_3 = P_{3H} - P_{3L} = \dfrac{8}{15} - \dfrac{4}{15} = \dfrac{4}{15}$，

第 3 題誘答力，兩個判斷原則：

(1)每個不正確選項，至少低分組有一位學生選它：不正確選項有三個 ＡＣＤ，低分組對於不正確選項 D，竟然沒有一位學生選。

(2)每個不正確選項，低分組學生總是比高分組學生更多人選答：不正確選項有三個 ＡＣＤ，其中不正確選項 A，竟然低分組學生比高分組學生更少人選答。

由此可見，第 3 題誘答力顯然不佳，須刪除。

第三節　效標參照測驗的試題分析

效標參照測驗主要考慮學生學習成效精熟與否（精熟 = 1，未精熟 = 0），所以，學生分數高分組或低分組幾乎都是 1，為何低分組幾乎也都是 1，這是因為教學時老師們希望每位學生都能達到及格，順利晉級或顯示老師的教學效果，所以低分組中不及格（未達到精熟）者少之又少，如果沿用常模參照測驗分析法，難度指標幾乎都會是 1（即 $(P_{iH} + P_{iL})/2 = (1 + 1)/2 = 1$），而鑑別度指標也幾乎會是 0（即 $P_{iH} - P_{iL} = 1 - 1 = 0$），顯然，常模參照測驗分析法不適用，需另用它法分析之。

一、效標參照測驗難度分析

效標參照測驗難度分析，一般來說，可以不進行分析，因為它的測驗分析目的與常模參照測驗分析不同。如果真要進行效標參照測驗難度指標分析，進行前應訂定精熟標準，如果精熟標準訂為 0.85，難度指標值亦應訂為 0.85 左右，也就是這道試題學生應該有 85% 的人答對。

二、效標參照測驗鑑別度分析

效標參照測驗分析主要目的之一是題目反應教學成果的程度如何，尤其是教學前與教學後學生的學習差異可對照出老師的教學效能（teaching efficiency），這種學生學習前後差異可作爲教師教學效能指標，亦可作爲鑑別度指標分析方法。通常可從三方面進行：(1) 教學前後差異分析；(2) 接受教學與未接受教學的差異分析；(3) 精熟組與非精熟組的差異分析。

(一)教學前後差異分析

作爲老師當然想知道自己教學效果的好壞，一個簡易的評估方法就是教學前、教學後，均分別對該班學生實施同份測驗，再針對測驗中感興趣的題目，計算教學後、教學前答對該題百分比的差異，即可用來評鑑試題的有效性，而這樣的方法亦可視爲教學前後差異指標（pre-to-post difference index, PPDI），依據 Kryspin & Feldhusen（1974）定義：

$$\text{PPDI} = P_{post} - P_{pre} \qquad\qquad (5\text{-}10)$$

這裡，PPDI = 教學前後差異指標，P_{post} 和 P_{pre} 分別爲教學後和教學前的答對試題百分比。

教學前後差異指標分析可能出現的情況：試題太簡單、試題太難、試題欠佳、常態型試題、最理想試題。如下所示。

試題	P_{post}	P_{pre}	PPDI	試題評鑑
1	0.9	0.9	0	試題太簡單
2	0.1	0.1	0	試題太難
3	0.0	1.0	−1	試題欠佳
4	0.9	0.4	0.5	常態型試題
5	1.0	0.0	1	最理想試題

試題 1 的 PPDI 爲 0 且 P_{post}、P_{pre} 答對的比例都偏高，表示題目過於

簡單，而且答對率都一樣，無法衡量出教學前後效益，也顯示此題無鑑別力，不是恰當題目。

　　試題 2 的 PPDI 為 0 且 P_{post}、P_{pre} 答對的比例都偏低，表示題目有點難，困難到全班答對的比率教學前、教學後沒什麼改變，嚴格來說，教學效益不太理想，完全沒有把原本不會的同學帶上來，也顯示此題無鑑別力，不是恰當題目。

　　試題 3 的 PPDI 為負值，教學前有 90% 的學生會，教學後反而只剩 10% 的學生會，不合常理也顯示此題毫無鑑別力，應刪除此題目。

　　試題 4 的 PPDI 為正值且教學前答對的比例較低（$P_{pre} = 0.4$），教學後答對的比例（$P_{post} = 0.9$）明顯成長，把原本不會的學生帶上來讓他們學會，顯然教學有效益也顯示此題有鑑別力，是最常態型的題目。

　　試題 5 的 PPDI 為正值且教學前完全沒有學生答對（$P_{pre} = 0$），教學後所有學生全部答對（$P_{post} = 1$），這是最佳的教學效益，讓原本不會的學生全部學會。當然這在現實的教學環境中，可能只是理想，但這麼高的教學效益、高鑑別度也是我們最預期看到的結果。

　　上述結果，可知 PPDI 值域介於 –1 到 +1 之間，當 PPDI 為負值，表示該題品質極差，試題毫無鑑別度，應予刪除，而且顯示教學效益越教越差，與實際教學情境違和。當 PPDI 值越接近 0 時，表示該題品質待改進，試題鑑別度低，也無法反應出老師的教學效益。當 PPDI 值越接近 0.5 時，這是正常教學情境下，常態性的教學效益表現，同時表示該試題品質佳，試題具有鑑別度。當 PPDI 值越接近 1 時，表示該試題品質極佳，鑑別度指標高，同時反應出高的教學效益。

　　不過，PPDI 也有它的限制：(1) 必須前後施測兩次，才能計算教學效益與鑑別度；(2) 試題編製不良，導致教學效益不佳且鑑別度低，所以，PPDI 有無指標意義取決於試題編製良窳；(3) 單憑教學前後測兩次試題作答差異就判斷教學效益，過於粗簡，畢竟影響教學效益層面實屬廣泛且多元。

例題 5-9

學生	第1題 教後對錯	第1題 教前對錯	第2題 教後對錯	第2題 教前對錯	第3題 教後對錯	第3題 教前對錯	第4題 教後對錯	第4題 教前對錯
A	0	0	0	0	1	1	0	0
B	1	0	0	0	1	1	0	0
C	1	1	0	0	1	1	0	0
D	1	0	1	0	1	1	0	0
E	1	1	0	0	1	1	0	0
F	1	0	0	0	1	1	0	0

　　某教學者想了解教學效益，他針對 6 名學生在 4 道題目上教學前後的作答結果（對以 1 表示，錯以 0 表示）進行分析，如上表所示，試求效標參照測驗各題的鑑別度指標？

解：

　　第 1 題 $PPDI = P_{post} - P_{pre} = \dfrac{5}{6} - \dfrac{2}{6} = 0.5$，試題品質佳，試題具有鑑別度，在正常教學下，常態性的教學效益表現，試題與教學皆有效。

　　第 2 題 $PPDI = P_{post} - P_{pre} = \dfrac{1}{6} - \dfrac{0}{6} = \dfrac{1}{6}$，試題品質差強人意，鑑別力較低且教學前後沒有明顯教學效益。

　　第 3 題 $PPDI = P_{post} - P_{pre} = \dfrac{6}{6} - \dfrac{6}{6} = 0$，試題太容易，學生教學前後都答對，無鑑別力且無法衡量教學效益。

　　第 4 題 $PPDI = P_{post} - P_{pre} = \dfrac{0}{6} - \dfrac{0}{6} = 0$，試題太難，困難到全班教學前、教學後都沒有人答對，看不出教學效益也顯示此題無鑑別力。

(二)接受教學與未接受教學的差異分析

如果群體條件（例如，大一學生智力、入學成績）相當，可採用實驗組接受教學（instructed group）、控制組未接受教學（uninstructed group）的方式，計算他們在某試題上的反應差異，具體做法就是某個相同科目甲組採用實驗法教學，乙組採用非實驗法（控制法）教學，甲、乙組施測後，針對感興趣的試題進行兩組答對百分比的差異分析，此差異值即可作為效標參照測驗的鑑別度指標，公式如下：

$$D = P_i - P_u \qquad (5\text{-}11)$$

這裡，D 為鑑別度指標，P_i 和 P_u 分別為接受教學實驗組與未接受教學控制組的答對試題百分比。

例題 5-10

針對某測驗題目進行分析，甲組是接受教學組，乙組未接受教學組，各為 9 人，他們的作答反應（對以 1 表示，錯以 0 表示）如下表所示，試求此題效標參照測驗鑑別度指標？

甲組學生	甲組對錯	乙組學生	乙組對錯
A	1	J	1
B	1	K	0
C	0	L	1
D	1	M	1
E	1	N	1
F	1	O	0
G	0	P	0
H	1	Q	1
I	1	R	0

解：

$$D = P_i - P_u = \frac{7}{9} - \frac{5}{9} = \frac{2}{9} \ ,$$

這裡，$P_i = \frac{7}{9} =$ 甲組 9 人中有 7 人答對，$P_u = \frac{5}{9} =$ 乙組 9 人中有 5 人答對，此題試題鑑別度低，亦無法反應出老師的教學效益。

(三)精熟組與未精熟組的差異分析

進行這種差異分析必須先設定精熟標準，例如，設定總分的 80% 以上為精熟，如果總分 50 分，那麼得分 40 分以上即為精熟，以下即為未精熟，一旦施測結束，即可計算精熟組（40 分（含）以上者）、未精熟組（未達 40 分者）答對該題百分比的差異值，此即效標參照測驗的鑑別度指標：

$$D = P_m - P_n \tag{5-12}$$

這裡，D 為鑑別度指標，P_m 和 P_n 分別為精熟組和未精熟組學生的答對試題百分比。

例題 5-11

針對某測驗進行分析，該學科考試成績及第 3 題對錯（對以 1 表示，錯以 0 表示）如下表所示，如果以成績 80 分（含）以上為精熟，不到 80 分為不精熟，試求此題效標參照測驗鑑別度指標？

學生	對錯	學科成績
A	0	68
B	1	69
C	0	95
D	1	87
E	1	81
F	1	88

學生	對錯	學科成績
G	0	79
H	1	90
I	0	67

解：

學生	對錯	學科成績	精熟與否
A	0	68	0
B	1	69	0
C	0	95	1
D	1	87	1
E	1	81	1
F	1	88	1
G	0	79	0
H	1	90	1
I	0	67	0

$$D = P_m - P_n = \frac{4}{5} - \frac{1}{4} = 0.55 \text{，}$$

這裡，$P_m = \frac{4}{5} =$ 精熟 5 人中有 4 人答對，$P_n = \frac{1}{4} =$ 未精熟 4 人中有 1 人答對，此題，試題品質佳，試題具有鑑別度，事先設定的精熟標準與教學情境教學效益表現相符，試題與教學皆有效。

三、效標參照測驗誘答力分析

一份好的測驗要具有適切的難度、鑑別度外，也要有誘答力。效標參照測驗選擇題誘答力分析可以從三方面進行：(1) 教學前後差異分析；(2) 接受教學與未接受教學的差異分析；(3) 精熟組與非精熟組的差異分析。誘答力分析的重點除了正確選項有人選答外，其他非正確選項也能誘使受試者勾選，達到誘答的目的。如何知道試題選項具有誘答力？有兩個判斷原則：(1) 每個不正確選項，至少教學前、未接受教學或非精熟組有一位學生選它；(2) 每個不正確選項，教學前、未接受教學或非精熟組學生總是比高分組學生更多人選答。只要違反上述二原則之一，即判定該試題不正確選項缺乏誘答力，必須修改或刪除。底下試舉一例說明之。

例題 5-12

某試卷選擇題第 6 題，該題有四個選項 A B C D，其中正確答案是 A，甲組是接受教學組，乙組未接受教學組，每組各有學生 20 人，其選答結果如下，如果當初難度標準設定 90%，試分析效標參照測驗難度、鑑別度及誘答力。

組別	選項				
	A	B	C	D	未答
甲組	14	0	0	6	0
乙組	12	0	8	0	0

解：

第 6 題難度 $P_{6甲} = \dfrac{14}{20} = 0.7$，$P_{6乙} = \dfrac{12}{20} = 0.6$，甲乙組都未達標準 0.9。

第 6 題鑑別度 $D6 = P_{6甲} - P_{6甲} = \dfrac{14}{20} - \dfrac{12}{20} = 0.1$。

第 6 題誘答力，兩個判斷原則：

(1) 每個不正確選項，至少乙組有一位學生選它：不正確選項有三個 BCD，但選項 B 沒有誘答力，因為乙組沒有一位學生選它（更嚴重的是甲乙組都沒有人選），一定要刪除。

(2) 每個不正確選項，乙組會比甲組更多人選答：不正確選項 D，竟然吸引甲組比乙組更多人選，是不佳選項，應考慮刪除。不正確選項 C，吸引乙組比甲組更多人選答，是具有誘答力的選項。

由此可見，選擇題第 6 題 B 與 D 選項應修改或刪除。

第四節　試題刪選分析

　　經過試題分析，便能掌握到試題的三大統計特徵：難度、鑑別度及誘答力的各項數值，即可利用這些數據進行試題保留、修改或刪除的編輯工作，以確保測驗品質。

一、試題刪選標準

(一)優先考慮鑑別度指標

　　試題刪選如果是效標參照測驗，則進行鑑別度指標分析時，亦可同步進行教學效能指標分析，這時可以考慮教學前後（或是接受教學組與未接受教學組、精熟組與非精熟組）之差異性分析，挑選出適切的題目。試題刪選如果是常模參照測驗，則可以考慮難度、鑑別度、誘答力以及范氏試題難度 Δ 值等指標，進行試題評鑑之刪選。市面上，有的教科書後面附有范氏試題分析表，表上列有難度、鑑別度、答對率以及范氏試題難度 Δ 值，供讀者查閱刪選。不過，范氏試題分析不同數值組合，造成頁數繁多，應用上較為麻煩，近來多以難度指標值與鑑別度指標值直接進行試題初評，作法又以鑑別度指標優先考慮，再挑選難度指標適中的題目。鑑別度指標越高越好，鑑別度指標評等（Ebel, 1979），如表 5-3 所示。

表 5-3　鑑別度指標評等

鑑別度指標	試題評鑑結果
0.4 以上	非常優良
0.3～0.39	佳，但可能需修改
0.2～0.29	可，但須作修改
0.19 以下	劣，刪除或修改

學者建議鑑別度指標值 0.25 以上而難度指標值 0.5 為佳，不過要從鑑別度指標值 0.25 以上，找到題目難度指標值都接近 0.5，恐怕不太容易，有些學者建議只要難度指標值介於 0.4 到 0.7 之間即可（Ahmanan & Glock, 1981），而有的學者建議如果是選擇題，則難度指標值只要介於 0.4 到 0.8，是非題只要介於 0.55 到 0.85 即為適宜題目（Chase, 1978）。

(二)考慮測驗目的與性質

因為試題良窳不單單只需考慮數據層面，還需考慮測驗編製目的與性質，如果是常模參照測驗用的試題，其測驗目的主要在指出學生在團體中的相對位置，則應挑選難易適中的題目，如果是效標參照測驗用的試題，其測驗目的主要在檢視學生精熟與否，則應挑選較具內容效度代表性者或內容效度係數較高者的題目。

(三)考慮測驗試題效度

依據效度來刪選題目，任何測驗題目首要任務在測量想要測量的特質，違背此任務，試題即無意義。效度檢視包括內容效度、效標關聯效度（尤其是外在效標作外在效度分析）以及構念效度是否滿足要求（有關效度檢視參閱第三章的說明）。

二、試題分析解釋應注意事項

(一)鑑別度指標並不等於效度指標

鑑別度主要在評估試題良窳並非評估試題效度。鑑別度在求內部一致性時，目的在評估試題對錯與測驗總分高低是否具一致性，總分越高，答對越高，則越具一致性。至於評估測驗效度，則須採外在效標之外在效度分析，前面章節提到外在效標不易取得，尤其，學科成就測驗是統整單元課程的綜合測驗，單元課程有其教學目標與課程內容，要找到目標與內容類似的外在效標實屬困難。

此外，鑑別度在求內部一致性時，只計算高分組、低分組的總分，並沒有將所有樣本都納入，總是有一半或三分之一排除在外，這對效度驗證不利。所以，鑑別度指標高並不等於測驗題目就具有高效度。

(二)鑑別度指標低並不代表試題欠佳

影響試題良窳原因眾多，鑑別度指標低並不代表測驗題目一無可取。鑑別度指標低的原因，有可能 (1) 題目過於簡易或過於困難，這類題目有時為了激發學生動機（題目簡易，至少有題目做對了，對功課欠佳的人，增些信心；題目困難，但做對了，表示自己厲害），有時為了具代表性（代表教學目標與內容），這類題目都會予以保留；(2) 題目屬性越接近（例如，同屬認知題目或同屬理解題目），鑑別度會越高，舉例來說，雙向細目表中屬於認知題目有 40 題，其次是理解題目有 10 題，如果要分析的題目，正好都屬於認知題目，那麼鑑別度可能會較高。如果要分析的是理解型題目，那麼鑑別度可能會較低，不過，理解題目鑑別度會較低只是相對認知題目而言，並不是這些理解題目就不佳。所以如果刪除這 10 題，那測驗就只剩下測量認知題目，測驗內容效度代表性就會受到質疑；(3) 為了克服上述問題，可以分測驗的分數（例如，理解題目總分）代替原本的總分來作內部一致性分析，鑑別度自然會有所改善。

(三)依據雙向細目表進行分析

試題分析還是要掌握到雙向細目表中的教學目標與課程內容是否達標，而非全以難度指標與鑑別度指標作為刪選題目的準則，例如，善用邏輯效度作為判斷題目適宜的準則，而非統計分析作為唯一考慮。

(四)注意樣本依賴的偏誤

古典測驗理論試題統計特徵屬於樣本依賴的指標，樣本中這一批的受試者，跟下一批的受試者，有著不同的教育成長環境、能力水準及所受的教學型態，極有可能這批樣本某個試題應刪除，但在另一批樣本則只要修正或保留即可，會產生這種現象，主要是因為樣本數不夠大，所以，這些試題分析結果，都只是暫時性的、單次性的，需再多次檢視或是更多的樣本數的佐證，才能有更確切的結論，如果能搭配內容效度的驗證，將更能選出適切的試題。

三、試題分析實例

底下以 10 題是非題為例，假設該班高分組低分組答對率如下表所示，試以鑑別度指標值 0.25 以上，難度指標值介於 0.4 到 0.8 間，作為刪選標準，評估結果請以保留、刪除或修改表示。

題號	高分組答對率 (P_H)	低分組答對率 (P_L)	難度指標 ($\frac{P_H+P_L}{2}$)	鑑別度指標 (P_H-P_L)	試題評估結果
1	0.83	0.41	0.62	0.42	保留
2	0.65	0.23	0.44	0.42	保留
3	0.21	0.29	0.25	−0.08	刪除
4	0.46	0.14	0.30	0.32	修改
5	0.90	0.32	0.58	0.61	保留
6	0.85	0.37	0.61	0.48	保留
7	0.72	0.52	0.62	0.20	修改
8	0.40	0.36	0.38	0.04	刪除
9	0.95	0.29	0.62	0.66	保留
10	0.21	0.15	0.18	0.06	刪除

就鑑別度指標值來看，題號 1, 2, 4, 5, 6, 9 題符合標準，再就這六題的難度指標值來看，題號 1, 2, 5, 6, 9 題符合標準，所以，第一波保留第 1, 2, 5, 6, 9 題。至於，第 4 題鑑別度指標值符合標準，但難度指標偏低，建議第 4 題需修改。

題號第 3, 7, 8, 10 題，就鑑別度指標值來看，考慮刪除，如果就難度指標值來看，題號 3, 8, 10 題未達標準，考慮刪除，但第 7 題則修改之。

習題

1. 估計教育測驗信度的方法有哪些？試舉例說明之（普考）

2. 何謂鑑別度分析？

3. 已知資料如下，試選出正確答案？答案：B

題號	高分組 答對率	低分組 答對率	難度 指標	鑑別度 指標
1	0.85	0.15	0.5	0.7
2	0.45	0.85	0.65	−0.4
3	1.0	0.0	0.5	1.0
4	0.88	0.64	0.76	0.24
5	0.3	0.1	0.2	0.2

(A) 第 2 題是優良試題，無需修改

(B) 第 4 題需修改後可考慮保留

(C) 第 5 題題目過於簡單，使得鑑別度太低

(D) 第 1 題、第 3 題過於困難，需考慮刪除

4. 某試卷試題分析後，得出下列指標值，試問哪一個題目的品質最佳？
   答案：A
   (A) 難度 .55、鑑別度 .55
   (B) 難度 .75、鑑別度 .25
   (C) 難度 .25、鑑別度 .25
   (D) 難度 .45、鑑別度 .35

5. 已知 4 道題目的難度指標如下，何者鑑別度可能最高？答案：B
   (A) .05
   (B) .50
   (C) .25
   (D) .85

6. 下列有關測驗結果的說明，何者最正確？答案：A

(A) 難度指標值越大，表示該題越簡單

(B) 依精熟學習結果所計算的變異數通常較大

(C) 大型考試分數的變異數通常較小

(D) 一個測驗的難度越高，則其鑑別力也越高

7. 能力測驗題目的難度，常以通過率 P 或范氏難度指標 Δ 值來表示。下列關於難度的敘述何者正確？答案：B

(A) P 值越小，Δ 值越小

(B) Δ 值越大，題目越困難

(C) P 值與 Δ 值皆非等距量尺

(D) P 值大小，與樣本能力高低無關

8. 測驗結果進行試題分析時，下列敘述何者正確？答案：A

(A) 鑑別度分析旨在確定題目能否鑑別學生能力高低的程度

(B) 難度分析的目的在確定取樣的代表性程度

(C) 鑑別度指標值愈高，則試題的效度愈好

(D) 難度指標值增加，則鑑別度指標值數也增加

9. 試題難度 P = 0.5 時，其范氏難度指標 Δ 值爲何？答案：B

(A) 11

(B) 13

(C) 15

(D) 0

10. 某題目的答對比率 P=0.84，則范氏難度指標 Δ 值？答案：B

(A) 11

(B) 9

(C) 13

(D) 15

11. 某選擇題第 3 題全班 50 人有 30 人答對，則該題難度指標值？答案：C

(A) 0.4

(B) 0.8

(C) 0.6

(D) 0.1

12. 某題目，全班 40 人中無人答對，請問此題之鑑別度？答案：A

　　(A) 0

　　(B) 1

　　(C) 0.2

　　(D) 0.5

13. 下列有關試題鑑別度的敘述，何者正確？答案：D

　　(A) 負鑑別度是因低分組答對率比高分組答對率低

　　(B) 試題鑑別度是指該題學生答對的比例

　　(C) 試題難度越高，鑑別度越高

　　(D) 負鑑別度是因低分組答對率比高分組答對率高

14. 段考後，陳老師做了試題分析，他將班上 40 位學生分為高分組以及低分組二組。某題標準答案為 C，班上學生各選項回答人數如下（105 普考）

	A	B	C	D
高分組	0	10	8	2
低分組	0	9	10	1

(一) 請問這一題的難度（P）多少？（5 分）

(二) 請問鑑別度 (D) 多少？（5 分）

(三) 請問哪個選項最需要修改？為什麼？（5 分）

(四) 請問你會不會建議陳老師保留這個題目？為什麼？（10 分）

答案：

(一) 高分組答對率 $= \dfrac{8}{20} = 0.4$、低分組答對率 $= \dfrac{10}{20} = 0.5$

　　$P = \dfrac{0.4 + 0.5}{2} = 0.45$

(二) $D = 0.4 - 0.5 = -0.1$

(三) 1. A 選項高低分組都沒有人選答，此選項缺乏誘答力，需修改。

2. B、D 是不正確選項，理論上低分組選答人數應該比高分組選答人數要多，但實際情況相反，所以須修改。

(四) 我的建議是不會保留這個題目，理由如下：

1. 不正確選項 A、B、D 都編寫得不好

2. 鑑別度 D 為負值，表示低分組答對率高於高分組答對率，有違常理且造成內部的不一致性。

15. 某教育學者分析某一題的試題分析，結果如下表：（106 普考）

選項	A	B	C	D	難度	鑑別度
高分組（選答比率）	0.0069	0.0419	0.0173	0.9336	0.5094	0.7768
低分組（選答比率）	0.1002	0.3392	0.4033	0.1568		

試問：（每小題 5 分，共 25 分）

(一) 請評論該題的難度指標？

(二) 請評論該題的鑑別度指標？

(三) 請評論該題的選項誘答力？

(四) 請評論該題係值得納入題庫或直接刪除？

(五) 請綜合上述評論，判斷該題的命題品質良窳？

答案：

(一) 難度指標是高低分組的平均答對率，本題的難度指標 0.5094，接近最佳難度指標 0.5，所以，該題為難度適中的好題目，保留此題。

(二) 鑑別度指標是高低分組答對率之差，本題鑑別度指標為 0.7768，離最佳鑑別度指標 1 些許差距，但屬於高鑑別度的題目，鑑別能力算強，能有效區別高低組答對率，是個好題目，保留此題。

(三) 試題選項誘答力的判斷與評估原則有二：

(1) 每個不正確選項，至少低分組有一位學生選它。

(2) 每個不正確選項，低分組學生總是比高分組學生更多人選答。

根據表上數據，顯然完全符合上述兩個原則，因此該題選項具有誘答力，是個好題目，保留此題。

(四) 由上述評論，可以考慮直接納入題庫。

(五) 該題目具有難易適中的難度指標，且高鑑別度，滿足誘答力要求，無庸置疑，試題品質符合各項要求，是一個品質良好的題目。

16. 試求身高與性別（男生為 1，女生為 0）之相關程度。

學生	A	B	C	D	E	F	G	H	I	J
身高	180	166	160	170	170	164	158	162	166	164
性別	男	女	女	男	男	女	女	女	男	男

解：性別並非人為二分，以 r_{pb} 求之。答案：$r_{pb} = 0.6742$。

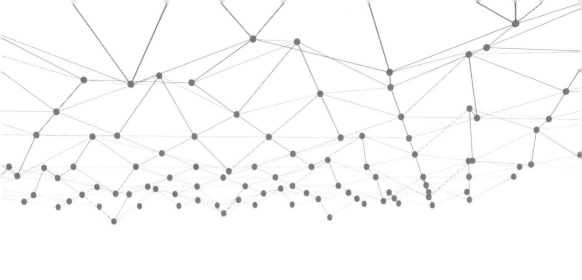

◆ PART 2

現代測驗篇

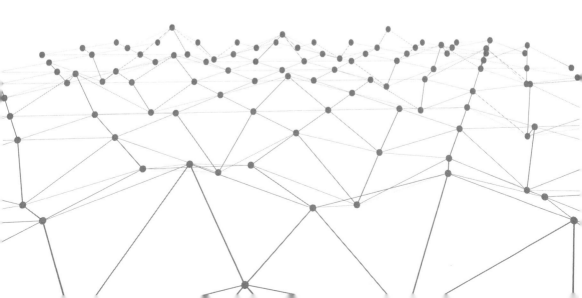

第六章

二元計分IRT模式(I)

第一節 緒論

現代測驗理論或稱試題反應理論（item response theory, IRT）是將受試者能力 θ 與題目難度 b 間的關係（兩者的關係為差異關係，即 $\theta - b$），以機率函數（即 $P(\theta)$）方式呈現出受試者的作答反應結果。在試題反應理論模式的發展沿革中，有以常態肩形（normal ogive）函數表徵的模式，也有以 logistic 函數表徵的模式（參閱書末附錄說明 6-a），因為 logistic 函數運算方便，所以目前較普遍使用的是 logistic 函數的 IRT 模式。在發展沿革中，因為試題參數個數、計分方式、能力維度之不同而有不同的模式發展。

首先，依據試題參數個數不同，發展出 1PL、2PL、3PL、4PL 等模式，試題參數指的是試題鑑別度（a）、試題難度（b）以及猜測度（c）等。如果模式中，試題參數只有難度參數（b）就叫單參數 logistic 模式（1PL 模式，one-parameter logistic model, Verhelst & Eggen, 1989; Wright & Stone, 1979），也就是影響受試者的作答結果（答對或答錯），除了自身能力外，還會受到試題難度這一個參數的影響。如果模式中，試題參數有試題鑑別度（a）與試題難度（b）就叫二參數 logistic 模式（2PL 模式，two-parameter logistic model, Birnbaum, 1968），也就是影響受試者的作答結果，除了自身能力外，還會受到試題鑑別度與試題難度這二個參數的影響，這裡要特別說明的是，在 2PL 模式中，當鑑別度 a 為已知時或被假設為某數值時，例如 a 為 1，1.8 或其他數值時，2PL 模式就會縮減

（reduce）為 1PL 模式，尤其當鑑別度 $a = 1$ 時，即為 Rasch 模式。如果模式中，試題參數有試題鑑別度（a）、試題難度（b）以及猜測度（c）就叫三參數 logistic 模式（3PL 模式，three-parameter logistic model, Lord & Novick, 1968; Lord, 1980），也就是影響受試者的作答結果，除了自身能力外，還會受到試題鑑別度、試題難度以及猜測度這三個參數的影響。在 3PL 模式中，當猜測度 c 為 0 時，則 3PL 模式會縮減為 2PL 模式，同理，當 a 為已知時且猜測度 c 為 0，則 3PL 模式就會縮減為 1PL 模式。如果模式中，試題參數除了試題鑑別度、試題難度、猜測度外，還有上限參數（upper limit parameter）d 就叫四參數 logistic 模式（4PL 模式，four-parameter logistic model, Barton & Lord, 1981; McDonald, 1967）。在某些測驗情境中，例如，主觀作品（美勞藝術作品）的得分，受試者往往不會有得滿分的情況（原因之一是評分者通常不打滿分），上限參數可以用來表徵這樣的情況，也就是受試者能力再怎麼強，答對機率最終趨近於上限參數值 d（即 $\theta \to \infty$，$P(\theta) \to d$），最終不會是 $P(\theta) = 1$ 的情況。我們也可以擴延 4PL 於某些測驗情境中，例如，受試者某題作答時想太多而錯答的情況，使得原本可全對（滿分）卻失誤了。限於篇幅及本書定位，4PL 模式就暫不介紹。

其次，試題反應理論模式的發展，依計分方式不同而有二元計分與多元計分模式。二元計分，例如，單選題、是非題、填充題、配合題，這類題型計分方式：答對給 1 分，答錯給 0 分。二元計分模式本書主要介紹 Rasch 模式（含基本假設、試題訊息函數、概似比檢定等）、LLTM 模式（linear logistic test model, Fischer, 1973）、1PL 模式、2PL 模式、3PL 模式等。

多元計分，例如，作文測驗依遣詞造句、文章脈絡、組織結構、內容創意，分別給予不同分數，又如李克特式五點量表（非常不同意 1 分、不同意 2 分、普通 3 分、同意 4 分、非常同意 5 分）或是數學計算題全錯給 0 分、半對給 1 分，全對給 2 分的給分型式等。多元計分模式主要有等級反應模式（graded response model, GRM; Samejima, 1969, 簡稱等級模式）、名義反應模式（nominal response model, NRM; Bock, 1972, 簡稱名義模式）、評定量表模式（rating scale model, RSM; Andrich, 1978）、部分給分模式（partial credit model, PCM; Masters, 1982）以及多面相 Rasch 模式（many-facet Rasch model, MFRM, Linacre, 1989）等。這當中，名義反應模式常被應用於選項間彼此無關且不具排序關係的問卷分析上，例如，宗教信仰是 (1) 天主教、(2) 基督教、(3) 佛教、(4) 回教、(5) 其他，或是畢業學院 (1) 文學院、(2) 理學院、(3) 工學院、(4) 管理學院、(5) 法學院、(6) 社會科學院、(7) 其他。近幾年，在心理學研究中使用名義模式已較爲少見，取而代之的是評定量表模式以及部分給分模式的研究（名義模式本書暫不介紹，其餘模式詳後面章節）。

最後，試題反應理論模式發展，亦可從受試者能力維度來看，受試者能力維度從單向度（unidimensional）模式擴展爲多向度（multidimensional）模式，例如，只測量數學能力這種單向度模式擴展到測量空間能力、數理能力、語文能力、機械能力等多向度模式。本書定位爲基礎內容介紹，所以，所介紹的 IRT 模式都是以單向度爲主。

有關 IRT 重要概念，這裡先作簡述，後面章節再詳述：

一、功能：IRT 可以用來表徵測驗題目的試題統計特徵（難度、鑑別度或猜測度）、受試者能力以及受試者作答結果彼此間關係的理論。

二、基本假設：IRT 爲一測量模式，將觀察到的結果（例如，數學成績、人格量表、機械操作成績）與無法觀察到的潛在特質（數學能力、人格特質、機械能力），用機率函數建立起觀察到與無法觀察兩者之間的測量關係。如果是單向度 IRT 模式，則其基本假設必須符合 (1) 單向度：即測驗中的每道題目，都在測量單一特質或單一能力，例如，語文測驗的所有試題都在測量語文能力此一向度；(2) 局部獨立（local independence）：受試者能力已知（即 fixed）後，受試者答對題目的機率彼此獨立，例如，他同時答對 A、B、C 三道題目的機率等於答對題目 A 的機率乘以答對題目 B 的機率乘以答對題目 C 的機率；(3) 非速度性（nonspeedness）：IRT 模式主要在測量能力高低而不是測量作答速度快慢，如果受試者作答表現不佳，是能力不足而非時間不夠；(4)「知道－正確」假設（know-correct assumption）：受試者知道正確答案就會答對該題，不會故意勾選錯誤答案（Weiss & Yoes, 1991）。符合上述這些假設，才能進行測驗資料單向度 IRT 模式分析。

三、**特色**：相對於古典測驗理論而言，IRT 的主要特色有試題特徵曲線、試題訊息函數以及參數不變性。

1. 試題特徵曲線：在測驗題目的試題統計特徵固定（已知）下，受試者在某一試題上的表現（答對或答錯），可以由受試者的能力加以解釋及預測，這種將受試者能力與受試者答對表現，以一條連續性遞增曲線，加以詮釋（參閱圖 7-6），即試題特徵曲線（item characteristic curve, ICC; Hambleton, Swaminathan & Rogers, 1991; Lord, 1980）。如果把每道題目的特徵曲線加總起來，即為一條測驗特徵曲線（test characteristic curve, TCC），可以了解在試題統計特徵固定下，整份測驗的所有受試者能力與作答表現間的關係。

假設題目的試題統計特徵（難度、鑑別度或猜測度）值已知，例如，1PL 模式中已知第 1 題難度值 0.2，第 2 題難度值 -1，在坐標軸上，橫坐標是受試者能力（例如，$-4 \leq \theta \leq 4$），縱座標是受試者答對的機率（$P(\theta)$），那麼即可畫出 ICC 曲線，第 1 題有第 1 題 ICC 曲線，第 2 題有第 2 題 ICC 曲線，也就是每道題目都有自己的 ICC 曲線。在 2PL 模式中，已知第 1 題鑑別度值 0.9、難度值 -0.6，第 2 題鑑別度值 1.5、難度值 0.2，那麼亦皆可在座標軸上畫出各題的 ICC 曲線。其他模式皆同此理。

2. 試題訊息函數（item information function）：試題對於受試者能力參數的估計可以提供不同的訊息，試題訊息函數就是用來探討試題對於能力參數的估計所能提供的訊息量多寡，試題提供的訊息量越多，估計誤差就越小，對於能力值的估計就越精確。不同的 IRT 模式，會有不同的試題訊息函數及特性（參閱表 7-3）。在 1PL 與 2PL 模式中，試題最大訊息量皆發生在能力值等於難度值時（即 $\theta = b$ 時），不同的是：1PL 模式，假如鑑別度值 1.2，則測驗中所有試題每題所提供的最大訊息量皆相同，都是 0.25×1.2^2，假如鑑別度值 1（即 Rasch 模式），則測驗中所有試題每題所提供的最大訊息量都會是 0.25；而 2PL 模式，假如第 1 題鑑別度值 0.9，則第 1 題所能提供的最大訊息量為 0.25×0.9^2，第 2 題鑑別度值 1.5，則第 2 題所能提供的最大訊息量為 0.25×1.5^2，在 2PL 模式中，每道試題所能提供的訊息量依其鑑別度不同而不同，鑑別度值越大，能提供的訊息量就越大。試題訊息函數除有助於能力的精確估計外，亦可用來評估試題好壞，鑑別度值越大，試題訊息量越大，表示該題提供訊息越多，該題越值得採用。試題變異數越小，也會使試題訊息量越大，該題也越值得採用（試題變異數的算法，請參閱第二章 Cronbach α，由公式 2-13 不難看出，試題變異數越小，會使信度越高）。

　　每道試題都有自己的試題訊息函數曲線，把所有試題的訊息函數加總起來即為測驗訊息函數（test information function, TIF），其公式 $I(\theta) = \sum_{i=1}^{I} I_i(\theta)$，$I(\theta)$ 稱為測驗訊息函數。注意：每道試題都個別對 TIF 做出各自的貢獻，所以，題數越多加總後提供的訊息量也會越多，而且這些貢獻彼此獨立，每道試題的貢獻並不受其他試題的影響，這種獨立加總的測驗訊息函數，是古典測驗理論樣本依賴所無法做到的。每道試題都有自己的試題訊息函數曲線，而 TIF 則只有一條曲線（例如，圖 6-14），由圖 6-14 可知，在 LLTM 模式下，TIF 最大訊息量（曲線最高點）約出現在能力 $\theta = -1$ 處，也就是 LLTM 模式對於中等、中下能力（即 θ 介於 −1 至 0 之間）提供較大的估計訊息量。

　　總結 TIF 特性：(1) 試題鑑別度越大、題數越多、試題變異數越小，都將使試題訊息量越大，TIF 也越大，試題越值得採用；(2) TIF 是每題獨立加總，每題有自己的貢獻，不受其他題目的影響，這是古典測驗理論樣本依賴所不及的；(3) TIF 曲線是座標軸橫軸能力 θ，縱軸 $I(\theta)$ 所畫出的一條近似常態曲線；(4)TIF 曲線最高點（即最大訊息量）垂直畫下來的能力值或此值左右，就是最能精確估計能力值的區間。

3. 參數不變性（parameter invariance）：IRT 參數不變性，包含試題參數不變性與能力參數不變性。

(1) 試題參數不變性

試題參數不變性其意涵是如果資料符合 IRT 模式，則試題參數估計不會受到樣本特性（例如，受試群體能力分布）影響，也就是試題參數估計與樣本特性無關，試題參數估計與樣本彼此是獨立的，所以有時候特稱為具有樣本獨立的試題參數估計。

以圖 6-1 來說明，圖中有兩族群，族群 1、族群 2，各有自己的能力分布。平均而言，族群 2 的能力優於族群 1（因為族群 2 的能力分布在右邊，右邊數值越大，能力越強），θ_1 代表受試者分屬不同族群但能力都是 θ_1（例如，學生 A 來自族群 1，學生 B 來自族群 2，他們兩人的能力都是 θ_1），θ_2 代表受試者分屬不同族群但能力都是 θ_2（例如，學生 C 來自族群 1，學生 D 來自族群 2，他們兩人的能力都是 θ_2），能力 θ_2 優於能力 θ_1，我們再對照到 ICC，發現學生 A、B 他們兩人答對的機率相同（約 0.25），學生 C、D 他們兩人答對的機率也是相同的（約 0.5）。答對機率相同、能力又相同，只有在試題參數相同的情況下才能成立。

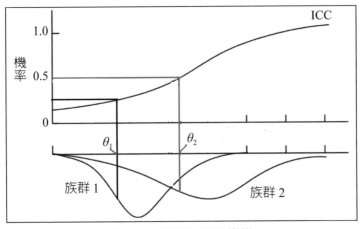

圖 6-1　試題參數不變性

以 2PL 模式答對機率 $P_i(\theta_n) = \dfrac{\exp(a_i(\theta_n - b_i))}{1 + \exp(a_i(\theta_n - b_i))}$ 為例，已知 $\theta_1 = -0.8$、$\theta_2 = 0.4$，答對率分別為 $P(\theta_1) = 0.254$、$P(\theta_2) = 0.5$，則

$$P(\theta_1) = \frac{\exp(a(-0.8 - b))}{1 + \exp(a(-0.8 - b))} = 0.254 \ , \ P(\theta_2) = \frac{\exp(a(0.4 - b))}{1 + \exp(a(0.4 - b))} = 0.5 \ ,$$

由 $P(\theta_2) = \dfrac{\exp(a(0.4 - b))}{1 + \exp(a(0.4 - b))} = 0.5 \ \Rightarrow \ 0.5 = 0.5(\exp(a(0.4 - b)))$ ，

$\Rightarrow\;\exp(a(0.4-b))=1$，

$\Rightarrow\;\exp(a(0.4-b))=e^{a(0.4-b)}=1=e^{0}\;\Rightarrow\;a=0$ 或 $b=0.4$，

由 $P(\theta_1)=\dfrac{\exp(a(-0.8-b))}{1+\exp(a(-0.8-b))}=0.254\;\Rightarrow\;0.254=0.749(\exp(a(-0.8-b)))$，

$\Rightarrow$ 當 $a=0$ 時，不成立，因為 $0.254\neq0.749$，

$\Rightarrow$ 當 $b=0.4$ 時，$0.254=0.749\exp(a(-0.8-0.4))=0.749e^{-1.2a}$，

$\Rightarrow\;e^{-1.2a}=\dfrac{0.254}{0.749}=0.33912\;\Rightarrow\;\ln(e^{-1.2a})=-1.2a=\ln(0.33912)=-1.0814$

$\Rightarrow\;a=\dfrac{-1.0814}{-1.2}=0.9$。

結論：已知他們的能力值，也知道他們的答對機率，當然可估算出試題參數值，而這些試題參數值才不管你屬於哪個能力族群，也不管你是能力強還是能力弱（$\theta_1=-0.8$、$\theta_2=0.4$），這題的難度值就是 0.4、鑑別度值 0.9，試題參數值不會因為能力值不同而改變。簡言之，試題參數估計不受參與測驗的考生所屬族群能力分布的影響，試題參數估計不會受到樣本特性的影響，此即試題參數不變性。

(2) 能力參數不變性

能力參數不變性其意涵是如果資料符合 IRT 模式，則受試者能力參數估計不會受到測驗題目特性（例如，鑑別度、難度）影響，也就是能力參數估計與題目特性無關，能力參數估計與題目特性彼此是獨立的，所以有時候特稱為具有試題獨立的能力參數估計。

能力參數不變性，仍以 2PL 模式為例，已知兩道試題，鑑別度分別為 $a_1=1$、$a_2=1.3$，難度為 $b_1=0$、$b_2=1$，受試者 n 其能力 θ_n，在這兩道試題的答對機率分別為 $P_1(\theta_n)=0.6$、$P_2(\theta_n)=0.316$，那麼，我們可估算出其能力值。以圖 6-2 來說明，從 y 軸（答對機率）的 0.6，往右橫畫一直線，碰到第一條 ICC 曲線交點處，再往下直畫，經過第二條 ICC 曲線，碰到 x 軸（能力值）為止，也就是

$$P_1(\theta_n)=\frac{\exp(a_1(\theta_n-b_1))}{1+\exp(a_1(\theta_n-b_1))}=\frac{\exp(\theta_n-0)}{1+\exp(\theta_n-0)}=\frac{\exp(\theta_n)}{1+\exp(\theta_n)}=0.6$$

$\Rightarrow 0.6\,(1+\exp(\theta_n)) = \exp(\theta_n)\;\Rightarrow\;\exp(\theta_n) = e^{\theta_n} = \dfrac{0.6}{0.4} = 1.5$，

$\Rightarrow\;\ln(e^{\theta_n}) = \theta_n = \ln(1.5) = 0.405$，由第一題得到該受試者能力值為 0.405。

同理，$P_2(\theta_n) = \dfrac{\exp(a_2(\theta_n - b_2))}{1+\exp(a_2(\theta_n - b_2))} = \dfrac{\exp(1.3(\theta_n - 1))}{1+\exp(1.3(\theta_n - 1))} = 0.316$，

$\Rightarrow\;0.316(1+\exp(1.3(\theta_n - 1))) = \exp(1.3(\theta_n - 1))$，

$\Rightarrow\;0.316 = 0.684(\exp(1.3(\theta_n - 1)))$，

$\Rightarrow\;\exp(1.3(\theta_n - 1)) = e^{1.3(\theta_n - 1)} = \dfrac{0.316}{0.684}$

$\Rightarrow \theta_n = 0.405$，由第二題得到該受試者能力值也是 0.405。

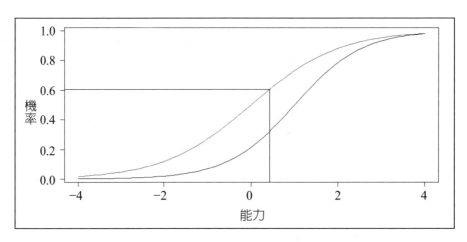

圖 6-2　能力參數不變性

　　因此，不論題目的鑑別度為何（$a_1 = 1$ 或 $a_2 = 1.3$）或難度為何（$b_1 = 0$ 或 $b_2 = 1$），θ_n 都是 0.405。簡言之，不論你是用哪一題來估計，該受試者的能力值都是一樣的。

第二節　Rasch 模式

丹麥數學家 Rasch 在 1960 年提出試題的機率模式，藉由 logit 函數，二元計分 Rasch 模式可表示如下：

$$\text{logit}(p_{ni1}) \equiv \log(p_{ni1}/(1 - p_{ni1})) = \log(p_{ni1}/p_{ni0}) = \theta_n - b_i \tag{6-1}$$

這裡，

$p_{ni1} \equiv p(y_{ni} = 1)$ 是指受試者 n 在試題第 i 題上答對（即 $y_{ni} = 1$）的機率，

$p_{ni0} \equiv p(y_{ni} = 0)$ 是指受試者 n 在試題第 i 題上答錯（即 $y_{ni} = 0$）的機率，

$p_{ni0} = (1 - p_{ni1})$，

b_i 表示試題第 i 題的難度，$i = 1, 2, ..., I$，試卷總共有 I 題，$-\infty < b_i < \infty$，

θ_n 表示受試者 n 的能力，$n = 1, 2, ..., N$，受試者總共有 N 人，$-\infty < \theta_n < \infty$。

在公式 (6-1) 中，每個題目只有一個難度值，這個難度值是固定的，不論誰來做，難度都一樣，至於這個難度值多少並不知道，常需藉助電腦幫我們估計，用統計術語來說就是：未知但固定。至於受試者能力則常假設爲常態分配 $\theta_n \sim N(\mu, \sigma^2)$ 或假設爲標準常態分配 $\theta_n \sim N(0, 1)$。

二元計分指的是答對或答錯的二元變項，至於答對還是答錯是由受試者能力與題目難度差異值（即 $\theta_n - b_i$）決定的，當 $(\theta_n - b_i) > 0$ 時，答對機率就高，因爲能力值高於難度值；反之，$(\theta_n - b_i) < 0$ 時，答對機率就低，因爲能力值低於難度值；當 $(\theta_n - b_i) = 0$ 時，這時能力值正好等於難度值，答對機率正好 0.5。

這裡有些觀念要釐清，因爲不是每位讀者都是統計系相關科系畢業的，所以，對於一些概念或符號難免不清楚。首先，logit 是什麼？要了解它，須先知道勝算比（odds）是什麼？數學上的**比**是除以的意思，所以，勝算比就是成功機率除以失敗機率，即 $odds = $ 成功機率 / 失敗機率 $= p_{ni1}$ / $p_{ni0} \equiv odds_{ni}$。看到除號，學者又把對數 log 方法帶進來了，因爲取對數後

除號運算會變成減號運算（例如，$\log(f(x) / f(y)) = \log f(x) - \log f(y)$），數學處理相對就容易多了。

對數我們一般看到的是以 2 為底數的 $\log_2$，或者以 10 為底數的 $\log_{10}$，有一種以 e 為底數的 $\log_e$，我們特別稱 $\log_e$ 為自然對數（natural logarithm），$\log_e$ 有時候寫成 ln（即 $\log_e = ln$，例如，$\log_e 8 = ln\ 8$）。現在除非特別說明，否則在心理計量中，都簡化到只寫 $\log$，不寫 $\log_e$，也不寫 ln。我們在標準常態分配函數 $\dfrac{1}{\sqrt{2\pi}} e^{\frac{-1}{2}z^2}$ 中就看過 $e = 2.71828\cdots$，e 就是 Euler 數。

上述提到 $odds = p_{ni1} / p_{ni0} \equiv odds_{ni}$，$\log(odds_{ni}) = \log(p_{ni1} / p_{ni0}) = logit$ (p_{ni1})，也就是我們定義 $\log(odds_{ni})$ 等於 $logit(p_{ni1})$，$\log$ 是運算符號，取 $\log$ 後運算變得較簡單，但 logit 不是運算符號而是定義符號，就像 $f(x) = 2x + 3$，$2x + 3$ 是我們要運算的，$f(x)$ 只是一種定義符號，講白點就是名稱，給 $(2x + 3)$ 一個名稱，就叫做 $f(x)$，為何 f 括號中要寫 x，因為要運算的是 x。同理，給 $\log(p_{ni1} / p_{ni0})$ 一個名稱，叫做 $logit\ (p_{ni1})$，為何 logit 括號中要寫 p_{ni1}，因為要運算的是 p_{ni1}，p_{ni0} 只要 $(1 - p_{ni1})$ 即可得到。有些教科書甚至不寫 logit 而是直接寫 f（例如，De Boeck & Wilson (2004) 的書中就寫 $f_{link}(p_{ni1})$，f 右下角有個英文字 link，其實 logit 就是 logit link function，即 $logit(p_{in1}) \equiv f_{link}(p_{ni1})$）。

在學術討論中，我們常要給溝通的事物一個名稱，否則彼此難以對話，例如，我們給<u>樣本變異數</u>一個名稱，叫做 S^2，事實上 $\displaystyle\sum_{n=1}^{N}(X_n - \overline{X})^2 /(N-1)$ 才是 S^2 的運算式子，是要計算的。f、S^2 或 logit 都只是名稱，就像我們的名字，方便稱呼罷了。

這裡可能越說明越模糊了，我們歸納公式 (6-1) 重點如下：

1. $logit(p_{ni1})$，括號中通常寫 p_{ni1}，不是寫 p_{ni0}。

2. $logit(p_{ni1})$ 只是一種名稱，屬於定義性質，要運算的是 $\log(p_{ni1} / p_{ni0})$。

3. $\log(p_{ni1} / p_{ni0}) = \log_e(p_{ni1} / p_{ni0}) = ln(p_{ni1} / p_{ni0})$，現在都簡寫 $\log(p_{ni1} / p_{ni0})$。

接著要釐清的是（$\theta_n - b_i$），也就是這道題目答對（或答錯）的機率是由受試者能力與試題難度差異值（即 $\theta_n - b_i$）決定的，公式 (6-1) 為何最後會出現 $\theta_n - b_i$ 呢？我們須將公式 (6-1) 改以公式 (6-2) 才能看出來，這裡不列出公式 (6-1) 變成公式 (6-2) 的推導過程（讀者可參閱後面附錄說明 6-b）。

$$p_{ni1} = \frac{e^{(\theta_n - b_i)}}{1 + e^{(\theta_n - b_i)}} \;,\; p_{ni0} = \frac{1}{1 + e^{(\theta_n - b_i)}} \qquad (6\text{-}2)$$

這裡，p_{ni1}、p_{ni0} 定義同公式 (6-1)。有些教科書會以下列方式呈現

$$p_{ni1} = \frac{1}{1 + e^{-(\theta_n - b_i)}} \;,\; p_{ni0} = \frac{e^{-(\theta_n - b_i)}}{1 + e^{-(\theta_n - b_i)}} \qquad (6\text{-}3)$$

這兩種方式是一樣的，只要將公式 (6-2) 的分子分母同時乘以 $e^{-(\theta_n - b_i)}$ 即可得到公式 (6-3)。由公式 (6-2) 會得到

$$p_{ni1} + p_{ni0} = \frac{e^{(\theta_n - b_i)}}{1 + e^{(\theta_n - b_i)}} + \frac{1}{1 + e^{(\theta_n - b_i)}} = \frac{1 + e^{(\theta_n - b_i)}}{1 + e^{(\theta_n - b_i)}} = 1$$

由公式 (6-3) 會得到

$$p_{ni1} + p_{ni0} = \frac{1}{1 + e^{-(\theta_n - b_i)}} + \frac{e^{-(\theta_n - b_i)}}{1 + e^{-(\theta_n - b_i)}} = \frac{1 + e^{-(\theta_n - b_i)}}{1 + e^{-(\theta_n - b_i)}} = 1$$

也就是都會得到成功機率與失敗機率之和等於 1。

本書將採用公式 (6-2) 方式進行介紹，但因為後面 IRT 模式符號越來越多且複雜，為了符號標示更清楚，本書又以 $\exp(y)$ 型式代替 e^y 型式，$\exp(y)$ 與 e^y 兩者其實是一樣的（即 $\exp(y) = e^y$，$\exp(\theta_n - b_i) = e^{(\theta_n - b_i)}$，$\exp(-4) = e^{-4}$，$\exp(2) = e^2$）。所以，公式 (6-2) 又可以表示成下列型式：

$$p_{ni1} = \frac{\exp(\theta_n - b_i)}{1 + \exp(\theta_n - b_i)} = P_i(\theta_n) \,,\; p_{ni0} = \frac{1}{1 + \exp(\theta_n - b_i)} = Q_i(\theta_n) \quad (6\text{-}4)$$

這裡，$Q_i(\theta_n) = 1 - P_i(\theta_n)$。在心理計量中，符號常會因某種需要或只是一種稱呼而被簡化，p_{ni1}、p_{ni0}、$P_i(\theta_n)$、$Q_i(\theta_n)$ 這些都是簡化的符號。

讀者可以複習統計學的二項分配（**binomial distribtion**）或點二項分配
(point binomial distribtion)，從中可以比較出跟二元計分模式的差異。
點二項分配實驗只作**1**次，意思等同於二元計分模式中作一道題目，點二
項分配函數 $f(x) = pq^{1-x}$，變異數 pq，它每次實驗成功機率 p 都一樣，但
二元計分模式中，每一題成功的機率不一定一樣，所以，成功機率才會定
義爲 $p_{ni1} = P_i(\theta_n)$，下標符號有題目 i，如果每道題目成功機率都一樣，下
標符號 i 是不需要的。

我們還要再提出一些重要觀念：

1. 二元計分 Rasch 模式，可以公式 (6-1) 表示，也可以公式 (6-4) 表示。有些書寫到 Rasch 模式時，會提到 Rasch 模式是 logit 線性模式、Rasch 模式具有等距變項（可以加減運算）特色等等，這些論述都可以由公式 (6-1) 看得出來，公式 (6-1) 的 $\text{logit}(p_{ni1})$ 與（$\theta_n - b_i$）是線性關係，所以，稱作 logit 線性模式，但公式 (6-4) 的 p_{ni1} 與（$\theta_n - b_i$）則是非線性關係，在知道 b_i 值後（例如，$b_1 = -1.0$），再將不同的 θ_n 值代入公式 (6-4)，即可畫出 p_{ni1} 線、p_{ni0} 線（非線性曲線，參閱圖 6-8）。

2. $\text{logit}(p_{ni1})$ 與（$\theta_n - b_i$）**線性關係**，這個性質擺脫了古典測驗理論樣本依賴的缺點（古典測驗理論缺點之一就是將題目難度依賴於受試者能力，受試者能力強的顯示這題簡單，能力弱的顯示這題困難，那到底這題是難還是易？而且這是在探討能力強弱還是探討題目難易？）在 Rasch 模式中，假設我們現在要探討編號七與編號八這兩位學生在第三題的表現，回到公式 (6-1)，我們可以得到編號七學生在第三題作答的表現是

$$\text{logit}(p_{731}) = \log(p_{731} / p_{730}) = \log(odds_{73}) = \theta_7 - b_3$$

編號八學生在第三題作答的表現是

$$\text{logit}(p_{831}) = \log(p_{831} / p_{830}) = \log(odds_{83}) = \theta_8 - b_3$$

這兩位學生 logit 值的差異為

$$\text{logit}(p_{731}) - \text{logit}(p_{831}) = \log(odds_{73}) - \log(odds_{83}) = \log(odds_{73} / odds_{83})$$
$$= (\theta_7 - b_3) - (\theta_8 - b_3) = (\theta_7 - \theta_8)$$

這裡，$odds_{73} = p_{731} / p_{730}$ 是編號七學生在第三題的勝算比，$odds_{83} = p_{831} / p_{830}$ 是編號八學生在第三題的勝算比。

讀者不難發現，藉由 logit 我們探討了受試者能力間的差異（像這裡的編號七學生與編號八學生，他們能力的差異是 $(\theta_7 - \theta_8)$），而且從上面計算中，也會發現 logit 值的差異，與題目難度無關，題目難度被消去了，根本不需要知道第三題的難度值（b_3），仍然可以探討兩個人能力的差異，顯然沒有古典測驗理論所謂「難度是高分組（能力強）、低分組（能力差）平均答對率」這種試題難度依賴樣本族群能力的缺失。在 Rasch 模式中，$\text{logit}(p_{731}) - \text{logit}(p_{831}) = (\theta_7 - \theta_8)$，用心理計量觀點來說就是：能力差異可以放在同一量尺上比較，這個量尺叫 logit。一般我們說量桌長，只要把尺拿來即可測量，但能力是潛在變項，不像桌子是外顯變項，那麼容易量測。

3. 兩個人能力的差異，除了從 logit 量尺探討外，也可以從能力的勝算比來看，當兩個人能力的差異 $(\theta_7 - \theta_8) = 1$，意思是在第三題的作答上，編號七學生答對的勝算是編號八學生答對的 2.718 倍（因為 exp(1) = 2.718），如果兩個人能力的差異 $(\theta_7 - \theta_8) = -2$，意思是編號七學生答對的勝算是編號八學生答對的 0.135 倍（因為 exp(-2) = 0.135），根據上面 $\text{logit}(p_{731}) - \text{logit}(p_{831}) = \log(odds_{73} / odds_{83}) = (\theta_7 - \theta_8)$，可以推導出

$\Rightarrow \exp(\log(odds_{73} / odds_{83})) = (odds_{73} / odds_{83}) = \exp(\theta_7 - \theta_8)$

$\Rightarrow$ 當 $(\theta_7 - \theta_8) = 1$ 時，$\exp(\theta_7 - \theta_8) = \exp(1) = (odds_{73} / odds_{83}) = 2.718$

$\Rightarrow odds_{73} = 2.718(odds_{83})$

$\Rightarrow$ 編號七學生第三題答對的勝算是編號八學生答對的 2.718 倍。

$\Rightarrow$ 當 $(\theta_7 - \theta_8) = -2$ 時，$\exp(\theta_7 - \theta_8) = \exp(-2) = (odds_{73} / odds_{83}) = 0.135$

$\Rightarrow odds_{73} = 0.135(odds_{83})$

$\Rightarrow$ 編號七學生第三題答對的勝算是編號八學生答對的 0.135 倍。

總結來說，logit 量尺上相差 1（即 $(\theta_7 - \theta_8) = 1$），相當於在答對的勝算量尺上比值是 2.718，如果從能力分數來看，能力 θ_7 答對第三題的勝算是能力 θ_8 答對的 2.718 倍。logit 量尺上相差 -2（即 $(\theta_7 - \theta_8) = -2$），相當於在答對的勝算量尺上比值是 0.135，如果從能力分數來看，能力 θ_7 答對第三題的勝算是能力 θ_8 答對的 0.135 倍。

\#\# 這裡log的觀念如下：

\#\# $\exp(\log(y)) = \exp(\log_e(y)) = \exp(\ln(y)) = y$

\#\# $\log(y) = \log_e(y) = \ln y$

\#\# $\exp(\log(2.5)) = \exp(\log_e(2.5)) = \exp(\ln(2.5)) = 2.5$

\#\# $\log(\exp(2.5)) = \log_e(\exp(2.5)) = \ln(\exp(2.5)) = 2.5$

\#\# $\exp(\log)$互抵掉了，$\log(\exp)$也是互抵掉了

4. 同一個人在不同題目的表現差異，也可以從勝算比來看。例如，想知道編號七學生答對第三題的勝算是他答對第五題的幾倍？假設這兩題難度的差異 $(b_5 - b_3) = 1$，從勝算比來看，就是編號七學生答對第三題的勝算是他答對第五題的 2.718 倍（因為 $\exp(1) = 2.718$）。回到公式 (6-1)，我們可以得到編號七學生在第三題、第五題作答的表現分別是

$$\text{logit}(p_{731}) = \log(p_{731} / p_{730}) = \log(odds_{73}) = \theta_7 - b_3$$
$$\text{logit}(p_{751}) = \log(p_{751} / p_{750}) = \log(odds_{75}) = \theta_7 - b_5$$
$$\Rightarrow \text{logit}(p_{731}) - \text{logit}(p_{751}) = \log(odds_{73}) - \log(odds_{75})$$

$= \log(odds_{73} / odds_{75}) = (\theta_7 - b_3) - (\theta_7 - b_5) = (b_5 - b_3)$

$\Rightarrow \exp(\log(odds_{73} / odds_{75})) = (odds_{73} / odds_{75}) = \exp(b_5 - b_3)$

$\Rightarrow$ 當 $(b_5 - b_3) = 1$ 時，$\exp(b_5 - b_3) = \exp(1) = (odds_{73} / odds_{75}) = 2.718$

$\Rightarrow odds_{73} = 2.718(odds_{75})$

$\Rightarrow (b_5 - b_3) = 1 > 0$，意思是第三題比第五題簡單，編號七學生答對第三題的勝算是他答對第五題的 2.718 倍。

$\Rightarrow$ 如果 $(b_5 - b_3) = -0.5$，則 $\exp(-0.5) = (odds_{73} / odds_{75}) = 0.606$

$\Rightarrow odds_{73} = 0.606(odds_{75})$

$\Rightarrow (b_5 - b_3) = -0.5 < 0$，意思是第三題比第五題難，編號七學生答對第三題的勝算是他答對第五題的 0.606 倍。

5. p_{ni1} 與 $(\theta_n - b_i)$ **非線性關係**，舉例來說，假設某測驗第 4 題難度，我們已藉由電腦估得難度值是 0（即 $b_4 = 0$，當然難度值也有可能 1 或其他數值，這裡純為舉例方便，$b_4 = 0$ 是中間值的概念，表示難度適中，不會太難或太容易），那麼在難度 $b_4 = 0$ 情況下，要畫出 ICC 曲線，我們還須知道每位受試者的能力值 θ_n，問題是能力值是潛在變項，無法直接觀察到，我們就假設受試者智力測驗的成績就是他們的能力值，只要把智力測驗的成績標準化，變成 Z 分數即可（可參閱統計學書中標準分數的作法）。假設第一位學生 Z 分數是 0.5，那麼他答對的機率是多少呢？代入公式 (6-4)，得到

$$p_{141} = \frac{\exp(\theta_1 - b_4)}{1 + \exp(\theta_1 - b_4)} = \frac{\exp(0.5 - 0)}{1 + \exp(0.5 - 0)} = 0.622$$

第二位學生 Z 分數是 -0.5，那麼他答對的機率是多少呢？

$$p_{241} = \frac{\exp(\theta_2 - b_4)}{1 + \exp(\theta_2 - b_4)} = \frac{\exp(-0.5 - 0)}{1 + \exp(-0.5 - 0)} = 0.378$$

第三位學生 Z 分數是 -1.5，那麼他答對的機率是多少呢？

$$p_{341} = \frac{\exp(\theta_3 - b_4)}{1 + \exp(\theta_3 - b_4)} = \frac{\exp(-1.5 - 0)}{1 + \exp(-1.5 - 0)} = 0.182$$

這三位學生第一位學生能力最好（$Z = 0.5$）、其次第二位（$Z = -0.5$）、第三位能力最弱（$Z = -1.5$），他們答對的機率也是以第一位學生 0.622 最高，答對機率最低的是能力最弱的第三位學生 0.182。當所有學生智力 Z 分數都知道了，以座標軸 X 軸表示智力、Y 軸表示答對機率，在座標軸上即可畫出此題的答對機率曲線，同理也可以畫出答錯機率曲線（以 1 減去答對機率即為答錯機率）。坊間教科書通常只畫出答對機率曲線，Baker（1992）一書則將答對機率曲線、答錯機率曲線皆畫出。

一、Rasch 模式的一些基本假設

(一)單向度

單向度是指這份試題（或這份問卷）只測量一個潛在特質（例如，數學能力），受試者的作答反應依賴這個特質，並不依賴其他特質，也就是現在在測量數學能力特質，測量結果呈現的就是數學特質此一向度，如果題目也測量語文能力，那就二個向度了，就不是單向度。在 Graduate Record Examination（GRE）中的 Quantitative Part 考題，試題是用英文撰寫，但試題內容是數學，這對非英語系考生而言，測量到的是英語能力與數學能力。凡是測量二個能力向度（含）以上的 IRT 模式，則屬於多向度 IRT 模式（multidimenional IRT model）。

(二)充分性

在 Rasch 模式中，受試者總分是受試者能力的充分統計量（sufficient statistic），因為受試者總分提供了受試者能力的充分訊息，也就是 $\sum_{i=1}^{I} y_{ni}$ 是 θ_n 的充分統計量。例如，有 5 道二元計分題目，某受試者作答結果為(1,

1, 0, 0, 1)，則受試者總分 $\sum_{i=1}^{5} y_{ni} = 1+1+0+0+1 = 3$，3 分就是這位受試者能力的充分統計量（參閱附錄說明 6-c）。

(三)局部獨立

　　局部獨立亦稱爲條件獨立（conditional independence）是指受試者能力固定後，對於不同試題的作答反應會是互相獨立的。例如，受試者能力固定後，他作答第 5 題與第 8 題，這兩題同時答對的機率將等於第 5 題答對的機率乘以第 8 題答對的機率，即 $P(y_{n5}=1, y_{n8}=1 \mid \theta_n)$ $= P(y_{n5}=1 \mid \theta_n) P(y_{n8}=1 \mid \theta_n)$。如果第 5 題答對的機率是 0.3，第 8 題答對的機率是 0.4，那麼這兩題都答對的機率是 0.12。更清楚地說，受試者能力固定了，就沒有其他特質（因爲單向度，所以，沒有其他特質）影響受試者作答表現了，所以，不同試題間答對的機率是互相獨立的。

(四)單調性

　　單調性（monotonicity）常見於數學、機率論或經濟學上。其意義簡單來說就是當 x 值增大（或減小），對應的 y 值也隨著增大（或減小）。以 IRT 來看，受試者能力越高（即 x 軸的數字越趨向右邊），我們可以預測他答對的機率也會是越高（即 y 軸的數字越向上）。例如，假設受試者 n 的能力，比受試者 N 的能力還強（即 $\theta_n > \theta_N$），那麼，受試者 n 答對某題的機率，理論上會比受試者 N 答對的機率還高（即 $P(y_{ni}=1 \mid \theta_n, b_i) > P(y_{Ni}=1 \mid \theta_N, b_i)$），如果題目作答反應結果並非如此，表示題目設計可能有問題，總不能設計的題目，能力差的答對機率都較高吧！

二、Rasch 模式試題訊息函數

　　試題訊息函數主要在探討試題對於能力的估計所能提供的訊息量。當試題提供的訊息量越多越大時，表示估計誤差就越小，對於能力值的估計就越精確。因此，在電腦適性測驗中，試題訊息函數常用來做爲選擇下一題的依據（因為越精確估計出他的能力值後，就知道下一題要給他更難的還是更容易的）。試題訊息函數公式定義如下：

$$I_i(\theta) = -E\left[\frac{\partial^2 \ln L}{\partial \theta^2}\right] = \frac{[P_i'(\theta)]^2}{P_i(\theta)Q_i(\theta)} \tag{6-5}$$

這裡，$I_i(\theta)$ 是試題 i 在能力值 θ 時的訊息量，E 是期望值，$P_i'(\theta) = \dfrac{\partial P_i(\theta)}{\partial \theta}$ 是微積分中偏微分（partial derivative）的運算。不同的 IRT 模式，有不同的試題訊息函數特性，這裡先介紹 Rasch 模式，2PL、3PL 模式則參閱後面章節（有興趣讀者亦可參考本書作者碩士論文有限樣本訊息矩陣檢定）。Rasch 模式的試題訊息函數：

$$I_i(\theta) = \frac{[P_i'(\theta)]^2}{P_i(\theta)Q_i(\theta)} = \frac{[P_i(\theta)Q_i(\theta)]^2}{P_i(\theta)Q_i(\theta)} = P_i(\theta)Q_i(\theta) \tag{6-6}$$

也就是 Rasch 模式的試題訊息函數，由答對機率 $P_i(\theta)$ 與答錯機率 $Q_i(\theta)$ 乘積決定的。當 $\theta = b$ 時，$P_i(\theta) = 0.5$、$Q_i(\theta) = 0.5$，所以，Rasch 模式最大訊息量 $I_i(\theta) = 0.5 \times 0.5 = 0.25$。注意：在 Rasch 模式中，所有試題每題的最大訊息量皆為 0.25（參閱附錄說明 6-d）。

Cramer（1946）已推導出 θ 的最大概似估計式 $\hat\theta$ 的分配，會近似於常態分配，平均數 θ，變異數 $\sigma^2 = 1 / I(\theta)$，即 $\hat\theta \sim N(\theta, 1/I(\theta))$。前面提到，當提供的訊息量越多越大時，估計誤差就越小，對於能力值的估計就越精確，這從 $\hat\theta$ 的分配即可看出，因為估計誤差即估計標準誤，估計標準誤 $\sigma = \sqrt{\sigma^2} = 1/\sqrt{I(\theta)}$，分母的 $I(\theta)$ 越大，估計標準誤 σ 就越小，估計誤差越小，估計結果就越可信，這也是為何電腦適性測驗中，常以 $I(\theta)$ 大小作為選題的準則。

試題訊息函數是每一題都會有訊息函數，如果有 12 題就會有 12 條試題訊息函數曲線。在圖 6-3 中，12 條曲線所提供的最大訊息量皆相同，都是 0.25，只不過有的題目是在能力 θ = −2 處提供最大訊息量，有的題目是在能力 θ = −1、θ = 0 或其他處提供最大訊息量。

至於測驗訊息函數則只有一條曲線（參閱圖 6-12），圖 6-12 中的這條曲線所提供的最大訊息量在能力 θ = 0 處，也就是這份資料在 Rasch 模式下，對於中等能力（即 θ = 0）提供較大的訊息量。

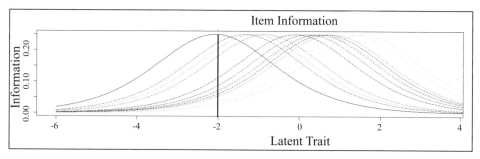

圖 6-3　Rasch 模式試題訊息曲線

三、概似比檢定

概似比檢定（likelihood ratio test, LRT），通常針對內巢模式或稱巢狀模式（nested models）進行概似比檢定。簡單來說，A 模式內巢於 B 模式，意思是 B 模式比 A 模式更一般化、更廣義化或更複雜化。在概似比檢定中，$H_0 : \underline{\theta} \in \Omega_0$，$H_1 : \underline{\theta} \in \Omega_1$，這裡 Ω_0 是 H_0 參數的可能值集合，Ω_1 是 H_1 參數的可能值集合，Ω_0 與 Ω_1 的交集是空集合，它們的聯集為 $\Omega_0 \cup \Omega_1 = \Omega$。概似比檢定定義：

$$\lambda = \frac{\sup_{\underline{\theta} \in \Omega_0} L(\underline{\theta};x)}{\sup_{\underline{\theta} \in \Omega} L(\underline{\theta};x)} = \frac{L(\hat{\Omega}_0)}{L(\hat{\Omega})} \tag{6-7}$$

這裡，$L(\hat{\Omega}_0)$ 是把 H_0 參數的給定值代入概似函數中（例如，$H_0 : \mu_0 = 0$，直接把 $\mu_0 = 0$ 代入概似函數中），$L(\hat{\Omega})$ 則是把最大概似估計式（例如，

$\bar{x}$）代入概似函數中。前面提過，看到除號，常會把對數 log 方法帶進來，因為運算會變容易，

$$\log \lambda = \ln \lambda = \ln \frac{L(\hat{\Omega}_0)}{L(\hat{\Omega})} = \left(\ln L(\hat{\Omega}_0) - \ln L(\hat{\Omega}) \right) \tag{6-8}$$

再把上式乘以 -2，得到 $-2\log\lambda$，當樣本數夠大時，$-2\log\lambda$ 會近似於卡方分配（Chi-square distribution）

$$-2 \log \lambda = -2(\ln L(\hat{\Omega}_0) - \ln L(\hat{\Omega})) \sim \chi^2_{(df_0 - df)} \tag{6-9}$$

這裡，$(df_0 - df)$ 是此分配的自由度。

在 IRT 研究中，面臨配適檢定（test of fit）的決策，這時可以由概似比檢定來判斷。例如，想知道資料是否配適 Rasch 模式？該如何進行？Andersen（1973）曾提出條件最大概似估計法（conditional maximum likelihood approach, CML）來估計 Rasch 模式的參數並以條件概似比（conditional likelihood ratio, CLR）進行資料是否配適 Rasch 模式的檢定（H_0 是資料配適 Rasch 模式，H_1 是資料不配適 Rasch 模式），在這個檢定中，先將受試者依據原始分數分組，分成 $g = 1, 2, ..., G$ 組（可以依平均數或中位數分組，也可以依性別、年齡、學歷分組），H_0 是利用全部的受試者作答資料來估計試題難度參數，再代入概似函數中，H_1 是根據原始分數分組所估得的難度參數代入概似函數中。根據公式 (6-9)，

$$\text{CLR}：-2 \log \lambda = -2 \left(\ln L(Y|\hat{\mathbf{b}}; H_0) - \sum_{g=1}^{G} \ln L(Y^g|\hat{\mathbf{b}}^g; H_1) \right) \tag{6-9-1}$$

$-2\log\lambda$ 近似卡方分配，自由度為 $(I-1)(G-1)$，如果計算出來的 $-2\log\lambda$ 值大於臨界值，則拒絕虛無假設，也就是這份資料並不配適 Rasch 模式。
又如果想知道資料較配適 Rasch 模式還是 LLTM 模式？該如何進行？

H_0 是資料配適 LLTM 模式，H_1 是資料配適 Rasch 模式，這時

$$\text{CLR}: -2\log\lambda = -2\left(\ln L(Y \mid \hat{\mathbf{b}} = \sum_{m=1}^{M} \hat{\omega}_{\mathbf{m}} q_{im}; \text{LLTM}) - \ln L(Y \mid \hat{\mathbf{b}}; \text{RM}) \right)$$

(6-9-2)

　　$-2\log\lambda$ 近似卡方分配，自由度為 $(I - M - 1)$，如果計算出來的 $-2\log\lambda$ 值大於臨界值，則拒絕虛無假設，也就是這份資料並不配適 LLTM 模式（參閱下一節 LLTM 模式分析結果的說明）。

四、Rasch 模式分析

　　讀者如果有按照本書後面附錄說明的 R 軟體下載與安裝，依照步驟先安裝 R 軟體，再安裝 Rstudio，則點開桌面圖示後，會出現像圖 6-4 的 Rstudio 畫面，畫面中會有四個區塊。左上角 Source 程式編輯區（程式在此撰寫），左下角 Console 主控區（程式的執行結果於此呈現），右上角 History 歷程區（曾經撰寫過的程式資料出現於此），右下角 Package 套件區（要下載套件於此執行）。

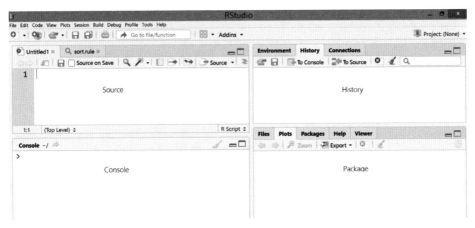

圖 6-4　Rstudio 畫面

　　再者，如何下載套件是學習 R 程式重點之一。初學者在學習時，只要看到 Rstudio 的 Source 區出現 library( )，例如，library（eRm），表示 eRm 是套件，又如，library（fBasics），表示 fBasics 也是套件。套件就必須先去下載（因為 R 套件太多了，只好讓需要什麼套件的人自己去下載），下載後，才能使用套件裡面的功能。下載套件有兩種方式，第一種方式是在 Package 套件區操作下載，第二種方式是直接寫在 Source 程式編輯區。先介紹第一種方式，假設你現在要下載 eRm 套件，請在 Rstudio 畫面右下角 Package 套件區依序這樣操作：

　　1. 點選 Package → 再點選 Install（圖 6-5 中紅框、藍框處）

　　2. 出現 Install Package 對話框，請在對話框中，鍵入 eRm（圖 6-6 紅框處），再點選 Install（圖 6-6 藍框處）。點選後左下角 Console 控臺區，會載入套件，等停止時即下載完成。

　　3. 以後下載其他套件，步驟如上。主要都是在 Install Package 對話框中，鍵入你想要下載的套件名稱，再點選 Install 即可。

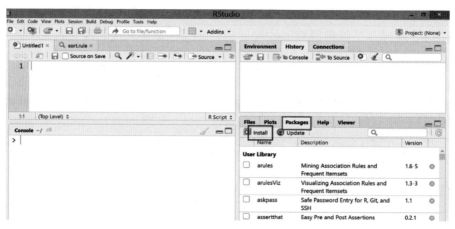

圖 6-5　Package 畫面

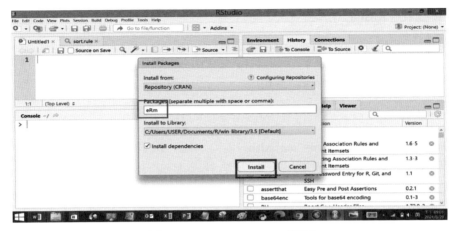

圖 6-6　Install Package 畫面

　　第二種方式是直接在 Source 區撰寫 install.packages（"eRm"）即可下載 eRm 套件，直接撰寫 install.packages（"fBasics"）即可下載 fBasics 套件，極為方便，要注意的是後面都要緊跟著寫 library( )，例如，

```
install.packages("eRm")
library(eRm)
.
install.packages("fBasics")
library(fBasics)
.
```

　　底下例子是藉由模擬生成的資料，來畫出二元計分 Rasch 模式之答對答錯機率曲線，R 程式該如何撰寫呢？在介紹 R 程式這個部分，底下章節將呈現三個步驟 **1.R 程式**、**2.R 程式說明**、**3.R 執行結果**或只呈現其中兩個步驟 **1.R 程式**、**2.R 執行結果**。

　　步驟 **1.R 程式**主要呈現程式的寫法，步驟 **2.R 程式說明**主要在說明程式指令意義是什麼以及希望程式執行什麼。步驟 **3.R 執行結果**主要說明程式輸出的結果及其意義。

1. R 程式（Rasch）

```
thetan<-seq(-4,4,0.1)
b<-0
pc<-exp(thetan-b)/(1+exp(thetan-b))
pc
pw<-1-pc
pw
plot(thetan,pc,type="l",col="red",xlab="能力",ylab="機率")
lines(thetan,pw,type="l",col="green",ylab="機率")
```

　　讀者第一次使用 Rstudio，也許不清楚程式要寫在哪裡？請把上面程式直接寫在 Source 區（如圖 6-7 紅框所示）即可，當然你自己也可以建立一個專門放 R 程式的資料夾，需要時直接複製貼過來 Source 區亦可。

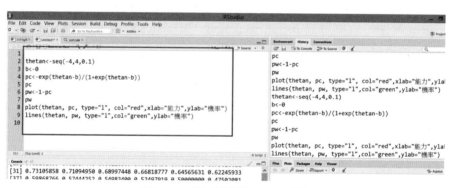

圖 6-7　程式編寫 Source 區

　　在 Source 區編寫完成後，接著滑鼠游標移到 thetan<-seq(-4,4,0.1) 這一列的最左邊，再輕點滑鼠左鍵一下，出現｜thetan<-seq(-4,4,0.1)，這裡｜是滑鼠的閃示，然後移動滑鼠去點選右上方的 Run，一直點選 Run，程式就一直往下一步一步執行，最後 Console 區會出現程式執行結果。當然，也可以全選（Ctrl+A）所寫的程式，再點選 Run，一次完成。

2. R 程式說明（Rasch）

thetan<-seq(-4,4,0.1)：要求程式從-4到4，間格每0.1就生成一個值（即-4, -3.9,

-3.8,…, 3.8, 3.9, 4），生成這些資料後命名為thetan（此程式在生成能力模擬值）。

b<-0：難度值為0。

pc<-exp(thetan-b)/(1+exp(thetan-b))：將難度值0以及生成的每一個能力值代入exp(thetan-b)/(1+exp(thetan-b))中計算，得到答對的機率，計算完結果命名為pc。例如，將能力值3.9代入式中，得到exp(3.9-0)/(1+exp(3.9-0))= exp(3.9)/(1+exp(3.9))=0.98，同理，能力值-4代入式中，得到exp(-4)/(1+exp(-4))=0.018，依此類推。

pc：要求程式將上面命名為pc的結果輸出（在Console區會看到輸出結果）。

pw<-1-pc：要求程式計算答錯的機率，並命名為pw。

pw：要求程式將命名為pw的結果輸出（在Console區會看到輸出結果）。

plot(thetan, pc, type="l", col="red",xlab="能力",ylab="機率")：要求程式畫圖，x軸是thetan，y軸是pc；type="l"是曲線圖（折線圖），這裡"l"是英文l並不是數字1；col="red"是紅色線；xlab="能力"是x軸座標名稱，ylab="機率"是y軸座標名稱。

lines(thetan, pw, type="l",col="green",ylab="機率")：要求在原圖中加畫答錯機率的綠色曲線圖。

3. R 執行結果（Rasch）

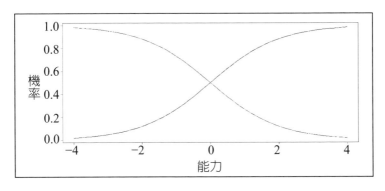

圖 6-8　二元計分 Rasch 模式 P_{ni0}、P_{ni1} 曲線

這裡紅色線是答對機率 P_{ni1} 曲線，綠色線是答錯機率 P_{ni0} 曲線。從圖

上可以看出，當能力爲 0 時，交點處答對機率爲 0.5、答錯機率也是 0.5（因爲兩者之和爲 1），前面提到，當 $(\theta_n - b_i) = 0$ 時，答對機率 0.5。現在此圖的能力值、難度值皆爲 0，即 $(\theta_n - b_i) = (0 - 0) = 0$，所以，答對機率也是 0.5。這裡能力 0、難度 0 都是常態分配平均數 0 的概念，也就是以常態分配來看，是在中間位置，不會太難也不會太容易。研究者常以能力、難度值皆設爲 0，來探討中間程度學生的表現。

第三節　LLTM模式

一、題目屬性的線性組合

線性邏輯測驗模式（LLTM）最大特色在於將 Rasch 模式的試題難度擴展成題目屬性的線性組合（linear combination of item attributes），其公式：

$$b_i = \sum_{m=1}^{M} \omega_m q_{im} \qquad (6\text{-}10)$$

這裡，b_i 定義同公式 (6-1)，q_{im} 是屬性 m 在題目 i 上的使用情形（$m = 1, ..., M, M < I$），$M < I$ 意思是屬性數量 M 不能比題目數量 I 還多。這裡使用情形是指解題時，有使用到該屬性則令爲 1，沒使用到則令爲 0。屬性是題目的特性，例如，題目牽涉到顏色、大小、形狀等屬性，這些屬性的不同組合越多，表示題目越難。q_{im} 所組成的矩陣即所謂設計矩陣 Q（design matrix Q）。底下假設用顏色、大小、形狀 3 種屬性，編製了 8 道題目，其設計矩陣爲

$$Q = \begin{bmatrix} q_{11} & q_{12} & q_{13} \\ q_{21} & q_{22} & q_{23} \\ \vdots & \vdots & \vdots \\ q_{81} & q_{82} & q_{83} \end{bmatrix} = \begin{bmatrix} 1 & 0 & 0 \\ 0 & 1 & 1 \\ \vdots & \vdots & \vdots \\ 1 & 0 & 1 \end{bmatrix} \tag{6-11}$$

這裡，第一列元素 $q_{11} = 1$、$q_{12} = 0$、$q_{13} = 0$，意思是第 1 題只用到第一個屬性（顏色）；第二列元素 $q_{21} = 0$、$q_{22} = 1$、$q_{23} = 1$，意思是第 2 題有用到第二個屬性（大小）、第三個屬性（形狀），最後一列的元素 $q_{81} = 1$、$q_{82} = 0$、$q_{83} = 1$，意思是第 8 題有用到第一個屬性、第三個屬性。理論上，用的屬性越多，題目越難，所以，第 2 題、第 8 題應該會比第 1 題難。設計矩陣通常都是事先設定，有些學者將此條件放寬爲由電腦自動生成 Q 矩陣而非事先設定。

ω_m 稱爲 basic parameter，是題目屬性 m 的迴歸係數，是我們要估計的參數，（注意，這裡是 ω_m，並不是 ω_{im_i}，ω_m 意思是所有題目都是使用這幾個屬性，ω_{im_i} 則是每個題目都有自己的屬性）。LLTM 模式表示如下：

$$p_{ni1} = \frac{\exp(\theta_n - \sum_{m=1}^{M} \omega_m q_{im})}{1 + \exp(\theta_n - \sum_{m=1}^{M} \omega_m q_{im})} \quad , \quad p_{ni0} = \frac{1}{1 + \exp(\theta_n - \sum_{m=1}^{M} \omega_m q_{im})} \tag{6-12}$$

若以 logit 模式來表示，則 $\mathrm{logit}(p_{ni1}) \equiv \log(p_{ni1} / p_{ni0})$

$$= \log\left[\frac{\exp(\theta_n - \sum_{m=1}^{M} \omega_m q_{im})}{1 + \exp(\theta_n - \sum_{m=1}^{M} \omega_m q_{im})} \middle/ \frac{1}{1 + \exp(\theta_n - \sum_{m=1}^{M} \omega_m q_{im})} \right]$$

$$= \log(\exp(\theta_n - \sum_{m=1}^{M} \omega_m q_{im})) = \theta_n - \sum_{m=1}^{M} \omega_m q_{im} \tag{6-13}$$

底下將藉由模擬資料，畫出上面第 1 題、第 2 題、第 8 題答對答錯之機率曲線，在二元計分 LLTM 模式下，假設已經估得 $\omega_1 = 0.45$，$\omega_2 = -1.17$，$\omega_3 = -0.15$，而第 1 題 $q_{11} = 1$、$q_{12} = 0$、$q_{13} = 0$，那麼第 1 題的屬性線性組合，由公式 (6-10) 可得：

$$\sum_{m=1}^{M} \omega_m q_{im} = \omega_1 \times q_{11} + \omega_2 \times q_{12} + \omega_3 \times q_{13} = 0.45 \times 1 + (-1.17) \times 0 + (-0.15) \times 0 = 0.45,$$

也就是第 1 題的難度值為 0.45。第 1 題的答對答錯機率曲線的程式及圖形，如下所示。

1. R 程式（第 1 題）

```
thetan<-seq(-4,4,0.1)
b<-(0.45*1+(-1.17*0)+(-0.15*0))
pc<-exp(thetan-b)/(1+exp(thetan-b))
pc
pw<-1-pc
pw
plot(thetan,pc,type="l",col="red",xlab="能力",ylab="機率")
lines(thetan,pw,type="l",col="green",ylab="機率")
```

請將虛線框內的程式直接寫在 Source 區，然後執行。

2. R 程式說明（第 1 題）

thetan<-seq(-4,4,0.1)：要求程式從-4到4，間格每0.1就生成一個值（即-4, -3.9, -3.8,…,3.7, 3.8, 3.9, 4），生成後命名為thetan（此程式在生成能力值）。

b<-：試題屬性分別為0.45、-1.17、-0.15，組合後的難度值為0.45。

pc<-exp(thetan-b)/(1+exp(thetan-b))：將試題屬性組合值與生成的能力值代入exp(thetan-b)/(1+exp(thetan-b))中，即可得到答對的機率，計算結果命名為pc。例如，將能力值4代入計算，得到答對的機率是0.972，因為exp(4-0.45)/(1+exp(4-0.45))=0.972，其他不同能力值代入，亦可算得答對機率。

pc：要求程式將命名為pc的結果輸出。

pw<-1-pc：要求程式計算答錯的機率，並命名為pw。

pw：要求程式將命名為pw的結果輸出。

plot(thetan, pc, type="l", col="red",xlab="能力",ylab="機率")：要求程式畫圖，x軸是thetan，y軸是pc；type="l"是要求程式畫曲線圖（折線圖），這裡"l"是英文l，並不是數字1；col="red"是紅色線；xlab="能力"意思是x軸座標名稱是能力，ylab="機率"意思是是y軸座標名稱是機率。

lines(thetan, pw, type="l",col="green",ylab="機率")：要求在原圖中加畫答錯機率的綠色曲線圖。

3. R 執行結果（第 1 題）

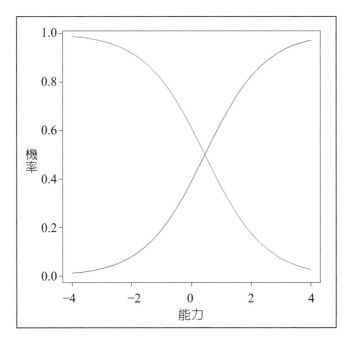

圖 6-9　二元計分 LLTM 模式第 1 題 P_{ni0}、P_{ni1} 曲線

同理，第 2 題 $q_{21} = 0$、$q_{22} = 1$、$q_{23} = 1$，那麼第 2 題的題目屬性線性組合 $\sum_{m=1}^{M} \omega_m q_{im} = 0.45 \times 0 + (-1.17) \times 1 + (-0.15) \times 1 = -1.32$，其答對答錯機率曲線的程式及圖形如下所示。

1. R 程式（第 2 題）

```
thetan<-seq(-4,4,0.1)
b<-(0.45*0+(-1.17*1)+(-0.15*1))
pc<-exp(thetan-b)/(1+exp(thetan-b))
pc
pw<-1-pc
pw
plot(thetan,pc,type="l",col="red",xlab="能力",ylab="機率")
lines(thetan,pw,type="l",col="green",ylab="機率")
```

　　請將虛線框內的程式直接寫在 Source 區，然後執行。

2. R 程式說明（第 2 題）

b<-：試題屬性分別為0.45、−1.17、−0.15，組合後的難度值−1.32。

pc<-exp(thetan-b)/(1+exp(thetan-b))：將難度值−1.32以及生成的每一個能力值代入exp(thetan-b)/(1+exp(thetan-b))中計算，計算結果命名為pc。

3. R 執行結果（第 2 題）

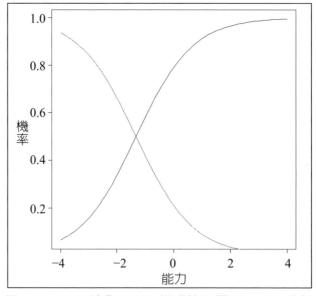

圖 6-10　二元計分 LLTM 模式第 2 題 P_{ni0}、P_{ni1} 曲線

第8題 $q_{81} = 1$、$q_{82} = 0$、$q_{83} = 1$，其組合後的難度值0.3，其答對答錯機率曲線的程式如下所示。

1. R 程式（第 8 題）

```
thetan<-seq(-4,4,0.1)
b<-(0.45*1+(-1.17*0)+(-0.15*1))
pc<-exp(thetan-b)/(1+exp(thetan-b))
pc
pw<-1-pc
pw
plot(thetan,pc,type="l",col="red",xlab="能力",ylab="機率")
lines(thetan,pw,type="l",col="green",ylab="機率")
```

2.R 程式說明（第 8 題） **3.R 執行結果（第 8 題）**，這裡不再說明。

二、LLTM 模式分析

上面我們畫出了 LLTM 模式答對答錯機率曲線，也是假設參數已被估計出來了，我們把估得的參數值寫入程式中畫出圖形來。如果還沒估計，要怎麼估計 LLTM 的參數呢？我們一樣使用套件 eRm 的 CML 法來估計參數（亦請參閱第九章介紹）。

在 LLTM 中，為了 ω_m 的可估性，我們仍須有一些限制。限制方法之一是設定第一個參數為 0（即 $\omega_1 = 0$），這個限制方法只需在 eRm 程式中，撰寫 sum0 = FALSE 這個指令即可。方法二是設定參數經標準化後總合為 0（normalized to sum-0），這個限制方法也只需在 eRm 程式中，撰寫 sum0 = TRUE 這個指令即可。底下是二元計分 Rasch 模式、LLTM 模式使用同一份生成資料之分析，包括參數估計、試題訊息函數以及利用條件概似比檢定（CLR），來判定哪個模式（LLTM v.s. Rasch）較佳。

1. R 程式（Rasch v.s. LLTM）

```
install.packages("eRm")
library(eRm)
x<-sim.locdep(500,12,it.cor=0.5)
res<-RM(x)
plotINFO(res)
summary(res)
fit1<-LRtest(res,splitcr = "mean" ,se = TRUE)
fit1
WL<-matrix(c(1, 0, 0, 0, 0, 1, 0, 0, 1, 0, 0, 1,
             0, 1, 1, 0, 0, 0, 1, 1, 0, 0, 0, 0,
             0, 0, 0, 1, 1, 1, 0, 0, 0, 1, 1, 1,
             1, 1, 1, 1, 0, 0, 1, 0, 0, 1, 0, 0),ncol = 4)
WL
llm.res <-LLTM(x,WL,mpoint=1,se=TRUE,sum0=TRUE)
llm.res
plotINFO(llm.res)
summary(llm.res)
vcov(llm.res)
confint(llm.res,"beta")
logLik(llm.res)
pp <- person.parameter(llm.res)
pp
logLik(pp)
confint(pp)
-2*(llm.res$loglik-res$loglik)
res$npar-llm.res$npar
qchisq (0.95,df = 7)
```

　　請將虛線框內的程式直接寫在 Source 區，然後執行。

2. R 程式說明（Rasch v.s. LLTM）

x<-sim.locdep(500,12,it.cor=0.5)：模擬生成500位受試者，12道試題，試題間相關係數0.5。模擬完成後，將此生成資料命名為x。

res<-RM(x)：要求針對x資料作Rasch Model運算分析，分析結果命名為res。

plotINFO(res)：畫出res的試題訊息曲線、測驗訊息曲線。

summary(res)：列出所有分析結果。

fit1<-LRtest(res, splitcr = "mean" , se = TRUE)：LRtest是針對Rasch model作條件概似比檢定，參閱公式(6-9-1)。運算分析完成後的結果命名爲fit1。

　　splitcr = "mean"：分組可用中位數或平均數，這裡要求用平均數分組。

　　se = TRUE：設定標準誤要計算。

fit1：列出LRtest所有分析結果。

WL<-matrix(c(1, 0, 0, 0, 0, 1, 0, 0, 1, 0, 0, 1, 0, 1, 1, 0, 0, 0, 1, 1, 0, 0, 0, 0, 0, 0, 0, 1, 1, 1, 0, 0, 0, 1, 1, 1, 1, 1, 1, 1, 0, 0, 1, 0, 0, 1, 0, 0), **ncol=4)**：matrix(　)就是設計矩陣 Q，矩陣中總共有48個元素，ncol = 4意思是矩陣有4行。所以，列會有12列（即 12×4 = 48）。前12個在第一行，第13-24個在第二行，第25-36個在第三行，第37-48個在第四行，如下所示：

$$WL = Q_{12\times4} = \begin{bmatrix} 1 & 0 & 0 & 1 \\ 0 & 1 & 0 & 1 \\ \vdots & \vdots & \vdots & \vdots \\ 0 & 0 & 1 & 0 \\ 1 & 0 & 1 & 0 \end{bmatrix}$$

如果換成**WL<-matrix(c(**1, 0, 0, 0, 0, 1, 0, 0, 1, 0, 0, 1, 0, 1, 1, 0, 0, 0, 1, 1, 0, 0, 0, 0, 0, 0, 0, 1, 1, 1, 0, 0, 0, 1, 1, 1, 1, 1, 1, 1, 0, 0, 1, 0, 0, 1, 0, 0), **ncol=4, byrow=T)**，多了 byrow=T，結果會是如何？會按一列一列依序排下去，第一列排4個，第二列排4個，第三列也是排4個，循序排下去。即

$$WL = Q_{12\times4} = \begin{bmatrix} 1 & 0 & 0 & 0 \\ 0 & 1 & 0 & 0 \\ \vdots & \vdots & \vdots & \vdots \\ 0 & 0 & 1 & 0 \\ 0 & 1 & 0 & 0 \end{bmatrix}$$

llm.res <-LLTM(x,WL,mpoint=1,groupvec=1,se=TRUE,sum0=TRUE)：LLTM是運算指令，要求針對x資料以及設定好的WL矩陣，作LLTM運算分析，分析結果命名爲llm.res。

mpoint=1：表示測量時間點只有一次。如測量2次，則mpoint=2，依此類推。
Fischer(1977)曾探討不同時間點變化的議題。

se = TRUE：設定標準誤要計算。

sum0=TRUE：設定參數經標準化後總合為0。

plotINFO(llm.res)：畫出llm.res的試題訊息曲線、測驗訊息曲線。

vcov(llm.res)：輸出LLTM模式中ω_m的共變異矩陣。

confint(llm.res,"beta")：輸出LLTM模式中b_i的95%C.I.

logLik(llm.res)：輸出llm.res中的conditional log likelihood值。

pp<-person.parameter(llm.res)：要求程式估計能力參數值，估計結果命名為pp。

pp：要求輸出能力參數值。

logLik(pp)：輸出能力值的conditional log likelihood值。

confint(pp)：輸出每個人的能力值的95%C.I.。

-2*(res\$loglik-llm.res\$loglik)：要求程式計算CLR值（參閱公式(6-9-2)），計算出來的卡方分配值，可以用來判斷是否拒絕H_0，以釐清LLTM模式v.s. RM模式，哪個模式與資料較配適。

res\$loglik：要求程式取出命名為res中標題叫loglik的內容，\$符號用於取出物件內容，res是我們作Rasch Model分析時命名的。

llm.res\$loglik：要求程式取出命名為llm.res中標題叫loglik的內容，llm.res是我們作LLTM分析時命名的，\$符號用於取出物件內容。

res\$npar-llm.res\$npar：要求程式計算（$df_0 - df$）的值，df_0 = res的參數數目，df = llm.res res的參數數目，**npar** = 參數數目。

res\$npar：要求程式取出命名為res中標題叫npar的內容，\$符號用於取出物件內容，res是作Rasch Model分析時命名的。

llm.res\$npar：要求程式取出命名為llm.res中標題叫npar的內容，\$符號用於取出物件內容，llm.res是作LLTM分析時命名的。

qchisq(0.95,df=7)：要求程式列出自由度7，$\alpha = 0.05$的卡方分配的值。

3. R 執行結果（Rasch v.s. LLTM）

```
> library (eRm)
```

Warning messages:
1: package 'arules' was built under R version 3.5.3
2: package 'eRm' was built under R version 3.5.3
> x<-sim.locdep(500,12,it.cor=0.5)
> res<-RM(x)
> summary(res)

Results of RM estimation:

Call: RM(X = x)

Conditional log-likelihood: -2372.643
Number of iterations: 15
Number of parameters: 11
Item(Category)Difficulty Parameters(eta):with 0.95 CI:
Estimate Std. Error lower CI upper CI

	Estimate	Std. Error	lower CI	upper CI
I2	0.994	0.105	0.788	1.200
I3	-0.568	0.096	-0.757	-0.380
I4	-1.085	0.101	-1.282	-0.887
I5	0.730	0.101	0.531	0.928
I6	-0.225	0.095	-0.411	-0.038
I7	0.842	0.103	0.641	1.043
I8	-1.589	0.110	-1.804	-1.374
I9	-0.039	0.095	-0.226	0.147
I10	0.431	0.098	0.239	0.623
I11	0.842	0.103	0.641	1.043
I12	-1.117	0.101	-1.316	-0.919

Item Easiness Parameters (beta) with 0.95 CI:
Estimate Std. Error lower CI upper CI

	Estimate	Std. Error	lower CI	upper CI
beta I1	-0.785	0.102	-0.985	-0.586
beta I2	-0.994	0.105	-1.200	-0.788
beta I3	0.568	0.096	0.380	0.757
beta I4	1.085	0.101	0.887	1.282
beta I5	-0.730	0.101	-0.928	-0.531
beta I6	0.225	0.095	0.038	0.411
beta I7	-0.842	0.103	-1.043	-0.641
beta I8	1.589	0.110	1.374	1.804
beta I9	0.039	0.095	-0.147	0.226
beta I10	-0.431	0.098	-0.623	-0.239
beta I11	-0.842	0.103	-1.043	-0.641
beta I12	1.117	0.101	0.919	1.316

eRm是估計容易度Easiness，所以要把符號反過來才是我們常用的難

度估計。例如，−0.785 → 0.785，0.568 → −0.568。

執行程式時，試題訊息曲線、測驗訊息曲線會出現在**RStudio**右下角的

Package區，而不是出現在**Console**區，這裡是作者複製貼到這裡的。

有時候因為圖太大無法呈現，這時須先點選**Package**區的**plots**，然後用

滑鼠左鍵把**Package**區窗口拉到最大即可。

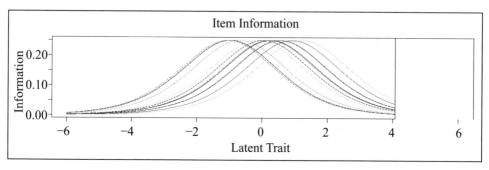

圖 6-11　Rasch model 試題訊息曲線

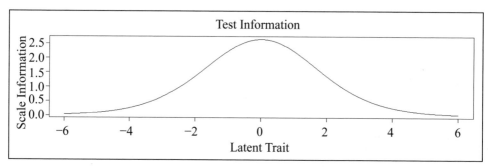

圖 6-12　Rasch model 測驗訊息曲線

```
> fit1<-LRtest(res, splitcr = "mean" , se = TRUE)
> fit1
```

```
Andersen LR-test:
LR-value: 16.95
Chi-square df: 11
p-value:  0.109
```

由**p-value 0.109**表示檢定結果不拒絕虛無假設，也就是資料配適

Rasch model。

```
> WL<-matrix(c(1, 0, 0, 0, 0, 1, 0, 0, 1, 0, 0, 1,
+               0, 1, 1, 0, 0, 0, 1, 1, 0, 0, 0, 0,
+               0, 0, 0, 1, 1, 1, 0, 0, 0, 1, 1, 1,
+               1, 1, 1, 1, 0, 0, 1, 0, 0, 1, 0, 0),ncol=4)

> WL
      [,1] [,2] [,3] [,4]
 [1,]   1    0    0    1
 [2,]   0    1    0    1
 [3,]   0    1    0    1
 [4,]   0    0    1    1
 [5,]   0    0    1    0
 [6,]   1    0    1    0
 [7,]   0    1    0    1
 [8,]   0    1    0    0
 [9,]   1    0    0    0
[10,]   0    0    1    1
[11,]   0    0    1    0
[12,]   1    0    1    0

> llm.res<-LLTM(x,WL,mpoint=1,groupvec=1,se=TRUE,sum0=TRUE)
> llm.res

Results of LLTM estimation:
Call:  LLTM(X = x, W = WL, mpoints = 1, groupvec = 1, se = TRUE, sum0 = TRUE)

Conditional log-likelihood: -2712.119
Number of iterations: 9
Number of parameters: 4

Basic Parameters eta:
                 eta 1       eta 2       eta 3       eta 4
Estimate 0.67717875   1.1793981   0.8151534 -0.31303102
Std.Err  0.09083554   0.1216349   0.1037337  0.06521156
```

執行程式時，試題訊息曲線、測驗訊息曲線會出現在**RStudio**右下角的

Package區，而不是出現在**Console**區，這裡是作者複製貼到這裡的。

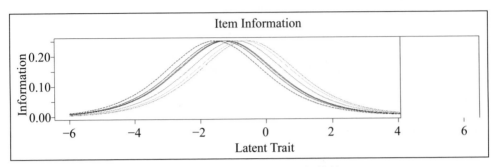

圖 6-13　LLTM 試題訊息曲線

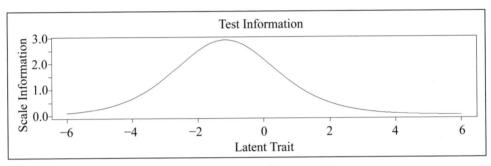

圖 6-14　LLTM 測驗訊息曲線

> summary (llm.res)

Results of LLTM estimation:

Call: LLTM(X = x, W = WL, mpoints = 1, groupvec = 1, se = TRUE, sum0 = TRUE)

Conditional log-likelihood: -2712.119
Number of iterations: 9
Number of parameters: 4

Basic Parameters eta with 0.95 CI:

	Estimate	Std.Error	lowerCI	upperCI
eta 1	0.677	0.091	0.499	0.855
eta 2	1.179	0.122	0.941	1.418
eta 3	0.815	0.104	0.612	1.018
eta 4	-0.313	0.065	-0.441	-0.185

Item Easiness Parameters (beta) with 0.95 CI:

	Estimate	Std.Error	lowerCI	upperCI
beta I1	0.364	0.129	0.112	0.617

```
beta I2    0.866    0.144       0.583      1.150
beta I3    0.866    0.144       0.583      1.150
beta I4    0.502    0.138       0.231      0.773
beta I5    0.815    0.104       0.612      1.018
beta I6    1.492    0.175       1.149      1.836
beta I7    0.866    0.144       0.583      1.150
beta I8    1.179    0.122       0.941      1.418
beta I9    0.677    0.091       0.499      0.855
beta I10   0.502    0.138       0.231      0.773
beta I11   0.815    0.104       0.612      1.018
beta I12   1.492    0.175       1.149      1.836
```

```
> vcov(llm.res)
            [,1]           [,2]          [,3]          [,4]
[1,] 0.008251095  0.0077455010  0.005858658  0.0020505398
[2,] 0.007745501  0.0147950549  0.010261390  0.0009158107
[3,] 0.005858658  0.0102613902  0.010760691  0.0020305554
[4,] 0.002050540  0.0009158107  0.002030555  0.0042525479
> confint(llm.res, "beta")
               2.5 %        97.5 %
beta I1    0.1115881    0.6167073
beta I2    0.5831592    1.1495749
beta I3    0.5831592    1.1495749
beta I4    0.2314319    0.7728128
beta I5    0.6118390    1.0184678
beta I6    1.1487560    1.8359083
beta I7    0.5831592    1.1495749
beta I8    0.9409980    1.4177982
beta I9    0.4991444    0.8552131
beta I10   0.2314319    0.7728128
beta I11   0.6118390    1.0184678
beta I12   1.1487560    1.8359083
> logLik(llm.res)
Conditional log Lik.: -2712.119 (df=4)
> pp <- person.parameter (llm.res)
> pp


Person Parameters:

Raw Score    Estimate   Std.Error
        0 -4.1869953         NA
        1 -3.3193827  1.0499648
        2 -2.5195094  0.7817843
        3 -1.9976310  0.6747402
```

```
 4 -1.5815040  0.6208727
 5 -1.2145101  0.5941396
 6 -0.8680535  0.5857964
 7 -0.5218980  0.5936183
 8 -0.1558545  0.6198789
 9  0.2587177  0.6733825
10  0.7784028  0.7802441
11  1.5754897  1.0486068
12  2.4401937       NA
```

讀者可以發現原始分數受試者考0分（全錯）或考滿分12分（全對）時，標準誤
(Std.Error NA)，也就是**MLE**的估計法遇到受試者全錯或全對是無法進行估計
的，參閱**Hambleton & Swaminathan(1985)**或本書第九章。


```
> logLik(pp)
Unconditional (joint) log Lik.: -68.1269 (df=11)
> confint(pp)
$`NAgroup1`
            2.5 %        97.5 %
P1    -4.0517785   -0.98724019
P2    -1.6853685    0.64157248
P3    -1.6853685    0.64157248
P4    -3.3200974   -0.67516456
  :        :            :
  :        :            :
  :        :            :
P496 -3.3200974   -0.67516456
P497 -4.0517785   -0.98724019
P498 -2.0161932    0.28008631
P499 -1.6853685    0.64157248

> -2*(llm.res$loglik-res$loglik)
[1] 678.9532
```


678.9532是如何算出來的？是由**-2*(-2712.119-(-2372.643))**算出的。請對
照上面的執行結果並找出

　　llm.res 的Conditional log-likelihood: -2712.119。

　　res 的Conditional log-likelihood: -2372.643，

> res$npar-llm.res$npar
[1] 7

7是如何算出來的？是由11-4=7來的。請對照上面的執行結果並找出
　　res 的**Number of parameters: 11**
　　llm.res 的**Number of parameters: 4**
res 的參數數目原本12個，因爲使用參數總和爲0，限定住1個，所以參數變成
11個。

> qchisq (0.95, df = 7)
[1] 14.06714

14.06714是臨界值，也就是 $\chi^2_{(0.95,7)}$ = **14.06714**。檢定式計算出來的卡方值
是**678.9532**遠大於臨界值**14.06714**，所以，拒絕虛無假設。注意：H_0：資
料配適**LLTM**，H_1：資料配適**Rasch model**，拒絕虛無假設意思是資料不
配適**LLTM**，而是更配適**Rasch model**。

　　最後，要介紹的是程式執行結果，在期刊論文或報告中，須呈現的重
點有哪些，原則上凡是程式執行結果跟估計以及檢定有關的都應列出。有
列出參數估計值就要列出估計標準誤（或列出 95% C.I.），有列出檢定就
要列出檢定值、顯著水準等。如需備註，則應標示出來（例如，在右上角
標示 [a]），並於表下說明 [a] 的意涵。以本例爲例：

表 6-1　RM 試題參數（容易度）估計結果

Parameter	Estimate	Std.Error	lowerCI	upperCI
b_1	−0.785	0.102	−0.985	−0.586
b_2	−0.994	0.105	−1.2	−0.788
b_3	0.568	0.096	0.38	0.757
b_4	1.085	0.101	0.887	1.282
b_5	−0.73	0.101	−0.928	−0.531
b_6	0.225	0.095	0.038	0.411
b_7	-0.842	0.103	−1.043	−0.641

Parameter	Estimate	Std.Error	lowerCI	upperCI
b_8	1.589	0.11	1.374	1.804
b_9	0.039	0.095	−0.147	0.226
b_{10}	−0.431	0.098	−0.623	−0.239
b_{11}	−0.842	0.103	−1.043	−0.641
b_{12}	1.117	0.101	0.919	1.316

表 6-2　LLTM 屬性參數與試題參數估計結果

Basic Parameter	Estimate	Std.Error	lowerCI	upperCI
ω_1	0.677	0.091	0.499	0.855
ω_2	1.179	0.122	0.941	1.418
ω_3	0.815	0.104	0.612	1.018
ω_4	−0.313	0.065	−0.441	−0.185

Item Parameter	Estimate	Std.Error	lowerCI	upperCI
b_1	0.364	0.129	0.112	0.617
b_2	0.866	0.144	0.583	1.15
b_3	0.866	0.144	0.583	1.15
b_4	0.502	0.138	0.231	0.773
b_5	0.815	0.104	0.612	1.018
b_6	1.492	0.175	1.149	1.836
b_7	0.866	0.144	0.583	1.15
b_8	1.179	0.122	0.941	1.418
b_9	0.677	0.091	0.499	0.855
b_{10}	0.502	0.138	0.231	0.773
b_{11}	0.815	0.104	0.612	1.018
b_{12}	1.492	0.175	1.149	1.836
$-2\log\lambda$	678.9532[a]			

Note [a]：$678.9532 > \chi^2_{(0.95,7)} = 14.07$，達顯著水準。

習題

1. 何謂試題反應理論？（高考）
2. 何謂試題參數不變性？何謂能力參數不變性？
3. 試寫出 Rasch 模式的一些假設？
4. 何謂試題訊息函數？
5. 何謂 LLTM 模式？

第七章
二元計分IRT模式(II)

.

第一節　1PL、2PL模式

在 IRT 中，一個或多個參數模式，其分類是依試題參數數目來分，一個參數（或稱單參數）模式，即 1PL 模式，這一個參數指的是試題難度。多個參數模式，則有 2PL、3PL、4PL 模式等。二參數模式，即 2PL 模式，這二個參數指的是試題鑑別度與試題難度。三參數模式，即 3PL 模式，這三個參數指的是試題難度、試題鑑別度以及猜測度。四參數模式，即 4PL 模式，這四個參數指的是試題難度、試題鑑別度、猜測度以及上限參數（參閱第六章緒論）。

就試題參數來看，難度是 location 的概念，通常我們看到的是難度與能力同時放在 x 軸上，用來指出它與能力的相對位置，當難度值越大，$P_i(\theta)$ 曲線就會越往右移（即往能力較大方向偏移），難度值域介於 $-\infty$ 到 ∞ 間，能力值也是介於 $-\infty$ 到 ∞ 間，它們可以相加減。至於鑑別度則是 slope 的概念，斜率越大，鑑別度越高，越能區分能力的高低與答對機率的差異。斜率 $= \dfrac{\Delta y}{\Delta x} = \dfrac{y_2 - y_1}{x_2 - x_1}$，當 Δx 值固定，Δy 越大（小）時，斜率就越大（小）。在 IRT 中，Δx 可以看成二個人能力的差異，Δy 可以看成二個人答對機率的差異，也就是斜率 $= \dfrac{P(\theta_2) - P(\theta_1)}{(\theta_2 - b) - (\theta_1 - b)} = \dfrac{P(\theta_2) - P(\theta_1)}{\theta_2 - \theta_1}$。假設現有甲乙兩人作答兩道題目，甲生能力 $\theta_1 = -1$，他在某測驗第 8 題答對的機率是 0.1，第 12 題答對的機率是 0.4，乙生能力 $\theta_2 = 0.2$，他第 8 題答對的機率是 0.94，第 12 題答對的機率是 0.46，就這二題來看，第 8 題較具鑑別度，因為第 8 題斜率 $= \dfrac{P_8(\theta_2) - P_8(\theta_1)}{\theta_2 - \theta_1} = \dfrac{0.84}{1.2} = 0.7$，第 12 題斜率 $=$

$\dfrac{P_{12}(\theta_2) - P_{12}(\theta_1)}{\theta_2 - \theta_1} = \dfrac{0.06}{1.2} = 0.05$，也就是第 8 題比較能區分能力的高低與答對

機率的差異。理論上，鑑別度值域介於 $-\infty$ 到 ∞ 間，但我們只取非負的，

也就是鑑別度值域介於 0 到 ∞ 間，實際應用上，IRT 研究常見的鑑別度值

約介於 0 到 3 間。

猜測度，用來表示能力很低的受試者答對（或者應該說猜對）某試

題的機率（參閱本章第二節的介紹）。猜測度值域介於 0 到 1 間，猜測度

值當然越小越好，一般而言，猜測度值應小於 0.3，實際應用上，猜測度

值應小於或等於 1/ 選項數（例如，選擇題每題有 3 個選項，則猜測度值

$\leq 1/3$，有 4 個選項，則猜測度值 $\leq 1/4$，依此類推）。

一、1PL 模式

介紹 2PL 模試前，先介紹 1PL 模式，其定義如下：

$$p_{ni1} = \frac{\exp(a(\theta_n - b_i))}{1 + \exp(a(\theta_n - b_i))} = P_i(\theta)，\quad p_{ni0} = \frac{1}{1 + \exp(a(\theta_n - b_i))} = 1 - p_{ni1} = Q_i(\theta)$$

$$(7\text{-}1)$$

這裡，θ_n、b_i 定義同前，a 是試題鑑別度，a 沒有下標符號，表示所

有題目都是這一個鑑別度值，a 是常數，有可能是 0.4，1.5，1 等。

當 $a = 0.4$ 時，答對機率 $p_{ni1} = P_i(\theta) = \dfrac{\exp(0.4(\theta_n - b_i))}{1 + \exp(0.4(\theta_n - b_i))}$，

當 $a = 1.5$ 時，答對機率 $p_{ni1} = P_i(\theta) = \dfrac{\exp(1.5(\theta_n - b_i))}{1 + \exp(1.5(\theta_n - b_i))}$，

當 $a = 1$ 時，此即 Rasch 模式，答對機率 $p_{ni1} = P_i(\theta) = \dfrac{\exp(\theta_n - b_i)}{1 + \exp(\theta_n - b_i)}$。

就以 $a = 0.4$ 為例，

(1) 當 $\theta_n = b_i$ 時，答對機率 $p_{ni1} = P_i(\theta) = \dfrac{\exp(0.4(\theta_n - b_i))}{1 + \exp(0.4(\theta_n - b_i))} = \dfrac{\exp(0)}{1 + \exp(0)}$

$= 0.5$，即 1PL 模式下，$\theta_n = b_i$ 時，答對機率等於 0.5。

(2) 當 $\theta_n < b_i$ 時，例如，$\theta_n = 0$，$b_i = 1$，答對機率 $p_{ni1} = P_i(\theta)$

$= \dfrac{\exp(0.4(\theta_n - b_i))}{1 + \exp(0.4(\theta_n - b_i))} = \dfrac{\exp(0.4 \times (-1))}{1 + \exp(0.4 \times (-1))} = 0.269$，即 1PL 模式下，$\theta_n < b_i$

時，答對機率小於 0.5。

(3) 當 $\theta_n > b_i$ 時，例如，$\theta_n = 1$，$b_i = 0$，答對機率 $p_{ni1} = P_i(\theta)$

$= \dfrac{\exp(0.4(\theta_n - b_i))}{1 + \exp(0.4(\theta_n - b_i))} = \dfrac{\exp(0.4 \times (1))}{1 + \exp(0.4 \times (1))} = 0.731$，即 1PL 模式下，當 $\theta_n > b_i$

時，答對機率大於 0.5。

(一) 1PL 模式之試題特徵曲線斜率

1PL 模式其試題訊息函數（參閱附錄說明 7-a）：

$$I_i(\theta) = \frac{[P_i'(\theta)]^2}{P_i(\theta)Q_i(\theta)} = a^2 P_i(\theta)Q_i(\theta) \tag{7-2}$$

這裡，$P_i'(\theta) = \dfrac{\partial P_i(\theta)}{\partial \theta} = a P_i(\theta)Q_i(\theta)$，前面提過，$P_i'(\theta)$ 是偏微分的運算，事實上，微分或偏微分可以視為斜率的概念，所以，$P_i'(\theta)$ 是試題特徵曲線的斜率（注意：試題特徵曲線就是依據 $P_i(\theta)$ 所畫出的）。Birnbaum（1968）已證明，當 $\theta_n = b_i$ 時，1PL 模式的試題特徵曲線斜率 $P_i'(\theta)$ 值會是最大值，而 $\theta_n = b_i$ 時，1PL 模式的答對機率 $p_{ni1} = P_i(\theta) = 0.5$，所以，斜率值 $P_i'(\theta) = a P_i(\theta)Q_i(\theta) = a \times 0.5 \times 0.5 = 0.25a$，即 1PL 模式的試題特徵曲線斜率最大值出現在 $\theta_n = b_i$ 處，其值為 $0.25a$（圖 7-1）。不難發現，當鑑別度 a 值越大，斜率就越大，曲線就越陡峭。如果 $a = 0.4$，那麼在 x 軸（即 θ_n 軸）上，當能力值跟難度值相等時，這時 θ_n 值與試題特徵曲線的交點，那個交點的斜率值 $P_i'(\theta) = 0.25 \times 0.4 = 0.1$，此值是該模式試題特徵曲線斜率的最大值。

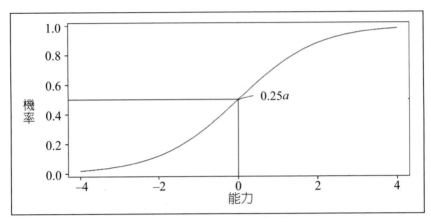

圖 7-1　1PL 試題特徵曲線斜率

(二) 1PL 模式之試題訊息函數

公式 (7-2) 除可探討試題特徵曲線斜率 $P_i'(\theta)$ 值，亦可探討試題訊息函數 $I(\theta)$ 值。當試題能提供估計能力參數的訊息越多時，能力參數的估計也就越準確。1PL 模式最大試題訊息量也是出現在 $\theta_n = b_i$ 時，這時最大訊息量 $I_i(\theta) = a^2 P_i(\theta) Q_i(\theta) = a^2 \times 0.5 \times 0.5 = 0.25a^2$。整理上述 1PL 模式重點如下：

1. 當 $\theta_n = b_i$ 時，1PL 試題特徵曲線的斜率最大值是 $0.25a$，意思是當能力值等於難度值時，能力的變化與試題特徵曲線的變化兩者之斜率關係達到最大。

2. 當 $\theta_n = b_i$ 時，1PL 試題訊息的最大量是 $0.25a^2$。

總之，在 1PL 模式下，當 $\theta_n = b_i$ 時，答對機率 $p_{ni1} = 0.5$，試題特徵曲線的斜率最大值是 $0.25a$，試題訊息最大量是 $0.25a^2$。

二、2PL 模式

2PL 模式，其定義如下：

$$p_{ni1} = \frac{\exp(a_i(\theta_n - b_i))}{1 + \exp(a_i(\theta_n - b_i))} = P_i(\theta)，\ p_{ni0} = \frac{1}{1 + \exp(a_i(\theta_n - b_i))} = 1 - p_{ni1} = Q_i(\theta) \qquad (7\text{-}3)$$

這裡，θ_n、b_i 定義同上，a_i 是試題鑑別度，a_i 有下標符號，表示每個題目都有自己的鑑別度值，$-\infty < a_i < \infty$，但通常只取 $0 \le a_i < \infty$。當 $a_i = a$ 時，2PL 模式就會縮減爲 1PL 模式，當 $a_i = a = 1$ 時，即 Rasch 模式。

(一)2PL 模式之試題特徵曲線斜率

2PL 模式，其試題訊息函數（參閱附錄說明 7-b）：

$$I_i(\theta) = \frac{[P_i'(\theta)]^2}{P_i(\theta)Q_i(\theta)} = a_i^2 P_i(\theta)Q_i(\theta) \tag{7-4}$$

這裡，$P_i'(\theta) = \frac{\partial P_i(\theta)}{\partial \theta} = a_i P_i(\theta)Q_i(\theta)$，當 $\theta_n = b_i$ 時，2PL 模式的試題特徵曲線斜率 $P_i'(\theta)$ 值會是最大值，而 $\theta_n = b_i$ 時，2PL 模式的答對機率也是 0.5，所以，斜率值 $P_i'(\theta) = aP_i(\theta)Q_i(\theta) = 0.25a_i$，即 2PL 模式的試題特徵曲線斜率最大值出現在 $\theta_n = b_i$ 處，其值爲 $0.25a_i$。如果某測驗第 3 題的鑑別度爲 2（即 $a_3 = 2$），那麼在 x 軸（即 θ_n 軸）上，當能力值跟難度值相等時，這時 θ_n 與試題特徵曲線的交點，那個交點的斜率值 $P_i'(\theta) = 0.25 \times 2 = 0.5$，此值是這個模式試題特徵曲線斜率的最大值。2PL 模式和 1PL 模式在試題特徵曲線斜率上的差異在於：2PL 模式每題的鑑別度不同，試題特徵曲線斜率就不同，而 1PL 模式則是所有題目試題特徵曲線斜率皆相同。

(二)2PL 模式之試題訊息函數

公式 (7-4) 除可探討試題特徵曲線斜率 $P_i'(\theta)$ 值，亦可探討試題訊息函數 $I(\theta)$ 值。當試題提供的 $I(\theta)$ 值越大，能力參數的估計也就會越準確。2PL 最大訊息量發生在 $\theta_n = b_i$ 時，這時最大訊息量 $I_i(\theta) = a_i^2 P_i(\theta)Q_i(\theta) = 0.25a_i^2$。如果某測驗第 4 題的鑑別度 3（即 $a_4 = 3$），則最大訊息量 $I_i(\theta) = 0.25 \times 3^2 = 2.25$。整理上述 2PL 模式重點如下：

1. 當 $\theta_n = b_i$ 時，2PL 試題特徵曲線的斜率最大值是 $0.25a_i$，意思是當能力值等於難度值時，能力的變化與試題特徵曲線的變化兩者斜率關係達到最大。

2. 當 $\theta_n = b_i$ 時，2PL 試題訊息的最大量是 $0.25a_i^2$。

總之，在 2PL 模式下，當 $\theta_n = b_i$ 時，答對機率 $p_{ni1} = 0.5$，試題特徵曲線的斜率最大值是 $0.25a_i$，試題訊息的最大量是 $0.25a_i^2$。

底下我們在難度 $b = 0$ 的情況下，分別以鑑別度 0.2，1，2 來探討 2PL 模式曲線，讓讀者了解其中差異。

1. R 程式（2PL, b=0, a=0.2）

```
thetan<-seq(-50,50,0.1)
a<-0.2
b<-0
p1<-exp(a*(thetan-b))/(1+exp(a*(thetan-b)))
p1
plot(thetan,p1,type="l",col="red",xlab="能力",ylab="機率")
```

2.R 程式說明（2PL, b=0, a=0.2）

thetan<-seq(-50,50,0.1)：要求程式從-50到50，間格每0.1就生成一個值（為何區間設定這麼長，因為斜率(a)只有0.2，非常小，如果區間太短，曲線會顯現不出來）。生成這些資料後命名為thetan（此程式在生成能力值）。

3. R 執行結果（2PL, b=0, a=0.2）

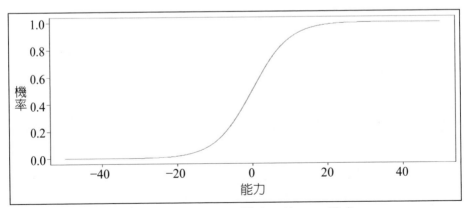

圖 7-2　鑑別度 0.2，難度 0 的 2PL 模式

1. R 程式（2PL, b=0, a=1.0）

```
thetan<-seq(-10,10,0.1)
a<-1
b<-0
p2<-exp(a*(thetan-b))/(1+exp(a*(thetan-b)))
p2
plot(thetan,p2,type="l",col="red",xlab="能力",ylab="機率")
```

2. R 程式說明（2PL, b=0, a=1.0）

thetan<-seq(-10,10,0.1)：要求程式從-10到10，間格每0.1就生成一個值，生成這些資料後命名為thetan（此程式在生成能力值）。

3. R 執行結果（2PL, b=0, a=1.0）

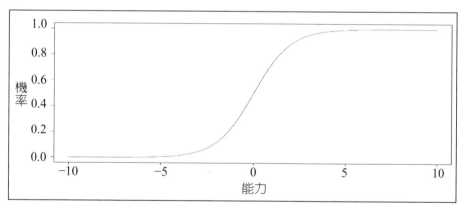

圖 7-3　鑑別度 1，難度 0 的 2PL 模式

1. R 程式（2PL, b=0, a=2.0）

```
thetan<-seq(-5,5,0.1)
a<-2
b<-0
p3<-exp(a*(thetan-b))/(1+exp(a*(thetan-b)))
p3
plot(thetan, p3, type="l", col="red",xlab="能力",ylab="機率")
```

2. R 程式說明（2PL, b=0, a=2.0）

thetan<-seq(-5,5,0.1)：要求從-5到5，間格每0.1就生成一個值，生成這些資料後命名為thetan（此程式在生成能力值）。

3. R 執行結果（2PL, b=0, a=2.0）

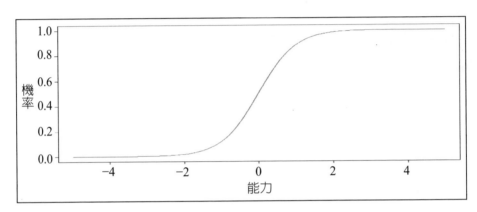

圖 7-4　鑑別度 2，難度 0 的 2PL 模式

1. R 程式（2PL, b=0, a=0.2, 1.0, 2.0）

```
thetan<-seq(-40,40,0.1)
b<-0
p1<-exp(0.2*(thetan-b))/(1+exp(0.2* (thetan-b)))
p1
p2<-exp(1*(thetan-b))/(1+exp(1*(thetan-b)))
p2
p3<-exp(2*(thetan-b))/(1+exp(2*(thetan-b)))
p3
plot(thetan, p1, type="l", col="red",xlab="能力",ylab="機率")
lines(thetan, p2, type="l",col="green",ylab="機率")
lines(thetan, p3, type="l",col="blue",ylab="機率")
```

2. R 程式說明（2PL, b=0, a=0.2, 1.0, 2.0）

thetan<-seq(-40,40,0.1)：要求程式從 -40 到 40，間格每 0.1 就生成一個值，三條曲線都在這個區間畫出來，如下圖。

3. R 執行結果（**2PL, b=0, a=0.2, 1.0, 2.0**）

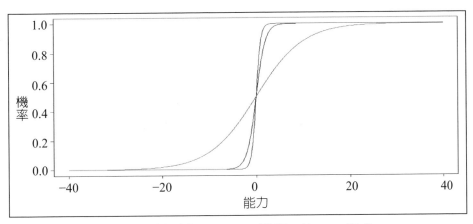

圖 7-5　鑑別度 0.2, 1, 2，難度 0 的 2PL 模式

三、2PL 模式分析

　　這裡是以 2PL 模式所生成的模擬資料進行分析。eRm 可以生成 2PL 模式的模擬資料，但不能分析 2PL 模式，要分析 2PL 模式這裡使用 ltm 套件，所以，讀者要先下載 eRm 與 ltm 這兩個套件。

(一) 2PL 模擬資料分析

1. R 程式（**2PL,Simul.ltm**）

```
install.packages("eRm")
install.packages("ltm")
library(eRm)
dpar <- runif(10, 0, 2)
ipar <- runif(10, -1.5, 1.5)
X <- sim.2pl(500, ipar, dpar, cutpoint ="randomized")
head(X)
library(ltm)
res_2pl_1 <- ltm(X ~ z1)
res_2pl_1
summary(res_2pl_1)
```

2. R 程式執行結果（2PL,Simul.ltm）

library(eRm)

dpar <- runif(10, 0, 2)

ipar <- runif(10, -1.5, 1.5)

X <- sim.2pl(500, ipar, dpar, cutpoint ="randomized")：用套件eRm生成500人10題，每題的難度、鑑別度，都是以uniform分配生成的，生成10個介於0到2間的鑑別度（即dpar），生成10個介於-1.5到1.5間的試題難度（即ipar）。

　cutpoint="randomized"：隨機截點。若寫cutpoint=0.5表示固定0.5截點。

library(ltm)：使用ltm套件分析2PL模式。

res_2pl_1 <-ltm(X ~ z1)：ltm括號內的寫法是前面鍵入**資料名稱**，接著鍵入**~**，後面鍵入**z1**，z1是受試者能力常態分配。

3. R 執行結果

```
> library(eRm)
> dpar <- runif(10, 0, 2)
> ipar <- runif(10, -1.5, 1.5)
> X <- sim.2pl(500, ipar, dpar, cutpoint ="randomized")
> head(X)
     [,1] [,2] [,3] [,4] [,5] [,6] [,7] [,8] [,9] [,10]
[1,]   0    0    0    0    0    0    0    1    0    0
[2,]   1    0    0    1    1    0    1    1    0    0
[3,]   1    0    1    0    1    1    1    1    1    1
[4,]   0    1    1    1    0    0    0    0    1    1
[5,]   1    0    1    1    0    0    1    1    0    1
[6,]   1    0    0    1    0    0    1    0    0    0

> library(ltm)
> res_2pl_1 <- ltm(X ~ z1)
> res_2pl_1
```

Call:
ltm(formula = X ~ z1)

Coefficients:
```
        Dffclt  Dscrmn
Item 1   0.396   1.011
Item 2   1.807   0.606
```

```
Item 3   -0.603   0.544
Item 4   -0.421   1.662
Item 5    1.426   1.523
Item 6    1.407   1.856
Item 7   -0.892   0.468
Item 8   -0.163   1.208
Item 9    0.522   0.889
Item 10  -0.291   0.528


Log.Lik: -2959.023
```

> **summary(res_2pl_1)**

```
Call:
ltm(formula = X ~ z1)

Model Summary:
  log.Lik        AIC         BIC
-2959.023   5958.046   6042.338


Coefficients:
                  value    std.err    z.vals
Dffclt.Item 1    0.3962    0.1182    3.3525
Dffclt.Item 2    1.8074    0.4135    4.3708
Dffclt.Item 3   -0.6026    0.2184   -2.7591
Dffclt.Item 4   -0.4215    0.0889   -4.7400
Dffclt.Item 5    1.4261    0.1735    8.2174
Dffclt.Item 6    1.4071    0.1535    9.1655
Dffclt.Item 7   -0.8925    0.3005   -2.9698
Dffclt.Item 8   -0.1628    0.0971   -1.6771
Dffclt.Item 9    0.5218    0.1383    3.7719
Dffclt.Item 10  -0.2912    0.1915   -1.5209
Dscrmn.Item 1    1.0113    0.1689    5.9886
Dscrmn.Item 2    0.6061    0.1447    4.1874
Dscrmn.Item 3    0.5435    0.1299    4.1836
Dscrmn.Item 4    1.6616    0.2773    5.9912
Dscrmn.Item 5    1.5235    0.2695    5.6528
Dscrmn.Item 6    1.8558    0.3360    5.5235
Dscrmn.Item 7    0.4680    0.1271    3.6816
Dscrmn.Item 8    1.2079    0.1934    6.2459
Dscrmn.Item 9    0.8887    0.1573    5.6486
Dscrmn.Item 10   0.5280    0.1288    4.1004
```

Integration:
method: Gauss-Hermite
quadrature points: 21

Optimization:
Convergence: 0
max(|grad|): <1e-06
quasi-Newton: BFGS

R 執行結果的一些說明（請對照上面結果）

因爲是模擬資料，隨機的，所以，讀者自己試作模擬，結果會跟這裡不一樣（除非我們設定一樣的 SEED 值，我們模擬的結果才會一樣）。本分析最重要的是呈現試題難度、鑑別度估計結果，整理如下：

表 7-1　2PL 模擬資料分析結果

Difficulty	Estimate	Std.err	Discrimination	Estimate	Std.err
b_1	0.3962	0.1182	a_1	1.0113	0.1689
b_2	1.8074	0.4135	a_2	0.6061	0.1447
b_3	−0.6026	0.2184	a_3	0.5435	0.1299
b_4	−0.4215	0.0889	a_4	1.6616	0.2773
b_5	1.4261	0.1735	a_5	1.5235	0.2695
b_6	1.4071	0.1535	a_6	1.8558	0.336
b_7	−0.8925	0.3005	a_7	0.468	0.1271
b_8	−0.1628	0.0971	a_8	1.2079	0.1934
b_9	0.5218	0.1383	a_9	0.8887	0.1573
b_{10}	−0.2912	0.1915	a_{10}	0.528	0.1288

(二) 2PL 真實資料分析

接著針對實際資料進行 2PL 模式分析，此資料是二元計分，受試者100 人，題目 10 題。分析 Rasch 模式時，可以使用 eRm 套件，分析 2PL模式時，則使用 ltm 套件。

1. R 程式（2PL,Real,ltm）

```
install.packages("eRm")
install.packages("ltm")
library(eRm)
library(ltm)
X1<-read.csv(file="c:/RHLF/2pl210909.csv",header=T)
head(X1)
res_rm_2 <- rasch(X1)
res_rm_2
plot(res_rm_2, items =1:10)
res_2pl_1 <- ltm(X1 ~ z1)
res_2pl_1
summary(res_2pl_1)
plot(res_2pl_1, items =1:10)
anova(res_rm_2, res_2pl_1)
```

2. R 程式說明（2PL,Real,ltm）

plot(res_rm_2, items =1:10)：畫出Rasch模式試題特徵曲線圖形。

plot(res_2pl_1, items =1:10)：畫出2PL模式試題特徵曲線圖形。

anova(res_rm_2, res_2pl_1)：因為eRm用的是CML法，ltm用的是MML法，方法不同，所以，改用**anova**比較。如果都是CML法，則使用Lrtest。

```
> library(eRm)
> library(ltm)
> X1<-read.csv(file="c:/RHLF/2pl210909.csv",header=T)
> head(X1)
  A B C D E F G H I J
1 1 0 1 0 0 0 0 0 0 1
2 0 1 1 1 1 1 1 0 1 1
3 0 0 0 1 0 0 0 0 0 0
4 0 0 1 1 0 1 0 0 1 1
5 0 1 1 1 0 0 0 0 1 1
6 0 1 0 1 0 0 0 0 1 0
> res_rm_2 <- rasch(X1)
> res_rm_2

Call:
rasch(data = X1)
```

Coefficients:

Dffclt.A	Dffclt.B	Dffclt.C	Dffclt.D	Dffclt.E	Dffclt.F
1.498	-1.372	-0.447	-0.045	1.371	0.631

Dffclt.G	Dffclt.H	Dffclt.I	Dffclt.J	Dscrmn
0.726	1.084	-1.140	-0.001	1.152

Log.Lik: -564.498

plot(res_rm_2, items =1:10)

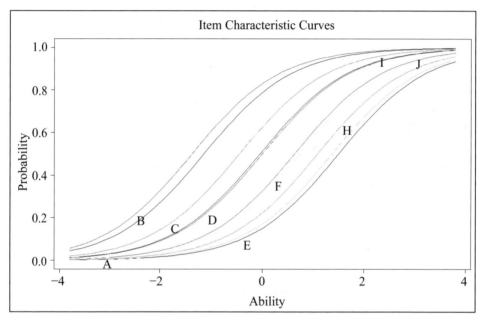

圖 7-6　Rasch 試題特徵曲線

執行程式時，試題特徵曲線、測驗特徵曲線會出現在**RStudio**右下角
的**Package**區，而不是出現在**Console**區，這裡是作者複製貼到這裡的。

> **res_2pl_1 <- ltm(X1 ~ z1)**
> **res_2pl_1**

Call:
ltm(formula = X1 ~ z1)

Coefficients:
```
   Dffclt  Dscrmn
A   1.381   1.311
B  -1.221   1.396
C  -0.400   1.413
D  -0.053   0.972
E   0.968   2.314
F   0.970   0.648
G   1.185   0.606
H   1.307   0.881
I  -0.944   1.608
J  -0.006   1.588
```

Log.Lik: -558.277

> summary(res_2pl_1)

Call:
ltm(formula = X1 ~ z1)

Model Summary:
```
  log.Lik        AIC        BIC
-558.2774  1156.555  1208.658
```

Coefficients:
```
           value std.err    z.vals
Dffclt.A   1.3812  0.3880   3.5596
Dffclt.B  -1.2214  0.3419  -3.5721
Dffclt.C  -0.4000  0.2097  -1.9073
Dffclt.D  -0.0528  0.2472  -0.2135
Dffclt.E   0.9682  0.2227   4.3465
Dffclt.F   0.9698  0.5087   1.9065
Dffclt.G   1.1848  0.6166   1.9215
Dffclt.H   1.3074  0.4858   2.6916
Dffclt.I  -0.9440  0.2622  -3.6004
Dffclt.J  -0.0060  0.1832  -0.0329
Dscrmn.A   1.3111  0.4715   2.7808
Dscrmn.B   1.3959  0.5090   2.7426
Dscrmn.C   1.4131  0.4581   3.0848
Dscrmn.D   0.9720  0.3412   2.8493
Dscrmn.E   2.3139  0.8827   2.6215
Dscrmn.F   0.6485  0.2913   2.2265
Dscrmn.G   0.6055  0.2899   2.0886
Dscrmn.H   0.8813  0.3435   2.5659
```

Dscrmn.I   1.6075   0.5692   2.8241
Dscrmn.J   1.5878   0.5037   3.1526

表 7-2   2PL 真實資料分析結果

Difficulty	Estimate	Std.err	Discrimination	Estimate	Std.err
b_1	1.3812	0.388	a_1	1.3111	0.4715
b_2	−1.2214	0.3419	a_2	1.3959	0.509
b_3	−0.4	0.2097	a_3	1.4131	0.4581
b_4	−0.0528	0.2472	a_4	0.972	0.3412
b_5	0.9682	0.2227	a_5	2.3139	0.8827
b_6	0.9698	0.5087	a_6	0.6485	0.2913
b_7	1.1848	0.6166	a_7	0.6055	0.2899
b_8	1.3074	0.4858	a_8	0.8813	0.3435
b_9	−0.944	0.2622	a_9	1.6075	0.5692
b_{10}	−0.006	0.1832	a_{10}	1.5878	0.5037

Integration:
method: Gauss-Hermite
quadrature points: 21

Optimization:
Convergence: 0
max(|grad|): 3.5e-06
quasi-Newton: BFGS

> **plot(res_2pl_1, items =1:10)**

執行程式時，試題特徵曲線、測驗特徵曲線會出現在**RStudio**右下角
的**Package**區，而不是出現在**Console**區，這裡是作者複製貼到這裡的。
> **anova(res_rm_2, res_2pl_1)**

 Likelihood Ratio Table
                AIC   BIC   log.Lik   LRT   df   p.value
res_rm_2   1151.00   1179.65   -564.50
res_2pl_1   1156.55   1208.66   -558.28   12.44   9   0.19

Rasch比**2PL**配適佳，因為**AIC**、**BIC**值較低。

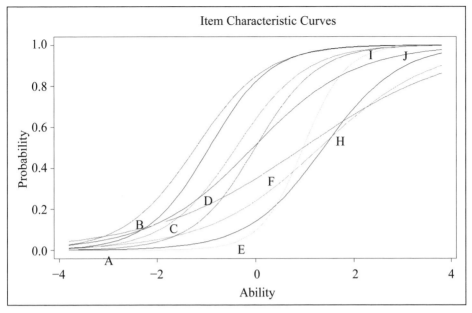

圖 7-7 2PL 試題特徵曲線

第二節 3PL模式

一、3PL 模式

3PL 模式，其定義如下：

$$p_{ni1} = c_i + (1-c_i)\frac{\exp(a_i(\theta_n - b_i))}{1 + \exp(a_i(\theta_n - b_i))} = P_i(\theta_n) \tag{7-5}$$

這裡，θ_n、b_i、a_i 定義同上，$p_{ni0} = 1 - p_{ni1} = \dfrac{(1-c_i)}{1 + \exp(a_i(\theta_n - b_i))} = Q_i(\theta_n)$，

c_i 是猜測度，用來表示能力很低的受試者答對某試題的機率，以極限來看（正無窮大以 ∞ 來表示，負無窮大以 $-\infty$ 來表示），當受試者能力 θ_n $\rightarrow -\infty$ 時（即能力極低時），他答對或應該說是猜對的機率是 c_i，因為

$$\lim_{\theta \to -\infty} p_{ni1} = c_i + (1-c_i) \lim_{\theta \to -\infty} \frac{\exp(a_i(\theta_n - b_i))}{1 + \exp(a_i(\theta_n - b_i))} = c_i + (1-c_i) \times 0 = c_i$$，c_i 的位置就在左

極限的漸近線（lower asymptote）處（圖 7-8）。

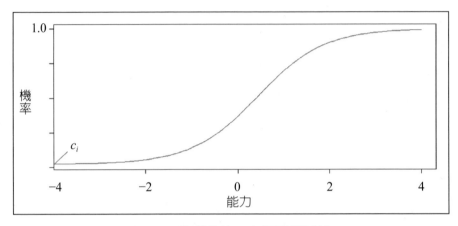

圖 7-8　猜測參數 c_i 左極限漸近線

　　試題猜測度 c_i 值介於 0 到 1 之間（即 $0 \le c_i \le 1$）。當 $c_i = 0$ 時，也就是完全沒有猜測，這時 3PL 縮減為 2PL 模式，受試者的作答反應只受到試題難度、鑑別度之影響，其答對機率

$$p_{ni1} = 0 + (1-0)\frac{\exp(a_i(\theta_n - b_i))}{1 + \exp(a_i(\theta_n - b_i))} = \frac{\exp(a_i(\theta_n - b_i))}{1 + \exp(a_i(\theta_n - b_i))}$$。

當 $c_i = 1$ 時，也就是完全猜測，則其答對機率為 1，因為

$$p_{ni1} = 1 + (1-1)\frac{\exp(a_i(\theta_n - b_i))}{1 + \exp(a_i(\theta_n - b_i))} = 1$$，

但這答對機率是全憑猜測，跟試題難度、鑑別度無關。

(一)3PL 模式之試題特徵曲線斜率

3PL 模式，其試題訊息函數（參閱附錄說明 7-b）：

$$I_i(\theta) = \frac{[P_i'(\theta)]^2}{P_i(\theta)Q_i(\theta)} = a_i^2 \frac{Q_i(\theta)}{P_i(\theta)} \left[\frac{(P_i(\theta) - c_i)}{1 - c_i} \right]^2 \tag{7-6}$$

這裡，$P_i'(\theta) = \frac{\partial P_i(\theta)}{\partial \theta} = a_i Q_i(\theta) \left[\frac{(P_i(\theta) - c_i)}{1 - c_i} \right]$，當 $\theta_n = b_i$ 時，3PL 模式的試題特徵曲線斜率 $P_i'(\theta)$ 值會是最大值，而 $\theta_n = b_i$ 時，3PL 模式的答對機率 $p_{ni1} = P_i(\theta) = (1 + c_i)/2$，所以，斜率值 $P_i'(\theta) = a_i Q_i(\theta) \left[\frac{(P_i(\theta) - c_i)}{1 - c_i} \right]$ $= 0.25 a_i (1 - c_i)$（參閱圖 7-9 與附錄說明 7-b），即 3PL 模式的試題特徵曲線斜率最大值出現在 $\theta_n = b_i$ 處，其值為 $0.25 a_i (1 - c_i)$，換句話說，當 $\theta_n = b_i$ 時，能力的變化與試題特徵曲線的變化兩者斜率關係達到最大，如果某測驗第 2 題的鑑別度 2、猜測度 0.1（即 $a_2 = 2$、$c_2 = 0.1$），那麼在 x 軸（即 θ_n 軸）上，當能力值跟難度值相等時，這時 θ_n 值與試題特徵曲線的切點，那個切點的斜率值會是 $P_i'(\theta) = 0.25 \times 2 \times 0.9 = 0.45$ 且答對機率 $P_i(\theta_n) = (1 + c)/2 = 0.55$。

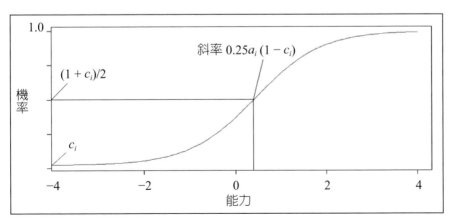

圖 7-9　3PL 試題特徵曲線斜率

(二)3PL 模式之試題訊息函數

在 3PL 模式中，試題最大訊息量不是出現在 $\theta_n = b_i$ 時，而是出現在

$$\theta_n = b_i + \frac{1}{a_i}\ln\left[\frac{1+\sqrt{1+8\,c_i}}{2}\right]$$

(7-7)

將公式 (7-7) 代入公式 (7-6)，得到 3PL 模式最大訊息量（Birnbaum, 1968; Lord, 1980）為

$$\text{Max}(I_i(\theta)) = \frac{a_i^2}{8(1-c_i^2)}\left[1-20c_i-8c_i^2+\sqrt{(1+8\,c_i)^3}\right]$$

(7-8)

由公式 (7-8) 可知，3PL 模式訊息量會受到 c_i、a_i 的影響，當 a_i 較大時且 c_i 越來越小時，訊息量就會越大，當 $c_i = 0$ 時，訊息量達到最大。事實上，當 $c_i = 0$ 時，代入公式 (7-8) 得到 $\frac{a_i^2}{8(1-c_i^2)}\left[1-20c_i-8c_i^2+\sqrt{(1+8\,c_i)^3}\right]$ = $0.25a_i^2$，又回到 2PL 模式的情況（參閱前面說明）。

整理 3PL 重點如下：

1. 由公式 (7-6) 可得知，當 $(\theta_n - b_i) \to 0$，也就是 θ_n 越接近 b_i，試題提供的訊息量越大。

2. 當 a_i 越來越大時，試題提供的訊息量越大。

3. 當 $c_i \to 0$ 時，即越沒有猜測時，試題提供的訊息量會越多。

4. 試題訊息量越多，表示該試題越值得納入試卷中成為考題。

5. 當 $\theta_n = b_i$ 時，答對機率 $p_{ni1} = P_i(\theta) = (1+c)/2$。

6. 當 $\theta_n = b_i$ 時，3PL 試題特徵曲線的斜率最大值是 $0.25a_i(1-c_i)$，意思是當能力值等於難度值時，3PL 模式能力的變化與試題特徵曲線的變化兩者斜率關係達到最大，其值即 $0.25a_i(1-c_i)$。

7. 當 $\theta_n = b_i + \frac{1}{a_i}\ln\left[\frac{1+\sqrt{1+8\,c_i}}{2}\right]$ 時，3PL 模式試題訊息最大量是

$$\frac{a_i^2}{8\,(1\text{-}c_i^2)}\left[1-20c_i-8c_i^2+\sqrt{(1+8\,c_i\,)^3}\right]。$$

如果 $c_i = 0$，就又回到 2PL 試題訊息最大量 $0.25a_i^2$。

8. 有關 1PL、2PL、3PL 的訊息函數特性，整理如表 7-3。

表 7-3　1PL、2PL、3PL 訊息函數特性

	1PL	2PL	3PL
$P_i(\theta_n)$	$\dfrac{\exp(a(\theta_n-b_i))}{1+\exp(a(\theta_n-b_i))}$	$\dfrac{\exp(a_i(\theta_n-b_i))}{1+\exp(a_i(\theta_n-b_i))}$	$c_i+(1-c_i)\dfrac{\exp(a_i(\theta_n-b_i))}{1+\exp(a_i(\theta_n-b_i))}$
$P_i'(\theta)$	$aP_i(\theta)Q_i(\theta)$	$a_iP_i(\theta)Q_i(\theta)$	$a_iQ_i(\theta)\left[\dfrac{(P_i(\theta)-c_i)}{1-c_i}\right]$
$I_i(\theta)$	$P_i(\theta)Q_i(\theta)$	$a_i^2P_i(\theta)Q_i(\theta)$	$a_i^2\dfrac{Q_i(\theta)}{P_i(\theta)}\left[\dfrac{(P_i(\theta)-c_i)}{1-c_i}\right]^2$
θ	$\theta_n=b_i$	$\theta_n=b_i$	$b_i+\dfrac{1}{a_i}\ln\left[\dfrac{1+\sqrt{1+8\,c_i}}{2}\right]$
Max $(I_i(\theta))$	$0.25a^2$ （Rasch 時，0.25）	$0.25a_i^2$	$\dfrac{a_i^2}{8\,(1\text{-}c_i^2)}\times$ $\left[1-20c_i-8c_i^2+\sqrt{(1+8\,c_i)^3}\right]$

注意：這裡只列出 IPL、2PL、3PL 模式，其他如 GRM、RSM、PCM 模式請參閱
　　Baker（1992）一書。

(三)試題參數不同組合下之 $I(\theta)$ 圖形

　　底下將試題鑑別度、難度、猜測度以不同的組合（item1-item6）搭配
程式繪出 $I(\theta)$ 的圖形加以說明。

表 7-4 3PL 模式下試題參數不同組合

訊息	鑑別度	難度	猜測度	圖形顏色
item1	1.8	1	0	紅
item2	0.8	1	0	黑
item3	1.8	1	0.25	綠
item4	1.8	−1.5	0	藍
item5	1.2	−0.5	0.1	灰
item6	0.4	0.5	0.15	紫

R 程式（3PL,Information）

```
thetan<-seq(-5,5,0.1)
a1<-1.8
b1<-1
c1<-0
p1<-c1+(1-c1)*(exp(a1*(thetan-b1))/(1+exp(a1*(thetan-b1))))
p1
i1<-a1^2*((1-p1)/p1)*((p1-c1)/(1-c1))^2
i1
a2<-0.8
b2<-1
c2<-0
p2<-c2+(1-c2)*(exp(a2*(thetan-b2))/(1+exp(a2*(thetan-b2))))
p2
i2<-a2^2*((1-p2)/p2)*((p2-c2)/(1-c2))^2
i2
a3<-1.8
b3<-1
c3<-0.25
p3<-c3+(1-c3)*(exp(a3*(thetan-b3))/(1+exp(a3*(thetan-b3))))
p3
i3<-a3^2*((1-p3)/p3)*((p3-c3)/(1-c3))^2
i3
a4<-1.8
b4<--1.5
c4<-0
p4<-c4+(1-c4)*(exp(a4*(thetan-b4))/(1+exp(a4*(thetan-b4))))
p4
i4<-a4^2*((1-p4)/p4)*((p4-c4)/(1-c4))^2
i4
```

```
a5<-1.2
b5<--0.5
c5<-0.1
p5<-c5+(1-c5)*(exp(a5*(thetan-b5))/(1+exp(a5*(thetan-b5))))
p5
i5<-a5^2*((1-p5)/p5)*((p5-c5)/(1-c5))^2
i5
a6<-0.4
b6<-0.5
c6<-0.15
p6<-c6+(1-c6)*(exp(a6*(thetan-b6))/(1+exp(a6*(thetan-b6))))
p6
i6<-a6^2*((1-p6)/p6)*((p6-c6)/(1-c6))^2
i6
plot(thetan,i1,type="l",col="red",xlab="能力",ylab="機率")
lines(thetan,i2,type="l",col="black",xlab="能力",ylab="機率")
lines(thetan,i3,type="l",col="green",xlab="能力",ylab="機率")
lines(thetan,i4,type="l",col="blue",xlab="能力",ylab="機率")
lines(thetan,i5,type="l",col="gray",xlab="能力",ylab="機率")
lines(thetan,i6,type="l",col="purple",xlab="能力",ylab="機率")
```

R 程式執行結果（**3PL,Information**）

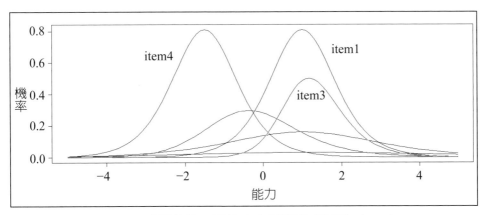

圖 7-10　試題參數不同組合之試題訊息函數（3PL）

由圖上可以看出，試題訊息函數圖形極似鐘形常態曲線，其中

(1)紅線（item1）、藍線（item4）、綠線（item3）提供的試題訊息量

較大，這三題的鑑別度相對於其他試題來說是較大的，鑑別度扮演著極重要的角色。

(2) 可以發現到能力 θ_n 與難度 b_i 接近時，試題訊息量也越大，例如，紅線、綠色難度1，能力也接近1時；藍線難度−1.5，能力也接近−1.5時。

(3) 有猜測度（即 $c > 0$）且鑑別度極低時，試題訊息量極小（例如，item6）。

(4) 鑑別度、難度相同的情況下，有猜測度的試題（即 $c > 0$）比沒有猜測度的試題（即 $c = 0$）提供的試題訊息量更少（例如，比較 item1 與 item3）。

接著，我們將試題鑑別度與難度固定，來看不同的猜測度，它們的圖形變化。在 3PL 模式下，我們設定鑑別度 $a = 0.5$，難度 $b = 0$，分別以猜測度 0.2，0.5，1 三種情況來看他們的圖形變化，程式如下：

```
#3PL, b=0, a=0.5, c=0.2
thetan<-seq(-15,15,0.1)
a<-0.5
b<-0
c<-0.2
p1<-c+(1-c)*(exp(a*(thetan-b))/(1+exp(a*(thetan-b))))
p1
plot(thetan, p1, type="l", col="red",xlab="能力",ylab="機率")
```

```
#3PL, b=0, a=0.5, c=0.5
thetan<-seq(-15,15,0.1)
a<-0.5
b<-0
c<-0.5
p1<-c+(1-c)*(exp(a*(thetan-b))/(1+exp(a*(thetan-b))))
p1
plot(thetan, p1, type="l", col="red",xlab="能力",ylab="機率")
```

```
#3PL, b=0, a=0.5, c=1
thetan<-seq(-15,15,0.1)
a<-0.5
b<-0
c<-1
p1<-c+(1-c)*(exp(a*(thetan-b))/(1+exp(a*(thetan-b))))
p1
plot(thetan, p1, type="l", col="red",xlab="能力",ylab="機率")
```

這裡不再列出圖形，讀者可以鍵入程式並執行，即可看到曲線。

二、3PL 模式分析

(一)3PL 模擬資料分析

這裡以 3PL 的模擬資料進行分析。處理 3PL 模式時，讀者要先下載 irtoys、ltm 套件。irtoys 用來模擬生成資料，ltm 用來估計 3PL 模式參數。

```
install.packages("irtoys")
install.packages("ltm")
library(irtoys)
pa <- cbind(runif(20,.8,2), runif(20,-2.4,2.4), rep(0,50))
rs <- sim(ip=pa, x=rnorm(1000))
library(ltm)
res.1<-tpm(rs)
res.1
summary(res.1)
```

```
> library(irtoys)
> pa <- cbind(runif(20,.8,2), runif(20,-2.4,2.4), rep(0,50))
Warning message:
In cbind(runif(20, 0. runif(20,.8,2)8, 2), runif(20, -2.4, 2.4), rep(0, 50)) :
  number of rows of result is not a multiple of vector length (arg 1)
> rs <- sim(ip=pa, x=rnorm(1000))
```

pa <-cbind(runif(20,.8,2), runif(20,-2.4,2.4), rep(0,50))：意思是生成20個介於

0.8到2間的uniform資料（生成的資料都是正數），生成20個介於-2.4到2.4

間的**uniform**分配資料（資料有正數也有負數），重複**50**個**0**。生成後，排成
三行（這裡**cbind**是行合併，如果**rbind**則是列合併），第一行是**0.8**到**2**間的
資料，第二行是**-2.4**到**2.4**的資料，第三行是**50**個**0**。因為重複**50**次，所
以，第一行會以**(20+20+10)**方式重複，即第**1**個數字會跟第**21**個、第**41**個
數字一樣，…，第**10**個數字會跟第**30**個、第**50**個數字一樣。第二行也是
以**(20+20+10)**方式重複。讀者自行執行程式一次，即可明白。
rs <- sim(ip=pa, x=rnorm(1000))：**ip=pa**意思是**item parameter**就是上面**pa**生
成的那些資料，**pa**第一行是鑑別度（都是正數）、第二行是難度（有正數也有
負數）、第三行是猜測度，題目總共有**50**題。而**x=rnorm(1000)**意思是有
1000個受試者，每個受試者的作答反應以**0**或**1**表示且服從常態分配。


```
> library(ltm)
> res.1<-tpm(rs)
Warning message:
In tpm(rs) :
  Hessian matrix at convergence is not positive definite; unstable solution.

> res.1

Call:
tpm(data = rs)
Coefficients:
         Gussng   Dffclt    Dscrmn
Item 1   0.000    -0.689    1.025
Item 2   0.000    -0.481    0.874
Item 3   0.048    0.360     1.872
Item 4   0.000    2.072     1.373
Item 5   0.032    1.386     1.320
Item 6   0.320    -0.366    1.523
Item 7   0.024    0.260     1.966
Item 8   0.000    0.140     1.597
Item 9   0.000    0.289     2.066
Item 10  0.001    -0.977    1.747
Item 11  0.043    0.034     1.303
Item 12  0.000    -0.525    0.874
Item 13  0.451    -1.129    0.875
Item 14  0.443    -0.903    1.231
Item 15  0.164    -0.860    1.735
Item 16  0.198    -0.157    1.569
```

Item 17 0.018	1.787	1.831
Item 18 0.027	0.944	1.461
Item 19 0.005	-2.270	1.798
Item 20 0.000	-1.891	1.358
Item 21 0.005	-0.662	1.116
Item 22 0.277	0.175	1.200
Item 23 0.033	0.357	2.213
Item 24 0.001	2.123	1.242
Item 25 0.013	1.520	0.978
Item 26 0.001	-1.160	1.105
Item 27 0.001	0.170	1.750
Item 28 0.014	0.300	1.775
Item 29 0.017	0.270	1.869
Item 30 0.044	-0.777	2.101
Item 31 0.056	0.081	1.245
Item 32 0.167	-0.081	1.199
Item 33 0.004	-2.070	0.890
Item 34 0.178	-1.738	1.003
Item 35 0.000	-1.166	1.419
Item 36 0.028	-0.602	1.344
Item 37 0.000	1.655	1.776
Item 38 0.050	1.201	1.324
Item 39 0.073	-2.093	1.985
Item 40 0.252	-1.486	1.839
Item 41 0.119	-0.286	1.356
Item 42 0.097	-0.480	0.830
Item 43 0.034	0.251	2.082
Item 44 0.007	1.935	1.454
Item 45 0.000	1.467	1.040
Item 46 0.250	-0.538	1.639
Item 47 0.000	0.144	1.762
Item 48 0.000	0.233	1.635
Item 49 0.000	0.233	2.063
Item 50 0.106	-0.791	1.698

Coefficients：item parameter估計值，第一行是猜測度（Gussng），猜測度
估計值大小介於0到0.451之間、第二行是難度（Dffclt），難度估計值大小
介於-2.27到2.123之間、第三行是鑑別度（Dscrmn），鑑別度估計值大小介
於0.83到2.213之間。

Log.Lik: -23651.65
> summary(res.1)

Call:
tpm(data = rs)
Model Summary:
   log.Lik   AIC   BIC
-23651.65   47603.3   48339.47

Coefficients:

	value	std.er	z.vals
Gussng.Item 1	0.0001	0.0053	0.0256
Gussng.Item 2	0.0002	0.0069	0.0303
Gussng.Item 3	0.0477	0.0333	1.4341
Gussng.Item 4	0.0000	0.0005	0.0242
Gussng.Item 5	0.0316	0.0252	1.2559
Gussng.Item 6	0.3201	0.0960	3.3350
Gussng.Item 7	0.0235	0.0269	0.8753
Gussng.Item 8	0.0001	0.0048	0.0234
Gussng.Item 9	0.0000	0.0002	0.0177
Gussng.Item 10	0.0008	0.0269	0.0305
Gussng.Item 11	0.0428	0.0752	0.5695
Gussng.Item 12	0.0002	0.0085	0.0269
Gussng.Item 13	0.4506	0.2726	1.6528
Gussng.Item 14	0.4433	0.1771	2.5029
Gussng.Item 15	0.1635	0.1011	1.6180
Gussng.Item 16	0.1981	0.1000	1.9800
Gussng.Item 17	0.0182	0.0109	1.6764
Gussng.Item 18	0.0269	0.0319	0.8441
Gussng.Item 19	0.0046	0.1229	0.0376
Gussng.Item 20	0.0003	0.0101	0.0292
Gussng.Item 21	0.0049	NaN	NaN
Gussng.Item 22	0.2772	0.1007	2.7511
Gussng.Item 23	0.0329	0.0234	1.4080
Gussng.Item 24	0.0008	NaN	NaN
Gussng.Item 25	0.0132	0.0348	0.3782
Gussng.Item 26	0.0005	0.0186	0.0287
Gussng.Item 27	0.0006	0.0499	0.0127
Gussng.Item 28	0.0145	0.0228	0.6355
Gussng.Item 29	0.0172	0.0278	0.6176
Gussng.Item 30	0.0444	0.0686	0.6471
Gussng.Item 31	0.0556	0.0918	0.6061
Gussng.Item 32	0.1671	0.1227	1.3614
Gussng.Item 33	0.0037	0.0930	0.0398
Gussng.Item 34	0.1784	0.3430	0.5202
Gussng.Item 35	0.0001	0.0025	0.0207
Gussng.Item 36	0.0280	0.0660	0.4237

Gussng.Item 37	0.0002	NaN	NaN
Gussng.Item 38	0.0499	0.0303	1.6471
Gussng.Item 39	0.0730	0.3638	0.2006
Gussng.Item 40	0.2522	0.2750	0.9172
Gussng.Item 41	0.1191	0.1011	1.1774
Gussng.Item 42	0.0975	0.2018	0.4831
Gussng.Item 43	0.0344	0.0285	1.2059
Gussng.Item 44	0.0072	0.0130	0.5519
Gussng.Item 45	0.0000	0.0013	0.0258
Gussng.Item 46	0.2496	0.1194	2.0901
Gussng.Item 47	0.0000	0.0015	0.0240
Gussng.Item 48	0.0000	0.0017	0.0241
Gussng.Item 49	0.0001	0.0019	0.0272
Gussng.Item 50	0.1063	0.1267	0.8386
Dffclt.Item 1	-0.6889	0.0880	-7.8279
Dffclt.Item 2	-0.4809	0.0925	-5.1997
Dffclt.Item 3	0.3602	0.0774	4.6540
Dffclt.Item 4	2.0723	0.1694	12.2337
Dffclt.Item 5	1.3860	0.1152	12.0318
Dffclt.Item 6	-0.3665	0.2489	-1.4723
Dffclt.Item 7	0.2596	0.0668	3.8838
Dffclt.Item 8	0.1401	0.0551	2.5411
Dffclt.Item 9	0.2888	0.0484	5.9698
Dffclt.Item 10	-0.9769	0.0812	-12.0247
Dffclt.Item 11	0.0336	0.1705	0.1967
Dffclt.Item 12	-0.5248	0.0948	-5.5363
Dffclt.Item 13	-1.1286	1.1774	-0.9586
Dffclt.Item 14	-0.9027	0.5850	-1.5431
Dffclt.Item 15	-0.8603	0.1878	-4.5803
Dffclt.Item 16	-0.1573	0.2278	-0.6904
Dffclt.Item 17	1.7874	0.1277	13.9918
Dffclt.Item 18	0.9440	0.0918	10.2820
Dffclt.Item 19	-2.2703	0.2126	-10.6791
Dffclt.Item 20	-1.8905	0.1490	-12.6920
Dffclt.Item 21	-0.6617	NaN	NaN
Dffclt.Item 22	0.1750	0.3050	0.5737
Dffclt.Item 23	0.3568	0.0601	5.9340
Dffclt.Item 24	2.1233	0.0912	23.2837
Dffclt.Item 25	1.5202	0.1518	10.0163
Dffclt.Item 26	-1.1595	0.1121	-10.3422
Dffclt.Item 27	0.1700	0.1000	1.7001
Dffclt.Item 28	0.2996	0.0651	4.6010
Dffclt.Item 29	0.2699	0.0684	3.9456
Dffclt.Item 30	-0.7770	0.1147	-6.7715

Dffclt.Item 31	0.0813	0.2118	0.3838
Dffclt.Item 32	-0.0810	0.3166	-0.2560
Dffclt.Item 33	-2.0696	0.2832	-7.3074
Dffclt.Item 34	-1.7381	0.8110	-2.1431
Dffclt.Item 35	-1.1659	0.0897	-13.0025
Dffclt.Item 36	-0.6018	0.1463	-4.1135
Dffclt.Item 37	1.6549	0.1088	15.2106
Dffclt.Item 38	1.2009	0.1095	10.9674
Dffclt.Item 39	-2.0925	0.4230	-4.9466
Dffclt.Item 40	-1.4864	0.4530	-3.2811
Dffclt.Item 41	-0.2856	0.2279	-1.2531
Dffclt.Item 42	-0.4801	0.6112	-0.7854
Dffclt.Item 43	0.2512	0.0665	3.7760
Dffclt.Item 44	1.9345	0.1628	11.8860
Dffclt.Item 45	1.4675	0.1355	10.8337
Dffclt.Item 46	-0.5375	0.2641	-2.0354
Dffclt.Item 47	0.1439	0.0516	2.7892
Dffclt.Item 48	0.2328	0.0544	4.2793
Dffclt.Item 49	0.2327	0.0482	4.8326
Dffclt.Item 50	-0.7907	0.2284	-3.4625
Dscrmn.Item 1	1.0250	0.0940	10.9096
Dscrmn.Item 2	0.8737	0.0857	10.1937
Dscrmn.Item 3	1.8722	0.2289	8.1776
Dscrmn.Item 4	1.3731	0.1541	8.9132
Dscrmn.Item 5	1.3196	0.2146	6.1489
Dscrmn.Item 6	1.5235	0.2735	5.5713
Dscrmn.Item 7	1.9659	0.2105	9.3414
Dscrmn.Item 8	1.5973	0.1223	13.0601
Dscrmn.Item 9	2.0657	0.1520	13.5883
Dscrmn.Item 10	1.7467	0.1485	11.7619
Dscrmn.Item 11	1.3034	0.1976	6.5952
Dscrmn.Item 12	0.8739	0.0868	10.0691
Dscrmn.Item 13	0.8748	0.2844	3.0765
Dscrmn.Item 14	1.2309	0.2987	4.1204
Dscrmn.Item 15	1.7349	0.2267	7.6513
Dscrmn.Item 16	1.5691	0.3051	5.1434
Dscrmn.Item 17	1.8314	0.3035	6.0347
Dscrmn.Item 18	1.4612	0.2232	6.5461
Dscrmn.Item 19	1.7985	0.2357	7.6299
Dscrmn.Item 20	1.3583	0.1416	9.5934
Dscrmn.Item 21	1.1160	NaN	NaN
Dscrmn.Item 22	1.2001	0.2809	4.2717
Dscrmn.Item 23	2.2132	0.2429	9.1113
Dscrmn.Item 24	1.2416	NaN	NaN

Dscrmn.Item 25　0.9783　0.1817　5.3857
Dscrmn.Item 26　1.1049　0.1039　10.6310
Dscrmn.Item 27　1.7502　0.2779　6.2970
Dscrmn.Item 28　1.7749　0.1753　10.1225
Dscrmn.Item 29　1.8694　0.2029　9.2110
Dscrmn.Item 30　2.1011　0.2316　9.0710
Dscrmn.Item 31　1.2454　0.2229　5.5867
Dscrmn.Item 32　1.1986　0.2558　4.6854
Dscrmn.Item 33　0.8903　0.1083　8.2214
Dscrmn.Item 34　1.0034　0.2037　4.9248
Dscrmn.Item 35　1.4192　0.1239　11.4585
Dscrmn.Item 36　1.3443　0.1474　9.1222
Dscrmn.Item 37　1.7760　0.1628　10.9104
Dscrmn.Item 38　1.3236　0.2115　6.2569
Dscrmn.Item 39　1.9848　0.3494　5.6798
Dscrmn.Item 40　1.8385　0.3759　4.8906
Dscrmn.Item 41　1.3562　0.2192　6.1877
Dscrmn.Item 42　0.8301　0.1939　4.2819
Dscrmn.Item 43　2.0817　0.2303　9.0375
Dscrmn.Item 44　1.4537　0.2602　5.5874
Dscrmn.Item 45　1.0396　0.1053　9.8708
Dscrmn.Item 46　1.6390　0.3022　5.4242
Dscrmn.Item 47　1.7619　0.1326　13.2832
Dscrmn.Item 48　1.6354　0.1244　13.1507
Dscrmn.Item 49　2.0627　0.1542　13.3763
Dscrmn.Item 50　1.6985　0.2616　6.4922

Integration:
method: Gauss-Hermite
quadrature points: 21

Optimization:
Optimizer: optim (BFGS)
Convergence: 0
max(|grad|): 0.031

(二)3PL 真實資料分析

　　這裡以 3PL 模式分析眞實的資料，此資料是二元計分，受試者 100 人，題目 10 題。分析 3PL 模式時，讀者請先下載 irtoys、ltm 套件。

```
install.packages("ltm")
install.packages("irtoys")
library(irtoys)
X1<-read.csv(file="c:/RHLF/3pl210910.csv",header=T)
head(X1)
library(ltm)
res.1<-tpm(X1)
res.1
summary(res.1)
```

> X1<-read.csv(file="c:/RHLF/3pl210910.csv",header=T)
> head(X1)
  A B C D E F G H I J
1 0 1 0 0 0 0 0 0 0 1
2 0 1 1 1 1 1 1 0 1 1
3 0 0 0 1 0 0 0 0 0 0
4 0 0 1 1 0 1 0 0 1 1
5 0 1 1 1 1 0 0 0 1 1
6 0 1 0 1 0 0 0 0 1 0
> library(ltm)
> res.1<-tpm(X1)
> res.1

Call:
tpm(data = X1)
Coefficients:
  Gussng Dffclt Dscrmn
A 0.000   1.345   1.372
B 0.024 -1.044   1.154
C 0.156 -0.190   2.086
D 0.267   0.626   1.694
E 0.000   0.830   2.184
F 0.001   1.071   0.581
G 0.001   1.134   0.642
H 0.105   1.361   1.516
I 0.302 -0.382   2.601
J 0.000   0.010   1.650

Log.Lik: -565.853
> summary(res.1)
Call:
tpm(data = X1)
Model Summary:

```
      log.Lik         AIC           BIC
     -565.8534   1191.707    1269.862
```

Coefficients:

	value	std.err	z.vals
Gussng.A	0.0000	0.0002	0.0017
Gussng.B	0.0245	0.5991	0.0409
Gussng.C	0.1561	0.4406	0.3544
Gussng.D	0.2666	0.2154	1.2376
Gussng.E	0.0000	0.0009	0.0038
Gussng.F	0.0008	0.0370	0.0210
Gussng.G	0.0007	0.0268	0.0252
Gussng.H	0.1053	0.1137	0.9262
Gussng.I	0.3018	0.4475	0.6745
Gussng.J	0.0000	0.0042	0.0083
Dffclt.A	1.3451	0.3747	3.5899
Dffclt.B	-1.0440	1.1848	-0.8811
Dffclt.C	-0.1898	0.8480	-0.2238
Dffclt.D	0.6258	0.5347	1.1704
Dffclt.E	0.8297	0.2075	3.9992
Dffclt.F	1.0715	0.6153	1.7415
Dffclt.G	1.1338	0.5940	1.9086
Dffclt.H	1.3612	0.4453	3.0569
Dffclt.I	-0.3823	0.9055	-0.4222
Dffclt.J	0.0098	0.1801	0.0543
Dscrmn.A	1.3719	0.5054	2.7146
Dscrmn.B	1.1543	0.5627	2.0512
Dscrmn.C	2.0863	2.0039	1.0411
Dscrmn.D	1.6944	1.7626	0.9613
Dscrmn.E	2.1840	0.8268	2.6415
Dscrmn.F	0.5814	0.2924	1.9885
Dscrmn.G	0.6418	0.3148	2.0391
Dscrmn.H	1.5157	1.4359	1.0555
Dscrmn.I	2.6008	2.9424	0.8839
Dscrmn.J	1.6503	0.5119	3.2238

這裡也是**item parameter**估計值，只不過比上面的**Coefficients**多了列出**z**

值，可以用來判斷有沒有顯著異於**0**。猜測度（**Gussng**）估計值大小介於**0**到

0.3018之間，**z**值大小介於**0.0017**到**1.2376**之間，在顯著水準**0.05**下，都

沒有拒絕虛無假設，也就是每題猜測度**0**是成立的。難度（**Dffclt**）估計值大

小介於**-1.044**到**1.3612**之間，**z**值大小介於**-0.8811**到**3.9992**之間，難度

估計值顯著異於**0**的，只有**AEH**這三題。鑑別度（**Dscrmn**）估計值大小介

於**0.5814**到**2.6008**之間，**z**值大小介於**0.8839**到**3.2238**之間，鑑別度估

計值顯著異於**0**的，則有**ABEFGJ**這六題。

Integration:
method: Gauss-Hermite
quadrature points: 21

Optimization:
Optimizer: optim (BFGS)
Convergence: 0
max(|grad|): 0.0014

習題

1. 何謂 2PL 模式（two-parameter logistic model）？並說明試題參數意義。
2. 何謂 3PL 模式（three-parameter logistic model）？並說明試題參數意義。
3. 何謂 1PL 模式（one-parameter logistic model）？其與 Rasch 模式、2PL 模式、3PL 模式差異何在？
4. 試說明 3PL 模式，在何種情況下，其試題訊息函數量會較大？
5. 試以 R 程式，畫出 2PL 模式（鑑別度 1.5，難度 1）的曲線？
6. 試以 R 程式，畫出 3PL 模式（鑑別度 1，難度 1，猜測度 0.8）的曲線？
7. 寫出下列單向度二元計分、多元計分 IRT 模式，每個模式的定義公式？
   註：多元模式可修完第八章再作答。

計分方式	模式	定義公式
二元模式	1PL	
	2PL	
	3PL	
多元模式	GRM	
	RSM	
	PCM	

第八章

多元計分IRT模式

第一節　GRM模式

　　介紹二元計分模式後，緊接著介紹多元計分模式（polytomous or multi-categorical），常見的多元計分模式，有等級反應模式（GRM）、名義反應模式（NRM）、評定量表模式（RSM）、部分給分模式（PCM）、多面向 Rasch 模式（MFRM），不過限於篇幅，這裡只介紹 GRM、PCM、RSM、MFRM 這四種模式。在 IRT 的沿革發展中，除了計分方式不同外，為了測驗實務需要，也有將試題難度固定效果模式（fixed effect model）擴展為隨機效果模式（random effect model）或是將受試者能力單一層次模式擴展為能力多層次模式（multilevel model）、能力高階模式（higher-order model）等。不過，因為本書定位為基礎內容的介紹，所以，關於試題隨機效果模式、能力多層次模式、能力高階模式等進階課程，讀者可參閱作者發表在心理計量期刊，例如，Multivariate Behavioral Research, 2010, 45(2)、Applied Psychological Measurement, 2012, 36(2)、Journal of Educational and Behavioral Statistics, 2012, 37(2) 等或參閱其他學者所發表的著作。

　　本章要介紹的內容越來越多了，也越來越複雜，為方便聚焦，每個模式都會介紹四大重點：**重點**一是認識這個模式的類別機率（或得分機率），這會讓我們清楚知道每個類別的特徵曲線或得 0 分、1 分、2 分及其他分數的機率曲線圖形，藉由圖形增進對這個模式的認識。**重點**二是了解這個模式跟其他模式差異處。例如，PCM，它跟其他模式的差異就是階參數（step parameter, τ_{ic}）的提出，RSM 跟其他模式的差異就是相對位置參數（position parameter, v_c）的提出；GRM 跟其他模式的差異就是分界參數（boundary parameter, ς_{ic}）的提出等等。**重點三**知道模式的 logit，從前面介紹我們了解 logit 可以幫助我們比較能力差異，將不同受試者間的能力放在同一個量尺上比較。**重點四**撰寫程式，讓程式執行結果使我們更了解模式公式的幾何意涵。

一、資料表示方式

首先，從資料表示方式談起，對於觀察到的分數表示方式，跟類別變項表示方式有些差異，前者表示方式為 $y_{ni} = 0, 1, ..., C_i - 1$，後者表示方式為 $y_{ni} = 1, 2, ..., C_i$。但事實上兩者是互通的，只是類別變項的表示方式，跟我們平時勾選問卷選項時的作答，直覺上較吻合。

$$y_{ni} = \begin{cases} 0 \\ 1 \\ \vdots \\ C_i - 1 \end{cases} = \begin{cases} 1 \\ 2 \\ \vdots \\ C_i \end{cases} \tag{8-1}$$

這裡，從分數來看，$y_{ni} = 0$ 表示觀察到的分數為 0 分，$y_{ni} = 1$ 表示觀察到的分數為 1 分，依此類推。從類別變項來看，$y_{ni} = 1$ 表示觀察到的類別選項為 1（例如，受測者勾選非常不同意），$y_{ni} = 2$ 表示觀察到的類別選項為 2（例如，勾選不同意），依此類推。公式 (8-1) 中，C_i 的下標有 i，這是為了考量試卷題目的給分可能不一樣，這題給分 0, 1, 2，另一題給分 0, 1, 2, 3，或是問卷選項類別數不一樣，這題可能類別數 1, 2, 3，另一題類別數 1, 2, 3, 4，如果給分都一樣或類別數都一樣，那 C_i 下標就不需要有 i，這時 $y_{ni} = 0, 1, ..., C - 1$ 或 $y_{ni} = 1, 2, ..., C$。

作者當年困惑於這些模式參數估計時到底要估計幾個？底下特以類別變項五點量表（即 $C_i = C = 5$，每題都是 5 個類別選項），就 RSM、

PCM、GRM 的差異性，分別說明之。

(1)$y_{ni} = 1 =$ 非常不同意，$y_{ni} = 2 =$ 不同意，$y_{ni} = 3 =$ 普通，$y_{ni} = 4 =$ 同意，$y_{ni} = 5 =$ 非常同意，其表示方式為：

$$y_{ni} = \begin{cases} 1 & 0 & & & \\ 2 & 1 & & & \varsigma_{i1} \\ 3 & 2 & \nu_c & \tau_{ic} & \varsigma_{i2} \\ 4 & 3 & & & \varsigma_{i3} \\ 5 & 4 & & & \varsigma_{i4} \end{cases} \quad \begin{matrix} RSM & PCM & GRM \end{matrix} \tag{8-2}$$

這裡，如果從 RSM 來看，$y_{ni} = 1$，則登錄編碼 1（也可以登錄得分 0）；$y_{ni} = 2$，登錄編碼 2（也可以登錄得分 1），依此類推。從 RSM 的相對位置參數（ν_c）來看，要估計 4 個（$\nu_1, \nu_2, \nu_3, \nu_4$），這 4 個的大小關係，依問卷題目內容的設計與受試者的作答反應而變動，有可能 $\nu_3 < \nu_2 < \nu_4 < \nu_1$ 或是 $\nu_1 < \nu_3 < \nu_4 < \nu_2$ 或其他可能，要特別提醒的是，**RSM 所有題目**共用相對位置參數的概念，以本例而言，所有題目共用這 4 個相對位置參數，5 個類別選項就要估計 4 個相對位置參數，3 個類別選項就要估計 2 個相對位置參數，依此類推。

(2)PCM 時，$y_{ni} = 1$，可以登錄編碼 1（也可以登錄得分 0）；$y_{ni} = 2$，可以登錄編碼 2（也可以登錄得分 1），依此類推。PCM 較常以 $y_{ni} = 0$ 得 0 分，$y_{ni} = 1$ 得 1 分，$y_{ni} = 2$ 得 2 分，這種方式登錄。從 PCM 的階參數（τ_{ic}）來看，**每道題目**（注意：τ_i 下標有 i，i 表示題目）在五點量表下，都要估計 4 個階參數（$\tau_{i1}, \tau_{i2}, \tau_{i3}, \tau_{i4}$），這 4 個階參數的大小關係，也是依試卷題目內容的設計與受試者的作答反應而變動，有可能 $\tau_{i4} < \tau_{i2} < \tau_{i1} < \tau_{i3}$ 或是 $\tau_{i2} < \tau_{i3} < \tau_{i1} < \tau_{i4}$ 或其他可能。每道題目 5 個類別選項就要估計 4 個階參數，3 個類別選項就要估計 2 個階參數，依此類推。如果有 6 道題目，每道題目都是 5 個類別選項就那就要估計 24 個階參數，如果每道題目都是 4 個類別選項那就要估計 18 個階參數。

(3)GRM 時，$y_{ni} = 1$，則登錄編碼 1（也可以登錄得分 0）；$y_{ni} = 2$，登

錄編碼 2（也可以登錄得分 1），依此類推。從 GRM 的分界參數（ς_{ic}）來看，在五點量表下，**每道題目**都要估計 4 個分界參數（注意：ς_{ic} 下標有 i，i 表示題目）：假設有 6 道題目那就要估計 24 個分界參數，每道題目的分界參數須保持次序性（即 $\varsigma_{i1} < \varsigma_{i2} < \varsigma_{i3} < \varsigma_{i4}$），這是 GRM 最特別的地方，RSM 的相對位置參數、PCM 的階參數並沒有次序性的規定。

二、GRM 模式

　　說明完類別選項、得分之關係後，接著要介紹 GRM 類別機率（得分機率）。在實例中，例如，某問卷題目如下，請勾選與自己最相符的選項

	非常同意	同意	普通	不同意	極不同意
1. 我覺得生物學很有趣。	□	□	□	□	□
2. 我覺得生物學很簡單。	□	□	□	□	□

　　或是你對政府因農作欠收對農民的補助政策（極不贊成到非常贊成），這類題型皆屬於 GRM，作答選項有次序關係存在（即非常同意 > 同意 > 普通 > 不同意 > 極不同意）。針對 GRM，Samejima（1969）推導過程是先算出某個類別的累積機率（即 $P_c^*(\theta) = P(y_{ni} > c)$），再相減（即 $P_{c-1}^*(\theta) - P_c^*(\theta)$）來求得每個類別的個別機率。以五點量表為例，在 GRM 模式下：

$$P_0^*(\theta) = P(y_{ni} > 0) = P_1(\theta) + P_2(\theta) + P_3(\theta) + P_4(\theta) + P_5(\theta) = 1$$
$$P_1^*(\theta) = P(y_{ni} > 1) = P_2(\theta) + P_3(\theta) + P_4(\theta) + P_5(\theta)$$
$$P_2^*(\theta) = P(y_{ni} > 2) = P_3(\theta) + P_4(\theta) + P_5(\theta)$$
$$P_3^*(\theta) = P(y_{ni} > 3) = P_4(\theta) + P_5(\theta)$$
$$P_4^*(\theta) = P(y_{ni} > 4) = P_5(\theta)$$
$$P_5^*(\theta) = P(y_{ni} > 5) = 0$$

可以推得

$$P_5(\theta) = P_4^*(\theta) - P_5^*(\theta)$$

$$P_4(\theta) = P_3^*(\theta) - P_4^*(\theta) = P_4(\theta) + P_5(\theta) - P_5(\theta)$$

$$P_3(\theta) = P_2^*(\theta) - P_3^*(\theta) = P_3(\theta) + P_4(\theta) + P_5(\theta) - P_4(\theta) - P_5(\theta)$$

$$P_2(\theta) = P_1^*(\theta) - P_2^*(\theta) = P_2(\theta) + P_3(\theta) + P_4(\theta) + P_5(\theta) - P_3(\theta) - P_4(\theta) - P_5(\theta)$$

$$P_1(\theta) = P_0^*(\theta) - P_1^*(\theta) = 1 - P_2(\theta) - P_3(\theta) - P_4(\theta) - P_5(\theta)$$

GRM 一般化公式：

$$P_c(\theta) = P_{c-1}^*(\theta) - P_c^*(\theta) \tag{8-3}$$

　　當年作者手邊相關書籍太少，無法理解公式 (8-3) 與 (6-4) 的連結性，後來讀到多元計分模式處理 logit 方法有三種 cumulative logits、adjacent-categories logits、baseline-category logits（參閱附錄說明 8-a），才慢慢理出頭緒。為了簡化說明，我以三點量表（三元計分）為例說明。

$$y_{ni} = \begin{cases} 1 \ \ 0 & \text{if} \ \ -\infty \ \le \ y_{ni}^* \ < \ \varsigma_{i1} \\ 2 \ \ 1 & \text{if} \ \ \varsigma_{i1} \ \le \ y_{ni}^* \ < \ \varsigma_{i2} \\ 3 \ \ 2 & \text{if} \ \ \varsigma_{i2} \ \le \ y_{ni}^* \ < \ \infty \end{cases} \tag{8-4}$$

　　這裡，$y_{ni} = 1 =$ 類別 1 = 得 0 分、$y_{ni} = 2 =$ 類別 2 = 得 1 分、$y_{ni} = 3 =$ 類別 3 = 得 2 分。從前面介紹得知，GRM 三點量表模式，需估計二個分界參數 ς_{i1}、ς_{i2} 且 $\varsigma_{i1} < \varsigma_{i2}$。如何估計？首先，要知道 y_{ni} 與 y_{ni}^* 兩者的對應關係以及兩者要如何連結，其次，要知道 y_{ni}^* 是什麼分配？因為 y_{ni} 是間斷變項，其值為 0, 1, 2,⋯或 1, 2, 3,⋯，而 y_{ni}^* 是連續變項（潛在變項），服從某種分配。一個是間斷變項，另一個是連續變項，兩者該如何連結？

　　可觀察的間斷變項 y_{ni} 與不可觀察的連續變項 y_{ni}^*，其連結方式：

$$P(y_{ni} = \text{類別 1}) = P(-\infty \le y_{ni}^* < \varsigma_{i1}) = P(y_{ni} = 0 \text{分}) = P_{ni0}$$

$$P(y_{ni} = \text{類別 2}) = P(\varsigma_{i1} \le y_{ni}^* < \varsigma_{i2}) = P(y_{ni} = 1 \text{分}) = P_{ni1}$$

$P(y_{ni} = 類別\ 3) = P(\varsigma_{i2} \leq y_{ni}^* < \infty) = P(y_{ni} = 2\,分) = P_{ni2}$

接著，考慮 y_{ni}^* 的線性模式並把誤差考慮進來（統計迴歸模式常這麼處理），即 $y_{ni}^* = \theta_n + e_{ni}$，$\theta_n$ 是我們感興趣想探討的潛在特質，e_{ni} 是隨機誤差項且服從 logistic 分配，平均數 0，變異數 $\pi^2/3$。有了分配我們就可以計算出類別（或得分）機率（參閱附錄說明 8-b）。

重點一　分界特徵曲線（boundary characteristic curve）

Samejima（1969, 1997）是以累積機率 $P_c^*(\theta)$ 的方式說明 GRM，他提出所謂分界特徵曲線（boundary characteristic curve, BCC），並由 BCC 來定義分界參數 ς_{ic}（或稱位置參數也有稱為切點參數（cut points），參閱圖 8-1），這與我們常看到的類別機率 $P_c(\theta)$ 中去定義參數方式不同，GRM 是在累積機率中定義參數。也因為這樣，本小節特別先介紹累積機率的情形，再介紹類別機率情況，之後的章節，則介紹類別機率後，再介紹累積機率的情況。

對於三元計分 GRM 模式，會有三個類別，每個類別都有各自的機率（即 $P(y_{ni} = 類別\ 1)$、$P(y_{ni} = 類別\ 2)$、$P(y_{ni} = 類別\ 3)$），但只有二條分界特徵曲線。第一條分界特徵曲線是指 $y_{ni} \geq$ 類別 2 時的累積機率模式，也就是 $P(y_{ni} \geq 類別\ 2)$。第二條分界特徵曲線是指 $y_{ni} \geq$ 類別 3 時的累積機率模式，也就是 $P(y_{ni} \geq 類別\ 3)$。

如果從得分來看，三元計分模式會有三個得分情況，每個得分情況都有各自的機率（即 $P(y_{ni} = 0\,分)$、$P(y_{ni} = 1\,分)$、$P(y_{ni} = 2\,分)$），同樣會有二條分界特徵曲線。第一條分界特徵曲線是指 $y_{ni} \geq 1$ 分時的累積機率模式，也就是 $P(y_{ni} \geq 1\,分)$。第二條分界特徵曲線是指 $y_{ni} \geq 2$ 分時的累積機率模式，也就是 $P(y_{ni} \geq 2\,分)$。不難發現，分界特徵曲線都是累積機率的作法。在三元計分 GRM 模式下（亦參閱公式 (8-6)），第一條分界特徵曲線 $P(y_{ni} \geq 類別\ 2) = P(y_{ni} = 類別\ 2) + P(y_{ni} = 類別\ 3)$

$$= \frac{\exp(\theta_n - \varsigma_{i1})}{1 + \exp(\theta_n - \varsigma_{i1})} - \frac{\exp(\theta_n - \varsigma_{i2})}{1 + \exp(\theta_n - \varsigma_{i2})} + \frac{\exp(\theta_n - \varsigma_{i2})}{1 + \exp(\theta_n - \varsigma_{i2})} = \frac{\exp(\theta_n - \varsigma_{i1})}{1 + \exp(\theta_n - \varsigma_{i1})},$$

第二條分界特徵曲線 $P(y_{ni} \geq$ 類別 $3) = P(y_{ni} =$ 類別 $3)$

$$= \frac{\exp(\theta_n - \varsigma_{i2})}{1 + \exp(\theta_n - \varsigma_{i2})} \tag{8-5}$$

注意： 在作者的解讀裡，三元計分模式下，第一條分界曲線 $y_{ni} \geq$ 類別 2 意思是指越過了第一個分界門檻，也就是 $y_{ni} =$ 類別 2，$y_{ni} =$ 類別 3，$y_{ni} =$ 類別 4，…，都表示越過了第一個分界門檻，現在三元計分最多只有類別 3，所以，只計算類別 2 和類別 3。第二條分界曲線 $y_{ni} \geq$ 類別 3 意思是指越過了第二個分界門檻，也就是 $y_{ni} =$ 類別 3，$y_{ni} =$ 類別 4，…，都表示越過了第二個分界門檻，現在最多只類別 3，所以，只計算到類別 3。從得分來看，當 $y_{ni} \geq$ 1 分時，表示越過了第一個分界門檻（亦即 $y_{ni} = 1$ 分，$y_{ni} = 2$ 分，$y_{ni} = 3$ 分，…，都表示越過了第一個分界門檻，但現在最多只有 2 分，所以，只計算得 1 分和得 2 分）。當 $y_{ni} \geq 2$ 分時，表示越過了第二個分界門檻（亦即 $y_{ni} = 2$ 分，$y_{ni} = 3$ 分，…，都表示越過了第二個門檻，現在最多只有 2 分，所以，只計算到得 2 分）。

利用 R 軟體，畫出這二條分界特徵曲線。紅色線是第一條分界特徵曲線，黑色線是第二條分界特徵曲線。

1. R 程式

```
thetan<-seq(-4,4,0.1)
t1<- -1
phi1<- (exp(thetan-t1))/(1+exp(thetan-t1))
phi1
t2<- 1
phi2<- (exp(thetan-t2))/(1+exp(thetan-t2))
phi2
plot(thetan,phi1,lty=1,type="l",col="red",xlab="能力",ylab="機率")
lines(thetan,phi2,lty=2,type="l",col="black")
abline(h=0.5,col="gray")
abline(v=1,col="gray")
```

```
abline(v=-1,col="gray")

# abline(h=0.5,col="gray")：h=0.5意思是從y軸05處，畫一水平線
# abline(v=1,col="gray")：v=1意思是從x軸1處，畫一垂直線
# abline(v=-1,col="gray")：v=-1意思是從x軸-1處，畫一垂直線
```

　　請將虛線框內的程式寫在 Source 區，然後執行。這裡設定 t1 = ς_{i1} = -1，t2 = ς_{i2} = 1，即 $\varsigma_{i1} < \varsigma_{i2}$，讀者可以發現在縱軸機率值等於 0.5 處，往右水平橫畫碰到第一條、第二條分界特徵曲線，在 x 軸上的垂點，分別是分界參數 ς_{i1}、ς_{i2}。

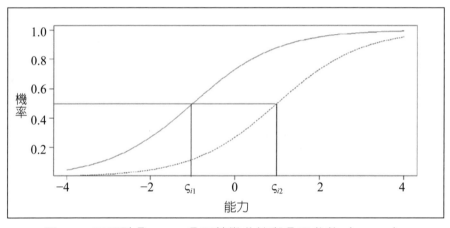

圖 8-1　三元計分 GRM 分界特徵曲線與分界參數（ς_{i1}、ς_{i2}）

重點二（GRM 類別機率或得分機率）

$$P(y_{ni} = 類別1) = \frac{1}{1 + \exp(\theta_n - \varsigma_{i1})} = P(y_{ni} = 0分) = P_{ni0}$$

$$P(y_{ni} = 類別2) = \frac{\exp(\theta_n - \varsigma_{i1})}{1 + \exp(\theta_n - \varsigma_{i1})} - \frac{\exp(\theta_n - \varsigma_{i2})}{1 + \exp(\theta_n - \varsigma_{i2})} = P(y_{ni} = 1分) = P_{ni1}$$

$$P(y_{ni} = 類別3) = \frac{\exp(\theta_n - \varsigma_{i2})}{1 + \exp(\theta_n - \varsigma_{i2})} = P(y_{ni} = 2分) = P_{ni2} \tag{8-6}$$

　　這裡，$P_{ni0} + P_{ni1} + P_{ni2} = 1$，即機率和等於 1 且 $\varsigma_{i1} < \varsigma_{i2}$，滿足參數次序性。對照 Samejima（1969）方法，即可明瞭公式 (8-3) 與 (8-6) 之互通（參閱附錄說明 8-c）。

> **注意 1：**這裡必須滿足 $\varsigma_{i1} < \varsigma_{i2}$，如果 $\varsigma_{i1} > \varsigma_{i2}$，機率會小於 0，機率負值是不成立的。讀者可以 $\varsigma_{i1} = 2$，$\varsigma_{i2} = 1$，$\theta = 0$ 代入
>
> $$P(y_{ni} = 類別2) = \frac{\exp(\theta_n - \varsigma_{i1})}{1 + \exp(\theta_n - \varsigma_{i1})} - \frac{\exp(\theta_n - \varsigma_{i2})}{1 + \exp(\theta_n - \varsigma_{i2})}$$
>
> $$= \frac{\exp(0 - 2)}{1 + \exp(0 - 2)} - \frac{\exp(0 - 1)}{1 + \exp(0 - 1)}$$
>
> $$= -0.149 < 0，這是不成立的。$$
>
> **注意 2：**類別機率有以得分 $P(y_{ni} = 0\ 分)$、$P(y_{ni} = 1\ 分)$、$P(y_{ni} = 2\ 分)$ 表示的，也有以類別 $P(y_{ni} = 類別\ 1)$、$P(y_{ni} = 類別\ 2)$、$P(y_{ni} = 類別\ 3)$ 表示的。有些教科書不論何種模式都是以得分 $P(y_{ni} = 0\ 分)$、$P(y_{ni} = 1\ 分)$、$P(y_{ni} = 2\ 分)$ 表示，本書則視情況有時會將二種方式皆列出，讀者只要理解它們之間等義即可。

　　底下利用 R 軟體，畫出 GRM 的 P_{ni0}、P_{ni1}、P_{ni2} 的機率曲線。其程式、執行結果及圖形如下。

1. R 程式（GRM,t1<t2）

```
thetan<-seq(-4,4,0.1)
t1<- -1
p0<-1/(1+exp(thetan-t1))
p0
t2<- 1
p2<- (exp(thetan-t2))/(1+exp(thetan-t2))
p2
p1<-1-p0-p2
p1
plot(thetan,p0,lty=1,type="l",col="red",xlab="能力",ylab="機率")
lines(thetan,p1,lty=2,type="l",col="black")
lines(thetan,p2,lty=3,type="l",col="blue")
```

　　請將虛線框內的程式直接寫在 Source 區，然後執行。注意，這裡設定 t1 = ς_{i1} = −1，t2 = ς_{i2} = 1，滿足 $\varsigma_{i1} < \varsigma_{i2}$ 條件。

2. R 程式說明（GRM）

t1<- -1：設定 $\varsigma_{i1} = -1$。

p0<-1/(1+exp(thetan-t1))：要求程式計算得0分的機率。

t2<- 1：設定 $\varsigma_{i2} = 1$。

p2<- (exp(thetan-t2))/(1+exp(thetan-t2))：要求程式計算得2分的機率。

p1<-1-p0-p2：要求程式計算得1分的機率（先算得2分的，因為得2分公式較短，程式較方便寫）。

plot(thetan, p0, lty=1,type="l", col="red",xlab="能力",ylab="機率")：要求程式畫得0分的紅色曲線圖。

lines(thetan, p1, lty=2,type="l",col="black")：要求加畫p1黑色曲線圖。

lines(thetan, p2, lty=3,type="l",col="blue")：要求加畫p2藍色曲線圖。

3. R 執行結果

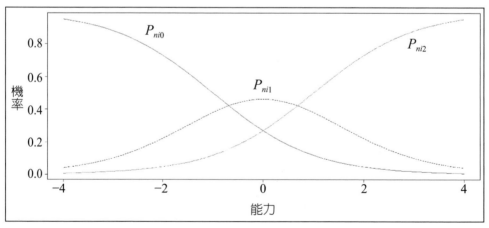

圖 8-2　三元計分 GRM 曲線（P_{ni0}、P_{ni1}、P_{ni2}）

重點三（logit 模式）

接著要探討的是 logits。這裡採用 cumulative logits 方法，GRM 在三元計分模式下（參閱附錄說明 8-a），其結果為：

第一個 logit

$$\text{logit}\,(p_{ni1}) = \log\left[\frac{\exp(\theta_n - \varsigma_{i1})}{1 + \exp(\theta_n - \varsigma_{i1})}\middle/\frac{1}{1 + \exp(\theta_n - \varsigma_{i1})}\right] = (\theta_n - \varsigma_{i1})$$

第二個 logit

$$\text{logit}\,(p_{ni2}) = \log\left[\frac{\exp(\theta_n - \varsigma_{i2})}{1 + \exp(\theta_n - \varsigma_{i2})}\middle/\frac{1}{1 + \exp(\theta_n - \varsigma_{i2})}\right] = (\theta_n - \varsigma_{i2})$$

$$(8\text{-}7)$$

logit 可以比較學生的作答表現，在 cumulative logits 方法下，學生編號七在第三題第一個 logit 作答的表現是

$$\text{logit}(p_{731}) = (\theta_7 - \varsigma_{31})，$$

學生編號八在第三題第一個 logit 作答的表現是

$$\text{logit}(p_{831}) = (\theta_8 - \varsigma_{31})，$$

這兩位學生在第一個 logit 的差異為

$$\text{logit}\,(p_{731}) - \text{logit}\,(p_{831}) = (\theta_7 - \varsigma_{31}) - (\theta_8 - \varsigma_{31}) = (\theta_7 - \theta_8)，$$

同理，可以得到這兩位學生在第二個 logit 的差異為

$$\text{logit}\,(p_{732}) - \text{logit}\,(p_{832}) = (\theta_7 - \varsigma_{32}) - (\theta_8 - \varsigma_{32}) = (\theta_7 - \theta_8)\text{。}$$

　　從上面分析，可以發現在探討 logit 差異中，與分界參數無關，分界參數被消去了，不知道 ς_{31} 與 ς_{32} 的值，仍然可以探討受試者能力的差異。

　　從上面重點，我們歸納三元計分 GRM 模式重要內容：

內容一：三元計分下，有三條類別（或得分）機率曲線（圖 8-2）。

內容二：三元計分下，有二條 GRM 分界特徵曲線（二個分界參數，圖 8-1）。

內容三：三元計分下，有二個 logit，可以探討受試者能力的差異，結論是能力與分界參數無關（樣本獨立與試題獨立）。

內容四：撰寫程式繪出模式的曲線圖形。

第二節　PCM模式

一、三元計分 PCM 模式

　　Masters（1982）提出 PCM 模式，一般化公式如下：

$$P_{niy} = \frac{\exp[\sum_{c=0}^{y}(\theta_n - \tau_{ic})]}{\sum_{v=0}^{C_i-1}\exp[\sum_{c=0}^{v}(\theta_n - \tau_{ic})]} \quad,\quad y = 0,1,...,C_i - 1 \tag{8-8}$$

　　這裡，$\tau_{i0} = 0$，$\sum_{c=0}^{0}(\theta_n - \tau_{ic}) = 0$，$\tau_{ic}$ 是階參數（step parameter）亦稱為交點參數（intersection parameter，參閱圖 8-3），其餘定義同上。PCM 模式，在日常實例中，例如，數學題目 $\sqrt{\dfrac{27}{3}}$ ＝？這題給分方式：沒寫或寫錯給 0 分，解出結果 9 則給 1 分，解出結果 3 則給 2 分。底下以三元計分

模式得分（錯 0 分，半對 1 分，全對 2 分）加以說明之。

重點一（PCM 得分機率）

由公式 (8-8)，我們可求得各自得分機率（參閱附錄說明 8-d）。

$$P_{ni0} = P(y_{ni} = 0 分) = \frac{1}{1 + \exp(\theta_n - \tau_{i1}) + \exp(2\theta_n - \tau_{i1} - \tau_{i2})}$$

$$P_{ni1} = P(y_{ni} = 1 分) = \frac{\exp(\theta_n - \tau_{i1})}{1 + \exp(\theta_n - \tau_{i1}) + \exp(2\theta_n - \tau_{i1} - \tau_{i2})}$$

$$P_{ni2} = P(y_{ni} = 2 分) = \frac{\exp(2\theta_n - \tau_{i1} - \tau_{i2})}{1 + \exp(\theta_n - \tau_{i1}) + \exp(2\theta_n - \tau_{i1} - \tau_{i2})} \qquad (8-9)$$

這裡，$P_{ni0} + P_{ni1} + P_{ni2} = 1$，即機率和等於 1。底下分別以 $\tau_{i1} < \tau_{i2}$、$\tau_{i1} > \tau_{i2}$ 兩種方式，畫出圖形。

1. R 程式（PCM,t1<t2）

```
thetan<-seq(-4,4,0.1)
t1<- -1
t2<- 1
p0<- 1/(1+exp(thetan-t1)+exp(2*thetan-t1-t2))
p2<- (exp(2*thetan-t1-t2))/(1+exp(thetan-t1)+exp(2*thetan-t1-t2))
p1<-1-p0-p2
plot(thetan,p0,lty=1,type="l",col="red",xlab="能力",ylab="機率")
lines(thetan,p1,lty=2,type="l",col="black")
lines(thetan,p2,lty=3,type="l",col="blue")
abline(v=1,col="gray")
abline(v=-1,col="gray")
```

請將虛線框內的程式直接寫在 Source 區，然後執行。這裡設定階參數 $\tau_{i1} = t1 = -1$，$\tau_{i2} = t2 = 1$，$\tau_{i1} < \tau_{i2}$。從圖 8-3 可看出，$-4 < \theta_n < -1$ 時，得 0 分的機率較高（P_{ni0} 紅色曲線，能力較差者，得 0 分的機率較高），$-1 < \theta_n < 1$ 時，得 1 分的機率較高（P_{ni1} 黑色曲線），$1 < \theta_n < 4$ 時，得 2 分的機率則較高（P_{ni2} 藍色曲線，能力較佳者，得 2 分的機率較高）。

由圖 8-3 可知，P_{ni0} 與 P_{ni1} 的交點在 $\theta_n = \tau_{i1} = -1$，因為

$$\frac{1}{1+\exp(\theta_n-\tau_{i1})+\exp(2\theta_n-\tau_{i1}-\tau_{i2})} = \frac{\exp(\theta_n-\tau_{i1})}{1+\exp(\theta_n-\tau_{i1})+\exp(2\theta_n-\tau_{i1}-\tau_{i2})}$$

$$\Rightarrow\ 1=\exp(\theta_n-\tau_{i1})\quad\Rightarrow\ (\theta_n-\tau_{i1})=0\ \Rightarrow\ \theta_n=\tau_{i1}=-1\ \circ$$

而 P_{ni1} 與 P_{ni2} 交點在 $\theta_n = \tau_{i2} = 1$，因為

$$\frac{\exp(\theta_n-\tau_{i1})}{1+\exp(\theta_n-\tau_{i1})+\exp(2\theta_n-\tau_{i1}-\tau_{i2})} = \frac{\exp(2\theta_n-\tau_{i1}-\tau_{i2})}{1+\exp(\theta_n-\tau_{i1})+\exp(2\theta_n-\tau_{i1}-\tau_{i2})}$$

$$\Rightarrow\ \exp(\theta_n-\tau_{i1})=\exp(2\theta_n-\tau_{i1}-\tau_{i2})$$

$$\Rightarrow \theta_n=\tau_{i2}=1\ \circ$$

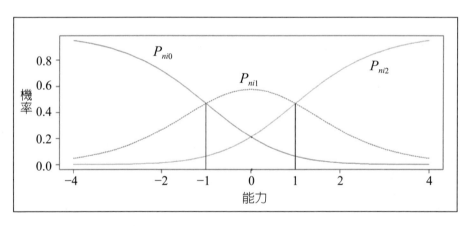

圖 8-3　三元計分 PCM 曲線（$\tau_{i1} < \tau_{i2}$）

1. R 程式（PCM,t1>t2）

```
thetan<-seq(-4,4,0.1)
t1<- 1
t2<- -1
p0<- 1/(1+exp(thetan-t1)+exp(2*thetan-t1-t2))
p1<- (exp(thetan-t1))/(1+exp(thetan-t1)+exp(2*thetan-t1-t2))
p2<-1-p0-p1
plot(thetan,p0,lty=1,type="l",col="red",xlab="能力",ylab="機率")
lines(thetan,p1,lty=2,type="l",col="black")
lines(thetan,p2,lty=3,type="l",col="blue")
abline(v=1,col="gray",lwd=2)
abline(v=-1,col="gray",lwd=2)

# lwd線的寬度
```

請將虛線框內的程式直接寫在 Source 區，然後執行。注意，這裡設定 τ_{i1} = t1 = 1，τ_{i2} = t2 = −1，τ_{i1} > τ_{i2}。圖 8-4 較不常見，需很強的假設或理論支持，才能說服。因爲在 −1 < θ_n < 1 時，能力較差者反而答對機率較高（P_{ni0} 曲線），極不尋常。不過，前面提及，PCM 參數的關係，依問卷題目內容的設計與受試者的作答反應而變動，有可能 τ_{i1} < τ_{i2}，也有可能 τ_{i1} > τ_{i2}。

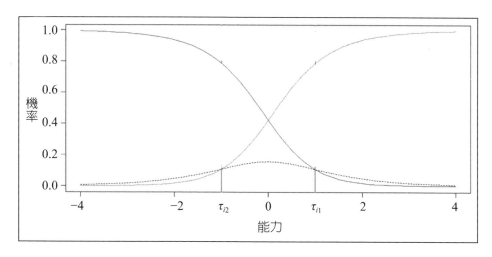

圖 8-4　三元計分 PCM 曲線（$\tau_{i1} > \tau_{i2}$）

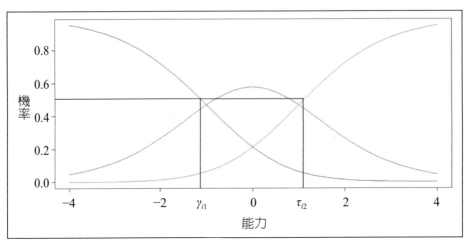

圖 8-5　三元計分 PCM 曲線（γ_{i1}、γ_{i2}）

要附帶說明的是，Masters（1982）曾提出層次參數（level parame-ter），意思是在縱軸機率值0.5處，往右水平橫畫碰到 P_{ni0} 曲線、P_{ni2} 曲線，在 x 軸上的垂點，分別是層次參數 γ_{i1}、γ_{i2}（圖 8-5）。注意：這裡是在類別機率 P_{ni0}、P_{ni1}、P_{ni2} 曲線上，用水平橫畫來定義層次參數，而 GRM 是在累積機率曲線上，以水平橫畫來定義分界參數，一為類別機率曲線圖，一為累積機率曲線圖。

重點二　試題運作曲線（item operating curve, Wright & Masters, 1982, p.43）

有關三元計分 PCM 模式，第一條試題運作曲線是指 $y_{ni} \geq 1$ 分時的累積機率模式，也就是 $P(y_{ni} \geq 1\ 分)$。第二條試題運作曲線是指 $y_{ni} \geq 2$ 分時的累積機率模式，也就是 $P(y_{ni} \geq 2\ 分)$。

第一條試題運作曲線 $P(y_{ni} \geq 1\ 分) = P(y_{ni} = 1\ 分) + P(y_{ni} = 2\ 分)$

$$= \frac{\exp(\theta_n - \tau_{i1})}{1 + \exp(\theta_n - \tau_{i1}) + \exp(2\theta_n - \tau_{i1} - \tau_{i2})} + \frac{\exp(2\theta_n - \tau_{i1} - \tau_{i2})}{1 + \exp(\theta_n - \tau_{i1}) + \exp(2\theta_n - \tau_{i1} - \tau_{i2})}$$

$$= \frac{\exp(\theta_n - \tau_{i1}) + \exp(2\theta_n - \tau_{i1} - \tau_{i2})}{1 + \exp(\theta_n - \tau_{i1}) + \exp(2\theta_n - \tau_{i1} - \tau_{i2})}\ ,$$

第二條試題運作曲線 $P(y_{ni} \geq 2 \, 分) = P(y_{ni} = 2 \, 分)$

$$= \frac{\exp(2\theta_n - \tau_{i1} - \tau_{i2})}{1 + \exp(\theta_n - \tau_{i1}) + \exp(2\theta_n - \tau_{i1} - \tau_{i2})} \qquad (8\text{-}10)$$

　　利用 R 軟體，畫出這二條試題運作曲線。紅色線是第一條試題運作曲線，黑色線是第二條試題運作曲線。

1. R 程式

```
thetan<-seq(-4,4,0.1)
t1<- -1
phi1<- (exp(thetan-t1)+exp(2*thetan-t1-t2))/(1+exp(thetan-t1)+exp(2*thetan-t1-t2))
phi1
t2<- 1
phi2<- (exp(2*thetan-t1-t2))/(1+exp(thetan-t1)+exp(2*thetan-t1-t2))
phi2
plot(thetan,phi1,lty=1,type="l",col="red",xlab="能力",ylab="機率")
lines(thetan,phi2,lty=2,type="l",col="black")
abline(h=0.5,col="gray",lwd=2)
```

　　請將虛線框內的程式寫在 Source 區，然後執行（參閱圖 8-6）。這裡設定 $t1 = \tau_{i1} = -1$，$t2 = \tau_{i2} = 1$，即 $\tau_{i1} < \tau_{i2}$。

2. R 執行結果

　　從圖 8-6 可看出，左邊是第一條試題運作曲線，右邊是第二條試題運作曲線。試題運作曲線與層次參數最初是由 Masters（1982）所提出，不過，後來 Wu, Adams, & Wilson（1998）則以 $P(y_{ni} \geq 1 \, 分)$、$P(y_{ni} \geq 2 \, 分)$ 的累積機率模式來定義閾值（thresholds）參數，也就是在縱軸機率值 0.5 處，往右水平橫畫碰到的第一條、第二條試題運作曲線，在 x 軸上的垂點，分別是閾值參數 τ_{i1}^*、τ_{i2}^*。

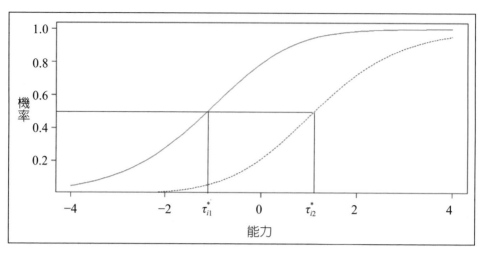

圖 8-6　三元計分 PCM 試題運作曲線（τ_{i1}^*、τ_{i2}^*）

注意：Samejima（1969）GRM 是以累積機率模式在縱軸機率值 $P_c^*(\theta) =$ 0.5 處，往右水平橫畫並以垂點來定義分界參數（參閱圖 8-1）；Masters（1982）PCM 是以類別機率 $P_{c-1}(\theta) = P_c(\theta)$ 的交點來定義階參數或交點參數（參閱圖 8-3）而且以類別機率模式縱軸機率值 0.5 處，往右水平橫畫並以垂點來定義層次參數（參閱圖 8-5）。Wu, Adams, & Wilson（1998）則以累積機率模式在縱軸機率值 0.5 處（跟 Samejima 一樣作法），往右水平橫畫並以垂點來定義 PCM 之閾值參數（圖 8-6）。

　　讀者如果想把上面類別機率曲線與試題運作曲線，希望在同一圖上呈現，則程式如下：

```
thetan<-seq(-4,4,0.1)
t1<- -1
t2<- 1
p0<- 1/(1+exp(thetan-t1)+exp(2*thetan-t1-t2))
p1<- (exp(thetan-t1))/(1+exp(thetan-t1)+exp(2*thetan-t1-t2))
p2<-1-p0-p1
```

```
phi1<- (exp(thetan-t1)+exp(2*thetan-t1-t2))/(1+exp(thetan-t1)+exp(2*thetan-t1-
t2))
phi1
phi2<- p2
phi2
plot(thetan,p0,lty=1,type="l",col="red",xlab="能力",ylab="機率")
lines(thetan,p1,lty=2,type="l",col="black")
lines(thetan,p2,lty=3,type="l",col="blue")
lines(thetan, phi1, lty=4,type="l",col="black")
lines(thetan, phi2, lty=5,type="l",col="black")
abline(h=0.5,col="gray",lwd=2)
```

3. R 執行結果

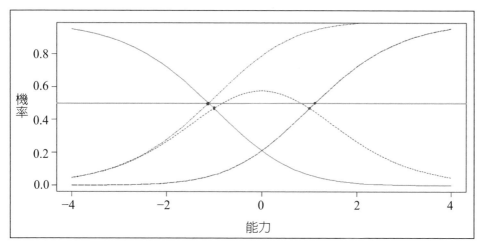

圖 8-7　三元計分 PCM 類別機率曲線與試題運作曲線

　　圖 8-7 只有四條曲線，原本應該五條曲線（p0, p1, p2, phi1, phi2），因為 $P(y_{ni} \geq 2 \text{ 分}) = P(y_{ni} = 2 \text{ 分})$，疊成一條了，所以，乍看少一條。注意：$\tau_{i1}^*$、$\tau_{i2}^*$、$\tau_{i1}$、$\tau_{i2}$ 這四個點它們在 x 軸上的位置並不相同，讀者可以就圖上的四個點畫出各自垂直線（大小依序會是 $\tau_{i1}^* < \tau_{i1} < \tau_{i2} < \tau_{i2}^*$）。

重點三（logit 模式）

　　三元計分 PCM 模式會有二個 logits。以 Masters（1982）使用的 adjacent-categories logits 方法，結果如下（參閱附錄說明 8-a）：

第一個 logit

$$\text{logit}\,(p_{ni1}) = \log\left[\frac{p_{ni1}}{p_{ni0}}\right]$$

$$= \log\left[\frac{\exp(\theta_n - \tau_{i1})}{1 + \exp(\theta_n - \tau_{i1}) + \exp(2\theta_n - \tau_{i1} - \tau_{i2})}\middle/\frac{1}{1 + \exp(\theta_n - \tau_{i1}) + \exp(2\theta_n - \tau_{i1} - \tau_{i2})}\right]$$

$$= (\theta_n - \tau_{i1})$$

第二個 logit：

$$\text{logit}\,(p_{ni2}) = \log\left[\frac{p_{ni2}}{p_{ni1}}\right]$$

$$= \log\left[\frac{\exp(2\theta_n - \tau_{i1} - \tau_{i2})}{1 + \exp(\theta_n - \tau_{i1}) + \exp(2\theta_n - \tau_{i1} - \tau_{i2})}\middle/\frac{\exp(\theta_n - \tau_{i1})}{1 + \exp(\theta_n - \tau_{i1}) + \exp(2\theta_n - \tau_{i1} - \tau_{i2})}\right]$$

$$= (2\theta_n - \tau_{i1} - \tau_{i2}) - (\theta_n - \tau_{i1}) = (\theta_n - \tau_{i2}) \tag{8-11}$$

如同前面介紹，logits 可以比較學生的作答表現，學生編號七在第三題第一個 logit 作答的表現是

$$\text{logit}\,(p_{731}) \equiv \log(p_{731}\,/\,p_{730}) = (\theta_7 - \tau_{31})$$

學生編號八在第三題第一個 logit 作答的表現是

$$\text{logit}\,(p_{831}) \equiv \log(p_{831}\,/\,p_{830}) = (\theta_8 - \tau_{31})$$

這兩位學生在第一個 logit 的差異為

$$\text{logit}(p_{731}) - \text{logit}(p_{831}) = (\theta_7 - \iota_{31}) - (\theta_8 - \tau_{31}) = (\theta_7 - \theta_8)$$

同理，可以得到這兩位學生在第二個 logit 的差異為

$$\text{logit}(p_{732}) - \text{logit}(p_{832}) = (\theta_7 - \tau_{32}) - (\theta_8 - \tau_{32}) = (\theta_7 - \theta_8)$$

　　從上面分析，可以發現在探討 logit 差異中，不知道 τ_{31} 與 τ_{32} 的值，仍然可以探討受試者能力的差異。最後，歸納三元計分 PCM 模式重要內容：

內容一：三元計分下，有三條得分（全錯、半對、全對）曲線（圖 8-3）。

內容二：三元計分下，有二條 PCM 試題運作曲線（二個閾值參數，圖 8-6）。

內容三：三元計分下，有二個 logit，可以探討受試者能力的差異，結論是能力與階參數（閾值參數）無關（樣本獨立與試題獨立）。

內容四：撰寫程式繪出模式的曲線圖形。

注意：PCM 題目選項並非一定要按照 0 分、1 分、2 分、3 分順序設計，底下以 Wright & Masters（1982）的 Geography item 為例：

The capital city of Australia is

    a.Wellington

    b.Canberra

    c.Montreal

    d.Sydney

　　在這個題目中，受測者選擇 a 給 1 分，選擇 b 給 3 分，選擇 c 給 0 分，選擇 d 給 2 分。不難發現，選擇 c 是最大的錯誤，因為 Montreal 遠在加拿大，而題目問的是澳洲，所以，給 0 分。其次，選擇 a 也是錯誤的，因為 Wellington 在紐西蘭，給 1 分。選擇 d 也是錯誤的，但至少受測者知道 Sydney 在澳洲境內，雖然不是首都，所以，給 2 分。正確答案是 b，給 3

分。所以，題目選項設計不一定是按 0 分、1 分、2 分、3 分順序設計的，也可以像這題是 1 分、3 分、0 分、2 分設計。

二、PCM 模式分析

上面我們畫出 PCM 模式三條類別機率曲線，這是假設參數已被估計出來了，我們只是把參數值寫入程式中畫出圖形來。如果還沒估計，要怎麼估計 PCM 參數呢？我們一樣使用 R 軟體的套件 eRm 來估計。

在 PCM 中，為了 τ_{ic} 的可估性，我們須有些限制（詳細說明參閱第九章第一節）。限制方法之一是設定第一個參數為 0（即 $\tau_{i1} = 0$），這個限制方法只需在 eRm 程式中，撰寫 sum0 = FALSE 這個指令即可。方法二是設定參數經標準化後總和為 0（normalized to sum-0），這個限制方法也只需在 eRm 程式中，撰寫 sum0 = TRUE 這個指令即可。底下以實際資料進行 PCM 分析。這個資料是四點量表，有 48 人作答，總共只有 10 題，每題要估計三個階參數（四元計分模式之類別機率公式，參閱附錄說明 8-d）。

1. R 程式

```
install.packages("eRm")
library(eRm)
data1<-read.csv(file="c:/RHLF/pcm110.csv",header=T)
head(data1)
pcm1.res<-PCM(data1,se=TRUE,sum0=TRUE)
summary(pcm1.res)
```

請將虛線框內的程式直接寫在 Source 區，然後執行。

2. R 程式說明

data1<-read.csv(file="c:/RHLF/pcm110.csv",header=T)：這份眞實資料放在電腦c槽中，這裡是以讀取csv檔案方式匯入Excel資料，並重新命名爲data1。R讀取資料時，如果資料是.txt，則讀取資料方式：

data1<-read.table(file="c:/RHLF/pcm110.txt", header=T)

如果資料是.csv，則讀取資料方式：

data1<-read.csv(file="c:/RHLF/pcm110.csv", header=T)

csv檔是逗號分隔取值的格式。如果你資料是用Excel處理的，處理好後，按另存新檔，選擇你想要儲存在c槽或d槽再輸入檔案名稱，然後在存檔類型，往下尋找，找到csv（逗號分隔）這一個，按儲存即可。

header=T：意思是 Excel 儲存格的第一列是變數名稱，例如，

$$\begin{bmatrix} sex & age & Math. \\ 0 & 9.7 & 84 \\ 1 & 8.4 & 60 \\ \vdots & \vdots & \vdots \end{bmatrix}$$，第一列 $sex\quad age\quad Math.$ 是變數名稱。例如，$$\begin{bmatrix} A & B & C \\ 0 & 2 & 1 \\ 2 & 1 & 0 \\ \vdots & \vdots & \vdots \end{bmatrix}$$，第一列 $A\quad B\quad C$ 也是變數名稱。

head(data1)：輸出前 6 筆資料，方便確認是否是此筆資料。

pcm1.res<-PCM(data1,se=TRUE, sum0=TRUE)：PCM 是運算指令，要求針對 data1 資料作分析，分析結果命名爲 pcm1.res。

se=TRUE：要求算出標準誤。

sum0=TRUE：設定參數經標準化後總和爲 0。

summary(pcm1.res)：彙整所有分析結果。

3. R 執行結果

```
> library(eRm)
> data1<-read.csv(file="c:/RHLF/pcm110.csv",header=T)
> head(data1)
  A B C D E F G H I J
1 2 2 2 1 2 2 2 2 3 3
2 2 1 2 0 1 1 1 1 2 2
3 2 2 2 2 2 2 2 1 2 3
```

```
4 3 3 3 3 2 2 2 2 3 3
5 1 1 1 1 1 1 1 1 2 1
6 2 2 2 2 2 2 2 2 3 2
> pcm1.res<-PCM(data1,se=TRUE, sum0=TRUE)
> summary(pcm1.res)
```

Results of PCM estimation:

Call: PCM(X = data1, se = TRUE, sum0 = TRUE)

Conditional log-likelihood: -249.2677
Number of iterations: 81
Number of parameters: 29

Item (Category) Difficulty Parameters (eta): with 0.95 CI:

	Estimate	Std. Error	lower CI	upper CI
A.c2	-1.776	1.073	-3.880	0.327
A.c3	3.700	1.205	1.338	6.062
B.c1	-3.107	1.055	-5.176	-1.039
B.c2	-1.626	1.072	-3.728	0.475
B.c3	3.836	1.208	1.469	6.203
C.c1	-2.118	0.825	-3.734	-0.501
C.c2	-1.376	0.870	-3.080	0.329
C.c3	3.846	1.035	1.818	5.874
D.c1	-0.957	0.589	-2.112	0.199
D.c2	0.838	0.719	-0.571	2.248
D.c3	5.439	0.942	3.592	7.286
E.c1	-3.113	1.055	-5.180	-1.046
E.c2	-1.577	1.075	-3.685	0.530
E.c3	3.061	1.175	0.758	5.364
F.c1	-2.190	0.814	-3.786	-0.595
F.c2	-1.106	0.864	-2.799	0.587
F.c3	5.027	1.082	2.905	7.148
G.c1	-3.163	1.048	-5.217	-1.110
G.c2	-1.150	1.072	-3.251	0.951
G.c3	3.955	1.204	1.595	6.315
H.c1	-1.579	0.713	-2.976	-0.183
H.c2	-0.690	0.783	-2.225	0.844
H.c3	4.522	0.984	2.594	6.450
I.c1	-3.094	1.057	-5.166	-1.022
I.c2	-1.696	1.078	-3.810	0.418
I.c3	2.516	1.159	0.244	4.788
J.c1	-2.968	1.076	-5.076	-0.859

J.c2 -2.326   1.086   -4.455   -0.198
J.c3 1.958   1.154   -0.305   4.220

Item Easiness Parameters (beta) with 0.95 CI:

	Estimate Std.	Error lower CI	upper CI
beta A.c1	3.085	1.058	1.010	5.159
beta A.c2	1.776	1.073	-0.327	3.880
beta A.c3	-3.700	1.205	-6.062	-1.338
beta B.c1	3.107	1.055	1.039	5.176
beta B.c2	1.626	1.072	-0.475	3.728
beta B.c3	-3.836	1.208	-6.203	-1.469
beta C.c1	2.118	0.825	0.501	3.734
beta C.c2	1.376	0.870	-0.329	3.080
beta C.c3	-3.846	1.035	-5.874	-1.818
beta D.c1	0.957	0.589	-0.199	2.112
beta D.c2	-0.838	0.719	-2.248	0.571
beta D.c3	-5.439	0.942	-7.286	-3.592
beta E.c1	3.113	1.055	1.046	5.180
beta E.c2	1.577	1.075	-0.530	3.685
beta E.c3	-3.061	1.175	-5.364	-0.758
beta F.c1	2.190	0.814	0.595	3.786
beta F.c2	1.106	0.864	-0.587	2.799
beta F.c3	-5.027	1.082	-7.148	-2.905
beta G.c1	3.163	1.048	1.110	5.217
beta G.c2	1.150	1.072	-0.951	3.251
beta G.c3	-3.955	1.204	-6.315	-1.595
beta H.c1	1.579	0.713	0.183	2.976
beta H.c2	0.690	0.783	-0.844	2.225
beta H.c3	-4.522	0.984	-6.450	-2.594
beta I.c1	3.094	1.057	1.022	5.166
beta I.c2	1.696	1.078	-0.418	3.810
beta I.c3	-2.516	1.159	-4.788	-0.244
beta J.c1	2.968	1.076	0.859	5.076
beta J.c2	2.326	1.086	0.198	4.455
beta J.c3	-1.958	1.154	-4.220	0.305

eRm是估計容易度Easiness，所以要把符號反過來才是我們常用的難度
估計值。例如，3.085 → −3.085，−3.700 → 3.700。四元計分PCM模式，
每道題目要估三個階參數（τ_{i1}、τ_{i2}、τ_{i3}），以題目A為例，三個階參數分
別是$\tau_{A1} = -3.085$、$\tau_{A2} = -1.776$、$\tau_{A3} = 3.700$。以題目B為例，三個階參數
分別是$\tau_{B1} = -3.107$、$\tau_{B2} = -1.626$、$\tau_{B3} = 3.836$，餘此類推。

底下以題目 A 為例，利用估出來的值 $\tau_{A1} = -3.085$、$\tau_{A2} = -1.776$、τ_{A3} = 3.700，畫出四元計分模式各自的得分機率曲線。

1. R 程式

```
thetan<-seq(-9,9,0.1)
t1<- -3.085
t2<- -1.776
t3<-3.7
p0<- 1/(1+exp(thetan-t1)+exp(2*thetan-t1-t2)+exp(3*thetan-t1-t2-t3))
p1<- exp(thetan-t1)/ (1+exp(thetan-t1)+exp(2*thetan-t1-t2)+exp(3*thetan-t1-t2-t3))
p2<- exp(2*thetan-t1-t2)/ (1+exp(thetan-t1)+exp(2*thetan-t1-t2)+exp(3*thetan-t1-t2-t3))
p3<- exp(3*thetan-t1-t2-t3)/ (1+exp(thetan-t1)+exp(2*thetan-t1-t2)+exp(3*thetan-t1-t2-t3))
plot(thetan,p0,lty=1,type="l",col="red",xlab="ability",ylab="probability")
lines(thetan,p1,lty=2,type="l",col="black")
lines(thetan,p2,lty=3,type="l",col="blue")
lines(thetan,p3,lty=3,type="l",col="purple")

# 四元計分模式，得分機率公式，參閱附錄說明8-d。
```

請將虛線框內的程式寫在 Source 區，然後執行。這裡設定 $\tau_{A1} =$ -3.085、$\tau_{A2} = -1.776$、$\tau_{A3} = 3.700$

2. R 執行結果

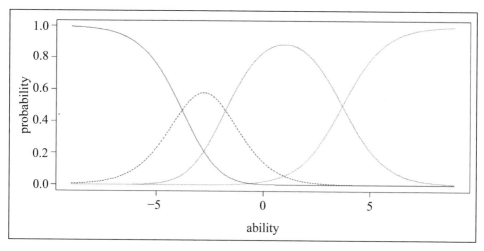

圖 8-8　題目 A 四元計分 PCM 曲線

第三節　RSM模式

　　部分給分模式的閾值參數觀念，亦可用來解釋 Likert 量表作答，尤其是有關態度方面的問卷。當問卷作答我們選擇不同意，沒有選擇非常不同意，是因爲我們內心感覺沒那麼強烈，也就是還沒有到達那個位置或超過那個閾值，如果到達那個位置或超過那個閾值，我們就會選擇非常不同意。同理，當問卷作答我們選擇同意，而沒有選擇非常同意，也是因爲我們內心還沒有到達那個位置或超過那個閾值，如果越過那個閾值我們就會選擇非常同意。實務上，我們常會被問到

　　您對政府推行「xxxx 福利服務措施」的看法？

　　(1) 非常不滿意 (2) 不滿意 (3) 普通 (4) 滿意 (5) 非常滿意。

　　您對政府推動綠能產業發展的政策方針？

　　(1) 非常不同意 (2) 不同意 (3) 普通 (4) 同意 (5) 非常同意。

　　您最近一週內，是否有情緒低落、焦慮、煩躁的情況？

(1) 從未有過 (2) 1 到 2 次 (3)3 到 4 次 (4)5 次以上。

這類問卷（選項有次序關係）都可以評定量表模式分析。事實上，常見的 Likert 五點量表「非常同意」給 5 分、「同意」給 4 分、「普通」給 3 分、「不同意」給 2 分、「非常不同意」給 1 分。「非常同意」與「同意」差距只有 1 分，「同意」與「普通」差距亦只有 1 分，其他差距也一樣，都只差 1 分，一般人會認為皆相等，實則我們無法確認，舉例來說，在吾人心中「非常同意」與「同意」的差距 1 是否等於「同意」與「普通」的差距 1，只差 1 分是人為設定造成的結果，並非自然差距。不過，為了滿足這個等距的假設，Andrich（1978）提出了評定量表模式，其公式如下：

$$P_{niy} = \frac{\exp[\sum_{c=0}^{y}(\theta_n - (\tau_i + v_c))]}{\sum_{v=0}^{C-1}\exp[\sum_{c=0}^{v}(\theta_n - (\tau_i + v_c))]} \ , \quad y = 0, 1, ..., C-1 \ , \tag{8-12}$$

這裡，$v_0 = 0$，$\sum_{c=0}^{0}(\theta_n - (\tau_i + v_c)) = 0$，$\tau_{ic} = \tau_i + v_c$，$\tau_i$ 是第 i 題的難度參數或稱位置參數（location parameter），v_c 是相對位置參數（position parameter）。每一題都會有 τ_{ic} 值，而 τ_{ic} 會不同是因為 τ_i 不同，v_c 是所有題目共享的，是等距的。

一、三元計分 RSM 模式

在三元計分模式下，受試者 n 在態度問卷題目第 i 題的作答表現，有可能是選擇不同意（類別 1）、沒意見（類別 2）或同意（類別 3），這種次序變項評定量表模式，各自類別機率，如公式 (8-13) 所示。

重點一（RSM 類別機率，參閱附錄說明 8-e）

$$P(y_{in} = 類別 1) = \frac{1}{1 + \exp(\theta_n - (\tau_i + v_1)) + \exp(2\theta_n - 2\tau_i - (v_1 + v_2))}$$

$$P(y_{in} = 類別\ 2) = \frac{\exp(\theta_n - (\tau_i + v_1))}{1 + \exp(\theta_n - (\tau_i + v_1)) + \exp(2\theta_n - 2\tau_i - (v_1 + v_2))}$$

$$P(y_{in} = 類別\ 3) = \frac{\exp(2\theta_n - 2\tau_i - (v_1 + v_2))}{1 + \exp(\theta_n - (\tau_i + v_1)) + \exp(2\theta_n - 2\tau_i - (v_1 + v_2))}$$

$$(8\text{-}13)$$

這裡，$P(y_{in} = 類別\ 1) + P(y_{in} = 類別\ 2) + P(y_{in} = 類別\ 3) = 1$，即機率和等於 1。

利用 R 軟體畫出 RSM 這三個類別各自的機率曲線。

1. R 程式

```
thetan<-seq(-4,4,0.1)
t<- 0
v1<- -1
v2<- 1
p0<- 1/(1+exp(thetan-(t+v1))+exp(2*thetan-2*t-(v1+v2)))
p0
p1<- exp(thetan-(t+v1))/(1+exp(thetan-(t+v1))+exp(2*thetan-2*t-(v1+v2)))
p1
p2<-1-p0-p1
p2
plot(thetan,p0,lty=1,type="l",col="red",xlab="能力",ylab="機率")
axis(1,-4:4, -4:4)
lines(thetan,p1,lty=2,type="l",col="black")
lines(thetan,p2,lty=3,type="l",col="blue")
abline(v=1,col="gray",lwd=2)
abline(v=-1,col="gray",lwd=2)
```

請將虛線框內的程式直接寫在 Source 區，然後執行，這裡設定 $\tau = t = 0$，$v_1 = -1$，$v_2 = 1$。

2. R 執行結果

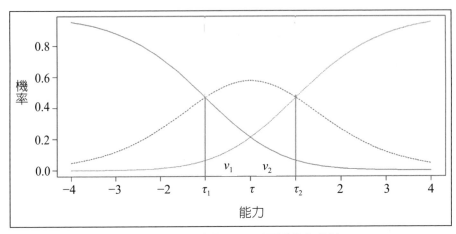

圖 8-9　三元計分 RSM 類別機率曲線

　　圖 8-9 中，τ 是位置參數，由 τ 往右移動 v_2 距離就到 τ_2，由 τ 往左移動 v_1 距離就到 τ_1。在進行 RSM 估計參數時，常設定 $\sum_c v_c = 0$ 或是設定第一個 v_1 為 0，以這個三元計分例子來看，設定 $\sum_{c=1}^{2} v_c = 0$，即 $v_1 + v_2 = 0$，$v_1 = -v_2$，這裡正負號看成左右相對位置更易理解，正負號只是移動方向不同，移動距離是一樣的。在這個例子中，τ 在 x 軸 0 點的位置（可以看成能力值 0，題目難度值也是 0），往右移動 1 單位就到 1（即 $\tau_2 = 1$），往左移動 1 單位就到 −1（即 $\tau_1 = -1$）。

　　再另舉一例，反推回去，假設 $\tau_1 = 0.7$，$\tau_2 = 1.9$，則 $\tau = (0.7 + 1.9) / 2 = 1.3$，$v = (1.9 - 0.7) / 2 = 0.6$，也就是在 x 軸 1.3 這個位置，往右移動 0.6 單位就到 1.9（即 $\tau_2 = 1.9$），往左移動 0.6 單位就到 0.7（即 $\tau_1 = 0.7$）。注意：在 RSM 下，每個題目都有位置參數 τ_i 要估計，但每個題目都共享相對位置參數，例如，估計出某道題目 τ 值 −0.8，則往右移動 0.6 單位就到 −0.2（即 $\tau_2 = -0.2$），往左移動 0.6 單位就到 −1.4（即 $\tau_1 = -1.4$），0.6 是共享的，每一題都是移動這個距離，滿足 Likert 等距的假設。

重點二 試題運作曲線（**Wright & Masters, 1982, p.49**）

有關三元計分 RSM 模式，第一條試題運作曲線是指 $y_{ni} \geq 1$ 時的累積機率模式，也就是 $P(y_{ni} \geq 1)$。第二條試題運作曲線是指 $y_{ni} \geq 2$ 時的累積機率模式，也就是 $P(y_{ni} \geq 2)$。

第一條試題運作曲線 $P(y_{ni} \geq 2) = P(y_{ni} = 2) + P(y_{ni} = 3)$

$$= \frac{\exp(\theta_n - (\tau_i + v_1)) + \exp(2\theta_n - 2\tau_i - (v_1 + v_2))}{1 + \exp(\theta_n - (\tau_i + v_1)) + \exp(2\theta_n - 2\tau_i - (v_1 + v_2))}$$

第二條試題運作曲線 $P(y_{ni} \geq 3) = P(y_{ni} = 3)$

$$= \frac{\exp(2\theta_n - 2\tau_i - (v_1 + v_2))}{1 + \exp(\theta_n - (\tau_i + v_1)) + \exp(2\theta_n - 2\tau_i - (v_1 + v_2))} \tag{8-14}$$

利用 R 軟體，畫出這二條試題運作曲線。紅色線是第一條試題運作曲線，黑色線是第二條試題運作曲線。

1. R 程式

```
thetan<-seq(-5,5,0.1)
t<- 0
v1<- -1
v2<- 1
phi1<- (exp(thetan-(t+v1))+exp(2*thetan-2*t-(v1+v2)))/(1+exp(thetan-(t+v1))+exp(2*thetan-2*t-(v1+v2)))
phi1
phi2<- (exp(2*thetan-2*t-(v1+v2)))/(1+exp(thetan-(t+v1))+exp(2*thetan-2*t-(v1+v2)))
phi2
plot(thetan,phi1,lty=1,type="l",col="red",xlab="ability",ylab="probability")
lines(thetan, phi2, lty=2,type="l",col="black")
abline(h=0.5,col="gray",lwd=2)
abline(v=1.1,col="gray",lwd=2)
abline(v=-1.1,col="gray",lwd=2)
```

請將虛線框內的程式直接寫在 Source 區，然後執行。

2. R 執行結果

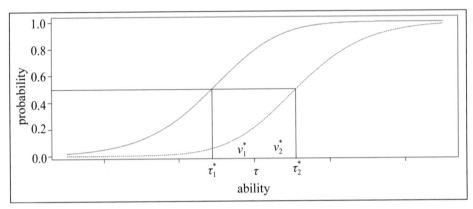

圖 8-10　三元計分 RSM 試題運作曲線

從圖 8-10 可以看出，左邊是第一條試題運作曲線，右邊是第二條試題運作曲線。有關圖 8-10 位置參數 τ，移動距離 v^* 的說明，請參閱圖 8-9 下的解說，同理可推。

重點三（logit 模式）

在三元計分 RSM 模式中，會有二個 logit（參閱附錄說明 8-f）

第一個 logit：$\text{logit}(p_{ni1}) = \log(\exp(\theta_n - (\tau_i + v_1)) = (\theta_n - (\tau_i + v_1))$

第二個 logit：

$$\text{logit}(p_{ni2}) = (2\theta_n - 2\tau_i - (v_1 + v_2)) - (\theta_n - (\tau_i + v_1)) = (\theta_n - (\tau_i + v_2))$$

$$(8\text{-}15)$$

如同前面介紹，logits 可以比較學生的作答表現，學生編號七在第三題第一個 logit 作答的表現是

$$\text{logit}(p_{731}) \equiv \log(p_{731} / p_{730}) = (\theta_7 - (\tau_3 + v_1))$$

學生編號八在第三題第一個 logit 作答的表現是

$$\text{logit}(p_{831}) \equiv \log(p_{831} / p_{830}) = (\theta_8 - (\tau_3 + v_1))$$

這兩位學生在第一個 logit 的差異為

$$\text{logit}(p_{731}) - \text{logit}(p_{831}) = (\theta_7 - (\tau_3 + v_1)) - (\theta_8 - (\tau_3 + v_1)) = (\theta_7 - \theta_8)$$

同理，可以得到這兩位學生在第二個 logit 的差異為

$$\text{logit}(p_{732}) - \text{logit}(p_{832}) = (\theta_7 - (\tau_3 + v_2)) - (\theta_8 - (\tau_3 + v_2)) = (\theta_7 - \theta_8)$$

從上面重點，我們歸納三元計分 RSM 重要內容：

內容一：三元計分下，有三條類別機率曲線（圖 8-9）。

內容二：三元計分下，有二條試題運作曲線（二個相對位置參數，圖 8-10）。

內容三：三元計分模式下，會有二個 logit 值，可以探討受試者能力的差異，結論是能力與 τ_{ic} 參數無關（樣本獨立與試題獨立）。

內容四：撰寫程式繪出模式的曲線圖形。

二、RSM 模式分析

底下以三點量表問卷資料（有 10 個變項，48 位受測者作答）進行 RSM 分析。

1. R 程式

```
install.packages("eRm")
library(eRm)
data1<-read.csv(file="c:/RHLF/pcm1101.csv",header=T)
head(data1)
rsm1<-RSM(data1, se = TRUE, sum0 =TRUE)
summary(rsm1)
thresholds(rsm1)
```

　　請將虛線框內的程式直接寫在 Source 區，然後執行。

2. R 執行結果（RSM）

```
> install.packages("eRm")
> library(eRm)
> data1<-read.csv(file="c:/RHLF/pcm1101.csv", header=T)
> head(data1)
  A B C D E F G H I J
1 2 2 2 1 2 2 2 2 2 2
2 2 1 2 0 1 1 1 1 2 2
3 2 2 2 2 2 2 2 1 2 2
4 2 2 2 2 2 2 2 2 2 2
5 1 1 1 1 1 1 1 1 2 1
6 2 2 2 2 2 2 2 2 2 2
```

使用**eRm**作**RSM**分析時，資料編碼是從**0**開始編起（即**0,1,2**），所以變
項**D**那一行才會看到**0**。總共有**10**個變項（**A,B,…,J**），即**10**題的意思。
有**48**位受測者，這裡只列出前**6**位受測者的作答反應結果，因為程式
head(data1)只能看到前**6**列資料。

```
> rsm1<-RSM(data1, se = TRUE, sum0 =TRUE)
> summary(rsm1)

Results of RSM estimation:

Call:  RSM(X = data1, se = TRUE, sum0 = TRUE)

Conditional log-likelihood: -150.9323
Number of iterations: 9
```

Number of parameters: 10

Item (Category) Difficulty Parameters (eta): with 0.95 CI:
　Estimate Std. Error lower CI upper CI

	Estimate	Std. Error	lower CI	upper CI
B	0.054	0.353	-0.638	0.745
C	-0.375	0.366	-1.092	0.342
D	0.837	0.344	0.163	1.512
E	0.054	0.353	-0.638	0.745
F	-0.086	0.356	-0.784	0.613
G	0.455	0.346	-0.222	1.133
H	-0.086	0.356	-0.784	0.613
I	-0.086	0.356	-0.784	0.613
J	-0.682	0.379	-1.424	0.061
Cat 2	3.696	0.439	2.835	4.557

這裡出現**Cat2值3.696**，這個數字是如何計算出來的？

就是下面**Design Matrix Block 1**的**Threshold 2**那一行的平均數，也就是

(3.61031+3.74978+3.32089+4.53345+3.74978+3.6103+4.15145+3.6103

+3.6103+3.01442)/10=3.696。

讀者也許納悶怎沒看到**Cat1**？**Cat1值是0**，因為**(-0.08579+0.05368**

+(-0.37521)+0.83736+0.05368+(-0.0858)+0.45535+(-0.0858)+(-0.0858)+(-

0.68167))/10=0.000(請看Design Matrix Block 1的Threshold 1那一行)。

Cat1值是0，**Cat2值3.696**，可以推得這題的$v_1 = 1.848$、$v_2 = 1.848$，

因為$\tau_1 = \tau + v_1 = 1.848 + (-1.848) = 0$，$\tau_2 = \tau + v_2 = 1.848 + 1.848 = 3.696$。

所有題目共享1.848的移動距離，滿足等距的假設。

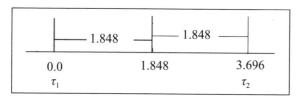

圖 8-11　RSM 相對位置示意圖

Item Easiness Parameters (beta) with 0.95 CI:
　　　Estimate Std. Error lower CI upper CI

	Estimate	Std. Error	lower CI	upper CI
beta A.c1	0.086	0.356	-0.613	0.784
beta A.c2	-3.525	0.831	-5.152	-1.897

beta B.c1	-0.054	0.353	-0.745	0.638
beta B.c2	-3.803	0.835	-5.439	-2.168
beta C.c1	0.375	0.366	-0.342	1.092
beta C.c2	-2.946	0.826	-4.564	-1.327
beta D.c1	-0.837	0.344	-1.512	-0.163
beta D.c2	-5.371	0.879	-7.093	-3.648
beta E.c1	-0.054	0.353	-0.745	0.638
beta E.c2	-3.803	0.835	-5.439	-2.168
beta F.c1	0.086	0.356	-0.613	0.784
beta F.c2	-3.524	0.831	-5.152	-1.897
beta G.c1	-0.455	0.346	-1.133	0.222
beta G.c2	-4.607	0.853	-6.278	-2.935
beta H.c1	0.086	0.356	-0.613	0.784
beta H.c2	-3.524	0.831	-5.152	-1.897
beta I.c1	0.086	0.356	-0.613	0.784
beta I.c2	-3.524	0.831	-5.152	-1.897
beta J.c1	0.682	0.379	-0.061	1.424
beta J.c2	-2.333	0.827	-3.954	-0.712

注意：eRm是估計容易度Easiness，要把符號反過來才是我們常討論的難
度估計值。例如，**0.086 →−0.086，−3.525 →3.525**

> thresholds (rsm1)

Design Matrix Block 1:

	Location	Threshold 1	Threshold 2
A	1.76226	-0.08579	3.61031
B	1.90173	0.05368	3.74978
C	1.47284	-0.37521	3.32089
D	2.68540	0.83736	4.53345
E	1.90173	0.05368	3.74978
F	1.76225	-0.08580	3.61030
G	2.30340	0.45535	4.15145
H	1.76225	-0.08580	3.61030
I	1.76225	-0.08580	3.61030
J	1.16638	-0.68167	3.01442

這10題的平均難度值是多少？答案是**1.848**。如何求得？就是上面
Location那一行的平均數，也就是把全部題目的試題難度值加總後求平
均值：**(1.76226+1.90173+1.47284+2.6854+1.90173+1.76225+2.3034**
+1.76225+1.76225+1.16638)/10=1.848。這10題的平均難度值**1.848**就是

\#\# 上面示意圖**8-11**中，**x**軸上的區間**(0, 3.696)**的中點**1.848**。

\#\# 因為每題都有自己的難度值τ_i，但所有題目共享v_1與v_2，所以，第**1**題的

\#\# $\tau_{11} = \tau_1 + v_1 = 1.76226 + (-1.848) = -0.0857$，第**1**題的$\tau_{12} = \tau_1 + v_2 =$

\#\# $1.76226 + 1.848 = 3.610$。

\#\# 第**2**題的$\tau_{21} = \tau_2 + v_1 = 1.90173 + (-1.848) = 0.053$，第**2**題的$\tau_{22} = \tau_2 + v_2 =$

\#\# $1.90173 + 1.848 = 3.7497$。

\#\# 第**3**題的$\tau_{31} = \tau_3 + v_1 = 1.47284 + (-1.848) = -0.375$，第**3**題的$\tau_{32} = \tau_3 + v_2 =$

\#\# $1.47284 + 1.848 = 3.3208$。

\#\# 其餘題目讀者可同理推得。堆算完對照**Design Matrix Block 1**的答

\#\# 案，答案會極接近（因爲進位問題難以完全一致）。

第四節　MFRM模式

一、多面相 Rasch 模式

前面介紹的 Rasch 模式是受試者作答結果受到兩個面相（受試者能力、試題難度）影響，實務上，受試者作答結果有時候受到第三個面相（例如，評分者）的影響。例如，作文評分，不同的評分者評分的嚴苛程度（rater severity）不同，此即多面相 Rasch 模式（many-facet Rasch measurement, MFRM）。MFRM 是 Rasch 模式的延伸，由 Linacre 於 1989 年提出，他將評分者嚴苛度納入 Rasch 模式中，可以同時分析多個面向，並能呈現各面向各自估計的結果（Engelhard, 1992）。最簡易的線性二元計分三面相模式定義如下：

$$\text{logit}\,(p_{ni1k}) = \log(p_{ni1k}/p_{ni0k}) = \theta_n - b_i - d_k \tag{8-16}$$

這裡，θ_n 是受試者 n 的能力，b_i 是試題第 i 題的難度，d_k 是評分者 k 的嚴苛度，受試者遇到極嚴苛的評分者，得分會降低，反之，遇到較寬鬆的評分者，得分會提高，此模式可探討評分者評分效果，在公式 (8-16)

中，d_k 是固定效果（fixed effect）模式。

　　如果將公式 (8-16) 二元計分擴展為多元計分模式，並應用於 PCM 模式、RSM 模式，則線性多元計分 PCM 三面相模式、線性多元計分 RSM 三面相模式分別為：

$$\text{PCM}：\text{logit}(p_{nick}) \equiv \log(p_{nick}/p_{ni(c-1)k}) = \theta_n - \tau_{ic} - d_k \tag{8-17}$$

$$\text{RSM}：\text{logit}(p_{nick}) \equiv \log(p_{nick}/p_{ni(c-1)k}) = \theta_n - (\tau_i + \nu_c) - d_k \tag{8-18}$$

　　這裡，θ_n、τ_{ic}、τ_i、ν_c、d_k 定義同前。p_{nick}、$p_{ni(c-1)k}$ 分別表示受試者 n，在試題第 i 題上，被評分者 k，評分為 c 分、$c-1$ 分的機率。在 IRT 研究中，研究者為了實務需要，會在模式中加入鑑別度（Muraki, 1992），則公式 (8-17)、(8-18) 加入鑑別度後成為非線性多元計分 PCM 三面相模式、非線性多元計分 RSM 三面相模式，亦有將評分者嚴苛度固定效果模式擴展為隨機效果（random effect）模式，所謂固定效果模式就是 d_k 參數值未知但固定，而隨機效果模式則假設評分者嚴苛度服從某分配，例如，$d_k \sim N(0, \sigma^2)$，也有研究者將受試者能力從單一層次擴展為多層次（multilevel）的模式，其他更廣義的多面相模式這裡就不加以介紹。

二、MFRM 模式分析

　　底下進行線性多元計分 RSM 三面相模式分析（公式 (8-18)），這是非常簡易的資料，受試者只有 3 人，評分者有 6 位，試題有 5 題，每題都是五點量表，使用 R 軟體套件 TAM 來執行。

1. R 程式

```
g.data <- matrix(c(
1,    1,    5,    3,    5,    4,    5,
1,    2,    3,    3,    3,    3,    1,
1,    3,    5,    5,    3,    5,    3,
1,    4,    3,    3,    1,    3,    3,
1,    5,    5,    3,    3,    4,    5,
```

```
1,   6,   3,   5,   3,   5,   1,
2,   1,   2,   5,   4,   2,   3,
2,   2,   4,   3,   5,   3,   2,
2,   3,   4,   5,   3,   2,   2,
2,   4,   5,   2,   4,   5,   5,
2,   5,   2,   4,   3,   2,   3,
2,   6,   4,   4,   2,   4,   2,
3,   1,   5,   5,   5,   3,   3,
3,   2,   3,   3,   5,   3,   5,
3,   3,   3,   5,   5,   5,   5,
3,   4,   5,   3,   3,   3,   1,
3,   5,   5,   3,   3,   3,   3,
3,   6,   3,   3,   3,   5,   3),ncol=7,byrow=TRUE)

g.data <- as.data.frame(g.data)
colnames(g.data) <- c("subjects","raters","T1","T2","T3","T4","T5")

library(TAM)
g.facet <- g.data[,"raters",drop=FALSE]
g.pid <- g.data$subjects
g.resp <- g.data[,-c(1:2)]
g.formulaA <- ~ item + raters + step
g.model <-
tam.mml.mfr(resp=g.resp,facets=g.facet,formulaA=g.formulaA,pid=g.pid)
summary(g.model)
```

2. R 程式說明

資料(g.data)第一行是受試者，只有**3**人。第二行是評分者，有**6**
位。第三行到第七行是試題，試題是五點量表。

R 執行結果（**MFRM**）

Item Parameters
	xsi.index	xsi.label	est
1	1	T1	-1.7794
2	2	T2	-1.6846
3	3	T3	-1.5003
4	4	T4	-1.5459

```
5          5          T5 -1.1345
6          6       step1 -3.9480
7          7       step2  0.4041
8          8       step3  0.0868
9          9       step4  2.8583
10        10    raters1 -0.3307
11        11    raters2  0.2208
12        12    raters3 -0.3908
13        13    raters4  0.2208
14        14    raters5  0.1130
..................................
```
Regression Coefficients
```
        [,1]
[1,]     0
```

Variance:
```
        [,1]
[1,] 0.001
```


EAP Reliability:
```
[1] 0
```

```
Start:  2022-07-05 20:02:12
End:  2022-07-05 20:02:17
Time difference of 5.453641 secs
```

```
> summary (g.model)
```

```
TAM 3.7-16 (2021-06-24 14:31:37)
R version 4.1.2 (2021-11-01) x86_64, mingw32 | nodename=TAICHI31 | login=USER
```

```
Date of Analysis: 2022-07-05 20:02:17
Time difference of 5.453641 secs
Computation time: 5.453641
```

Multidimensional Item Response Model in TAM

```
IRT Model: 1PL
Call:
tam.mml.mfr(resp = g.resp, pid = g.pid, formulaA = g.formulaA,
      facets = g.facet)
```

◆◆◆◆ 第八章　多元計分IRT模式

```
------------------------------------------------------------
Number of iterations = 1000
Numeric integration with 21 integration points

Deviance = 219.84
Log likelihood = -109.92
Number of persons = 3
Number of persons used = 3
Number of generalized items = 30
Number of items = 5
Number of estimated parameters = 15
      Item threshold parameters = 14
      Item slope parameters = 0
      Regression parameters = 0
      Variance/covariance parameters = 1
```

AIC = 250　| penalty=30　　| AIC=-2*LL + 2*p
AIC3 = 265　| penalty=45　　| AIC3=-2*LL + 3*p
BIC = 236　| penalty=16.48　| BIC=-2*LL + log(n)*p
aBIC = 172　| penalty=-47.67　| aBIC=-2*LL + log((n-2)/24)*p　(adjusted BIC)
CAIC = 251　| penalty=31.48　| CAIC=-2*LL + [log(n)+1]*p　(consistent AIC)
AICc = 213　| penalty=-6.92　　| AICc=-2*LL + 2*p + 2*p*(p+1)/(n-p-1)　(bias cor-
rected AIC)
GHP = 1.38801　　| GHP=(-LL + p) / (#Persons * #Items)　(Gilula-Haberman log
penalty)

```
------------------------------------------------------------
EAP Reliability
[1] 0
------------------------------------------------------------
Covariances and Variances
       [,1]
[1,]  0.001
------------------------------------------------------------
Correlations and Standard Deviations (in the diagonal)
       [,1]
[1,]  0.032
------------------------------------------------------------
Regression Coefficients
       [,1]
[1,]    0
------------------------------------------------------------

Item Facet Parameters Xsi
```

◆ 283 ◆

```
    parameter  facet   xsi se.xsi
1      T1      item   -1.779   0.219
2      T2      item   -1.685   0.216
3      T3      item   -1.500   0.213
4      T4      item   -1.546   0.214
5      T5      item   -1.135   0.216
6     step1    step   -3.948   0.239
7     step2    step    0.404   0.226
8     step3    step    0.087   0.213
9     step4    step    2.858   0.336
10    step5    step    0.599   0.516
11   raters1  raters  -0.331   0.168
12   raters2  raters   0.221   0.164
13   raters3  raters  -0.391   0.169
14   raters4  raters   0.221   0.164
15   raters5  raters   0.113   0.164
16   raters6  raters   0.167   0.371

Item Parameters Xsi
          xsi se.xsi
T1     -1.779 0.219
T2     -1.685 0.216
T3     -1.500 0.213
T4     -1.546 0.214
T5     -1.135 0.216
step1  -3.948 0.239
step2   0.404 0.226
step3   0.087 0.213
step4   2.858 0.336
raters1 -0.331 0.168
raters2 0.221 0.164
raters3 -0.391 0.169
raters4 0.221 0.164
raters5 0.113 0.164
>
```

上述程式執行結果，整理如下：

表 8-1　線性多元計分 RSM 三面相模式估計結果

參數	估計值	標準誤	參數	估計值	標準誤	參數	估計值	標準誤
τ_1	-1.779	0.219	ν_1	-3.948	0.239	d_1	-0.331	0.168
τ_2	-1.685	0.216	ν_2	0.404	0.226	d_2	0.221	0.164
τ_3	-1.500	0.213	ν_3	0.087	0.213	d_3	-0.391	0.169
τ_4	-1.546	0.214	ν_4	2.858	0.336	d_4	0.221	0.164
τ_5	-1.135	0.216	ν_5	0.599	0.516	d_5	0.113	0.164
						d_6	0.167	0.371

習題

1. 何謂等級反應模式（graded response model）？

2. 何謂部分給分模式（partial credit model）？

3. 何謂評定量表模式（rating scale model）？

4. 何謂多面相 Rasch 模式（many-facet Rasch model）？

5. 試說明 GRM、PCM、RSM 模式所屬之參數意義為何？

第九章

參數估計

第一節　試題參數估計

　　前面章節畫出的曲線，是假設參數已被估計出來了，我們只是把參數值寫入程式中畫出圖來。現在則是想了解參數是如何被估計出來的，估計方法有哪些？當你蒐集一堆測驗資料時，想利用 Rasch 模式分析，當然想知道這一堆測驗資料中，題目的難度值、受試者的能力值為何，不過，要算出這些值，可不是那麼容易，即使完整學會估計方法也難以筆算完成，最終還是要藉由軟體程式幫我們搞定。在 IRT 中，常用的統計軟體有 SAS、R 軟體等（BILOG、ConQuest、MULTILOG、Winsteps 等就暫不介紹）。有關試題參數 / 能力參數估計法，約略整理如下：

表 9-1　常用參數估計法

	試題參數	能力參數
Rasch 或 1PL 模式	CML_b、MML_b、JML_b、Bayes	CML_θ、Bayes
2PL, 3PL 模式	MML_b、JML_b、Bayes	CML_θ、Bayes

　　就試題參數估計而言，單參數模式（Rasch 或 1PL）試題參數估計法常用的有：條件最大概似估計式（Conditional Maximum Likelihood estimation, CML_b）、邊際最大概似估計式（Marginal Maximum Likelihood estimation, MML_b）、聯合最大概似估計式（Joint Maximum Likelihood estimation, JML_b）、貝氏（Bayes）估計法等，而 2PL、3PL 模式試題參數估

計法常用的則有：MML_b、JML_b、貝氏估計法等。

就能力參數估計而言，在試題參數已知的情況下，最常使用的方法有 CML_θ 與 Bayes 法。CML_θ 法不論是單參數或 2PL、3PL 模式皆適用，不過，當受試者分數是全對滿分或全錯 0 分時，最大概似估計法是無法進行估計的（Hambleton & Swaminathan, 1985），而 Bayes 則可以解決這個問題。在介紹貝氏估計法前，將會先複習統計學上的貝氏定理（Bayes' theorem），讓讀者對照了解貝氏方法如何應用到 IRT 參數估計上。

事實上，估計方法的推導過程都極為複雜，對初學者而言，有其難度，況且複雜的估計方法已被內建於程式中，我們只需 call 程式即可，程式的學習相對推導過程，容易多了。儘管如此，為讓讀者理解估計過程，本章第二節針對能力參數 CML_θ 法，仍以簡單實例說明，讓讀者理解推導過程。

一、試題參數 CML 估計法

前面提到，單參數或 2PL、3PL 模式，試題參數估計法常用的有 CML_b、MML_b、JML_b、貝氏估計法。不過，這裡將只介紹 CML_b、MML_b、貝氏估計法的推導過程。為方便讀者聚焦，介紹之前都會把估計步驟過程先匡列於前。

試題參數 CML 估計法：以 Rasch（1PL）模式為例

Rasch(1PL) 模式之 CML_b 試題參數估計過程（總分已知）：
步驟 1：求受試者的作答反應聯合機率 $P(\mathbf{Y} \mid \theta, \mathbf{b})$。
步驟 2：求受試者總分 γ 的作答反應聯合機率 $P(\gamma \mid \theta, \mathbf{b})$。
步驟 3：以 γ 代替 θ，求作答反應聯合機率 $P(\mathbf{Y} \mid \gamma, \mathbf{b}) = \dfrac{P(\mathbf{Y} \mid \theta, \mathbf{b})}{P(\gamma \mid \theta, \mathbf{b})}$。
步驟4：利用一階、二階偏導數及 Newton-Raphson 遞迴法求出估計式。

當對概似函數求第一階、第二階偏微分，以得到最大概似估計值時，

因爲$P(\mathbf{Y}|\gamma, \mathbf{b})$非線性函數，所以要用到數值分析Newton-Raphson法
遞迴估計程序，才能估計出近似解。

步驟 1 ：

在二元計分模式下，某位受試者的能力 θ 已知，那這位受試者在某道題目（第 i 題）的作答反應機率爲 $P(Y_i|\theta) = P_i^{Y_i}Q_i^{1-Y_i}$，這裡，$Q_i = 1 - P_i$。當這位受試者答對這道題目時（即 $Y_i = 1 = $ 答對），則$P(Y_i = 1|\theta) = P_i^1 Q_i^{1-1} = P_i$，當這位受試者答錯這道題目時（即 $Y_i = 0 = $ 答錯），則 $P(Y_i = 0|\theta) = P_i^0 Q_i^{1-0} = Q_i$。

在 Rasch 模式下，CML_b 的作法是在所有受試者原始分數已知（即每位受試者的能力 θ 已知，因爲每個人的總分就是他能力的充分統計量）前提下，要估計每道試題的難度參數（即 $\mathbf{b} = (b_1, b_2, ..., b_I)$）。以二元計分爲例，在該位受試者能力 θ 已知下，他回答 I 個題目，則其作答反應結果可以記爲 $\mathbf{Y} = (Y_1, Y_2, ..., Y_I)$，該受試者的作答反應聯合機率（在局部獨立的條件下）爲

$$P(\mathbf{Y}|\theta, \mathbf{b}) = P(Y_1, Y_2, \cdots, Y_I|\theta, \mathbf{b}) = P(Y_1|\theta, b_1)P(Y_2|\theta, b_2)\cdots P(Y_I|\theta, b_I)$$

$$= P_1^{y_1}Q_1^{1-y_1}P_2^{y_2}Q_2^{1-y_2}\cdots P_I^{y_I}Q_I^{1-y_I}$$

$$= \left(\frac{\exp(\theta-b_1)}{1+\exp(\theta-b_1)}\right)^{y_1}\left(\frac{1}{1+\exp(\theta-b_1)}\right)^{1-y_1}\cdots\left(\frac{\exp(\theta-b_I)}{1+\exp(\theta-b_I)}\right)^{y_I}\left(\frac{1}{1+\exp(\theta-b_I)}\right)^{1-y_I}$$

$$= \left[\prod_{i=1}^{I}\left(\frac{1}{[1+\exp(\theta-b_i)]^{y_i}}\right)\left(\frac{1}{[1+\exp(\theta-b_i)]^{1-y_i}}\right)\right]\left[[\exp(\theta-b_1)]^{y_1}\cdots[\exp(\theta-b_I)]^{y_I}\right]$$

$$= \left[\prod_{i=1}^{I}\frac{1}{1+\exp(\theta-b_i)}\right]\left[\exp((\theta y_1-b_1 y_1)+(\theta y_2-b_2 y_2)+\cdots+(\theta y_I-b_I y_I))\right]$$

$$= \left[\prod_{i=1}^{I}\frac{1}{1+\exp(\theta-b_i)}\right]\left[\exp\left(\theta\sum_{i=1}^{I}y_i\right)\exp\left(-\sum_{i=1}^{I}b_i y_i\right)\right] \tag{9-1}$$

這裡，

$$\prod_{i=1}^{I} \frac{1}{1+\exp(\theta-b_i)} = \left(\frac{1}{1+\exp(\theta-b_1)}\right)\left(\frac{1}{1+\exp(\theta-b_2)}\right)\cdots\left(\frac{1}{1+\exp(\theta-b_I)}\right)。$$

步驟 2：

令該生總分 $= \sum_{i=1}^{I} y_i = \gamma$，已知總分 γ 時，該受試者的作答反應聯合機率可以改表示成

$$P(\gamma \mid \theta, \mathbf{b}) = \left[\prod_{i=1}^{I} \frac{1}{1+\exp(\theta-b_i)}\right]\left[\exp(\theta\gamma)\left(\sum_{\gamma} \exp\left(-\sum_{i=1}^{I} b_i y_i\right)\right)\right]$$

這裡，$\sum_{\gamma}$ 意思是總分 γ 的所有組合的總和，總分 γ 的所有組合是什麼意思？其實是 $C_{\gamma}^{I} = \dfrac{I!}{\gamma!(I-\gamma)!}$，這裡，$C$ 是組合符號。以二元計分爲例，題目有 3 題，已知考生總分 2 分，那就有 3 種組合，因爲 $C_2^3 = \dfrac{3!}{2!1!} = 3$，也就是會有（第 1 題對、第 2 題對、第 3 題錯），（第 1 題對、第 2 題錯、第 3 題對）、（第 1 題錯、第 2 題對、第 3 題對）這三種組合。

第一種組合（第 1 題對、第 2 題對、第 3 題錯）考生的作答反應結果記爲 $Y = (Y_1, Y_2, Y_3) = (1, 1, 0)$，該生的作答反應聯合機率爲

$$P\big(Y_1=1, Y_2=1, Y_3=0 \mid \theta, \mathbf{b}\big) = P\big(Y_1=1 \mid \theta, b_1\big) P\big(Y_2=1 \mid \theta, b_2\big) P\big(Y_3=0 \mid \theta, b_3\big)$$

$$= \left(\frac{\exp(\theta-b_1)}{1+\exp(\theta-b_1)}\right)\left(\frac{\exp(\theta-b_2)}{1+\exp(\theta-b_2)}\right)\left(\frac{1}{1+\exp(\theta-b_3)}\right) \qquad (9\text{-}2)$$

這裡，

$$P\big(Y_1=1 \mid \theta, b_1\big) = P_1^{y_1}(1-P_1)^{1-y_1} = \left(\frac{\exp(\theta-b_1)}{1+\exp(\theta-b_1)}\right)^1 \left(\frac{1}{1+\exp(\theta-b_1)}\right)^{1-1} = \frac{\exp(\theta-b_1)}{1+\exp(\theta-b_1)}$$

$$P\big(Y_2=1 \mid \theta, b_2\big) = P_2^{y_2}(1-P_2)^{1-y_2} = \left(\frac{\exp(\theta-b_2)}{1+\exp(\theta-b_2)}\right)^1 \left(\frac{1}{1+\exp(\theta-b_2)}\right)^{1-1} = \frac{\exp(\theta-b_2)}{1+\exp(\theta-b_2)}$$

$$P\left(Y_3 = 0 \,\middle|\, \theta, b_3\right) = P_3^{y_3}(1-P_3)^{1-y_3} = \left(\frac{\exp(\theta - b_3)}{1 + \exp(\theta - b_3)}\right)^0 \left(\frac{1}{1 + \exp(\theta - b_3)}\right)^{1-0} = \frac{1}{1 + \exp(\theta - b_3)}$$

第二種組合（第 1 題對、第 2 題錯、第 3 題對）考生的作答反應結果記爲 $Y = (Y_1, Y_2, Y_3) = (1, 0, 1)$，該生的作答反應聯合機率爲

$$P\left(Y_1 = 1, Y_2 = 0, Y_3 = 1 \,\middle|\, \theta, \mathbf{b}\right) = P\left(Y_1 = 1 \,\middle|\, \theta, b_1\right) P\left(Y_2 = 0 \,\middle|\, \theta, b_2\right) P\left(Y_3 = 1 \,\middle|\, \theta, b_3\right)$$

$$= \left(\frac{\exp(\theta - b_1)}{1 + \exp(\theta - b_1)}\right) \left(\frac{1}{1 + \exp(\theta - b_2)}\right) \left(\frac{\exp(\theta - b_3)}{1 + \exp(\theta - b_3)}\right) \tag{9-3}$$

第三種組合（第 1 題錯、第 2 題對、第 3 題對）考生的作答反應結果記爲 $Y = (Y_1, Y_2, Y_3) = (0, 1, 1)$，該生的作答反應聯合機率爲

$$P\left(Y_1 = 0, Y_2 = 1, Y_3 = 1 \,\middle|\, \theta, \mathbf{b}\right) = P\left(Y_1 = 0 \,\middle|\, \theta, b_1\right) P\left(Y_2 = 1 \,\middle|\, \theta, b_2\right) P\left(Y_3 = 1 \,\middle|\, \theta, b_3\right)$$

$$= \left(\frac{1}{1 + \exp(\theta - b_1)}\right) \left(\frac{\exp(\theta - b_2)}{1 + \exp(\theta - b_2)}\right) \left(\frac{\exp(\theta - b_3)}{1 + \exp(\theta - b_3)}\right) \tag{9-4}$$

因此，考生總分 2 分，作答反應聯合機率就是上述三種情形的加總：

$$P(\gamma = 2 \,|\, \theta, \mathbf{b}) = P\left(1, 1, 0 \,|\, \theta, \mathbf{b}\right) + P\left(1, 0, 1 \,|\, \theta, \mathbf{b}\right) + P\left(0, 1, 1 \,|\, \theta, \mathbf{b}\right)$$

$$= \left[\prod_{i=1}^{3} \frac{1}{1 + \exp(\theta - b_i)}\right] \left(\exp(2\theta) \left[\exp(-(b_1 + b_2)) + \exp(-(b_1 + b_3)) + \exp(-(b_2 + b_3))\right]\right)$$

$$= \left[\prod_{i=1}^{3} \frac{1}{1 + \exp(\theta - b_i)}\right] \left[\exp(2\theta) \left(\sum_{\gamma} \exp\left(-\sum_{i=1}^{3} b_i y_i\right)\right)\right] \tag{9-5}$$

這裡，

$P\left(1, 1, 0 \,|\, \theta, \mathbf{b}\right)$、$P\left(1, 0, 1 \,|\, \theta, \mathbf{b}\right)$、$P\left(0, 1, 1 \,|\, \theta, \mathbf{b}\right)$ 見前。

$$\prod_{i=1}^{3} \frac{1}{1 + \exp(\theta - b_i)} = \left(\frac{1}{1 + \exp(\theta - b_1)}\right) \left(\frac{1}{1 + \exp(\theta - b_2)}\right) \left(\frac{1}{1 + \exp(\theta - b_3)}\right)$$

$$\sum_{i=1}^{3} b_i y_i = \begin{cases} (b_1 + b_2), & \text{if } \mathbf{y} = (1,1,0) \\ (b_1 + b_3), & \text{if } \mathbf{y} = (1,0,1) \\ (b_2 + b_3), & \text{if } \mathbf{y} = (0,1,1) \end{cases}$$

$$\sum_{\gamma} \exp\left(-\sum_{i=1}^{3} b_i y_i\right) = \exp(-(b_1 + b_2)) + \exp(-(b_1 + b_3)) + \exp(-(b_2 + b_3))\,。$$

步驟 3：

最後要求的是 $P(\mathbf{Y}|\gamma,\mathbf{b})$，也就是已經知道受試者總分 γ，那麼受試者作答反應聯合機率為何？根據條件機率公式 $P(\mathbf{Y}|\gamma,\mathbf{b}) = \dfrac{P(\mathbf{Y}|\theta,\mathbf{b})}{P(\gamma|\theta,\mathbf{b})}$，我們可以得到

$$P(\mathbf{Y}|\gamma,\mathbf{b}) = \left[\exp\left(-\sum_{i=1}^{I} b_i y_i\right)\right] \Big/ \left[\sum_{\gamma} \exp\left(-\sum_{i=1}^{I} b_i y_i\right)\right] \tag{9-6}$$

這裡，

分母 $P(\mathbf{Y}|\theta,\mathbf{b}) = \left[\prod_{i=1}^{I} \dfrac{1}{1+\exp(\theta-b_i)}\right]\left[\exp(\theta\gamma)\exp\left(-\sum_{i=1}^{I} b_i y_i\right)\right]$

分子 $P(\gamma|\theta,\mathbf{b}) = \left[\prod_{i=1}^{I} \dfrac{1}{1+\exp(\theta-b_i)}\right]\left[\exp(\theta\gamma)\sum_{\gamma}\exp\left(-\sum_{i=1}^{I} b_i y_i\right)\right]$

步驟 4：

$P(\mathbf{Y}|\gamma,\mathbf{b})$ 是 b_i 的函數（注意：$P(\mathbf{Y}|\gamma,\mathbf{b})$ 已經看不到能力 θ 了，只剩下是 b_i 的函數），當受試者作答結果已知（總分 γ 的所有組合也可求得），$P(\mathbf{Y}|\gamma,\mathbf{b})$ 機率函數即概似函數 $L(\mathbf{Y}|\gamma,\mathbf{b})$，知道概似函數就回到參數估計時，對概似函數第一階、第二階偏導求得最大概似估計值，只是因為 $P(\mathbf{Y}|\gamma,\mathbf{b})$ 非線性函數，所以又要用到數值分析 Newton-Raphson 法遞迴估計程序才能估得出。CML_b 的優點是能力與難度的估計相互獨立，估計值也較穩定，但只適用於 1PL 或 Rasch 模式。

在 R 軟體中，處理 Rasch 模式有個套件叫 eRm，eRm 對於 Rasch 模

式的參數估計，採用 *CML* 法。Rasch 模式之所以使用 *CML* 法，因爲估計式中有著能力的充分統計量。對 Rasch 模式而言，*CML* 法最大特色在於估計式具有不偏性及一致性（unbiased and consistent），這也是因爲充分統計量使然。使用 eRm 套件估計能力參數時，估計每位受試者的能力值（參閱 CML_θ 法的說明），但估計試題參數時，則需設定一些限制，限制方法可以是令第一題難度參數爲 0（即 $b_1 = 0$）或令試題參數經標準化後總和爲 0。令 $b_1 = 0$，那第一題難度參數就不用估計了。令參數經標準化後總和爲 0，假設有 5 題，已估計 4 題的難度參數值，分別是 0.5, 1.6, -0.4, -1.1，那最後一題的參數不用估計了，一定是 -0.6，因爲總和等於 0，所以，會少估計一個。爲何需要這些限制呢？這我們不得不談一下模式辨識（identification）問題。

辨識

我們回顧一下，統計學的簡單線性迴歸分析，在自變項、依變項已知條件下，估計 1 個斜率、1 個截距即可。但在 IRT 模式中，我們要估計爲數眾多的能力參數、題目參數，如果是 1PL 模式，有 I 個題目，有 N 個受試者，理論上要估計 $N + I$ 個參數。如果是 2PL 模式，有 I 個題目（每個題目要估計 1 個難度，1 個鑑別度），有 N 個受試者，理論上要估計 $N + 2I$ 個參數。如果是 3PL 模式，有 I 個題目（每個題目要估計 1 個難度，1 個鑑別度，1 個猜測度），有 N 個受試者，理論上要估計 $N + 3I$ 個參數。

估計這麼多的參數，勢必要面臨模式辨識或限制（constraint）的問題。在 IRT 的研究中，模式辨識或限制常使用固定參數的作法。在探討固定參數法前，我們先說明直線轉換的觀念（非直線轉換，例如 $\theta^* = \exp(\theta)$，$b^* = \exp(b)$ 就是非直線轉換）。直線轉換的觀念，例如，在 1PL 模式中，如果 $\theta - b = 2$，那麼有可能 $\theta - b = (2 + 2) - (0 + 2)$、$\theta - b = (2 + 1) - (0 + 1)$、$\theta - b = (2 - 2) - (0 - 2)$ 或其他可能，我們將其一般化爲 $(\theta - b) = (\theta + k) - (b + k) = (\theta^* - b^*)$，其中 $\theta^* = (\theta + k)$、$b^* = (b + k)$，此即線性轉換。在 $\theta - b = 2$ 下，我們不難發現能力與難度的差距 2，是可以在 x 軸上不同的位置出現（例如，$(4, 2)$、$(3, 1)$、$(0, -2)$，只要它們的間距都保持 2 即

可），這也是我們爲何要固定，要不然那麼多解要用哪一組？所以，1PL 模式參數估計辨識問題，就是這些參數的估計原點如何被決定（底下爲了方便，省略下標符號）。再者，1PL 模式直線轉換後答對機率並不會改變，因爲

$$P(\theta) = \frac{\exp((\theta+k)-(b+k))}{1+\exp((\theta+k)-(b+k))} = \frac{\exp(\theta-b)}{1+\exp(\theta-b)} \text{。}$$

同理，在 2PL 模式中，如果 $a(\theta - b) = 1.6$，那麼有可能

$$a\,(\theta-b) = \frac{0.8}{2}\big((2\times2+1)-(2\times0+1)\big) = 1.6 \text{，}$$

$$a\,(\theta-b) = \frac{0.8}{0.4}\big((0.4\times2+2)-(0.4\times0+2)\big) = 1.6 \text{，}$$

$$\dots$$

我們將其一般化爲 $a\,(\theta-b) = \dfrac{a}{g}[(g\theta+k)-(gb+k)] = a^*\,(\theta^*-b^*)$，這裡 $a^* = \dfrac{a}{g}$、$\theta^* = g\theta+k$、$b^* = gb+k$。2PL 模式轉換後答對機率也不會改變，因爲

$$P(\theta) = \frac{\exp(\frac{a}{g}[(g\theta+k)-(gb+k)])}{1+\exp(\frac{a}{g}[(g\theta+k)-(gb+k)])} = \frac{\exp(\frac{a}{g}[g(\theta-b)])}{1+\exp(\frac{a}{g}[g(\theta-b)])} = \frac{\exp(a(\theta-b))}{1+\exp(a(\theta-b))} \text{。}$$

或者 2PL 模式也可以轉換爲

$$a\,(\theta-b) = 0.5\times0.8\left(\frac{2+1}{0.5} - \frac{0+1}{0.5}\right) = 1.6 \text{，}$$

$$a\,(\theta-b) = 0.25\times0.8\left(\frac{2+2}{0.25} - \frac{0+2}{0.25}\right) = 1.6 \text{，}$$

$$\dots$$

將其一般化為 $a(\theta-b)=ga\left(\dfrac{\theta+k}{g}-\dfrac{b+k}{g}\right)=a^*(\theta^*-b^*)$，這裡 $a^*=ga$、$\theta^*=\dfrac{\theta+k}{g}$、$b^*=\dfrac{b+k}{g}$，轉換後答對機率也不會改變，因為

$$P(\theta)=\frac{\exp\left(ga\left(\dfrac{\theta+k}{g}-\dfrac{b+k}{g}\right)\right)}{1+\exp\left(ga\left(\dfrac{\theta+k}{g}-\dfrac{b+k}{g}\right)\right)}=\frac{\exp(a[(\theta+k)-(b+k)])}{1+\exp(a[(\theta+k)-(b+k)])}$$

$$=\frac{\exp(a(\theta-b))}{1+\exp(a(\theta-b))}。$$

同理，3PL 模式轉換，方法類似2PL模式，可以作 $a^*=\dfrac{a}{g}$、$\theta^*=g\theta+k$、$b^*=gb+k$、$c^*=c$ 的轉換，也可以作 $a^*=ga$、$\theta^*=\dfrac{\theta+k}{g}$、$b^*=\dfrac{b+k}{g}$、$c^*=c$ 的轉換，不難發現，$c^*=c$，並不需要作轉換（參閱附錄 9-a）。

為何 IRT 要作量尺轉換，其實跟心理測驗的常模衍生量尺有異曲同工之處，也是基於實務上需要，為了方便比較，且容易解釋。

決定估計原點

由上可知，有太多的組合可能了。所以，參數估計辨識的重點之一就是決定估計原點。在 1PL 模式中，決定估計原點，常使用固定參數法，例如，前面提到 $\theta-b=2$，有太多的組合可能，現將某題難度參數設定（固定）為 0，那就會少估計這一個而且 $\theta=2$，答案就是（2, 0）這組解了，或者把 b（或 θ）量尺化（scaling），簡單講就是把試題參數的平均數設為 0（平均數 0，其實就是總和 0，因為平均數 $\bar{b}=\sum_{i=1}^{I}b_i/I=0$，表示 $\sum_{i=1}^{I}b_i=0$），如此一來，就會少估計一個，因為會有一個被固定。因此，在 1PL 模式中，只要估計 $N+I-1$ 個參數即可。

在 2PL 模式中，決定估計原點，常用的固定參數法就是把隨機變數能力的平均數設為 0，標準差設為 1，如此一來，就會少估計二個（參閱

附錄說明 9-b），所以，2PL 模式要估計的參數有 $N + 2I - 2$ 個。

在 3PL 模式中，$c^* = c$，並沒有作轉換。所以，3PL 模式與 2PL 模式量尺化作法是一樣的，同樣是把能力 θ（或 b）量尺化：平均數設為 0，標準差設為 1 即可，如此一來，也是少估計二個，所以，3PL 模式只要估計 $N + 3I - 2$ 個參數即可（當然，實務上，樣本數不多，提供的訊息不多時，難以估計這麼多參數，有時又會多加限制或假設）。

二、試題參數 MML 估計法

試題參數 MML 估計法：以 3PL 模式為例

3PL 模式試題參數 MML_b 估計過程：

步驟 1：受試者作答反應聯合機率為 $P(\mathbf{Y} \mid \theta, \mathbf{a}, \mathbf{b}, \mathbf{c})$ 並設定 $g(\theta)$ 分配。

步驟 2：求 $\int_{-\infty}^{\infty} \prod_{i=1}^{I} P_i^{y_i} Q_i^{1-y_i} \, g(\theta) \, d\theta$ 的邊際概似函數。

步驟 3：求受試者作答反應結果概似函數。

步驟 4：求步驟 3 的一階、二階偏導數，再以 Newton-Raphson 法遞迴估計出參數值。

步驟 1：

在 3PL 模式下，以二元計分為例，假設某位受試者的能力 θ 已知，他作答 I 個題目，則其作答結果可以記為 $\mathbf{Y} = (Y_1, Y_2, ..., Y_I)$，該受試者的作答反應聯合機率（在局部獨立的條件下）為

$$P(\mathbf{Y} \mid \theta, \mathbf{a}, \mathbf{b}, \mathbf{c}) = P(Y_1, Y_2, \cdots, Y_I \mid \theta, \mathbf{a}, \mathbf{b}, \mathbf{c})$$

$$= P(Y_1 \mid \theta, \mathbf{a}, \mathbf{b}, \mathbf{c}) \, P(Y_2 \mid \theta, \mathbf{a}, \mathbf{b}, \mathbf{c}) \cdots P(Y_I \mid \theta, \mathbf{a}, \mathbf{b}, \mathbf{c})$$

$$= P_1^{y_1} Q_1^{1-y_1} P_2^{y_2} Q_2^{1-y_2} \cdots P_I^{y_I} Q_I^{1-y_I} = \prod_{i=1}^{I} P_i^{y_i} Q_i^{1-y_i}$$

接著，定義受試者能力的分配函數（注意：CML_b 針對受試者能力是以總分處理，這裡 MML_b 則以分配函數處理），受試者的能力分配函數有可能是間斷性資料，也有可能是連續性資料。如果是連續性資料，能力的分配函數有可能是常態分配，定義分配函數爲 $g(\theta)$，將 $g(\theta)$ 與上式 $P(\mathbf{Y} \mid \theta, \mathbf{a}, \mathbf{b}, \mathbf{c})$ 相乘，得到聯合機率密度函數爲

$$\prod_{i=1}^{I} P_i^{y_i} Q_i^{1-y_i} g(\theta) \tag{9-7}$$

步驟 2：

針對 $\mathbf{Y}$ 與 θ 的聯合機率密度函數中的 θ 積分，也就是

$$P(\mathbf{Y} \mid \mathbf{a}, \mathbf{b}, \mathbf{c}) = \int_{-\infty}^{\infty} \left(\prod_{i=1}^{I} P_i^{y_i} Q_i^{1-y_i} g(\theta) \right) d\theta \tag{9-8}$$

因爲以積分得到能力邊際值，此即邊際概似函數。

步驟 3：

令 $\int_{-\infty}^{\infty} \left(\prod_{i=1}^{I} P_i^{y_i} Q_i^{1-y_i} g(\theta) \right) d\theta \equiv \pi_y$，$\pi_y$ 是受試者作答反應結果 y 的邊際機率，因爲是二元計分，會有 2^n 種作答反應結果，又以 r_y 表示作答反應結果 y 的考生人數，則概似函數

$$L \propto \prod_{y=1}^{2^n} \pi_y^{r_y}$$

$$\ln L = k + \sum_{y=1}^{2^n} r_y \ln \pi_y \ (k \text{ 是常數}) \tag{9-9}$$

以二元計分爲例，假設有受試者 10 人，題目有 3 題，則作答反應結果有 8 種情況（$2^3 = 8$，參閱底下的 $\mathbf{y}$），而每個情況人數以及邊際機率如

下所示。例如，3 題全對的有 1 人，則其 r_y、π_y 分別表示為 $r_{111} = 1 = r_1$、$\pi_{111} = \pi_1$，又如 3 題中只對第三題的有 2 人，則其 r_y、π_y 分別表示為 $r_{001} = 2 = r_7$、$\pi_{001} = \pi_7$。

$$\mathbf{y} = \begin{bmatrix} 1 & 1 & 1 \\ 1 & 1 & 0 \\ 1 & 0 & 1 \\ 0 & 1 & 1 \\ 1 & 0 & 0 \\ 0 & 1 & 0 \\ 0 & 0 & 1 \\ 0 & 0 & 0 \end{bmatrix} \xRightarrow{\text{人數}} \begin{bmatrix} r_{111} = 1 人 = r_1 \\ r_{110} = 0 人 = r_2 \\ r_{101} = 2 人 = r_3 \\ r_{011} = 0 人 = r_4 \\ r_{100} = 2 人 = r_5 \\ r_{010} = 1 人 = r_6 \\ r_{001} = 2 人 = r_7 \\ r_{000} = 2 人 = r_8 \end{bmatrix} \xRightarrow{\text{邊際機率}} \begin{bmatrix} \pi_{111} = \pi_1 \\ \pi_{110} = \pi_2 \\ \pi_{101} = \pi_3 \\ \pi_{011} = \pi_4 \\ \pi_{100} = \pi_5 \\ \pi_{010} = \pi_6 \\ \pi_{001} = \pi_7 \\ \pi_{000} = \pi_8 \end{bmatrix}$$

所以，其概似函數 $L = \prod_{y=1}^{2^n} \pi_y^{r_y} = \pi_1^1 \pi_2^0 \pi_3^2 \pi_4^0 \pi_5^2 \pi_6^1 \pi_7^2 \pi_8^2$，則

$$\ln L = \ln\left(\prod_{y=1}^{2^n} \pi_y^{r_y}\right) = \ln\left(\pi_1^1 \pi_2^0 \pi_3^2 \pi_4^0 \pi_5^2 \pi_6^1 \pi_7^2 \pi_8^2\right)$$
$$= \ln \pi_1^1 + \ln \pi_2^0 + \ln \pi_3^2 + \ln \pi_4^0 + \ln \pi_5^2 + \ln \pi_6^1 + \ln \pi_7^2 + \ln \pi_8^2$$
$$= 1 \times \ln \pi_1 + 0 \times \ln \pi_2 + 2 \times \ln \pi_3 + 0 \times \ln \pi_4^0 + 2 \times \ln \pi_5 + 1 \times \ln \pi_6 + 2 \times \ln \pi_7 + 2 \times \ln \pi_8$$
$$= \sum_{y=1}^{2^n} r_y \ln \pi_y \,。$$

步驟 4：

針對 $\ln L$ 中的 $\sum_{y=1}^{2^n} r_y \ln \pi_y$，對 $\mathbf{a}, \mathbf{b}, \mathbf{c}$ 作第一階、第二階偏導，再以 Newton-Raphson 法遞迴估計程序得出 $\mathbf{a}, \mathbf{b}, \mathbf{c}$ 估計式。由於 MML_b，試題超過 12 題時，估計速度變為極度緩慢，無法應用於 3PL 模式上，所以 Bock & Aitkin（1981）提出 EM 估計法。E 是 expectation 步驟，M 是 Maximization 步驟。

在 SAS 軟體中，對於 Rasch、2PL 或 3PL 模式的參數估計，採用 *MML* 法。不過，對於能力參數的估計，並沒有像 *CML* 法可以估計每個人的能力值，而是只估計分配的參數值。例如，受試者能力來自常態分配 $N(\mu, \sigma^2)$，則只要估計平均數 μ 及變異數 σ^2，如果平均數 μ 設定爲 0，則只需估計 σ^2。

三、試題參數貝氏估計法

介紹貝氏估計法前，先複習統計學上的貝氏定理（Bayes' theorem）。

(1) 總合機率定理（theorem of total probability）

設事件 H_1、$H_2 ... H_n$ 爲樣本空間 S 的一組分割，且彼此互斥，$P(H_i) \neq 0$，$i = 1, 2, ..., n$，則對 S 的任一事件 E，其機率：

$$P(E) = P\big[(E \cap H_1) \cup (E \cap H_2) \cup \cdots (E \cap H_n)\big]$$
$$= P(E \cap H_1) + P(E \cap H_2) + \cdots + P(E \cap H_n)$$
$$= P(H_1)P(E|H_1) + P(H_2)P(E|H_2) + \cdots + P(H_n)P(E|H_n)$$
$$= \sum_{i=1}^{n} P(H_i)P(E|H_i) \tag{9-10}$$

下圖是彼此互斥的 H_1、$H_2 ... H_5$ 與事件 E 之示意圖

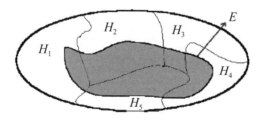

圖 9-1 H_1、$H_2 ... H_5$ 與事件 E 示意圖

(2) 貝氏定理

瑞士數學家湯姆士・貝氏（Thomas Bayes）於 1764 年發表了條件機率。貝氏定理事實上就是條件機率的應用。通常我們事前對某事件出現的機率已有些了解，此機率為事前（先驗）機率（prior probability），之後因樣本的取得而獲得更多新的訊息，這時可以對事前機率加以修正，得到事後（後驗）機率（posterior probability）。這種一開始是事前機率後來加入新的資訊，再推得事後機率的原理稱為貝氏定理。

$$P(H_i|E) = \frac{P(H_i \cap E)}{P(E)} = \frac{P(H_i)P(E|H_i)}{P(E)} \tag{9-11}$$

這裡，$P(E) = \sum_{i=1}^{n} P(H_i)P(E|H_i)$，$P(H_i)$ 表事前機率，$P(E|H_i)$ 表條件機率，$P(H_i|E)$ 表事後機率。

注意 1：貝氏方法對照 IRT 來看，這裡 $\Theta = (\theta, a, b, c)$。

$P(E) \Rightarrow f(\mathbf{Y})$ 把 E 看成作答反應 $\mathbf{Y}$，$f(\mathbf{Y})$ 是作答反應組型，常數。

$P(H) \Rightarrow f(\Theta)$ 把 H 看成參數 Θ，$f(\Theta)$ 是事前分配。

$P(E|H) \Rightarrow f(\mathbf{Y}|\Theta)$ 是觀察變項（作答反應）概似函數的概念。

$P(H|E) \Rightarrow f(\Theta|\mathbf{Y})$ 是 Θ 的事後分配

注意 2：

$f(\mathbf{Y})$、$f(\mathbf{Y}|\Theta) \Rightarrow$ 兩者差異在 $f(\mathbf{Y}|\Theta)$ 是概似函數，含有未知但固定的 Θ 參數，而 $f(\mathbf{Y})$ 因為 Θ 參數已知了，所以，只是單純的由作答反應組型算出來的一個數值，因此是常數。

注意 3：

$$P(H_i|E) = \frac{P(H_i)P(E|H_i)}{P(E)} \Rightarrow f(\Theta|\mathbf{Y}) = \frac{f(\Theta)f(\mathbf{Y}|\Theta)}{f(\mathbf{Y})}$$

$\Rightarrow$ 這裡 $f(\mathbf{Y})$ 只是常數，令 $f(\mathbf{Y}) = c$，

$$\Rightarrow f(\boldsymbol{\Theta}|\mathbf{Y}) = \frac{f(\boldsymbol{\Theta})f(\mathbf{Y}|\boldsymbol{\Theta})}{c} = \frac{f(\mathbf{Y}|\boldsymbol{\Theta})}{c}f(\boldsymbol{\Theta}) \propto L(\mathbf{Y}|\boldsymbol{\Theta})f(\boldsymbol{\Theta})$$

$\Rightarrow f(\boldsymbol{\Theta}|\mathbf{Y}) \propto L(\mathbf{Y}|\boldsymbol{\Theta})f(\boldsymbol{\Theta}) = L(\mathbf{Y}|\boldsymbol{\Theta})f(\theta_n)f(\mathbf{a}_i)f(\mathbf{b}_i)f(\mathbf{c}_i)$，因為 $\boldsymbol{\Theta} =$ $(\boldsymbol{\theta}, \mathbf{a}, \mathbf{b}, \mathbf{c})$，

符號 $\propto$ 意思是只寫出計算過程中會用到的部分，沒用到則省略。

注意 4：

參數估計方法，向來分成二派，一派頻率論觀點（frequentist point of view），一派貝氏論觀點。頻率論學派的估計方法是建立在隨機可觀察的變數上，此變數含有未知但固定的參數，估計時，即在尋找 $\hat{\boldsymbol{\Theta}}$ 使得 $f(\mathbf{Y}|\hat{\boldsymbol{\Theta}})$ 是概似函數 $L(\boldsymbol{\Theta}) = f(\mathbf{Y}|\boldsymbol{\Theta})$ 的最大值，而貝氏論者是使用後驗分配來估計參數，也就是尋找 $\hat{\boldsymbol{\Theta}}$ 使得 $f(\hat{\boldsymbol{\Theta}}|\mathbf{Y})$ 為最大值，通常貝氏法得到的最大值 $\hat{\boldsymbol{\Theta}}$ 會是 $f(\boldsymbol{\Theta}|\mathbf{Y})$ 的眾數。

試題參數貝氏估計法：以 3PL 模式為例

3PL 模式試題參數貝氏估計過程：

步驟 1：受試者作答反應概似函數 $P(\mathbf{Y}|\boldsymbol{\theta}, \mathbf{a}, \mathbf{b}, \mathbf{c})$。

步驟 2：所有參數之聯合後驗密度函數 $f(\boldsymbol{\theta}, \mathbf{a}, \mathbf{b}, \mathbf{c}|\mathbf{Y})$ 及每個參數先驗分配 $f(\theta_n)$、$f(a_i)$、$f(b_i)$、$f(c_i)$ 之設定。

步驟 3：每個先驗分配所屬參數值之設定，並求得步驟2的 $f(\boldsymbol{\theta}, \mathbf{a}, \mathbf{b}, \mathbf{c}|\mathbf{Y})$ 能達到最大的解。

步驟 1：

在 3PL 模式下，以二元計分為例，假設有 N 位受試者，這 N 位受試者能力記為 $\boldsymbol{\theta} = (\theta_1, \theta_2, ..., \theta_N)$，每位受試者皆回答 I 個題目，則第一位受試者其作答結果可以記為 $\mathbf{Y}_1 = (Y_{11}, Y_{21}, ..., Y_{I1})$，第二位受試者其作答結果可以記為 $\mathbf{Y}_2 = (Y_{12}, Y_{22}, ..., Y_{I2})$，依此類推，第 N 位受試者其作答結果可以記為 $\mathbf{Y}_N = (Y_{1N}, Y_{2N}, ..., Y_{IN})$，則 N 位受試者在 I 個題目的作答反應聯合機率（即

頻率學派所說的概似函數），在局部獨立的條件下，

$$P(\mathbf{Y}\,|\,\boldsymbol{\theta},\mathbf{a},\mathbf{b},\mathbf{c}) = P(\mathbf{Y}_1,\mathbf{Y}_2\cdots,\mathbf{Y}_N\,|\,\theta_1,\theta_2,...,\theta_N,a_1,a_2,...,a_I,b_1,b_2,...,b_I,c_1,c_2,...,c_I)$$

$$= P(\mathbf{Y}_1\,|\,\theta_1,...,a_1,...,b_1,...,c_1,...,c_I)\ P(\mathbf{Y}_2\,|\,\theta_1,...,a_1,...,b_1,...,c_1,...,c_I)\cdots$$

$$\quad P(\mathbf{Y}_N\,|\,\theta_1,...,a_1,...,b_1,...,c_1,...,c_I)$$

$$= \left(P_{11}^{y_{11}}Q_{11}^{1-y_{11}}\ P_{21}^{y_{21}}Q_{21}^{1-y_{21}}\cdots P_{I1}^{y_{I1}}Q_{I1}^{1-y_{I1}}\right)\left(P_{12}^{y_{12}}Q_{12}^{1-y_{12}}\ P_{22}^{y_{22}}Q_{22}^{1-y_{22}}\cdots P_{I2}^{y_{I2}}Q_{I2}^{1-y_{I2}}\right)\cdots$$

$$\left(P_{1N}^{y_{1N}}Q_{1N}^{1-y_{1N}}\ P_{2N}^{y_{2N}}Q_{2N}^{1-y_{2N}}\cdots P_{IN}^{y_{IN}}Q_{IN}^{1-y_{IN}}\right)$$

$$= \prod_{n=1}^{N}\prod_{i=1}^{I}P_{in}^{y_{in}}Q_{in}^{1-y_{in}} = L(\mathbf{Y}\,|\,\boldsymbol{\theta},\mathbf{a},\mathbf{b},\mathbf{c}) \tag{9-12}$$

步驟 2：

所有參數 $\boldsymbol{\theta}, \mathbf{a}, \mathbf{b}, \mathbf{c}$ 的聯合後驗密度函數 $f(\boldsymbol{\theta}, \mathbf{a}, \mathbf{b}, \mathbf{c}\,|\,\mathbf{Y})$ 可以表示為

$$f(\boldsymbol{\theta},\mathbf{a},\mathbf{b},\mathbf{c}\,|\,\mathbf{Y}) \propto L(\mathbf{Y}\,|\,\boldsymbol{\theta},\mathbf{a},\mathbf{b},\mathbf{c})\ f(\theta_n)f(\mathbf{a}_i)f(\mathbf{b}_i)f(\mathbf{c}_i)\ 或$$

$$f(\boldsymbol{\theta},\mathbf{a},\mathbf{b},\mathbf{c}\,|\,\mathbf{Y}) \propto L(\mathbf{Y}\,|\,\boldsymbol{\theta},\mathbf{a},\mathbf{b},\mathbf{c})\left(\prod_{n=1}^{N}f(\theta_n)\right)\left(\prod_{i=1}^{I}f(a_i)f(b_i)f(c_i)\right) \tag{9-13}$$

這裡，$f(a_i)$、$f(b_i)$、$f(c_i)$ 分別是鑑別度、難度、猜測度的先驗分配函數，$f(\theta_n)$ 是受試者能力的先驗分配函數。如果設定 $\left(\theta_n|\mu_\theta,\sigma_\theta^2\right)\sim N(\mu_\theta,\sigma_\theta^2)$，表示受試者 n 的能力來自常態母體的某一值。同理，可以設定鑑別度來自對數常態分配：$\left(a_i|\mu_a,\sigma_a^2\right)\sim \text{Lognormal}(\mu_a,\sigma_a^2)$，以確保鑑別度 $a_i > 0$。設定難度來自常態分配：$\left(b_i|\mu_b,\sigma_b^2\right)\sim N(\mu_b,\sigma_b^2)$。設定猜測度來自 $c_i\sim Uniform\,(0,1)$ 或 $\left(c_i|\alpha_c,\beta_c\right)\sim \text{Beta}\,(\alpha_c,\beta_c)$，以確保猜測度值介於 0 到 1 之間。

步驟 3：

先驗分配參數值設定，例如，設定 $\mu_\theta = 0$、$\sigma_\theta^2 = 1$、$\mu_a = 0.5$、$\sigma_a^2 = 2$、$\mu_b = 0$、$\sigma_b^2 = 1$，$\alpha_c = \beta_c = 2$ 或其他數值，如同前面提及，把能力 θ 或 b 量

尺化，平均數設為 0（即 $\mu_\theta = 0$、$\mu_b = 0$），標準差設為 1（即 $\sigma_\theta^2 = 1$、$\sigma_b^2 = 1$），即可固定估計原點，解決估計原點不確定性的問題。這些參數值的設定有賴研究者經驗或其他文獻提供資訊，例如，研究者設定 Beta($\alpha_c = \beta_c$) 的 $\alpha_c = \beta_c$，這可能來自他的研究經驗，他知道設定相等，猜測度值會對稱於 0.5。當這些參數的先驗分配及參數值被設定而且能夠讓步驟 2 的 $f(\boldsymbol{\theta}, \mathbf{a}, \mathbf{b}, \mathbf{c} \mid \mathbf{Y})$ 達到極大解，表示我們所要求的試題貝氏估計值即告完成（Birnbaum, 1969; Owen, 1975; Swaminathan & Gifford, 1982）。

第二節　能力參數估計

一、能力參數 CML 估計法

1PL 模式下之能力參數 CML 估計法

> **1PL 模式能力參數 *CML* 估計過程（試題參數已知）：**
>
> 步驟 1：受試者作答反應聯合機率 $P(\mathbf{Y}_1, \mathbf{Y}_2, ... \mathbf{Y}_N \mid \theta_1, \theta_2, ..., \theta_N, \mathbf{b})$。
>
> 步驟 2：概似函數 $L = \prod_{n=1}^{N} \prod_{i=1}^{I} P_{in}^{y_{in}} Q_{in}^{1-y_{in}}$。
>
> 步驟 3：求 $\ln L = \ln \left(\prod_{n=1}^{N} \prod_{i=1}^{I} P_{in}^{y_{in}} Q_{in}^{1-y_{in}} \right)$ 的一階、二階偏導數，再以 Newton-Raphson 法遞迴估計出參數值。

步驟 1：

　　在 1PL 模式下，以二元計分為例，假設有 N 位受試者，這 N 位受試者能力記為 $\boldsymbol{\theta} = (\theta_1, \theta_2, ..., \theta_N)$，每位受試者皆回答 I 個題目，則第一位受試者其作答結果可以記為 $\mathbf{Y}_1 = (Y_{11}, Y_{21}, ..., Y_{I1})$，第二位受試者其作答結果可以記為 $\mathbf{Y}_2 = (Y_{12}, Y_{22}, ..., Y_{I2})$，依此類推，第 N 位受試者其作答結果可以記為 $\mathbf{Y}_N = (Y_{1N}, Y_{2N}, ..., Y_{IN})$，則 N 位受試者在 I 個題目的作答反應聯合機率（在

局部獨立的條件下）為

$$P(\mathbf{Y}_1, \mathbf{Y}_2 \cdots, \mathbf{Y}_N | \theta_1, \theta_2,..., \theta_N, \mathbf{b})$$

$$= P(\mathbf{Y}_1 | \theta_1, \theta_2,..., \theta_N, \mathbf{b}) \ P(\mathbf{Y}_2 | \theta_1, \theta_2,..., \theta_N, \mathbf{b}) \cdots P(\mathbf{Y}_N | \theta_1, \theta_2,..., \theta_N, \mathbf{b})$$

$$= \left(P_{11}^{y_{11}}Q_{11}^{1-y_{11}} \ P_{21}^{y_{21}}Q_{21}^{1-y_{21}} \cdots P_{I1}^{y_{I1}}Q_{I1}^{1-y_{I1}}\right) \left(P_{12}^{y_{12}}Q_{12}^{1-y_{12}} \ P_{22}^{y_{22}}Q_{22}^{1-y_{22}} \cdots P_{I2}^{y_{I2}}Q_{I2}^{1-y_{I2}}\right) \cdots$$

$$\left(P_{1N}^{y_{1N}}Q_{1N}^{1-y_{1N}} \ P_{2N}^{y_{2N}}Q_{2N}^{1-y_{2N}} \cdots P_{IN}^{y_{IN}}Q_{IN}^{1-y_{IN}}\right)$$

$$= \prod_{n=1}^{N}\prod_{i=1}^{I} P_{in}^{y_{in}}Q_{in}^{1-y_{in}} \tag{9-14}$$

步驟 2：

令概似函數 $L = \prod_{n=1}^{N}\prod_{i=1}^{I} P_{in}^{y_{in}}Q_{in}^{1-y_{in}}$，則

$$\ln L = \ln\left(\prod_{n=1}^{N}\prod_{i=1}^{I} P_{in}^{y_{in}}Q_{in}^{1-y_{in}}\right) = \sum_{n=1}^{N}\sum_{i=1}^{I}\left(y_{in}\ln P_{in} + (1-y_{in})\ln Q_{in}\right) \tag{9-15}$$

步驟 3：

　　針對第一位受試者求一階偏導數 $\dfrac{\partial \ln L}{\partial \theta_1}$、二階偏導數 $\dfrac{\partial^2 \ln L}{\partial \theta_1^2}$，再以數值分析 Newton-Raphson 遞迴法估計出第一位受試者能力值。再針對第二位受試者，同樣方法亦可估計出他的能力值，依此類推，一直到估計出第 N 位受試者能力值。2PL、3PL 模式能力值估計過程同 1PL 模式，有興趣讀者請參閱 Samejima（1973）或 Yen, Burket, & Sykes（1991）論文。

　　要注意的是遇到滿分（作對全部題目）或零分（作錯全部題目）時，最大概似估計法是無法進行估計的，權宜之計可設定滿分的受試者能力值 θ = 5，零分的受試者能力值 θ = −5 或是改以貝氏估計法估計之。其次，題數太少、作答反應結果不尋常（例如，簡單題目做錯，困難題目

卻做對）、能力分配並非常態分配，這些情況很容易發生估計值收斂到局部最大值（local maximum）而不是收斂到我們要的整體最大值（global maximum），讀者搜尋局部最大值這幾個字，即可清楚情況。在 IRT 中，研究者常讓受試者人數盡可能的多，題數也多，以獲得整體最大值，Lord（1980）就提出題數至少 20 題以上，才能避開收斂到局部最大值的困境。

1PL 模式下，能力參數 CML 估計法：實例說明

針對試題參數或能力參數估計，R 軟體都有套件可供使用。這裡我們以一簡單實例說明，假設有受試者 40 人，參加某二元計分的測驗考試，該測驗總共有三道題目，已知這三道題目的試題難度參數值分別為 $b_1 = -1$、$b_2 = 0$、$b_3 = 1$，鑑別度相同（因為 1PL）都是 $a_1 = 1.2$、$a_2 = 1.2$、$a_3 = 1.2$，假設有位受試者 H 的作答結果是 $Y_H = (Y_{1H}, Y_{2H}, Y_{3H}) = (1, 0, 1)$，也就是第一題答對、第二題答錯、第三題答對，我們想知道這位受試者 H 他的能力值到底是多少？

雖然有 40 人，但每位受試者的能力跟別人是無關的，所以估計時只需考慮該受試者的作答結果即可。根據 Birnbaum（1968）作法，在 1PL 模式下，一階偏導數 $\frac{\partial \ln L}{\partial \theta_H} = \sum_{i=1}^{3} a(y_{iH} - P_{iH})$、二階偏導數 $\frac{\partial^2 \ln L}{\partial \theta_H^2} = -\sum_{i=1}^{3} a^2 P_{iH} Q_{iH}$，Newton-Raphson 遞迴法得到 H 受試者能力值

$$[\hat{\theta}_H]_{t+1} = [\hat{\theta}_H]_t + \left[\frac{\sum_{i=1}^{3} a(y_{iH} - P_{iH})}{\sum_{i=1}^{3} a^2 P_{iH} Q_{iH}}\right] = [\hat{\theta}_H]_t + \Delta \tag{9-15-1}$$

這裡，$\Delta = \left[\frac{\sum_{i=1}^{3} a(y_{iH} - P_{iH})}{\sum_{i=1}^{3} a^2 P_{iH} Q_{iH}}\right]$，$[\hat{\theta}_H]_{t+1}$ 是受試者在第 $t+1$ 次迭代時的能力，$[\hat{\theta}_H]_t$ 是受試者在第 t 次迭代時的能力，而 $\hat{\theta}_H$ 的最大樣本變異數是

$$S_{\hat{\theta}_H}^2 = \frac{1}{-E\left(\dfrac{\partial^2 \ln L}{\partial \theta_H^2}\right)} = \frac{1}{\displaystyle\sum_{i=1}^{3} a^2 P_{iH} Q_{iH}}，所以，標準誤\ S_{\hat{\theta}_H} = \sqrt{S_{\hat{\theta}_H}^2} = \sqrt{\frac{1}{\displaystyle\sum_{i=1}^{3} a^2 P_{iH} Q_{iH}}}。$$

亦請參閱第六章公式 (6-5) 以及 $\hat{\theta} \sim N\left(\theta, \dfrac{1}{I(\theta)}\right)$。

第一次迭代

假設受試者 H 他能力的起始值是 1（即 $[\hat{\theta}_H]_t = [\hat{\theta}_H]_0 = 1$），整理上述條件可得結果如下：

第一題的答對率

$$P_{1H} = \left(\frac{\exp(a(\theta - b_1))}{1 + \exp(a(\theta - b_1))}\right) = \left(\frac{\exp(1.2 \times (1 - (-1)))}{1 + \exp(1.2 \times (1 - (-1)))}\right) = 0.916827，$$

第一題的答錯率 $Q_{1H} = 1 - P_{1H} = 1 - 0.916827 = 0.08317$，

第二題的答對率

$$P_{2H} = \left(\frac{\exp(a(\theta - b_2))}{1 + \exp(a(\theta - b_2))}\right) = \left(\frac{\exp(1.2 \times (1 - 0))}{1 + \exp(1.2 \times (1 - 0))}\right) = 0.768525，$$

第二題的答錯率 $Q_{2H} = 1 - P_{2H} = 1 - 0.768525 = 0.231475$，

第三題的答對率

$$P_{3H} = \left(\frac{\exp(a(\theta - b_3))}{1 + \exp(a(\theta - b_3))}\right) = \left(\frac{\exp(1.2 \times (1 - 1))}{1 + \exp(1.2 \times (1 - 1))}\right) = 0.5，$$

第三題的答錯率 $Q_{3H} = 1 - P_{3H} = 1 - 0.5 = 0.5$，

$$\sum_{i=1}^{3} a^2 P_{iH} Q_{iH}$$
$$= 1.2^2 \times 0.916827 \times 0.08317 + 1.2^2 \times 0.768525 \times 0.231475 + 1.2^2 \times 0.5 \times 0.5$$
$$= 0.725975，$$

$$\sum_{i=1}^{3} a(y_{iH} - P_{iH}) = 1.2 \times (1 - 0.916827) + 1.2 \times (0 - 0.768525) + 1.2 \times (1 - 0.5)$$
$$= -0.22242，$$

$$\Delta = \left[\dfrac{\displaystyle\sum_{i=1}^{3} a(y_{iH} - P_{iH})}{\displaystyle\sum_{i=1}^{3} a^2 P_{iH} Q_{iH}} \right] = \dfrac{-0.22242}{0.725975} = -0.30638 \text{，}$$

$[\hat{\theta}_H]_{0+1} = [\hat{\theta}_H]_1 = [\hat{\theta}_H]_0 + \Delta = 1 - 0.30638 = 0.69362 = $ 第一次迭代的能力值。

第二次迭代

可得結果如下：

第一題的答對率

$$P_{1H} = \left(\frac{\exp(a(\theta - b_1))}{1 + \exp(a(\theta - b_1))} \right) = \left(\frac{\exp(1.2 \times (0.69362 - (-1)))}{1 + \exp(1.2 \times (0.69362 - (-1)))} \right) = 0.884151 \text{，}$$

第一題的答錯率 $Q_{1H} = 1 - P_{1H} = 0.115849$，

第二題的答對率

$$P_{2H} = \left(\frac{\exp(a(\theta - b_2))}{1 + \exp(a(\theta - b_2))} \right) = \left(\frac{\exp(1.2 \times (0.69362 - 0))}{1 + \exp(1.2 \times (0.69362 - 0))} \right) = 0.69685 \text{，}$$

第二題的答錯率 $Q_{2H} = 1 - P_{2H} = 0.30315$，

第三題的答對率

$$P_{3H} = \left(\frac{\exp(a(\theta - b_3))}{1 + \exp(a(\theta - b_3))} \right) = \left(\frac{\exp(1.2 \times (0.69362 - 1))}{1 + \exp(1.2 \times (0.69362 - 1))} \right) = 0.40911 \text{，}$$

第三題的答錯率 $Q_{3H} = 1 - P_{3H} = 0.59089$，

$$\sum_{i=1}^{3} a^2 P_{iH} Q_{iH}$$

$$= 1.2^2 \times 0.884151 \times 0.115849 + 1.2^2 \times 0.69685 \times 0.30315 + 1.2^2 \times 0.40911$$

$$\times 0.59089 = 0.799799 \text{，}$$

$$\sum_{i=1}^{3} a(y_{iH} - P_{iH}) = 1.2 \times (1 - 0.884151) + 1.2 \times (0 - 0.69685) + 1.2 \times (1 - 0.40911)$$

$$= 0.011869$$

$$\Delta = \left[\frac{\sum\limits_{i=1}^{3} a(y_{iH} - P_{iH})}{\sum\limits_{i=1}^{3} a^2 P_{iH} Q_{iH}}\right] = \frac{0.011869}{0.799799} = 0.01484 \text{,}$$

$$[\hat{\theta}_H]_2 = [\hat{\theta}_H]_1 + \Delta = 0.69362 + 0.01484 = 0.70846 \text{ 第二次迭代的能力值。}$$

第三次迭代

可得結果如下：

第一題的答對率

$$P_{1H} = \left(\frac{\exp(a(\theta - b_1))}{1 + \exp(a(\theta - b_1))}\right) = \left(\frac{\exp(1.2 \times (0.70846 - (-1)))}{1 + \exp(1.2 \times (0.70846 - (-1)))}\right) = 0.885963 \text{,}$$

第一題的答錯率 $Q_{1H} = 1 - P_{1H} = 0.114037$，

第二題的答對率

$$P_{2H} = \left(\frac{\exp(a(\theta - b_2))}{1 + \exp(a(\theta - b_2))}\right) = \left(\frac{\exp(1.2 \times (0.70846 - 0))}{1 + \exp(1.2 \times (0.70846 - 0))}\right) = 0.700599 \text{,}$$

第二題的答錯率 $Q_{2H} = 1 - P_{2H} = 0.299401$，

第三題的答對率

$$P_{3H} = \left(\frac{\exp(a(\theta - b_3))}{1 + \exp(a(\theta - b_3))}\right) = \left(\frac{\exp(1.2 \times (0.70846 - 1))}{1 + \exp(1.2 \times (0.70846 - 1))}\right) = 0.413419 \text{,}$$

第三題的答錯率 $Q_{3H} = 1 - P_{3H} = 0.586581$，

$$\sum_{i=1}^{3} a^2 P_{iH} Q_{iH}$$

$$= 1.2^2 \times 0.885963 \times 0.114037 + 1.2^2 \times 0.700599 \times 0.299401 + 1.2^2 \times 0.413419$$

$$\times 0.586581 = 0.796747 \text{,}$$

$$\sum_{i=1}^{3} a(y_{iH} - P_{iH}) = 1.2 \times (1 - 0.885963) + 1.2 \times (0 - 0.700599) + 1.2 \times (1 - 0.413419)$$

$$= 0.0000225 \text{,}$$

$$\Delta = \left[\frac{\sum\limits_{i=1}^{3} a(y_{iH} - P_{iH})}{\sum\limits_{i=1}^{3} a^2 P_{iH} Q_{iH}}\right] = \frac{0.0000225}{0.796747} = 0.000028187 \text{,}$$

$[\hat{\theta}_H]_3 = [\hat{\theta}_H]_2 + \Delta = 0.70846 + 0.000028187 = 0.708488187$ 第三次迭代能力值。

計算標準誤時是以最後能力估計值（即第三次迭代能力值）求算的

第一題的答對率

$$P_{1H} = \left(\frac{\exp(a(\theta - b_1))}{1 + \exp(a(\theta - b_1))}\right) = \left(\frac{\exp(1.2 \times (0.708488187 - (-1)))}{1 + \exp(1.2 \times (0.708488187 - (-1)))}\right) = 0.885966,$$

第一題的答錯率 $Q_{1H} = 1 - P_{1H} = 0.114034$，

第二題的答對率

$$P_{2H} = \left(\frac{\exp(a(\theta - b_2))}{1 + \exp(a(\theta - b_2))}\right) = \left(\frac{\exp(1.2 \times (0.708488187 - 0))}{1 + \exp(1.2 \times (0.708488187 - 0))}\right) = 0.700606,$$

第二題的答錯率 $Q_{2H} = 1 - P_{2H} = 0.299394$，

第三題的答對率

$$P_{3H} = \left(\frac{\exp(a(\theta - b_3))}{1 + \exp(a(\theta - b_3))}\right) = \left(\frac{\exp(1.2 \times (0.708488187 - 1))}{1 + \exp(1.2 \times (0.708488187 - 1))}\right) = 0.413427,$$

第三題的答錯率 $Q_{3H} = 1 - P_{3H} = 0.586573$，

$$\sum_{i=1}^{3} a^2 P_{iH} Q_{iH}$$

$$= 1.2^2 \times 0.885966 \times 0.114034 + 1.2^2 \times 0.700606 \times 0.299394 + 1.2^2 \times 0.413427$$
$$\times 0.586573 = 0.796741,$$

所以，標準誤為 $S_{\hat{\theta}_H} = \sqrt{\dfrac{1}{\sum\limits_{i=1}^{3} a^2 P_{iH} Q_{iH}}} = \sqrt{\dfrac{1}{0.796741}} = 1.120318$。

底下我們以 R 程式，來執行上面實例（CML 法），並驗證筆算與程式執行結果兩者是否一致。讀者只需將這裡的程式貼到 Source 區執行，即可得到兩者一致的結果。

1. R 程式（1PL 模式能力參數估計）

```
y<-c(1,0,1)
b<-c(-1,0,1)
```

```
a<-c(1.2,1.2,1.2)
theta<-1
I<-length(b)
T<-10
critv<-0.001

for (t in 1:T){
  sumnua<-0.00
  sumdea<-0.00
  for (i in 1:I){
    pr<-1/(1+exp(-a[i]*(theta-b[i])))
    sumnua<-sumnua+a[i]*(y[i]-pr)
    sumdea<-sumdea+a[i]^2*pr*(1-pr)
  }
  delta<-sumnua/sumdea
  theta<-theta+delta

  cat(paste("thetaCML=",theta,"\n"))
  if (abs(delta)<critv | t==T){
    se<-1/sqrt(sumdea)
    cat(paste("stdev=", se,"\n"))
    break
  }
}

#底下程式只印出最後能力估計值(theta)以及樣本標準誤(se)。
y<-c(1,0,1)
b<-c(-1,0,1)
a<-c(1.2,1.2,1.2)
theta<-1
I<-length(b)
T<-10
critv<-0.001
for (t in 1:T){
  sumnua<-0.00
  sumdea<-0.00
  for (i in 1:I){
    pr<-1/(1+exp(-a[i]*(theta-b[i])))
    sumnua<-sumnua+a[i]*(y[i]-pr)
    sumdea<-sumdea+a[i]^2*pr*(1-pr)
  }
  delta<-sumnua/sumdea
  theta<-theta+delta
```

```
   if (abs(delta)<critv | t==T){
      se<-1/sqrt(sumdea)
          break
       }
   }
theta
se
```

2. R 程式說明（1PL 模式能力參數估計）

y<-c(1,0,1)：受試者作答反應，第一題對、第二題錯、第三題對。

b<-c(-1,0,1)：第一題難度-1、第二題難度0、第三題難度1。

a<-c(1.2,1.2,1.2)：第一題鑑別度1.2、第二題鑑別度1.2、第三題鑑別度1.2（因為1PL，所以每題的鑑別度都一樣）。

theta<-1：受試者能力起始值設定為1。

I<-length(b)：定義試題的長度（即題數），以題目難度有幾個就知道有幾題來定義。

T<-10：迭代次數最多10次。

critv<-0.001：定義程式停止的臨界值為0.001（當這次能力估計值跟上一次能力估計值，兩者差距值小於0.001時，程式即終止）。

for (t in 1:T)：定義迭代第一次到第T次。

sumnua<-0.00：定義分子（numerator）從0開始加總。

sumdea<-0.00：定義分母（denominator）從0開始加總。

for (i in 1:I)：第一題開始運算到第I題。

pr<-1/(1+exp(-a[i]*(theta-b[i])))：計算每一題答對機率。

sumnua<-sumnua+a[i]*(y[i]-pr)：公式(9-15-1)中，Δ分子之加總。

sumdea<-sumdea+a[i]^2*pr*(1-pr)：公式(9-15-1)中，Δ分母之加總。

delta<-sumnua/sumdea：定義Δ。

theta<-theta+delta：定義受試者能力估計的迭代。

cat(paste("thetaCML=",theta,"\n"))：cat與print都在要求呈現結果，print適於呈現matrix或list資料，cat則否，但cat可換行。paste要求將theta以thetaCML

列出。"\n"是換行的意思，或者說換列會更貼近些，也就是把每次迭代結果一列一列往下呈現。

if (abs(delta)<critv | t==T){ ：這裡abs是絕對值的意思，當（delta）取絕對值後如果小於臨界值0.001，程式即停止。t==T迭代第一次到第T次，T最大值是10。

se<-1/sqrt(sumdea)：定義標準誤。

cat(paste("stdev=", se,"\n"))：要求將se以stdev呈現。

break：跳出迴圈(停止的意思)。

3. R 程式執行結果

```
thetaCML= 0.693622445367448
thetaCML= 0.708459858153978
thetaCML= 0.708488187549418
stdev= 1.12031416598857
```

　　讀者只需對照上面筆算過程即可明瞭。當年作者手邊相關書籍太少，對於習慣證明及筆算驗證的我，頗為辛苦。現在軟體程式方便，筆算驗證輕鬆不少。

二、能力參數貝氏估計法

　　前面提到能力估計 *CML* 法遇到滿分（全部題目作對）或零分（全部題目作錯）時，是無法進行估計的，但貝氏估計法（Birnbaum, 1969; Lindley & Smith, 1972; Novick, Lewis, & Jackson, 1973; Swaminathan & Gifford, 1982）則不受此限制。能力參數貝氏估計法又可分兩種，一種是貝氏最大後驗法（maximum a posteriori, MAP）又稱貝氏眾數估計法（Bayesian modal estimation），另一種是貝氏後驗期望估計法（expected a posteriori, EAP）。

(一)貝氏最大後驗法（MAP）

在 IRT 中，條件機率函數

$$f(\theta \,|\, Y, \zeta) = \frac{f(Y \,|\, \theta, \zeta) f(\theta)}{f(Y)} \propto f(Y \,|\, \theta, \zeta) f(\theta) \qquad (9\text{-}16)$$

這裡，$f(Y)$ 是作答反應機率，是一常數項，後面偏導數運算時用不到，所以，可省去不寫。$\propto$ 意思是只寫出會用到的部分，不會用到的地方就省略掉了。ζ 是 θ 分配的參數，如果我們假設 θ 是常態分配，它的參數被設為 $\zeta = (\mu, \sigma^2) = (0, 1)$，即 $f(\theta) = \dfrac{1}{\sqrt{2\pi}} \exp(-\theta^2 / 2)$，則

$$f(\theta \,|\, Y, \zeta) \propto f(Y \,|\, \theta, \zeta) \frac{1}{\sqrt{2\pi}} \exp(-\theta^2 / 2) \propto f(Y \,|\, \theta, \zeta) \exp(-\theta^2 / 2),$$

這裡 $\dfrac{1}{\sqrt{2\pi}}$ 不會用到（因為我們關心的是 θ），就省略掉了。或者我們也可以假設 θ 是均勻分配，$f(\theta) = 1$，這時並無 ζ 設定的問題，則

$$f(\theta \,|\, Y, \zeta) \propto f(Y \,|\, \theta, \zeta) f(\theta) \propto f(Y \,|\, \theta, \zeta)$$

當只有一位受試者，作答全部 I 題（當所有試題參數皆已知）時，上式 (9-16) 可改寫為

$$f(\theta \,|\, \mathbf{Y}, \zeta) = \frac{f(\mathbf{Y} \,|\, \theta, \zeta) f(\theta)}{f(\mathbf{Y})} \propto L(\mathbf{Y} \,|\, \theta, \zeta) f(\theta) \qquad (9\text{-}17)$$

這裡，$L(\mathbf{Y} \,|\, \theta, \zeta) = f(Y_1, Y_2, \cdots, Y_I \,|\, \theta, \zeta) = f(Y_1 \,|\, \theta, \zeta)\, f(Y_2 \,|\, \theta, \zeta) \cdots f(Y_I \,|\, \theta, \zeta)$

$= P_1^{y_1} Q_1^{1-y_1} P_2^{y_2} Q_2^{1-y_2} \cdots P_I^{y_I} Q_I^{1-y_I} = \prod_{i=1}^{I} P_i^{y_i} Q_i^{1-y_i}$

$\Rightarrow \ \log f(\theta \,|\, \mathbf{Y}, \zeta) \propto \log L(\mathbf{Y} \,|\, \theta, \zeta) + \log f(\theta)$

當 $f(\theta) = \dfrac{1}{\sqrt{2\pi}} \exp(-\theta^2/2)$ 時，上式

$$\log f(\theta \mid \mathbf{Y}, \zeta) \propto \log L(\mathbf{Y} \mid \theta, \zeta)\,(-\theta^2/2) ,$$

當 N 位受試者，作答全部 I 題時，上式變為

$$\log f(\theta_1, \theta_2, ..., \theta_N \mid \mathbf{Y}, \zeta) \propto \left(\log L(\mathbf{Y} \mid \theta_1, \theta_2, ..., \theta_N, \zeta)\right)\left(-\sum_{i=1}^{N} \theta_i^2/2\right) \qquad (9\text{-}18)$$

接著對 $\log f(\theta_1, \theta_2, ..., \theta_N \mid \mathbf{Y}, \zeta)$ 求一階偏導數。

$$\frac{\partial \log f(\theta_1, \theta_2, ..., \theta_N \mid \mathbf{Y}, \zeta)}{\partial \theta_n} = 0 , \quad n = 1, 2, ...N$$

再求二階偏導數，接著藉由迭代法運算，得到 $\theta_1,\ \theta_2,\ ...,\ \theta_N$ 的解，此解被稱為貝氏眾數估計法，因為能夠讓公式 (9-18) 中的後驗分配函數產生最大值的解，常是此後驗分配函數的眾數。

(二)貝氏期望後驗估計法（EAP）

除了可以藉由眾數求得能力的貝氏眾數估計值，也可以後驗分配的平均數（期望值）求得能力的估計值，即貝氏期望後驗估計法（Bock & Mislevy, 1982）。首先，條件機率函數

$$f(\theta \mid \mathbf{Y}, \zeta) = \frac{f(\mathbf{Y} \mid \theta, \zeta) f(\theta)}{f(\mathbf{Y})} \qquad (9\text{-}19)$$

那麼，$E(\theta \mid \mathbf{Y}, \zeta) = \displaystyle\int_{-\infty}^{\infty} \theta\, f(\theta \mid \mathbf{Y}, \zeta)\, d\theta = \int_{-\infty}^{\infty} \frac{\theta\, f(\mathbf{Y} \mid \theta, \zeta) f(\theta)}{f(\mathbf{Y})} d\theta$

$$= \frac{\int_{-\infty}^{\infty} \theta\, g(\theta) \left(\prod_{i=1}^{I} P_i^{y_i} Q_i^{1-y_i} \right) d\theta}{\int_{-\infty}^{\infty} g(\theta) \left(\prod_{i=1}^{I} P_i^{y_i} Q_i^{1-y_i} \right) d\theta}$$

因為分子分母積分繁瑣，所以，以 Hermite-Gauss 面積近似法（亦即連續型的積分改以每塊（底 × 高）小面積，累加方式得到總面積），應用於這裡的常態分配 θ 上，由公式 (9-17) 得知 $L(\mathbf{Y}\,|\,\theta, \zeta) = \prod_{i=1}^{I} P_i^{y_i} Q_i^{1-y_i} = L(X_k)$，因此，可得到

$$E(\theta\,|\,\mathbf{Y}, \zeta) = \frac{\int_{-\infty}^{\infty} \theta\, g(\theta) \left(\prod_{i=1}^{I} P_i^{y_i} Q_i^{1-y_i} \right) d\theta}{\int_{-\infty}^{\infty} g(\theta) \left(\prod_{i=1}^{I} P_i^{y_i} Q_i^{1-y_i} \right) d\theta} = \frac{\sum_{k=1}^{K} X_k L(X_k) A(X_k)}{\sum_{k=1}^{K} L(X_k) A(X_k)} = \overline{\theta} \qquad (9\text{-}20)$$

當每位受試者，作答全部 I 題時，即可求得每位受試者能力估計值 $E(\theta_n\,|\,\mathbf{Y}, \zeta) = \overline{\theta}_n$，$n = 1, 2, ..., N$，此即貝氏期望後驗估計法。

習題

1. 試簡述試題參數條件最大概似估計法（Conditional Maximum Likelihood estimation）？

2. 試簡述試題參數邊際最大概似估計法（Marginal Maximum Likelihood estimation）？

3. 試簡述能力參數貝氏（Bayes）估計法？

第十章

DIF分析

　　測驗公平性議題已被學者專家廣泛討論及研究，不論是試題、題組或整份測驗，一旦因為性別、種族、文化、區域等因素而存在著人為不公平時，尤其對某些特定群體特別有利或不利，都將使得測驗結果無法有效反應受試者的能力，連帶影響到受試群體測驗結果之正確比較。試題差異功能（differential item functioning, DIF），簡單來說就是來自不同的族群或團體，但能力相同的個人，在作答某試題上的機率有所不同時，該試題便具有 DIF 現象（余民寧，2009）。簡言之，就是兩組能力相當的群體，在作答反應表現上出現差異，便有可能存在 DIF 現象，也唯有在能力相當的情況下，探討 DIF 現象才有其意義，否則任意兩群體表現出的差異，也許只是個體本身潛在能力不同的自然展現，是一種 impact（Camilli & Shepard, 1994），不能說有差異就說是 DIF，也不能說有 DIF 就說試題偏誤（item bias），偏誤試題較為複雜，待釐清議題眾多，DIF 較為單純，所以，檢定結果呈現試題有 DIF 現象，仍須經過學者專家的審視與判斷，確認試題中含有與本測驗無關的構念存在，且這份測驗造成不同背景的受試群體在試題作答上，出現試題難度不同的現象，才能確認該試題為偏誤試題。國內學者王文中教授對於 DIF 的研究，非常卓越，有興趣的讀者可以輸入 **Wen-Chung Wang-Google 學術搜尋**，即可搜尋到非常多的相關論文。

第一節　IRT取向的DIF檢定法

DIF 的檢測方法，有 IRT 取向的 DIF 檢定法、非 IRT 取向的 DIF 檢定法。IRT 取向的 DIF 檢定法，主要有三種 (1) 焦點組與參照組兩組（或族群 1 與族群 2 兩族群）它們各自的 ICC 曲線所夾面積大小程度的檢定 (2) 兩組試題參數（鑑別度、難度、猜測度）差異程度的檢定 (3) 兩組模式 - 資料配適程度的檢定。

一、ICC 面積的檢定法

這種方法是計算這二條 ICC 曲線所夾的面積大小，計算步驟包括找到合適的試題反應模式（例如，Rasch、2PL 或 3PL 模式），各別估計自己組別（或自己族群）的試題參數、能力參數，最後計算二條曲線所夾的面積大小。Rudner（1977）曾提出面積計算公式：

$$A_{1i} = \sum_{\theta=-3}^{3} \left| P_{i1}(\theta_k) - P_{i2}(\theta_k) \right| \Delta\theta \tag{10-1}$$

這裡，$\left| P_{i1}(\theta_k) - P_{i2}(\theta_k) \right|$ 是縱軸上這兩組（或這兩族群）答對機率的差距，$\Delta\theta$ 是橫軸上能力差距（參閱圖 10-1），例如，橫軸上能力 θ 的兩個點，$\theta_1 = 1.1$、$\theta_2 = 1.2$，那麼，$\Delta\theta = \theta_2 - \theta_1 = 0.1$，$\theta_k = 1.15 = (1.1 + 1.2)/2$，即 θ_k 是 θ_2 與 θ_1 的中點，$P_{i1}(\theta_k) = P_{i1}(1.15)$ 意思是將參照組（族群 1）中能力 1.15 代入 $P_{i1}(\theta_k)$ 中，即可得到答對機率，例如，合適的模式是 2PL，參照組（族群 1）估計出來 $a = 0.7$，$b = 0.9$，則 $P_{i1}(1.15) = \dfrac{\exp(0.7 \times (1.15 - 0.9))}{1 + \exp(0.7 \times (1.15 - 0.9))} = 0.5436$。$P_{i2}(\theta_k) = P_{i2}(1.15)$ 意思是將焦點組（族群 2）中能力 1.15 代入 $P_{i2}(\theta_k)$ 中，得到答對機率，例如，焦點組（族群 2）估得 $a = 0.8$，$b = 1$，則 $P_{i2}(1.15) = \dfrac{\exp(0.8 \times (1.15 - 1))}{1 + \exp(0.8 \times (1.15 - 1))} = 0.5299$。接著計算兩組差距 $\left| P_{i1}(\theta_k) - P_{i2}(\theta_k) \right| = \left| 0.5436 - 0.5299 \right| = 0.0137$。

這裡，$\left|P_{i1}(\theta_k)-P_{i2}(\theta_k)\right|$ 是縱軸上的差距，我們稱為高。$\Delta\theta$ 是橫軸上的差距，我們稱為底。高 × 底＝面積，所以，$\left|P_{i1}(\theta_k)-P_{i2}(\theta_k)\right|\times\Delta\theta=$ 0.0137×0.1 = 0.00137，意思是 θ_k =1.15 時，焦點組與參照組兩組 ICC 曲線差異的面積是 0.00137。同理，可以算出當 $\theta_2=1.2$，$\theta_3=1.3$ 時，$\Delta\theta$ = 0.1，中點 $\theta_k=1.25$，依據剛才步驟求得高 × 底 $=\left|P_{i1}(\theta_k)-P_{i2}(\theta_k)\right|\times\Delta\theta=$ $\left|P_{i1}(1.25)-P_{i2}(1.25)\right|\times0.1$ 的面積，最後把這些計算過的小面積全部加總起來就可以得到公式 (10-1) 的 A_{1i}。如果計算出來的 A_{1i} 小，意思是這兩組差異小；A_{1i} 大，這兩組差異就大；如果計算出來的 A_{1i} 值接近於 0，表示這道題目焦點組與參照組兩組幾乎沒有偏差。公式 (10-1) 中取絕對值是為了保證面積為正，事實上，公式 (10-1) 就是微積分中的黎曼和（Riemann integral）的概念。

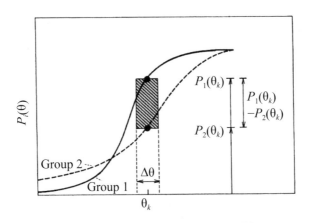

圖 10-1　兩條 ICC 曲線所夾面積

資料來源：Hambleton & Swaminathan,1996, p289

針對 ICC 面積的 DIF 檢定法，底下以 verbal 資料進行兩條 ICC 所夾面積大小的檢定，使用前須先下載 difR、ltm 兩套件，進行分析時，會用到函數 difRaju（Raju, 1988, 1990）。

1. R 程式（Raju,area,DIF）

```
install.packages("difR")
install.packages("ltm")
library(difR)
library(ltm)
data(verbal)
head(verbal)
verbal<-verbal[colnames(verbal)!="Anger"]
D1<-difRaju(verbal, group="Gender", focal.name=1, model="1PL")
D1
print(D1)
plot(D1)
```

```
## 上述是1PL程式，如要分析2PL、3PL，其程式只須微改如下：
## 2PL程式
D2<-difRaju(verbal, group="Gender", focal.name=1, model="2PL")
D2
print(D2)
plot(D2)
```

```
## 3PL程式
D3<-difRaju(verbal, group="Gender", focal.name=1, model="3PL",c=0.05)
D3
print(D3)
plot(D3)
```

2. R 程式說明（Raju,area,DIF）

library(difR)

library(ltm)

data(verbal)

head(verbal)

verbal<-verbal[colnames(verbal)!="Anger"]

D1<-difRaju(verbal, group="Gender", focal.name=1, model="1PL")

使用**difRaju DIF**檢定法會用到**difR**、**ltm**這二個套件，讀者須先下載。

這裡分析使用的資料是**verbal**，總共有**26**行，前**24**行是受試者作答反應

結果（**0**表示該受試者作錯，**1**表示作對），後**2**行是**Anger**、**Gender**，

對於**Anger**憤怒次數不是我們要分析的，所以排除此變項，!="Anger"

就是要求排除**Anger**變項，!= 是邏輯判斷指令，意思是排除。

Gender是我們要探討的，因為我們想知道性別間是否有**DIF**現象。

3. R 程式執行結果（**Raju, area,DIF**）

```
> library(difR)
> library(ltm)
> data(verbal)
> head(verbal)
> verbal<-verbal[colnames(verbal)!="Anger"]
> D1<-difRaju(verbal, group="Gender", focal.name=1, model="1PL")
> D1
```

Detection of Differential Item Functioning using Raju's method
with 1PL model and without item purification

Type of Raju's Z statistic: based on unsigned area

Engine 'ltm' for item parameter estimation

Common discrimination parameter: fixed to 1

No set of anchor items was provided

No p-value adjustment for multiple comparisons

Raju's statistic:

	Stat.	P-value	
S1wantCurse	1.1715	0.2414	
S1WantScold	1.1250	0.2606	
S1WantShout	1.2425	0.2141	
S2WantCurse	1.6982	0.0895	.
S2WantScold	1.3753	0.1690	
S2WantShout	2.8914	0.0038	**
S3WantCurse	0.4303	0.6670	
S3WantScold	-1.1121	0.2661	
S3WantShout	1.4766	0.1398	
S4WantCurse	1.2826	0.1996	
S4WantScold	-0.1078	0.9142	
S4WantShout	1.8691	0.0616	.

S1DoCurse   -0.6885 0.4911
S1DoScold   -1.7687 0.0770 .
S1DoShout   0.7468 0.4552
S2DoCurse   -2.4129 0.0158 *
S2DoScold   -2.5660 0.0103 *
S2DoShout   -0.2570 0.7972
S3DoCurse   -2.3282 0.0199 *
S3DoScold   -1.8836 0.0596 .
S3DoShout   -0.5976 0.5501
S4DoCurse   -1.2155 0.2242
S4DoScold   -1.3411 0.1799
S4DoShout   1.0065 0.3142

Signif. codes: 0 '***' 0.001 '**' 0.01 '*' 0.05 '.' 0.1 ' ' 1
Detection thresholds: -1.96 and 1.96 (significance level: 0.05)

*, **, ***表示達顯著水準，即該題有DIF。

P值介於0到0.001間，以三星表示 '***'。

P值介於0.001到0.01間，以二星表示 '**'。

P值介於0.01到0.05間，以一星表示 '*'。

P值介於0.05到0.1間，以句點表示 '.'。

P值介於0.1到1間，以空白表示 ' '。

統計檢定上，*表示達顯著水準0.05。

統計檢定上，**表示達很顯著水準0.01。

統計檢定上，***表示達非常顯著水準0.001。

Items detected as DIF items:

 S2WantShout
 S2DoCurse
 S2DoScold
 S3DoCurse

Effect size (ETS Delta scale):
 Effect size code:
 'A': negligible effect
 'B': moderate effect
 'C': large effect

'A': negligible effect：輕微效果量

'B': moderate effect：中度效果量

'C': large effect：大效果量

```
             mF-mR   deltaRaju
S1wantCurse  0.4116 -0.9673   A
S1WantScold  0.3749 -0.8810   A
S1WantShout  0.4092 -0.9616   A
S2WantCurse  0.6323 -1.4859   B
S2WantScold  0.4608 -1.0829   B
S2WantShout  0.9654 -2.2687   C
S3WantCurse  0.1441 -0.3386   A
S3WantScold -0.3703  0.8702   A
S3WantShout  0.5685 -1.3360   B
S4WantCurse  0.4431 -1.0413   B
S4WantScold -0.0356  0.0837   A
S4WantShout  0.6742 -1.5844   C
S1DoCurse   -0.2562  0.6021   A
S1DoScold   -0.6110  1.4359   B
S1DoShout    0.2564 -0.6025   A
S2DoCurse   -0.9191  2.1599   C
S2DoScold   -0.8704  2.0454   C
S2DoShout   -0.0927  0.2178   A
S3DoCurse   -0.7801  1.8332   C
S3DoScold   -0.6633  1.5588   C
S3DoShout   -0.2872  0.6749   A
S4DoCurse   -0.4281  1.0060   B
S4DoScold   -0.4439  1.0432   B
S4DoShout    0.4173 -0.9807   A
```

Effect size codes: 0 'A' 1.0 'B' 1.5 'C'
(for absolute values of 'deltaRaju')

Output was not captured!
> print(D1)

Detection of Differential Item Functioning using Raju's method
with 1PL model and without item purification
Type of Raju's Z statistic: based on unsigned area
Engine 'ltm' for item parameter estimation

Common discrimination parameter: fixed to 1

No set of anchor items was provided
No p-value adjustment for multiple comparisons

Raju's statistic:

	Stat.	P-value	
S1wantCurse	1.1715	0.2414	
S1WantScold	1.1250	0.2606	
S1WantShout	1.2425	0.2141	
S2WantCurse	1.6982	0.0895	.
S2WantScold	1.3753	0.1690	
S2WantShout	2.8914	0.0038	**
S3WantCurse	0.4303	0.6670	
S3WantScold	-1.1121	0.2661	
S3WantShout	1.4766	0.1398	
S4WantCurse	1.2826	0.1996	
S4WantScold	-0.1078	0.9142	
S4WantShout	1.8691	0.0616	.
S1DoCurse	-0.6885	0.4911	
S1DoScold	-1.7687	0.0770	.
S1DoShout	0.7468	0.4552	
S2DoCurse	-2.4129	0.0158	*
S2DoScold	-2.5660	0.0103	*
S2DoShout	-0.2570	0.7972	
S3DoCurse	-2.3282	0.0199	*
S3DoScold	-1.8836	0.0596	.
S3DoShout	-0.5976	0.5501	
S4DoCurse	-1.2155	0.2242	
S4DoScold	-1.3411	0.1799	
S4DoShout	1.0065	0.3142	

Signif. codes: 0 '***' 0.001 '**' 0.01 '*' 0.05 '.' 0.1 ' ' 1
Detection thresholds: -1.96 and 1.96 (significance level: 0.05)

Raju's statistic就是我們熟悉的z檢定，他將原本卡方分配開根號變成z
檢定，並以查表值正負1.96來判定是否有DIF。本例S2WantShout其z
值2.8914，大於查表值1.96，達顯著水準（有DIF）。再以S2DoCurse為
例，其值-2.4129，小於查表值-1.96，達顯著水準（有DIF），依此類推。

Items detected as DIF items:

S2WantShout

S2DoCurse
S2DoScold
S3DoCurse

Effect size (ETS Delta scale):

Effect size code:
 'A': negligible effect
 'B': moderate effect
 'C': large effect

	mF-mR	deltaRaju	
S1wantCurse	0.4116	-0.9673	A
S1WantScold	0.3749	-0.8810	A
S1WantShout	0.4092	-0.9616	A
S2WantCurse	0.6323	-1.4859	B
S2WantScold	0.4608	-1.0829	B
S2WantShout	0.9654	-2.2687	C
S3WantCurse	0.1441	-0.3386	A
S3WantScold	-0.3703	0.8702	A
S3WantShout	0.5685	-1.3360	B
S4WantCurse	0.4431	-1.0413	B
S4WantScold	-0.0356	0.0837	A
S4WantShout	0.6742	-1.5844	C
S1DoCurse	-0.2562	0.6021	A
S1DoScold	-0.6110	1.4359	B
S1DoShout	0.2564	-0.6025	A
S2DoCurse	-0.9191	2.1599	C
S2DoScold	-0.8704	2.0454	C
S2DoShout	-0.0927	0.2178	A
S3DoCurse	-0.7801	1.8332	C
S3DoScold	-0.6633	1.5588	C
S3DoShout	-0.2872	0.6749	A
S4DoCurse	-0.4281	1.0060	B
S4DoScold	-0.4439	1.0432	B
S4DoShout	0.4173	-0.9807	A

Effect size codes: 0 'A' 1.0 'B' 1.5 'C'
 (for absolute values of 'deltaRaju')

> plot(D1)

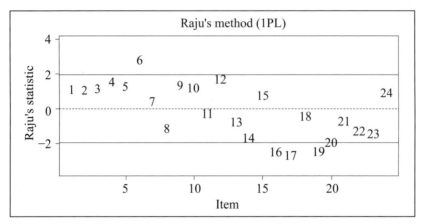

圖 10-2　Raju 法檢定結果

Raju檢定式是z檢定，從上圖不難看出第6題、16題、17題、19題值
都在正負1.96之外，所以達顯著水準，也就是有DIF。

二、試題參數的檢定法

　　這種方法是針對試題參數（鑑別度、難度、猜測度）的差異比較，計算步驟首先要找到合適的試題反應模式（例如，Rasch、2PL 或 3PL 模式），接著，各別估計焦點組與參照組的試題參數、能力參數，不過試題參數要作標準化處理，最後計算 Lord（1980）公式：

$$Q=[(\mathbf{x}_{i1}-\mathbf{x}_{i2})]'\,\boldsymbol{\Sigma}^{-1}[(\mathbf{x}_{i1}-\mathbf{x}_{i2})]\sim\chi^2_{(df)}\tag{10-2}$$

　　這裡，Q 服從 $\chi^2_{(df)}$ 分配，df 是自由度，如果是 Rasch 或 1PL 模式，則自由度 $df = 1$ 且 $\mathbf{x}_{i1} = [b_{i1}]$、$\mathbf{x}_{i2} = [b_{i2}]$，如果是 2PL 模式，則自由度 $df = 2$ 且 $\mathbf{x}_{i1}=\begin{bmatrix}a_{i1}\\b_{i1}\end{bmatrix}$、$\mathbf{x}_{i2}=\begin{bmatrix}a_{i2}\\b_{i2}\end{bmatrix}$，如果是 3PL 模式，則自由度 $df = 3$ 且 $\mathbf{x}_{i1}=\begin{bmatrix}a_{i1}\\b_{i1}\\c_{i1}\end{bmatrix}$、$\mathbf{x}_{i2}=\begin{bmatrix}a_{i2}\\b_{i2}\\c_{i2}\end{bmatrix}$。公式 (10-2) 的 $\boldsymbol{\Sigma}^{-1}$ 是 $\boldsymbol{\Sigma}$ 的反矩陣（inverse of matrix），$\boldsymbol{\Sigma}$ 是共

變異矩陣。

現在反矩陣很少筆算，都藉助電腦，例如，$\Sigma = \begin{bmatrix} 2 & 4 \\ 3 & 1 \end{bmatrix}$，求$\Sigma$的反

矩陣，讀者只要在**Rstudio**的**Source**程式區鍵入

mat<-matrix(c(2,3,4,1),ncol=2)

solve(mat)

即可得到Σ的反矩陣 $\Sigma^{-1} = \begin{bmatrix} -0.1 & 0.4 \\ 0.3 & -0.2 \end{bmatrix}$。

　　公式 (10-2)χ^2 檢定法，如果試題反應模式是 1PL 模式，當計算出來的 Q 值大於臨界值 3.841（因為 $\chi^2_{(0.05,\,1)} = 3.841$），即達顯著水準 0.05，也就是該題有 DIF。如果試題反應模式是 2PL 模式，當計算出來的 Q 值大於 5.991（因為 $\chi^2_{(0.05,\,2)} = 5.991$），即達顯著水準 0.05，也就是該題有 DIF，其餘類推。

　　試題參數的差異比較也可以延伸為認知屬性差異比較（一般稱此檢驗方法為差異屬性功能（differential attribute functioning, DAF），例如，LLTM 模式中，對於試題的認知屬性以及因為屬性所呈現的差異，即可進行 DAF 檢驗（這裡仍以介紹試題參數 DIF 檢定為主）。

　　底下仍以 verbal 資料進行 Lord（1980）χ^2 的 DIF 檢定法分析，此函數名稱為 difLord，使用前須先下載 difR、ltm 兩套件。

1. R 程式（Lord,Chi-square,DIF）

```
install.packages("difR")
install.packages("ltm")
library(difR)
library(ltm)
data(verbal)
head(verbal)
verbal<-verbal[colnames(verbal)!="Anger"]
D1<-difLord(verbal, group="Gender", focal.name=1, model="1PL")
```

```
D1
print(D1)
plot(D1)
plot(D1, plot = "itemCurve", item = 1)
```

2. R 程式說明（Lord,Chi-square,DIF）

> **library(difR)**
> **library(ltm)**

使用**Lord**的**DIF**檢定法會用到**difR**、**ltm**這二個套件，讀者須先下載。

這裡分析使用的資料是**verbal**，總共有**26**行，前**24**行是作答反應結果

（**0**表示該受試者作錯，**1**表示作對），最後**2**行是**Anger**、**Gender**，

對於**Anger**憤怒次數不是我們要分析的，所以，排除此變項；**Gender**

是要探討的，因為想知道性別間是否有**DIF**現象。

head（verbal）：列出前六筆資料。

verbal<-verbal[colnames(verbal)!="Anger"]：排除Anger這一行。**!=** 是邏輯判斷指令，意思是不等於、排除、不要。

D1<-difLord(verbal, group="Gender", focal.name=1, model="1PL")

  group="Gender"：性別分群。

  focal.name=1：指出焦點組是男生，因為Gender男生=1。如果focal.name=0，表示焦點組是女生。

model="1PL"：模式是1PL，也可以是2PL或3PL模式進行分析。

3. R 程式執行結果（Lord,Chi-square, DIF）

> library (difR)
> library(ltm)
> data(verbal)
> head(verbal)

	S1wantCurse	S1WantScold	S1WantShout	S2WantCurse	S2WantScold	S2WantShout	S3WantCurse
1	0	0	0	0	0	0	0
2	0	0	0	0	0	0	0
3	1	1	1	1	0	1	1
4	1	1	1	1	1	1	1
5	1	0	1	1	0	0	1
6	1	1	0	1	0	0	1

			S4DoCurse	S4DoScold	S4DoShout	Anger	Gender
1	...	...	0	0	0	20	1
2	...	...	0	0	0	11	1
3	...	...	1	1	0	17	0
4	...	...	1	1	1	21	0
5	...	...	1	1	0	17	0
6	...	...	0	1	0	21	0

```
> verbal<-verbal[colnames(verbal)!="Anger"]
> D1<-difLord(verbal, group="Gender", focal.name=1, model="1PL")
> D1
```

Detection of Differential Item Functioning using Lord"s method
with 1PL model and without item purification

Engine 'ltm' for item parameter estimation
Common discrimination parameter: fixed to 1

No set of anchor items was provided
No p-value adjustment for multiple comparisons

Lord's chi-square statistic:

```
              Stat.   P-value
S1wantCurse   1.3724  0.2414
S1WantScold   1.2657  0.2606
S1WantShout   1.5437  0.2141
S2WantCurse   2.8839  0.0895  .
S2WantScold   1.8915  0.1690
S2WantShout   8.3601  0.0038  **
S3WantCurse   0.1852  0.6670
S3WantScold   1.2368  0.2661
S3WantShout   2.1805  0.1398
S4WantCurse   1.6452  0.1996
S4WantScold   0.0116  0.9142
S4WantShout   3.4935  0.0616  .
```

```
S1DoCurse  0.4740  0.4911
S1DoScold  3.1282  0.0770  .
S1DoShout  0.5578  0.4552
S2DoCurse  5.8219  0.0158  *
S2DoScold  6.5842  0.0103  *
S2DoShout  0.0661  0.7972
S3DoCurse  5.4206  0.0199  *
S3DoScold  3.5481  0.0596  .
S3DoShout  0.3572  0.5501
S4DoCurse  1.4774  0.2242
S4DoScold  1.7986  0.1799
S4DoShout  1.0130  0.3142
Signif. codes: 0 '***' 0.001 '**' 0.01 '*' 0.05 '.' 0.1 ' ' 1
Detection threshold: 3.8415 (significance level: 0.05)
```

*, **, ***表示達顯著水準，即該題有**DIF**，這裡總共**4**題有**DIF**。

這裡符號意義，請見前面的說明。

```
Items detected as DIF items:
 S2WantShout
 S2DoCurse
 S2DoScold
 S3DoCurse

Effect size (ETS Delta scale):
Effect size code:
 'A': negligible effect
 'B': moderate effect
 'C': large effect
```

'A': negligible effect：輕微效果量

'B': moderate effect：中度效果量

'C': large effect：大效果量

```
              mF-mR   deltaLord
S1wantCurse  0.4116 -0.9673  A
S1WantScold  0.3749 -0.8810  A
S1WantShout  0.4092 -0.9616  A
S2WantCurse  0.6323 -1.4859  B
S2WantScold  0.4608 -1.0829  B
S2WantShout  0.9654 -2.2687  C
S3WantCurse  0.1441 -0.3386  A
```

```
S3WantScold -0.3703  0.8702   A
S3WantShout  0.5685 -1.3360   B
S4WantCurse  0.4431 -1.0413   B
S4WantScold -0.0356  0.0837   A
S4WantShout  0.6742 -1.5844   C
S1DoCurse   -0.2562  0.6021   A
S1DoScold   -0.6110  1.4359   B
S1DoShout    0.2564 -0.6025   A
S2DoCurse   -0.9191  2.1599   C
S2DoScold   -0.8704  2.0454   C
S2DoShout   -0.0927  0.2178   A
S3DoCurse   -0.7801  1.8332   C
S3DoScold   -0.6633  1.5588   C
S3DoShout   -0.2872  0.6749   A
S4DoCurse   -0.4281  1.0060   B
S4DoScold   -0.4439  1.0432   B
S4DoShout    0.4173 -0.9807   A
Effect size codes: 0 'A' 1.0 'B' 1.5 'C'
 (for absolute values of 'deltaLord')
```

Output was not captured!
> print(D1)

Detection of Differential Item Functioning using Lord's method
with 1PL model and without item purification

Engine 'ltm' for item parameter estimation
Common discrimination parameter: fixed to 1

No set of anchor items was provided
No p-value adjustment for multiple comparisons

Lord's chi-square statistic:

```
              Stat.    P-value
S1wantCurse 1.3724 0.2414
S1WantScold 1.2657 0.2606
S1WantShout 1.5437 0.2141
S2WantCurse 2.8839 0.0895  .
S2WantScold 1.8915 0.1690
S2WantShout 8.3601 0.0038  **
S3WantCurse 0.1852 0.6670
S3WantScold 1.2368 0.2661
S3WantShout 2.1805 0.1398
S4WantCurse 1.6452 0.1996
```

S4WantScold 0.0116 0.9142
S4WantShout 3.4935 0.0616 .
S1DoCurse 0.4740 0.4911
S1DoScold 3.1282 0.0770 .
S1DoShout 0.5578 0.4552
S2DoCurse 5.8219 0.0158 *
S2DoScold 6.5842 0.0103 *
S2DoShout 0.0661 0.7972
S3DoCurse 5.4206 0.0199 *
S3DoScold 3.5481 0.0596 .
S3DoShout 0.3572 0.5501
S4DoCurse 1.4774 0.2242
S4DoScold 1.7986 0.1799
S4DoShout 1.0130 0.3142

Signif. codes: 0 '***' 0.001 '**' 0.01 '*' 0.05 '.' 0.1 ' ' 1
Detection threshold: 3.8415 (significance level: 0.05)

Items detected as DIF items:

 S2WantShout
 S2DoCurse
 S2DoScold
 S3DoCurse

Effect size (ETS Delta scale):
Effect size code:
 'A': negligible effect
 'B': moderate effect
 'C': large effect

	mF-mR	deltaLord	
S1wantCurse	0.4116	-0.9673	A
S1WantScold	0.3749	-0.8810	A
S1WantShout	0.4092	-0.9616	A
S2WantCurse	0.6323	-1.4859	B
S2WantScold	0.4608	-1.0829	B
S2WantShout	0.9654	-2.2687	C
S3WantCurse	0.1441	-0.3386	A
S3WantScold	-0.3703	0.8702	A
S3WantShout	0.5685	-1.3360	B
S4WantCurse	0.4431	-1.0413	B
S4WantScold	-0.0356	0.0837	A
S4WantShout	0.6742	-1.5844	C

```
S1DoCurse  -0.2562  0.6021  A
S1DoScold  -0.6110  1.4359  B
S1DoShout   0.2564 -0.6025  A
S2DoCurse  -0.9191  2.1599  C
S2DoScold  -0.8704  2.0454  C
S2DoShout  -0.0927  0.2178  A
S3DoCurse  -0.7801  1.8332  C
S3DoScold  -0.6633  1.5588  C
S3DoShout  -0.2872  0.6749  A
S4DoCurse  -0.4281  1.0060  B
S4DoScold  -0.4439  1.0432  B
S4DoShout   0.4173 -0.9807  A
```

Effect size codes: 0 'A' 1.0 'B' 1.5 'C'
(for absolute values of 'deltaLord')

Output was not captured!
```
> plot(D1)
```

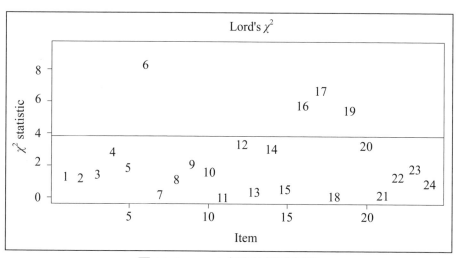

圖 10-3　Lord 卡方方法檢定結果

上圖列出每個題目的卡方值，其中6、16、17、19題有DIF，因為它們
值大於3.8415。

```
> plot(D1, plot = "itemCurve", item = 1)
```

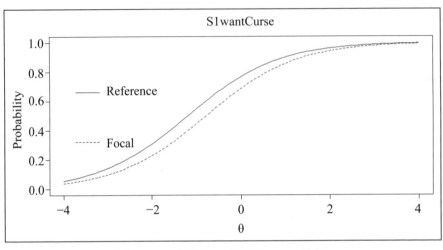

圖 10-4　焦點組、對照組 ICC 曲線

這裡畫出第1題焦點組、對照組ICC曲線圖。如果**plot(D1, plot = "item**
Curve", item = 5)則會畫出第 5題焦點組、對照組**ICC**曲線。

三、模式—資料配適程度的檢定法

　　這種方法是針對模式 - 資料配適程度的比較。計算步驟包括 (1) 將焦點組與參照組兩組先合併起來，再估計出試題參數、能力參數 (2) 每個受試者每道試題答對的機率都要計算 (3) 分別計算焦點組與參照組自己組的每道試題平均答對機率 (4) 比較焦點組與參照組這兩組，在每道試題平均答對機率有沒有顯著差異以及每個受試者每道試題答對的機率有沒有顯著差異，以判定試題是否有 DIF 現象。讀者可參閱套件 "difR" 作法，網址如下：

　　https://cran.r-project.org/web/packages/difR/difR.pdf

第二節　非IRT取向的DIF檢定法

　　測驗編製時，往往受到編製者本身的學養或專業領域背景、文化認知，主觀意見等影響，稍不注意即可能編製出對某受試群體作答有利，對另外受試群體作答不利的試題。測驗尤重公平性，測驗題目如果對某受試群體作答不利，則顯然有失公允，也失去考試選才意義。有關非 IRT 取向的 DIF 檢定方法介紹如下。

一、Mantel-Haenszel（M-H）法

M-H 法是由 Mantel 與 Haenszel 兩位學者於 1959 年提出，本來是處理類別資料的一種卡方檢定（Chi-square test）法，後由 Holland 與 Thayer（1988）應用到 DIF 相關研究中。M-H 法進行 DIF 試題檢測前，必須選定配對的分組標準，通常以測驗總分作為分組的配對標準，其檢驗程序如下：

(1) 分組，分為參照組（reference group, R）和焦點組（focal group, F），如果測驗有 K 題試題，試題是二元計分，則測驗總分會有 0, 1, 2, …, K，每種情形都可以 2×2 列聯表表示：

表 10-1　總分為 k 分之列聯表

組別	作答反應		
	答對	答錯	總和
參照組 (r)	R_{rk}	W_{rk}	N_{rk}
焦點組 (f)	R_{fk}	W_{fk}	N_{fk}
總和	R_{tk}	W_{tk}	N_{tk}

這裡，R_{rk}、R_{fk} 是參照組、焦點組答對試題的人數，W_{rk}、W_{fk} 是參照組、焦點組答錯試題的人數，R_{tk}、W_{tk} 是答對、答錯試題的總人數，N_{rk}、N_{fk} 是參照組、焦點組各自的總人數，N_{tk} 是得分 k 分的總人數。

(2) 檢定參照組和焦點組的共同勝算比（common odds ratio, α）是否等於 1？

$$H_0 : \frac{R_{rk}}{W_{rk}} = \frac{R_{fk}}{W_{fk}} \quad \text{v.s.} \quad H_1 : \frac{R_{rk}}{W_{rk}} = \alpha \left[\frac{R_{fk}}{W_{fk}} \right], \; \alpha \neq 1$$

Mantel 與 Haenszel（1959）提出檢定公式：

$$\chi^2_{MH} = \frac{\left[\left| \sum_{k=1}^{K} (R_{rk} - E(R_{rk})) \right| - 0.5 \right]^2}{\sum_{k=1}^{K} Var(R_{rk})} \tag{10-3}$$

這裡，$E(R_{rk}) = \dfrac{N_{rk}R_{tk}}{N_{tk}}$，$Var(R_{rk}) = \dfrac{N_{rk}N_{fk}R_{tk}W_{tk}}{N_{tk}^2(N_{tk}-1)}$。在虛無假設 H_0 成立下，χ^2_{MH} 是自由度等於 1 的卡方分配。

(3) 檢定結果如果拒絕 H_0（即 $\chi^2_{MH} > 3.841$）表示該題有 DIF。

Holland 與 Thayer（1988）提出另一型式的檢定公式：

$$\Delta\alpha_{MH} = -2.35\ln(\alpha_{MH})，其中 \alpha_{MH} = \frac{\sum_{k=1}^{K} R_{rk}W_{fk} / N_{tk}}{\sum_{k=1}^{K} W_{rk}R_{fk} / N_{tk}} \tag{10-4}$$

美國教育測驗服務社（Educational Testing Service, ETS）根據上式檢定結果與 $\Delta\alpha_{MH}$ 值大小進行 DIF 嚴重性分類：

- 如果檢定結果不顯著且 $|\Delta\alpha_{MH}| < 1$，表示試題 DIF 可忽略。
- 如果檢定結果顯著且 $1 < |\Delta\alpha_{MH}| < 1.5$，表示試題中度 DIF。
- 如果檢定結果顯著且 $|\Delta\alpha_{MH}| > 1.5$，表示試題嚴重 DIF。

針對非 IRT 取向的 M-H 之 DIF 檢定法，底下仍以 verbal 資料進行分析，此函數名稱為 difMH，使用前須先下載 difR、ltm 兩套件。

1. R 程式（MH,DIF）

```
install.packages("difR")
install.packages("ltm")
library(difR)
library(ltm)
data(verbal)
verbal<-verbal[colnames(verbal)!="Anger"]
D1<-difMH(verbal, group="Gender", focal.name=1)
D1
print(D1)
```

2. R 程式執行結果（MH,DIF）

```
> library(difR)
> library(ltm)
> data(verbal)
> verbal<-verbal[colnames(verbal)!="Anger"]
> D1<-difMH(verbal, group="Gender", focal.name=1)
> D1
```

Detection of Differential Item Functioning using Mantel-Haenszel method with continuity correction and without item purification

Results based on asymptotic inference
Matching variable: test score

No set of anchor items was provided
No p-value adjustment for multiple comparisons

Mantel-Haenszel Chi-square statistic:

	Stat.	P-value	
S1wantCurse	1.7076	0.1913	
S1WantScold	2.1486	0.1427	
S1WantShout	0.9926	0.3191	
S2WantCurse	1.9302	0.1647	
S2WantScold	2.9540	0.0857	.
S2WantShout	9.6032	0.0019	**
S3WantCurse	0.0013	0.9711	
S3WantScold	0.6752	0.4112	
S3WantShout	0.8185	0.3656	
S4WantCurse	1.6292	0.2018	

```
S4WantScold   0.0152   0.9020
S4WantShout   4.1188   0.0424  *
S1DoCurse    0.1324   0.7160
S1DoScold    2.7501   0.0972  .
S1DoShout    0.0683   0.7938
S2DoCurse    6.3029   0.0121  *
S2DoScold    6.8395   0.0089  **
S2DoShout    0.2170   0.6414
S3DoCurse    5.7817   0.0162  *
S3DoScold    3.8880   0.0486  *
S3DoShout    0.2989   0.5846
S4DoCurse    1.1220   0.2895
S4DoScold    1.4491   0.2287
S4DoShout    0.8390   0.3597
```

Signif. codes: 0 '***' 0.001 '**' 0.01 '*' 0.05 '.' 0.1 ' ' 1

Detection threshold: 3.8415 (significance level: 0.05)

這裡以 χ^2_{MH} 來判定是否有 **DIF**，以 **S1wantCurse** 爲例，其統計值 **1.7076**
小於查表值 **3.8415**，未達顯著水準（沒有 **DIF**）。再以 **S2WantShout** 爲例，
其統計值 **9.6032**，大於查表值 **3.8415**，達顯著水準（有 **DIF**）。
又以 **S2DoCurse** 爲例，其統計值 **6.3029**，大於查表值 **3.8415**，達顯著水準
(有 DIF)，其餘依此類推。

Items detected as DIF items:

    S2WantShout
    S4WantShout
    S2DoCurse
    S2DoScold
    S3DoCurse
    S3DoScold

Effect size (ETS Delta scale):
Effect size code:
    'A': negligible effect
    'B': moderate effect
    'C': large effect

```
            alphaMH deltaMH
S1wantCurse 1.7005   -1.2476 B
S1WantScold 1.7702   -1.3420 B
S1WantShout 1.4481   -0.8701 A
S2WantCurse 1.9395   -1.5567 C
S2WantScold 1.9799   -1.6052 C
S2WantShout 2.8804   -2.4861 C
S3WantCurse 0.9439    0.1358 A
S3WantScold 0.7194    0.7741 A
S3WantShout 1.5281   -0.9965 A
S4WantCurse 1.6849   -1.2260 B
S4WantScold 1.0901   -0.2028 A
S4WantShout 2.3458   -2.0036 C
S1DoCurse   0.7967    0.5340 A
S1DoScold   0.4995    1.6313 C
S1DoShout   1.1765   -0.3821 A
S2DoCurse   0.3209    2.6709 C
S2DoScold   0.3746    2.3072 C
S2DoShout   0.7931    0.5447 A
S3DoCurse   0.4616    1.8165 C
S3DoScold   0.4727    1.7606 C
S3DoShout   0.6373    1.0585 B
S4DoCurse   0.6444    1.0327 B
S4DoScold   0.6385    1.0541 B
S4DoShout   1.6053   -1.1123 B

Effect size codes: 0 'A' 1.0 'B' 1.5 'C'
 (for absolute values of 'deltaMH')
```

這裡是以美國教育測驗服務社（ETS）分類標準來看，上面deltaMH
那一行，被標示'C'者，表示其值取絕對值後，都是大於1.5，例如，第
4題S2WantCurse 其值爲 **-1.5567**，取絕對值後大於**1.5**，所以，是嚴
重DIF題。再以第14題S1DoScold爲例，其值爲**1.6313**，大於**1.5**，也
是嚴重DIF題，其餘依此類推。

```
Output was not captured!
> print(D1)
```

Detection of Differential Item Functioning using Mantel-Haenszel method
with continuity correction and without item purification

Results based on asymptotic inference
Matching variable: test score

No set of anchor items was provided
No p-value adjustment for multiple comparisons

Mantel-Haenszel Chi-square statistic:

	Stat.	P-value	
S1wantCurse	1.7076	0.1913	
S1WantScold	2.1486	0.1427	
S1WantShout	0.9926	0.3191	
S2WantCurse	1.9302	0.1647	
S2WantScold	2.9540	0.0857	.
S2WantShout	9.6032	0.0019	**
S3WantCurse	0.0013	0.9711	
S3WantScold	0.6752	0.4112	
S3WantShout	0.8185	0.3656	
S4WantCurse	1.6292	0.2018	
S4WantScold	0.0152	0.9020	
S4WantShout	4.1188	0.0424	*
S1DoCurse	0.1324	0.7160	
S1DoScold	2.7501	0.0972	.
S1DoShout	0.0683	0.7938	
S2DoCurse	6.3029	0.0121	*
S2DoScold	6.8395	0.0089	**
S2DoShout	0.2170	0.6414	
S3DoCurse	5.7817	0.0162	*
S3DoScold	3.8880	0.0486	*
S3DoShout	0.2989	0.5846	
S4DoCurse	1.1220	0.2895	
S4DoScold	1.4491	0.2287	
S4DoShout	0.8390	0.3597	

Signif. codes: 0 '***' 0.001 '**' 0.01 '*' 0.05 '.' 0.1 ' ' 1
Detection threshold: 3.8415 (significance level: 0.05)

Items detected as DIF items:

S2WantShout
S4WantShout
S2DoCurse
S2DoScold
S3DoCurse

S3DoScold

Effect size (ETS Delta scale):
Effect size code:
 'A': negligible effect
 'B': moderate effect
 'C': large effect

	alphaMH	deltaMH
S1wantCurse	1.7005	-1.2476 B
S1WantScold	1.7702	-1.3420 B
S1WantShout	1.4481	-0.8701 A
S2WantCurse	1.9395	-1.5567 C
S2WantScold	1.9799	-1.6052 C
S2WantShout	2.8804	-2.4861 C
S3WantCurse	0.9439	0.1358 A
S3WantScold	0.7194	0.7741 A
S3WantShout	1.5281	-0.9965 A
S4WantCurse	1.6849	-1.2260 B
S4WantScold	1.0901	-0.2028 A
S4WantShout	2.3458	-2.0036 C
S1DoCurse	0.7967	0.5340 A
S1DoScold	0.4995	1.6313 C
S1DoShout	1.1765	-0.3821 A
S2DoCurse	0.3209	2.6709 C
S2DoScold	0.3746	2.3072 C
S2DoShout	0.7931	0.5447 A
S3DoCurse	0.4616	1.8165 C
S3DoScold	0.4727	1.7606 C
S3DoShout	0.6373	1.0585 B
S4DoCurse	0.6444	1.0327 B
S4DoScold	0.6385	1.0541 B
S4DoShout	1.6053	-1.1123 B

Effect size codes: 0 'A' 1.0 'B' 1.5 'C'
 (for absolute values of 'deltaMH')

二、Logistic Regression（LR）法

　　Swaminathan 與 Rogers（1990）以 Logistic 迴歸模式表示作答反應結果，探討受試群體和能力之間的關係，若受試群體與能力交互作用的迴歸係數顯著不等於 0 時，即表示有 DIF 存在。應用 LR 法檢驗 DIF 時，必須

透過完整模式和簡化模式進行概似比（LRT）檢定，找出較佳模式。完整模式爲

$$\text{logit}(P(y=1\mid\theta_n))=\beta_0+\beta_1\theta_n+\beta_2 G_n+\beta_3\theta_n G_n \tag{10-5}$$

這裡，G_n 是分群的指標函數，$G_n=0$ 表示受試者 n 屬於參照組，$G_n=1$ 表示受試者 n 屬於焦點組，β_0 是截距，β_1 是能力值 θ_n 對試題答對率的影響，β_2 是兩群組在該試題表現上的差異，β_3 是兩群組和能力值間的交互作用。簡化模式則有下列 2 種型式：

簡化模式 1：$\text{logit}(P(y=1\mid\theta_n))=\beta_0+\beta_1\theta_n+\beta_2 G_n$

簡化模式 2：$\text{logit}(P(y=1\mid\theta_n))=\beta_0+\beta_1\theta_n$ $\tag{10-6}$

(1) 完整模式和簡化模式 1 的概似比檢定是在檢定 $H_0：\beta_3=0$，以自由度等於 1 的卡方分配檢定之（即 $-2\log\lambda\sim\chi^2_{(1)}$）。如果拒絕 H_0，表示組別與能力的交互作用效果顯著，試題存在非一致性 DIF（nonuniform DIF）；若 H_0 未被拒絕，則繼續進行下面 (2) 簡化模式 1 和簡化模式 2 的比較。

(2) 簡化模式 1 和簡化模式 2 的概似比檢定是在檢定 $H_0：\beta_2=0$，以自由度等於 1 的卡方分配檢定之（即 $-2\log\lambda\sim\chi^2_{(1)}$），如果拒絕 H_0，表示該題有一致性 DIF（uniform DIF）。

(3) 如果一開始即進行完整模式和簡化模式 2 的概似比檢定，則在檢定 $H_0：\beta_2=\beta_3=0$，以自由度等於 2 的卡方分配檢定之（即 $-2\log\lambda\sim\chi^2_{(2)}$）。檢定結果如果不拒絕 H_0，表示題目沒有 DIF，因爲 β_2、β_3 皆爲 0。如果檢定結果拒絕 H_0，表示 β_2、β_3 至少有一不爲 0，表示題目有 DIF，至於是一致性 DIF 還是非一致性 DIF，需再檢定，又回到上面 (1)(2) 的檢定程序，如果檢定結果是 $\beta_3\neq0$，則爲非一致性 DIF，如果是（$\beta_3=0,\ \beta_2\neq0$）則爲一致性 DIF。

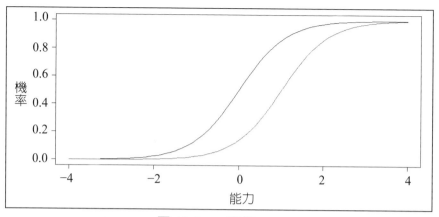

圖 10-5 一致性 DIF

一致性DIF（uniform DIF）：兩組受試者在答對某題的機率上，並不
會因能力不同，而出現兩條答對機率曲線相交的現象，始終都是一
組優於另一組（斜率一樣），亦即能力高低與成員表現沒有交互影響。

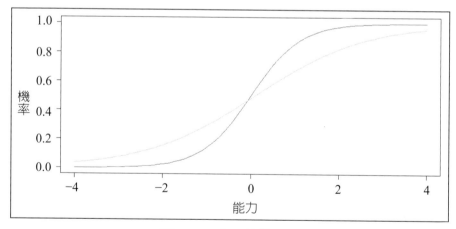

圖 10-6 非一致性 DIF

非一致性DIF（nonuniform DIF）：兩組受試者在答對某題的機率上
會因能力不同，而出現兩條答對機率曲線相交的現象，在某個能力
區間，可能焦點組優於對照組，在另一個個能力區間，則相反（斜率
不一樣），亦即能力高低與成員表現有交互影響。

　　針對非 IRT 取向的 LR 之 DIF 檢定法，底下仍以 verbal 資料進行分析，此函數為 difLogistic，使用前須先下載 difR、ltm 兩套件。

1. R 程式（LR,DIF）

```
install.packages("difR")
install.packages("ltm")
library(difR)
library(ltm)
data(verbal)
verbal<-verbal[colnames(verbal)!="Anger"]
D1<-difLogistic(verbal, group="Gender", focal.name=1)
print(D1)
```

2. R 程式執行結果（LR,DIF）

```
> data(verbal)
> verbal<-verbal[colnames(verbal)!="Anger"]
> D1<-difLogistic(verbal, group="Gender", focal.name=1)
> D1

Detection of both types of Differential Item Functioning
using Logistic regression method, without item purification
and with LRT DIF statistic

Matching variable: test score

No set of anchor items was provided
No p-value adjustment for multiple comparisons

Logistic regression DIF statistic:

             Stat.    P-value
S1wantCurse  2.0014   0.3676
S1WantScold  3.3541   0.1869
S1WantShout  2.4742   0.2902
S2WantCurse  4.7296   0.0940 .
S2WantScold  4.1404   0.1262
S2WantShout  11.4111  0.0033 **
S3WantCurse  1.6061   0.4480
S3WantScold  1.6331   0.4419
```

S3WantShout　2.6989　0.2594
S4WantCurse　2.4547　0.2931
S4WantScold　2.0997　0.3500
S4WantShout　3.6877　0.1582
S1DoCurse　1.2196　0.5435
S1DoScold　4.7304　0.0939 .
S1DoShout　1.0456　0.5929
S2DoCurse　7.6935　0.0213 *
S2DoScold　10.2622　0.0059 **
S2DoShout　1.7016　0.4271
S3DoCurse　7.2379　0.0268 *
S3DoScold　5.8680　0.0532 .
S3DoShout　1.2763　0.5283
S4DoCurse　2.9521　0.2285
S4DoScold　2.6956　0.2598
S4DoShout　1.3524　0.5085

Signif. codes: 0 '***' 0.001 '**' 0.01 '*' 0.05 '.' 0.1 ' ' 1
Detection threshold: 5.9915 (significance level: 0.05)

本例是以$-2\log\lambda\sim\chi^2_{(2)}$來判定是否有DIF，以第1題S1wantCurse為例，

其值$-2\log\lambda$ = **2.0014**，小於查表值**5.9915**，未達顯著水準（沒有**DIF**）。再

以第**6**題**S2WantShout**為例，其值$-2\log\lambda$ = **11.4111**，大於查表值**5.9915**

，達顯著水準（有**DIF**）。又以第**16**題**S2DoCurse**為例，$-2\log\lambda$ = **7.6935**，

大於查表值**5.9915**，達顯著水準（有**DIF**），其餘依此類推。

Items detected as DIF items:

　S2WantShout
　S2DoCurse
　S2DoScold
　S3DoCurse

本例檢定結果有**DIF**題目為**S2WantShout**、**S2DoCurse**、**S2DoScold**、

S3DoCurse。

Effect size (Nagelkerke's R^2):
Effect size code:
 'A': negligible effect
 'B': moderate effect

'C': large effect

	R^2	ZT	JG
S1wantCurse	0.0067	A	A
S1WantScold	0.0101	A	A
S1WantShout	0.0074	A	A
S2WantCurse	0.0177	A	A
S2WantScold	0.0125	A	A
S2WantShout	0.0343	A	A
S3WantCurse	0.0056	A	A
S3WantScold	0.0050	A	A
S3WantShout	0.0106	A	A
S4WantCurse	0.0085	A	A
S4WantScold	0.0060	A	A
S4WantShout	0.0133	A	A
S1DoCurse	0.0039	A	A
S1DoScold	0.0122	A	A
S1DoShout	0.0033	A	A
S2DoCurse	0.0243	A	A
S2DoScold	0.0277	A	A
S2DoShout	0.0058	A	A
S3DoCurse	0.0232	A	A
S3DoScold	0.0211	A	A
S3DoShout	0.0078	A	A
S4DoCurse	0.0092	A	A
S4DoScold	0.0083	A	A
S4DoShout	0.0057	A	A

Effect size codes:
Zumbo & Thomas (ZT): 0 'A' 0.13 'B' 0.26 'C' 1
Jodoin & Gierl (JG): 0 'A' 0.035 'B' 0.07 'C' 1

以**Nagelkerke's R^2**（類似迴歸分析判定係數r^2）來計算效果量，並分別以
Zumbo & Thomas (ZT, 1996)法、**Jodoin & Gierl (JG, 2001)法**，來判斷效
果量大小。
ZT法：$0 \le R^2 < 0.13$判定為**A-level**，可忽略的**DIF**；$0.13 \le R^2 < 0.26$
判定為**B-level**，中等**DIF**，$0.26 \le R^2 < 1$判定為**C-level**，大**DIF**。
JG法：$0 \le R^2 < 0.035$判定為**A-level**，可忽略的**DIF**；$0.035 \le R^2 < 0.07$
判定為**B-level**，中等**DIF**，$0.07 \le R^2 < 1$判定為**C-level**，大**DIF**。
以最後一題**S4DoShout**為例，它的**R^2**值是**0.0057**，以**ZT**法來看，

0 ≤ 0.0057 < 0.13，所以，判定爲**A-level**。以**JG**法來看，也是判定爲

A-level，因爲0 ≤ 0.0057 < 0.035，其餘依此類堆。

Output was not captured!
> print(D1)

Detection of both types of Differential Item Functioning
using Logistic regression method, without item purification
and with LRT DIF statistic

Matching variable: test score

No set of anchor items was provided
No p-value adjustment for multiple comparisons

Logistic regression DIF statistic:

	Stat.	P-value	
S1wantCurse	2.0014	0.3676	
S1WantScold	3.3541	0.1869	
S1WantShout	2.4742	0.2902	
S2WantCurse	4.7296	0.0940	.
S2WantScold	4.1404	0.1262	
S2WantShout	11.4111	0.0033	**
S3WantCurse	1.6061	0.4480	
S3WantScold	1.6331	0.4419	
S3WantShout	2.6989	0.2594	
S4WantCurse	2.4547	0.2931	
S4WantScold	2.0997	0.3500	
S4WantShout	3.6877	0.1582	
S1DoCurse	1.2196	0.5435	
S1DoScold	4.7304	0.0939	.
S1DoShout	1.0456	0.5929	
S2DoCurse	7.6935	0.0213	*
S2DoScold	10.2622	0.0059	**
S2DoShout	1.7016	0.4271	
S3DoCurse	7.2379	0.0268	*
S3DoScold	5.8680	0.0532	.
S3DoShout	1.2763	0.5283	
S4DoCurse	2.9521	0.2285	
S4DoScold	2.6956	0.2598	
S4DoShout	1.3524	0.5085	

Signif. codes: 0 '***' 0.001 '**' 0.01 '*' 0.05 '.' 0.1 ' ' 1

Detection threshold: 5.9915 (significance level: 0.05)

Items detected as DIF items:

  S2WantShout
  S2DoCurse
  S2DoScold
  S3DoCurse

Effect size (Nagelkerke's R^2):
Effect size code:
 'A': negligible effect
 'B': moderate effect
 'C': large effect

	R^2	ZT	JG
S1wantCurse	0.0067	A	A
S1WantScold	0.0101	A	A
S1WantShout	0.0074	A	A
S2WantCurse	0.0177	A	A
S2WantScold	0.0125	A	A
S2WantShout	0.0343	A	A
S3WantCurse	0.0056	A	A
S3WantScold	0.0050	A	A
S3WantShout	0.0106	A	A
S4WantCurse	0.0085	A	A
S4WantScold	0.0060	A	A
S4WantShout	0.0133	A	A
S1DoCurse	0.0039	A	A
S1DoScold	0.0122	A	A
S1DoShout	0.0033	A	A
S2DoCurse	0.0243	A	A
S2DoScold	0.0277	A	A
S2DoShout	0.0058	A	A
S3DoCurse	0.0232	A	A
S3DoScold	0.0211	A	A
S3DoShout	0.0078	A	A
S4DoCurse	0.0092	A	A
S4DoScold	0.0083	A	A
S4DoShout	0.0057	A	A

Effect size codes:
 Zumbo & Thomas (ZT): 0 'A' 0.13 'B' 0.26 'C' 1
 Jodoin & Gierl (JG): 0 'A' 0.035 'B' 0.07 'C' 1

習題

1. 試說明 IRT 取向 DIF 檢定法與非 IRT 取向 DIF 檢定法的差異？

2. 試說明 IRT 取向 DIF 檢定法有哪幾種？請說明其差異性。

3. 試說明非 IRT 取向 DIF 檢定法有哪幾種？請說明其差異性。

4. 試說明一致性 DIF 與非一致性 DIF 之差異。

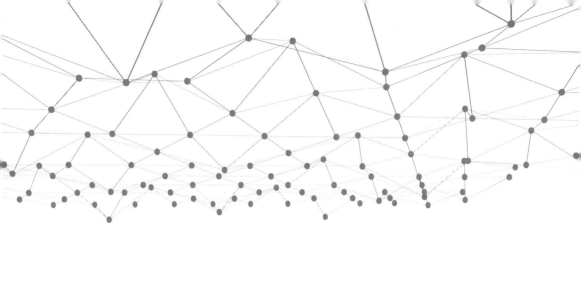

◆ PART 3

心理測驗篇

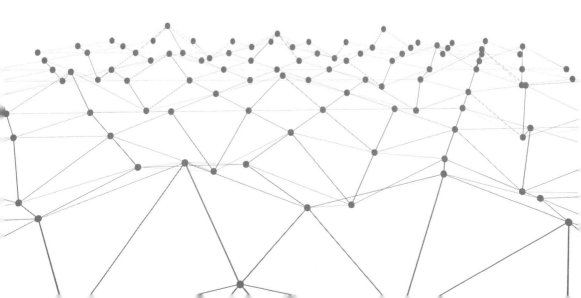

第一節　智力理論

　　智力（intelligence）的意義是什麼？根據學者專家對於智力的定義，可歸納四個要點 (1) 學習能力：個體累積經驗所轉換而產生的學習能力；(2) 調適能力：個體將所學應用到生活環境中，調整自己以適應環境的能力；(3) 解決能力：個體在學習及訊息處理的過程中，解決問題的能力；(4) 抽象思考和推理的能力。

　　為使智力能被測量，學者專家致力於智力測驗（intelligence test）的編製，也因不同的理論基礎，發展出不同的測驗內容及智力量表，這些測驗或量表所測量出的智力商數（intelligence quotient, IQ）成為智力高低的指標。底下先介紹重要的智力理論，再介紹常用的智力量表。

一、Galton 與 Cattell 知覺敏銳理論

　　智力理論最早可追溯到 19 世紀末，由高爾頓（S. F. Galton, 1887）與他的學生卡特爾（J. M. Cattell, 1890）所提出，他們認為個體對聲光、顏色的敏銳感官知覺反應及辨識的時間長短，在在顯示出個體的智能反應，此即心理學智力理論發展的銅管樂器感官年代，藉由知覺敏銳（sensory keeness）來定義智力高低，感官知覺越敏銳，表示智力越高。

二、Spearman 二因素理論

英國心理學家斯皮爾曼（C. Spearman, 1927）認爲智力是由二個因素（two-factor theory）所組成，一是普通因素（general factor, g），另一個是特殊因素（specific factor, s）。普通因素只有一個，特殊因素則有多個。我們常見的學科測驗或教育成就測驗，通常在測量 g 能力，其他測驗有些在測量特殊因素能力，例如，知覺敏銳反應能力或是音樂能力就是特殊因素能力。

斯皮爾曼主要著力於 g 因素的研究，他認爲 g 因素代表個體的普通能力，智力高低就是取決於他在普通因素上的表現程度。至於個體對聲光、顏色的感官反應，斯皮爾曼認爲那只是代表了個體在某一特殊因素上的能力表現。

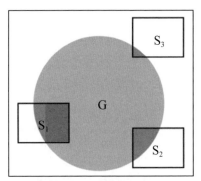

圖 11-1　二因素理論

資料來源：心理測驗，朱錦鳳，2014 (From Anastasi & Urbina, 1997)

理論上，如果兩個測驗 g 因素交集較大（也就是測量 g 因素較多），表示兩個測驗相關較高。從圖 11-1，不難看出，這三個測驗中，s_1 是測量 g 因素最多的測驗，其次是 s_2，測量 g 因素最少的是 s_3，所以，s_1 與 s_2 的相關程度會高於 s_3 與其他測驗的相關程度。

三、Thurstone 群因理論

桑代克（Thorndike, 1921）曾提出多因論（multiple-factor theory），相對於斯皮爾曼的二因論，他提出智力三因論：

1. **抽象智力（abstract intelligence）**：個體運用語言文字、數學符號，於抽象思考推理上的能力。
2. **工具智力（concrete intelligence）**：個體在感官肢體動作上，操作工具與運用科技的能力。
3. **社會智力（social intelligence）**：個體在社會活動中，處理人際關係的能力。

相對於桑代克的多因論（三因論），賽斯通（L. L. Thurstone, 1938）則提出群因論（group-factor theory），他以因素分析及因素相關矩陣，說明智力由群因所構成。他不強調智力的整體性，而是將智力分成數個重要的群因素，他對於因素負荷量的解釋，因素數目以及因素的命名，對後來研究者多所助益。他以 7 個基本心理能力（primary mental abilities），來說明他的群因智力理論，後來因此發展出多元性向測驗組合（multiple aptitude test batteries, MATB）。7 個基本心理能力如下：

1. **語文理解（verbal comprehension, V）**：對於詞彙字義的了解，包括閱讀理解、語文推理、重組句子的重組能力。
2. **語詞流暢（word fluency, W）**：快速想出語詞的能力（例如，以 w 為開頭的食物名稱）。
3. **數字運算（number, N）**：算術運算的正確性及速度。
4. **空間關係（space, S）**：想像三度空間物體旋轉後或是拆解後的圖樣。
5. **聯想記憶（associative memory, M）**：將沒有關聯性的配對項目背記出來，機械式的記憶語句、數字、字母能力。
6. **歸納推理能力（inductive reasoning, R）**：就現有的資料，歸納或演繹出規則的能力，例如，一串數字測驗的歸納推理能力。

7. **知覺速度（perceptual speed, P）**：知覺快速反應的能力，例如，找出圖案相似處或錯誤處。

四、Vernon 階層式群因理論

莫農（P. E. Vernon, 1950）提出階層式群因理論（hierarchical group-factor theory），他將斯皮爾曼的 g 因素與賽斯通的群因論，整合在所謂階層式群因理論架構下，他認爲斯皮爾曼的 g 因素位於最頂層，再下來是主要因素層、次要因素層、特殊因素層，如圖 11-2 所示。

主要因素層又分爲語文 - 教育能力（V-ed）、實務 - 機械能力（K-m），前者在測量語文智能，後者在測量操作智能。語文智能又可細分爲在測量語文、數字等次要因素，操作智能又可細分爲在測量機械、空間、知覺等次要因素。如果再進一步分析，次要因素下亦可測量到最低層次的特殊因素。

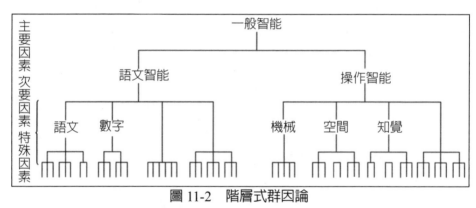

圖 11-2　階層式群因論

資料來源：心理測驗，朱錦鳳，2014 (From P. E. Vernon, 1950)

五、Guilford 智力結構理論

吉爾福（J. P. Guilford, 1959）提出智力結構理論（structure of intelligence theory），他認爲人的智力有三大元素（三個向度）：內容（content）

向度、運作（operation）向度、產物（product）向度。構成智力的三大元素就是構成智力立體結構的三個向度。促發個體思維的素材或刺激物，決定了智力的內容（強調知識種類）；個體對於這些素材或刺激物，進行思考組合活動，決定了智力的運作（強調思考歷程）；統整智力內容及運作結果，得到智力的產物（強調心智結構）。從這三大元素來衡量智力高低，任何一個方塊都包含這三個向度，每一小方塊都是智力的本質。

　　在內容向度上，內容向度的刺激物或素材，在性質上可以歸屬於形狀、符號、語意、行為四大類。後來吉爾福（1977），將形狀擴大為視覺與聽覺兩類，提出了內容向度上的五種次級因素：(1) 視覺因素：經由視覺直接觀察到具體內容物；(2) 聽覺因素：經由聽覺直接聽到聲音內容物；(3) 符號因素：文字、數字或圖案等符號，所代表的涵義；(4) 語意因素：語文詞彙所要傳達的意義內容；(5) 行為因素：對於他人行為、態度、需求的詮釋內容。

　　在運作向度上，原本歸屬於認知（cognition）、記憶（memory）、擴散思考（divergent thinking）、聚斂思考（convergent thinking）、評估（evaluation）等五種運作，吉爾福（1988）將記憶細分為短期記憶（memory recording）與長期記憶（memory retention）兩類，提出了運作向度上的六種次級因素：(1) 認知：辨識並理解刺激物的訊息；(2) 短期記憶：認知辨識後予以短暫儲存；(3) 長期記憶：重要訊息長期儲存；(4) 擴散思考：從不同角度思考問題，擴散思考後來研究發現與創造力有著密切關係；(5) 聚斂思考：依經驗法則、邏輯思維，來尋求答案解決問題；(6) 評估：對訊息作適切性的決策過程。

　　在產物向度上，包括六類思維運作結果：(1) 單位：運作結果可以計量；(2) 歸類：運作結果可以按特徵歸類，得到類別屬性；(3) 比較：運作結果可以對應到事物之間的關係並比較之間的差異；(4) 組織：運作結果可以了解到複雜事物的系統結構；(5) 改變：運作結果可以轉換或改變成某種形式，研究發現改變與創造力有著密切的關係；(6) 類化：運作結果可類推於類似情境中，作為預測或是處理未來的依據。

　　吉爾福對於智力結構理論的智力個數，前後三次修改。最早 1959 年首創智力結構理論時，內容有 4 個次級元素、運作有 5 個次級元素、產物有 6 個次級元素，共有 4（內容）×5（運作）×6（產物）＝ 120 種不同組合的智力個數。1977 年將內容向度上的形狀，細分爲視覺因素與聽覺因素，得到 5（內容）×5（運作）×6（產物）＝ 150 種不同組合的智力個數。1988 年又將產物向度上的記憶，細分爲短期記憶與長期記憶兩類，得到 5（內容）×6（運作）×6（產物）＝ 180 種不同組合的智力個數。

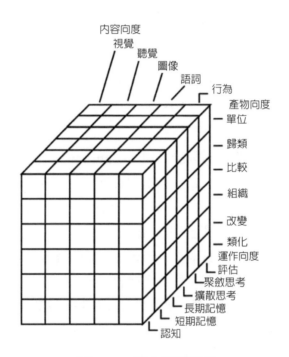

圖 11-3　智力結構理論

資料來源：朱錦鳳，2014 (From Anastasi & Urbina, 1997)

六、Cattell-Horn-Carroll model (CHC) 理論

卡洛爾（J. Carroll, 1993）擴展了卡特爾（R. Cattell, 1941, 1963）、宏恩（J. Horn, 1968）的理論模式，提出智力三階層理論（three-statum theory，表 11-1），最上層 g 智力（general intelligence, g）；第二層有 8 項廣泛能力（broad abilities）；最底層約有 70 項狹窄能力（narrow abilities）。第二層的 8 項能力說明如下：

1. 流體智力（general fluid intelligence, Gf）：反應敏銳的能力，歸納、演繹、推理的高階能力，解決新問題的能力，在渾沌初始狀態中建立新概念新知識的能力。流體智力通常是非語文的，雖然，卡特爾認為流體智力不依賴文化背景，不受文化影響，但事實上編製出完全免受文化影響的智力測驗，有其難度。

2. 晶體智力（general crystallized intelligence, Gc）：應用既有知識或經驗之深廣程度的能力，是學習及使用語言文化知識的能力，通常會因時間而累積更多的能力。當流體智力運用在文化產物時，晶體智力的語言文化能力會隨之應用出來，學者研究發現流體智力與晶體智力的相關係數約 $r = 0.5$。一般而言，處理新的問題（例如，在新的算術題目上的計算能力、計算正確與速度），或是對於藝術的創造力，則屬於流體智力。對於語文的詞彙使用量或是對環境知識的經驗控制，則屬於晶體智力。卡特爾

表 11-1　CHC 三階層理論

第一層	普通智力						
第二層	流體智力 Gf	晶體智力 Gc	領域特定知識 Gkn	視覺空間能力 Gv	聽覺訊息處理 Ga	廣泛提取記憶 Gr	認知處理速度 Gs	決定反應時間 Gt
第三層	5 種狹窄能力	10 種狹窄能力	7 種狹窄能力	11 種狹窄能力	13 種狹窄能力	13 種狹窄能力	7 種狹窄能力	5 種狹窄能力

（1963）認為 g 因素智力就是流體智力和晶體智力。CHC 理論將流體智力與晶體智力發揮到極致，對後來的智力研究有著重大的影響。

3. 領域─特定知識（general domain-specific knowledge, Gkn）：是個體在專業領域中，學習到特定知識的能力。

4. 視覺─空間能力（general visual-spatial abilities, Gv）：個體對立體圖像的視覺記憶、保留及圖像旋轉的想像能力。

5. 聽覺處理能力（general auditory processing, Ga）：個體對聲音訊息處理的能力，尤其是過濾雜音，保留正確訊息，以進行分析。

6. 廣泛記憶（general broad retrieval memory, Gr）：個體面對新訊息，可以透過聯結將儲存於長期記憶中的類似訊息提取，整理歸類後又貯存新訊息的能力。

7. 認知處理速度（general cognitive processing speed, Gs）：面對多量且快速出現的刺激物時，尤其是需要高度專注力的認知作業，個體在認知歷程的流暢能力。

8. 決定反應時間（general decision/reaction time or speed, Gt）：個體對簡單刺激物作出決定的反應時間能力，時間越短反應越好。

七、Gardner 多元智力理論

葛德納（H. Gardner）1983 年提出多元智力理論（multiple intelligences theory），當時他提出七種智力，後又於 1999 年增加自然探索者智力，形成八種智力。

1. 語文智力（linguistic-verbal intelligence）：個體擅長語文書寫能力且習慣用語言文字來思辨，喜歡閱讀和寫作，對文字的駕馭、文章結構的鋪陳、語意的理解、詞彙的運用極為自如。

2. 邏輯─數學智能（logical-mathematical intelligence）：個體擅長以推理來進行思考，愛好以規律及邏輯來尋求答案，能有效運用邏輯推理、抽象思考和數字分析的能力於研究的事物上，對於科學的新發展，尤其有興趣。例如，數學、物理、精算、統計方面的工作。

3. **空間智能（spatial intelligence）**：個體對於色彩、線條、形狀、樣式、空間以及它們之間關係，具有高度的視覺空間能力，擅長用意象和圖像來思考，能準確地將腦中知覺到的立體空間圖像，具體化實現在生活事務上，例如，建築規畫、室內設計、空間規畫等。空間智能又可簡略區分為意象空間智能（例如，畫家表達心中的意象）、抽象空間智能（例如，幾何學家腦中的抽象幾何圖）以及兩者兼具的空間智能（例如，建築師將意象抽象以具象樣式表現出來）。

4. **音樂智能（musical intelligence）**：天生具有容易學會樂器，也能自己創曲的能力。在音樂智能上，有較強的觀察辨別能力以及創作能力，擅長表達對音樂節奏、音調、旋律或音色上的敏感性。

5. **肢體－動感智能（bodily-kinesthetic intelligence）**：運動或競賽時，身體對於肢體平衡、敏捷性、爆發力、彈性、律動或協調性表現出較佳的肢體 - 動感。平時喜歡動手組裝東西，愛好戶外活動，與人交談時，常用手勢或其他肢體語言，來表達自己內在想法和感覺。例如，運動家、舞蹈家、戲劇表演家。

6. **內省智能（intrapersonal intelligence）**：個體對自我了解深，自律性強，自尊敏銳度高，對於自己內在情緒、動機、興趣和要求，有自知之明，常內在省思自我審視自己的目標及規劃。例如，小說家、詩歌作家。

7. **人際智能（interpersonal intelligence）**：個體對他人的臉部表情、聲音和動作具敏感性，善於察覺他人的情緒、意向、捕捉他人的行為動機，喜歡參與團體互動，在團體場合中感覺舒服自在，善與人建立良好的人際關係，亦擅長調解人際關係衝突。例如，政治領袖、宗教領袖。簡單來分，內省智能是探討個人內在智能，而人際智能則探討人與人之間智能。

8. **自然探索者智能（naturalistic intelligence）**：對於自然界生態環境、生物環境的探索、季節變化、動植物的生物特徵與成長習性，有著強烈的興趣及分類辨識能力。適合從事保育工作、園藝植栽、海洋生物探索、地質研究、獸醫等工作。

八、Sternberg 三元智力理論

史特伯格（R. Sternberg, 1994）提出三元智力理論（triarchic intelligences theory）：組合（componential）智力、經驗（experiential）智力、適應（contextual）智力。

1. 組合智力：組合智力是分析的能力，包含三種成分：後設成分（metacomponents）、執行成分（performance components）、知識習得成分（knowle-dge acqistion components）。後設成分是一種高層次的策劃過程，包括界定問題、解決問題、選擇策略、訊息處理、利用時間及各種資源、監控策略的執行、監控解題策略之執行、評估外在回饋。執行成分並非策劃的過程，而是實際執行的過程（例如，執行某項任務或解決某個問題的心理歷程，像運用短期記憶或是運用邏輯推理三段推法：大前提、小前提和結論，來解決問題），執行過程包括編碼（encoding）、推論（inference）、映射（mapping）、應用（application）、比較（comparison）、鑑定（justification）。知識習得成分亦非策劃過程，而是獲取新知識的過程（例如，獲得詞彙的能力），獲取的過程，常會經歷三個歷程，包括選擇性編碼（selective encoding）、選擇性組合（selective combination）、選擇性比較（selective com-parision）。

2. 經驗智力：經驗智力是創造的能力，包含新穎性（nonentrenchment）和自動化（automatization）兩種智能。新穎性是個體用舊經驗或已具備的知識，來處理新環境或陌生的情境中，出現的新訊息的能力；自動化是個人提取舊記憶自動順暢的能力，當個體面對新訊息能否快速從舊記憶或舊經驗去提取或檢索，新舊聯結的能力。

3. 適應智力：適應智力是實踐的能力，是個體隨機應變的能力，包含三種基本成分：適應（adaptation）、選擇（selection）、塑造（shaping）。適應是個體在現實環境脈絡中生存的適應能力，選擇是個體在現實環境脈絡中選擇適合生存的能力，塑造是個體改造環境的能力。當個體面對外在環境時，適應環境、選擇環境、最後改變環境，以滿足自己的環境需求，適應智力越高，越能適應選擇塑造環境條件。

第二節　智力量表

　　常用的智力測驗又分為個別智力測驗與團體智力測驗。個別智力測驗是同一時間內僅一個人受測，團體智力測驗則是同一時間內多人受測。團體智力測驗的優點是時間、經費皆較經濟，施測方便，計分客觀，有大規模的常模可參照，但較缺乏臨床上的價值。國內常用的團體智力測驗有下列幾種：

　　1. 文字智力測驗：(1) 學校能力測驗（路君約，1977）；(2) 加州心理成熟測驗（臺大心理系，1977）；(3) 普通分類測驗（黃堅厚、路君約，1979）；(4) 中學智慧測驗（黃堅厚、路君約，1979）；(5) 國民中學智力測驗（程法泌、路君約、盧欽銘，1980）；(6) 修訂加州心理成熟測驗（馬傳鎮、路君約，1983）；(7) 羅桑二氏語文智力測驗（黃國彥、鍾思嘉、林珊如、李良哲，1983）；(8) 系列學業性向測驗（國立臺灣師範大學教育心理學系編訂，1985）。

　　2. 非文字智力測驗：(1) 瑞文氏非文字推理測驗（黃堅厚，1964）；(2) 羅桑二氏非語文智力測驗（黃國彥、鍾思嘉、傅粹馨，1977）；(3) 學校能力測驗（胡秉正、路君約，1978）；(4) 圖形式智力測驗（徐正穩、路君約，1980）。

　　國內常用的個別智力測驗，有比西量表（Binet-Simon scale）、斯比量表（Stanford-Binet intelligence scale）、魏氏量表（Wechsler-Bellevue intelligence scale）、考夫曼兒童智力測驗（Kaufman Assessment Battery for Children, K-ABC），底下依序介紹。

一、比西量表（心理年齡計分階段）

　　法國的比奈（A. Binet）和他的同事西蒙（T. Simon）1905 年編製了全世界第一個個別智力測驗：比西量表（Binet-Simon scales），有 30 道題目，題目由易而難排列，以通過的題數多寡來判別智力的高低。主要在測量兒童的判斷能力、理解能力及推理能力。此量表 1908 年、1911 年皆做過修訂。1908 年的修訂，題數增加變成 58 道題目，所有題目依年齡（3～13 歲）分組，首度採用心理年齡（mental age, MA）計分，並提供年齡量表的常模對照。當心理年齡高於實足年齡（chronological age, CA，亦可稱為生理年齡）者，智力較高；心理年齡低於實足年齡者，智力較低。1911 年的修訂，將年齡從 3 歲延伸到成年組。比西量表題目根據後來 Sattler（1965）研究，認為有七大類：語言（language）、記憶（memory）、概念思考（conceptual thinking）、推理（reasoning）、數字推理（numerical reasoning）、視覺動作（visual motor）、社會智慧（social intelligence）。我國在 1924 年、1936 年、1962 年、1979 年、1991 年皆曾進行比西量表的修訂。

二、斯比量表（比率智商計分階段）

史丹福大學學者推孟（L.M. Terman, 1916，被稱為「智商之父」）研究團隊修訂比西量表後，提出斯比智力量表（Stanford-Binet intelligence scale），斯比智力量表可說是美國最早、最著名，應用最為廣泛的個別智力測驗。後經 1937 年、1960 年、1985 年及 2003 年修訂，目前是 2003 年修訂的第五版，有 16 個分測驗，五個因素：流體推理、常識、數字推理、視覺推理、工作記憶。斯比量表以比率智力商數（Ratio IQ）來表示智力高低。比率智力商數計算公式為心理年齡（月）÷ 生理年齡（月）×100（即（MA÷CA）×100），計算出來的結果用來判別智力的高低（參閱第四章）。

三、魏氏智力量表（離差智商計分階段）

1. 美國魏氏智力量表的發展

美國心理學家魏克斯勒（D. Wechsler, 1939）提出魏氏智力測驗，有三個題本發行：

(1) 魏氏成人智力量表（WAIS），1955 編製、1981 年修訂、第三版

WAIS-III（1997）、第四版 WAIS-IV（2008），適用於 16 歲 0 月～90 歲 11 月的成人。第四版（WAIS-IV）有 2 個量表、4 個因素、15 個分測驗（見表 11-2）。這 2 個量表分別為語文量表（VIQ）與作業量表（PIQ）。這 4 個因素，分別為語文理解（VCI）、工作記憶（WMI）、知覺推理（PRI）、處理速度（PSI）。語文量表在測量 VCI 與 WMI 因素，作業量表在測量 PRI 與 PSI 因素。這 15 個分測驗中，語文量表有 7 個分測驗：詞彙、類同、常識、理解、算術、記憶廣度、數 - 字系列。作業量表有 8 個分測驗：圖形設計、視覺拼圖、矩陣推理、圖形等重、圖畫補充、符號尋找、符號替代、刪除圖形。而 15 個分測驗中，有 5 個分測驗是交替分測驗分別是理解、算術、圖形等重、圖畫補充、刪除圖形。這當中理解分測驗是語文理解因素的交替分測驗、算術分測驗是工作記憶因素的交替分測驗、圖形等重與圖畫補充二者都是知覺推理因素的交替分測驗、刪除圖形分測驗是處理速度因素的交替分測驗。

(2) 魏氏兒童智力量表（WISC），1949 年編製、修訂版 WISC-R（1974）、第三版 WISC-III（1991）、第四版 WISC-IV（2003），適用於 6 歲 0 個月～16 歲 11 個月的學生，第四版（WISC-IV）有 2 個量表、4 個因素、14 個分測驗（見表 11-2）。2 個量表名稱、4 個因素名稱皆同前，這 14 個分測驗中，有 10 個分測驗是原先第三版就有的，第四版新增四個分測驗，分別是圖畫概念、矩陣推理、數 - 字系列、刪除動物。而在第四版 14 個分測驗中，有 10 個核心分測驗、4 個交替分測驗，這 4 個交替分測驗分別是常識、算術、圖畫補充、刪除動物，其餘 10 個皆為核心分測驗。這 4 個交替分測驗中，常識分測驗是語文理解因素的交替分測驗、算術分測驗是工作記憶因素的交替分測驗、圖畫補充分測驗是知覺推理因素的交替分測驗、刪除動物分測驗是處理速度因素的交替分測驗。

(3) 魏氏學前兒童智力量表（WPPSI），1967 年編製、修訂版 WPPSI-R（1989）、第三版 WPPSI-III（2002）、第四版 WPPSI-IV（2012），適用於 2 歲 6 個月～7 歲 11 個月的學生。第四版（WPPSI-IV）有 2 個量表、4 個因素、13 個分測驗，2 個量表名稱、4 個因素名稱皆同前，這 13 個分測驗名稱參閱表 11-2。

　　魏氏智力量表的這三個題本，都是以離差智商（Deviation IQ）方式來表示智力高低，例如，WISC = 15Z + 100，意思是 WISC 智力分布的平均數是 100，標準差 15。離差智商是常模的概念，所以，上述 WISC 的公式又可以轉換為標準分數，即 (WISC − 100)÷15 = Z，也就是（個人分數－母體平均數）÷ 母體標準差，即可得到標準分數，便能對照智力高低。魏氏智力量表的三個題本分測驗名稱如下：

表 11-2　WAIS、WISC、WPPSI 三個題本比較

語文 / 作業	因素	WAIS	WISC	WPPSI
語文量表 （VIQ）	語文理解 （VCI）	詞彙 類同 常識 ＃理解	類同 詞彙 理解 ＃常識	常識 類同 ＃詞彙 ＃理解
	工作記憶 （WMI）	記憶廣度 數 - 字系列 ＃算術	記憶廣度 數 - 字系列 ＃算術	圖畫記憶 ＃動物園位置
作業量表 （PIQ）	知覺推理 （PRI）	圖形設計 矩陣推理 視覺拼圖 ＃圖形等重 ＃圖畫補充	圖形設計 圖畫概念 矩陣推理 ＃圖畫補充	圖形設計 ＃物型配置 矩陣推理 圖畫概念
	處理速度 （PSI）	符號尋找 符號替代 ＃刪除圖形	符號尋找 符號替代 ＃刪除動物	昆蟲尋找 ＃刪除動物 ＃動物替代

（全量表（FSIQ）涵蓋語文量表與作業量表兩大部分）

＃表示交替測驗。交替測驗在正式測驗材料損壞、特殊障礙，或測驗程序中有特殊情況且在時間允許時才使用。

2. 魏氏智力量表在我國的發展

(1) 魏氏成人智力量表第四版（WAIS-IV）中文版

　　適用對象：16 歲 0 月～90 歲 11 月。

　　用途：

　　a. 可用於鑑定資優、智障等特殊成人的認知強弱項衡鑑工具。此結

果可做爲研擬臨床治療計劃及決定教育安置和養護方案之指南。

b. 可與適應行爲評量系統（ABAS-II）中文版併用，以評量受試者認知功能與適應技能間的關係。

(2) **魏氏兒童智力量表第五版（WISC–V）中文版**

適用對象：6 歲 0 個月～16 歲 11 個月

用途：

a. 用於鑑定智能資優、智能障礙、學習障礙等特殊兒童的認知強弱項衡鑑工具。

b. 可與適應行爲評量系統第二版（ABAS-II）併用，以評量受試者認知功能與適應技能間的關係。

(3) **魏氏幼兒智力量表第四版（WPPSI-IV）中文版**

適用對象：2 歲 6 個月～7 歲 11 個月。

用途：

a. 可用於鑑定資優、智障、認知發展遲緩等特殊兒童的認知強弱項衡鑑工具。其結果可做爲研擬臨床治療計劃及決定教育安置和養護方案之指南。

b. 可與適應行爲評量系統（ABAS-II）中文版併用，以評量受試者認知功能與適應技能間的關係。

資料來源：http://www.mytest.com.tw/Adult_listI.aspx

四、考夫曼兒童智力測驗

考夫曼兒童智力測驗（Kaufman & Kaufman, 1983, K-ABC）適用於 2 歲 6 個月～12 歲 6 個月兒童。1997 年出版的成人智力測驗（Kaufman adolescent and adult intelligence test, KAIT）適用於 11 歲～85 歲，KAIT 是整合卡特爾（Cattell, 1963）和宏恩（Horn, 1968）的流體智力和晶體智力理論以及皮亞傑（Piaget, 1955）的形式運思期（formal operational stage）理論，所編製而成的測驗，主要在測量解決問題的能力。之後又出版考夫曼延伸智力測驗（KAIT extended battery, 2004b）偏重在測量記憶能力、考夫曼簡氏智力測驗（the Kaufman brief intelligence test, 2004a）目的在縮短施測時間，常用於臨床診斷上。

　　這裡主要介紹兒童智力測驗（K-ABC），其特色如下：

　　1. 常用於美國小學一年級入學時測驗，以篩選出智力不足學童，轉介殊教育學校學習。

　　2. 根據認知發展理論編製題目，重視訊息處理過程，呈現兒童認知能力發展狀況。

　　3. K-ABC 有四個分量表：訊息同時處理（simultaneous processing）量表、訊息序列處理（sequential processing）量表、學業成就（achievement scale）量表、心理處理綜合（mental processing composite）量表。

　　4. 訊息同時處理量表有 7 個分測驗：神奇視窗（magic window）、人臉辨識（face recognition）、模型類推（matrix analogies）、完形圖識（gestalt closure）、空間記憶（spatial memory）、三角拼圖（triangles）、照片系列（photo series）。

　　5. 訊息序列處理量表有 3 個分測驗：手部動作（hand movement）、數字回憶（number recall）、字詞順序（word order）。

　　6. 學業成就量表有 6 個分測驗：字彙表達（expressive vocabulary）、人物辨識（faces & places）、算術（arithmetic）、謎語（riddle）、閱讀解碼（reading/decoding）、閱讀理解（reading/understanding）。

習題

1. 簡述 Spearman 的二因素理論。
2. 試比較桑代克（Thorndike）多因論與賽斯通（Thurstone）群因論之差異。
3. 簡述 Vernon 階層式群因理論。
4. 簡述 CHC 三階層理論。
5. 簡述 Sternberg 三元智力理論。
6. 簡述魏氏智力量表在我國的發展及用途。

第一節　加州人格量表

　　自陳式人格量表原本由受測者自己陳述出來，但受測者要清楚說出自己心理屬性特徵，例如，動機、興趣、價值觀、生活適應的感受實屬不易，於是將欲測量的人格特質，編製成敘述語句題目，讓受測者依自己的內在感受與題目的呼應程度來勾選作答，作答型式有「是非題」或「選擇題」，答案則沒有對錯之分，亦無標準答案。

　　自陳量表施測通常採團體實施。若根據人格量表發展沿革中曾出現的主要取向來分，則可分為效標導向的人格量表、因素分析導向的人格量表和人格理論導向的人格量表等。效標導向的人格量表，是以臨床診斷為效標的量表，將心理醫師或 DSM-IV-TR（Diagnostic and Statistical Manual of Mental Disorders, 精神疾病診斷準則手冊第 4 版）診斷的病患設為效標組，一般正常人設為對照組，如果編製的題目能夠有效的區分效標組與對照組，顯然該題目應納入量表中，也就是效標導向的量表編製是讓題目自己歸屬，而不是編製者自己決定題目是否納入，不言可喻，初編的憂鬱症自陳量表施測後，被效標組憂鬱症患者勾選的題目，自然會被納入正式憂鬱症量表中。目前美國普遍使用以臨床診斷為效標的自陳式人格量表中，主要有明尼蘇達多重人格量表（Minnesota multiphasic personality inventory-2, MMPI-2）、加州心理量表（California psychological inventory, CPI）、米隆臨床多向人格量表（Millon clinical multiaxial inventory-4, MCMI-IV）等，而國內則以柯氏性格量表為主。實務上，以臨床診斷為效標所編製的人格量表，主要用途是幫助學校、軍隊或公職團體診斷出可能有心理或人格異常的高危險群，加以關懷與輔導。

　　因素分析導向的人格量表，通常先由專家學者發展出人格理論，再根據這個理論編製題目，施測後以驗證性因素分析，來檢驗題目是否符合原先發展的理論基礎及架構，也有學者不是先發展理論架構，而是直接以探索性因素分析，來檢視題目背後的理論基礎，進而發展出這些因素、特質或變項，彼此間的潛在關係。近幾年來，學者們多以因素分析或結構方程模式，進行建構效度的驗證。目前美國普遍使用以因素分析導向編製的自陳式人格量表，主要有艾森克人格問卷（Eysenck personality question-naire, EPQ）、十六人格因素問卷（sixteen personality factor questionnaire, 16PF）、五大特質人格量表（NEO personality inventory-revised, NEO-PI-R）、五大特質人格簡式量表（NEO-five factor inventory, NEO-FFI）等，而國內則以賴氏人格測驗為主。

　　人格理論導向的人格量表是以預設的人格理論為依據，根據理論來編製題目。這與因素分析法差異在於因素分析法是回溯性驗證理論（進行建構效度的驗證），這也與效標導向法不同，效標導向法是以經驗實徵效標為基礎（例如，MMPI-2）。目前美國普遍使用以理論導向的自陳式人格量表中，主要有根據 Murray（1938）人格需求理論發展而編製的艾德華個人偏好量表（Edwards personal preference schedule, EPPS）以及人格研究量表（personality research form, PRF），也有根據 Carl Jung（1875-1961）人格理論發展而編製的麥爾 - 布里格斯類型指標（Myers-Briggs type indi-cator, MBTI）量表，也有針對 A 型人格特質（激進、性急、工作狂）模式發展而編製的詹金斯活動調查表（Jenkins activity survey, JAS; Jenkins, Zyzanski, & Rosenman, 1979），這些都是理論導向的人格量表。

　　除了上述不同取向區分外，亦有將人格測驗簡略分成客觀測驗、投射測驗兩種。客觀測驗這裡只介紹加州人格量表（CPI）、十六人格因素問卷（16PF）以及艾德華個人偏好量表（EPPS），而投射測驗只介紹羅夏克墨漬測驗（Rorschach inkblot test, RIT）與主題統覺測驗（thematic ap-perception test, TAT）兩種。

　加州人格量表（CPI）最早是由美國心理學家高福（Gough）於 1957年編製發展出版的，總共有 480 個題目，皆以對或錯回答，適用於測量13 歲以上青少年或成年人，個別或團體實施皆可，施測時間約一小時即可完成，主要用來測量一般人在人際溝通與社會互動行為上背後的人格特質。1987 年進行修訂，題數刪減至 462 題，1996 年第三次修訂，又刪掉 28 題，變成 434 題。CPI 有 20 個分量表，其中三個是效度量表，分別是好印象（good impression）、從眾性（communality）、幸福感（sense of well-being），這三個效度量表是用來評估受測試者的作答態度及反應心向，如果這三個量表分數過高，極有可能會降低測驗的效度（因為受測者有假裝回答跡象）。

　20 個分量表名稱及意涵，如下所示：

1. 支配性（dominance, Do）：自信、獨斷、支配、任務導向。

2. 地位能力（capacity for status, Cs）：野心、渴望成功、社會地位。

3. 社交能力（sociability, Sy）：善與人交、喜社會參與。

4. 社交表現（social presence, Sp）：自在性、自發性及自信心。

5. 自我接受（self-acceptance, Sa）：自我評價、自我接納程度。

6. 獨立性（independence, In）：獨立自主、追求設定目標。

7. 同理心（empathy, Em）：感受自己或別人程度。

8. 責任心（responsibility, Re）：認真、責任感、可靠性程度。

9. 社會化（socialization, So）：服從規範、服從組織的程度。

10. 自我控制（self-control）：自律調適、自我控制的程度。

11. **好印象（good impression）**：希望給人好印象、討好別人的程度。

12. **從眾性（communality）**：喜與他人一樣、適應的程度。

13. **幸福感（sense of well-being）**：身心健康、快樂的程度。

14. 容忍度（tolerance）：忍受信念價值之衝突、忍受差異性的程度。

15. 順應成就（achievement via conformance）：順從有助於成就表現。

16. 獨立成就（achievement via independence）：獨立有助於成就表現。

17. 智力效能（intellectual efficiency）：發揮智力的程度。

18. 心理感受性（psychological-mindedness）：洞察別人的需求及動機。

19.靈活性（flexibility）：生活及社會行為上的彈性和適應性。

20.女性化 / 男性化（femininity-masculinity）：男性化特徵：客觀、理性、實際；女性化特徵：耐心、同情心、溫暖、依賴。

CPI 的 20 個分量表，扣除三個效度量表，剩下的 17 個量表中，有 13 個量表題目是以兩組的反應（相互對照）作為篩選試題的依據，例如，高社交能力與低社交能力的兩群人，分別做完整份測驗題目，根據他們的作答反應，選出能有效區別這兩組的題目，這些題目組合起來即被用來測量該特質，再以學業成績、社會階級地位、課外活動表現以及他人的評定為效標變項，探討效標關聯效度，這裡他人的評定是指受測的同儕團體對受測者的評定分數，這 13 個量表題目就是以檢視效標關聯效度編製完成的。另外 4 個量表的題目，是以主觀方式選出認為有在測量某特質的題目，再以內部一致性予以檢核。

學者對於 CPI 曾進行因素分析，研究指出分量表之間並非獨立而是有許多重疊，Gough（1987）指出 20 個分量表可以縮減至四個因子：外向性（extraversion）、控制性（control）、靈活性（flexibility）、一致性（consensuality）。Deniston 與 Ramanaiah（1993）研究指出 CPI 跟五大人格特質中的四個因素：外向性（extraversion）、神經質（neuroticism）、開放性（openness）、盡責性（conscientiousness）的因素負荷量有著顯著相關。Fleenor 與 Eastman（1997）的研究則指出 CPI 與五大人格特質，皆具有五個因子。

CPI 的所有分數皆以平均數 50、標準差 10 的 T 分數加以解釋。解釋時可以先從三個效度量表檢視起，看是否有討好或假裝的反應心向，再對照側面圖，檢視受測者在每個分量表中每個特質的信念、態度。

CPI 的實務應用，可有效預測學業成就低下與犯罪的關聯性，對於職場上的工作表現、工作績效的預測提供不錯的參考價值，亦可應用於招聘員工的人事甄選上或是儲備領導幹部的生涯發展等。

第二節　十六人格因素問卷

十六人格因素問卷（16PF）最早是由美國心理學家卡特爾與他的同事（Cattell & Mead, 1949）編製發展出來的。編製過程開始是與同事蒐集英文字典裡有關人格特質的詞彙，總計蒐集了近 4000 個用來形容人格特質的詞彙，再根據語言相似性或意義相同性，分成 45 組特質名稱，透過因素分析，得到 15 種人格特質因素（對於這些人格特質因素名稱，早期卡特爾使用艱澀深奧術語來表徵，造成解釋上的困難，後改為英文字母標記，從 A 到 O，A 是最能解釋這 45 組因素變異的，字母越後面能解釋的比例就越低），又因為這 15 種人格特質因素中，有些性格難以在成人身上找到，有些又額外發現新的人格特質，所以增減後，最後確定 16 種人格特質因素，卡特爾認為這 16 種特質代表著人格的基本組成。

16PF 適用於十六歲以上的青年和成人（即高中生、大學生、青年、壯年或老年人），施測時間約半小時到一小時，通常只需要 45 分鐘即可完成，適合個別施測或團體施測，目前有 30 多種不同的語言文字版本，在國際上得到廣泛使用。16PF 從 A 到 O，分別是：

A.樂群（warmth）

B.推理（reasoning）

C.情緒穩定（emotional stability）

E.支配（dominance）

F.活潑（liveliness）

G.規則意識（rule-consciousness）

H.勇敢（social boldness）

I.敏感（sensitivity）

L.警覺（vigilance）

M.抽象性（abstractedness）

N.隱私（privateness）

O.憂慮（apprehension）

Q1. 樂於改變（openness to change）

Q2. 自立（self-reliance）

Q3. 完美主義（perfectionism）

Q4. 緊張（tension）

讀者不難發現，字母從 A 到 O 中少了 3 個（少了 D、J、K），當初卡特爾這些學者們發現這 3 個特質難以在成人身上找到，所以捨棄不用，剩下 12 個，後來又加入 4 個（Q1 到 Q4，這是後來發現也可以用來描述人格特質），最後確定這 16 種人格因素。

16PF 版本從最早 1949 年出版，歷經 1956 年、1962 年、1968 年、1993 年修訂，目前是 1993 年修訂的第五版，第五版只有一種題本，有 183 題，題型中除了 B 推理（Reasoning）是屬於對錯二元計分題外，其餘皆是 Likert 的三元計分題型，也就是從三個選項（a,b,c）中，勾選出最配適者。舉例如下所示：

---

1. I make decisions based on
    a. feelings
    b. feelings and reason equally
    c. reason

2. Which of the following items is different from the others?
    a. candle
    b. star
    c. lightbulb

圖 12-1　16PF 題目範例

資料來源：Cattell, 2001

16PF 的計分方式：除了 B 推理是二元計分（錯給 0 分、對給 1 分）外，其餘都是三元計分：從未如此給 0 分、有時候如此給 1 分、確實如此給 2 分。把所有題目的分數加總起來得到原始分數，原始分數再轉換成 Sten 標準十（請參閱第四章），以表示個人人格特質在常模中的相對位置，亦可對照受測者的人格因素側面圖，了解受測者在 16PF 中每個特質的情況。要注意的是，測量結果極端偏右或極端偏左都有其意義，在 16PF 指導手冊中，有 Left Meaning 或 Right Meaning 的說明。

在 16 個人格特質的基礎上，卡特爾亦曾進行二階因素分析，第一階因素有 5 個，分別是外向（extraversion, E）、焦慮（anxiety, A）、剛毅（tough-mindedness, T）、獨立（independence, I）、自我控制（Self-control, S），卡特爾統稱第一階的這五個因素爲 primary factors，並將第二階因素命名爲 global factor（G），而觀察變項就是根據上述 16 個特質所編製的 183 道題目。

16PF 的重測信度約 0.7 到 0.8，量表中 O 憂慮因素量表的信度係數最高 0.92，量表中 B 推理因素量表的信度係數最低 0.48，折半信度不高，低至 0.54 左右。在效度方面，16PF 題目的因素負荷量約 0.73 到 0.96。

16PF 原本提供正常人格的臨界值標準，卻也提供了判斷異常性格的基準。近年來也用於心理臨床工具，提供了臨床諮詢訊息，幫助診斷精神疾病，方便實施預防治療計劃，在臨床醫學中更被用於心理障礙、焦慮、情緒問題、行爲障礙、心身疾病的特徵研究。也可以用於其他心理學領域，例如，職業選擇或是檢視職業團體員工的人格傾向。也可以了解員工在環境適應、專業成就和心理健康等方面的表現。

第三節　個人偏好量表

艾德華個人偏好量表（EPPS）是由美國心理學家 Edwards（1959）所發展並出版的。EPPS 以 Murray（1938）的 15 種人格需求理論爲基礎，設計出能反應這些需求的題目，具體作法是每題會有 A、B 兩種針對不同需求的敘述句，這兩種敘述句之所以被放在一起，其實與社會期許反應心向（social desirability response set）有關，社會期許反應心向普遍存在於受測時作答者往往傾向於回答社會所期許的，而不是回答自己的情況（例如，應徵護士時，被問到愛心，受測者會以社會期許護士具有愛心回答，而不是自問自己是否具有愛心）。

每題會有 A、B 兩種不同情況的敘述語句，請勾選出認為較配適者。如下所示：

1.
    A. 我喜歡批評有權威地位的人。
    B. 我喜歡用別人常不懂意義的字彙。

2.
    A. 我樂於稱讚我所欽佩的人。
    B. 我喜歡能自由的去做我想做的事。

⋮

5.
    A. 我喜歡問些明知別人不能夠回答的問題
    B. 我喜歡批評有權威地位的人

圖 12-2　個人偏好量表題目範例

資料來源：黃堅厚，1967

這種自比式的測驗（ipsative test）設計，藉由社會期許反應心向的比較以及強迫選擇方式（選 A 或選 B），突顯出個人在不同人格需求間的對比強度。上述例 5 中，A. 我喜歡問些明知別人不能夠回答的問題，B. 我喜歡批評有權威地位的人，在這個題目中，選 A 或選 B 都有著同樣的社會期許反應心向（都希望自己是屬害角色），但受測者被要求在 A、B 敘述句中的我喜歡作出較符合自己情況的反應（雖然都是屬害角色，但喜歡在 A 情況或 B 情況，哪種情況下展現自己屬害，就有程度之別），強迫選擇的作答方式就是讓受測者面對自己內在的相對強度時，必須選出最符合自己內在感受的答案。

EPPS 的 15 種需求如下（資料來源：黃堅厚，1967）：

1. 成就（achievement, Act）：盡個人努力，以求取成功，完成有意義的工作，或解決有困難的問題之傾向。

2. 順從（deference, Def）：接受別人的建議或指示，按照規定或習俗行事的傾向。

3. **秩序（order, Ord）**：注意整齊清潔，凡事都先有所計畫，按部就班，有條不紊的傾向。

4. **表現（exhibition, Exh）**：希望獲得別人注意，常藉機智的語言或行為，以達到此一目的，喜歡談論自身的成就和功績，或別人不能回答的問題。

5. **自主（autonomy, Aut）**：傾向於自由行動，自作主張，不喜歡接受規則或習慣的約束，不願為責任或義務所規範。

6. **親和（affiliation, Aff）**：樂於郊遊、參加團體活動，並忠於朋友的傾向。

7. **內省（intraception, Int）**：分析本身的動機與感情，喜研究別人的行為，且常設身處地推斷他人行為的傾向。

8. **求援（succorrance, Suc）**：希望獲得別人幫助、鼓勵、支持，遇到有困難時，渴望他人的同情與關心。

9. **支配（dominance, Dom）**：領導團體活動，支配或影響他人的傾向，常為個人的主張辯護，希望能為他人所接受。

10.**自貶（abasement, Aba）**：自覺不如他人，對自己行為常有愧疚之心，在尊長前常有畏縮不安傾向。

11.**慈愛（nurturance, Nur）**：待人寬厚、仁慈、富有同情心，對於有困難或遭遇不幸的人，有樂於幫助的傾向。

12.**變異（change, Cha）**：喜歡新鮮的事，喜結交新朋友，愛好旅行或其他新的嘗試。

13.**堅毅（endurance, End）**：堅持一份工作直到做完為止，有毅力，雖遇困難，仍不足以改變其決心。

14.**異性（heterosexuality, Het）**：對異性很有興趣，喜和異性交往，並希望為異性所注意。

15.**攻擊（aggression, Agg）**：抨擊相反意見，公開批評他人，遇到攻擊時，必謀報復；發生問題時，常有責怪他人的傾向。

EPPS 根據上述 15 個需求設計 15 個量表，每個分量表的題目會與其他 14 個分量表的題目配對。EPPS 還另有一個一致性（consistency）量表（廣義來說，總共有 16 個量表），這個一致性量表中，有 15 個重複題目，用來測量受測者反應的一致性，通常可信的作答結果要 15 題中有 9 題以上的一致性，低於 9 題，一致性較低，解釋上有其限制。

題目的重複（例如，上例中題目 1 的 A：我喜歡批評有權威地位的人，題目 5 的 B：我喜歡批評有權威地位的人，此即重複），除了可以用來偵測受測者反應是否一致性外，也可以顯示出受測者在不同需求間的相對強度（例如，$a > b$，$b > c$，則 $a > c$，b 是重複題，也是定錨題）。EPPS 最大特色就是自比分數，亦即在社會期許反應心向下，必須選出自己相對強弱的選項，而自比分數的參考架構是個人自己內在的評比而非外在常模的比較，每一道題目相對強弱的感受都是和自己進行比較，而不是和他人評比。換句話說，自比分數是相對分數，不是絕對分數，是相對受測者自己比較後所呈現的較高或較低的表現。雖然，EPPS 手冊中提供 T 分數和百分位數的比較，但被批評這樣的比較讓人混淆不清（因為量表設計是自比而非外比）。

EPPS 適用於中學生、大學生和正常成人，可進行團體施測也可進行個別施測。EPPS 被廣泛應用於大學生諮商輔導，在職業選拔、人事決策、專業人員選才、人員評估方面都有其應用價值。

國內心理出版社（https://www.psy.com.tw/）有出版中文版的 EPPS，相關訊息如下：

表 12-1　艾德華個人偏好量表中文版

Chinese Version of Edwards Personal Preference Schedule（EPPS）			
出版日期	2008/12/29	測驗功能	了解人格偏好、人際關係、工作期待
管制等級	B	適用對象	大一至大四
施測時間	40～50 分鐘	施測方式	電腦閱卷、個別施測、團體施測

修訂／編製者	Allen L. Edwards 編製；林美珠、周東山、林繼偉修訂
簡介	林美珠、周東山、林繼偉根據 Allen L. Edwards 編製的 Edwards Personal Preference Schedule，進行修訂，並建立國內常模。

測驗內容介紹	共 225 題，包括一致性量表以及十五個人格變項如下： 1. 成就　　　　9. 支配 2. 順從　　　10. 卑屈 3. 秩序　　　11. 關懷照顧 4. 尋求表現　12. 改變 5. 自主　　　13. 耐力 6. 隸屬　　　14. 異性戀 7. 內在感受　15. 攻擊 8. 求助

常模／信效度	從臺灣北、中、南、東地區抽取標準化樣本，共 3493 名大專校院學生建立性別及全體常模。各人格變項之折半信度介在 .56~.88 之間，與 75 題自行編撰之效標關聯效度介於中等之間，皆顯示本量表可有效評量大專校院學生之人格特質。
計分解釋	搭配計分鑰計分，得分愈高，代表該人格變項之偏好愈高。依據性別可參考常模轉換成百分等級，並繪製成個人側面圖。

第四節　羅夏克墨漬投射測驗

　　投射技術源自臨床治療，其特色是提供一種模糊想像的刺激，要求受測者在極短的時間內作出反應。其基本假設為刺激愈模糊，刺激與反應之間相隔的時間又極短，可以減少受測者的自我防衛性，加上測驗使用的是圖片，不受語言文字的限制，可以應用於人格發展和跨文化研究。施測過程中，受測者在無法進行全面周全的思考，會把自己情緒、情感、態度、需求、動機、焦慮和衝突投射到測驗情境中，透過專業性的分析，可以評估受測者的心理特徵。常用的投射測驗有：羅夏克墨漬測驗（RIT）、主題統覺測驗（TAT）。

　　羅夏克墨漬測驗是由瑞士精神醫學家羅夏克（Rorschach, 1921）所編製發展出來的人格投射測驗，該測驗有 10 張墨跡圖卡（5×9 吋），每張圖卡皆為左右對稱的墨漬圖形，其中 5 張是濃淡不同的黑色圖卡，2 張是黑色與紅色印製圖卡，3 張是由多種顏色印製圖卡。施測過程可分為三個階段，第一階段是主試者將 10 張墨跡圖卡依序給受測者觀看。第二階段詢問受測者看到墨跡圖像的哪個部位或哪個位置，這個部位想起了什麼？這個階段要讓受測者自己看到什麼或想到什麼，就直說什麼，主試者藉由提問來確認受測者主要是看到墨漬圖的哪些部分所作出的反應以及反應的決定因子（determinants）是什麼，此時主試者應避免誘導性的指引。第三階段是針對前面提問階段還需作確認處進行最後完整的釐清，釐清受測者剛對某個墨漬圖所使用的決定因子，是否也使用於其他墨漬圖，以確認受測者某個決定因子的存在。受測者在施測過程中自然流露出其想法、情感和態度，主試者從這些反應中，分析判斷受測者的潛在人格特徵。

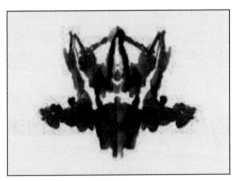

圖 12-3　墨跡測驗模擬

資料來源：朱錦鳳，2014

　　羅夏克墨漬測驗計分方式是以受測者看到墨漬圖的位置、使用的決定因子、內容（content）以及稀少性（popular versus original）四個要素來計分。

　　位置是指受測者看到墨漬圖的哪個位置，位置包括墨漬圖的全部（whole, W）、共同細節（common detail, D）、異常細節（unusual detailed, Dd）以及空白處（space, S）。例如，受測者對墨漬圖的全部作出反

應，則將該反應記為 W，對墨漬圖的空白處作出反應，則將該反應記為
S。

　　使用的決定因子是指受測者在圖卡中所看到的主要特徵或特性是什
麼，有些人看到的主要特徵是形態，就會依據形態回答，有些人看到的主
要特徵是顏色，就會根據顏色回答。決定因子包括墨漬形態（form, F）、
形態極為貼切（form$^+$, F$^+$）、形態不太貼切（form$^-$, F$^-$）、動作（movement,
M）、顏色（color, C）以及材質（texture, T）。例如，受測者對墨漬圖的
形態作出反應，則將該反應記為 F，受測者對墨漬圖的顏色作出反應，則
將該反應記為 C，也有可能同時對兩種或兩種以上的決定因子作出反應，
例如，回答彩色蝴蝶，則記為 FC，因為主要決定因子是形態（F），色彩
則是附加決定因子（C）。在分析診斷的過程中，通常顏色的反應代表情
緒，動作的反應表示想像力，作答時間長短，可視為焦慮指標等等。

　　內容指的是受測者在看到圖卡後所敘述的內容是什麼，這是墨漬圖測
驗計分最重要的部分。例如，有些人看到圖卡後敘述的內容與人物有關，
他（她）會依據看到的人物回答，有些人看到的是衝突，就會依據看到的
衝突動作回答。墨漬圖卡計分內容包括人（human, H），人的部分（human
detail, Hd），爆發（explosion, Ex）以及透視（X-ray）。例如受測者看到
的是在打架，則將該反應記為 Ex，如果看到的是人的顱骨或骨盆，則將
該反應記為 Hd。不過，羅夏克墨漬測驗的使用者或專家，對於受測者的
反應結果——內容的判定？如何計分？以及權重應是多少，莫衷一是，雖
有電腦輔助計分系統協助，但仍是複雜費時。

　　稀少性的計分，包括普遍（popular, P）以及稀有（original, O）。這
是墨漬圖測驗中一個很重要的檢視，也就是受測者自己反應次數多寡（受
測者反應越多，越可以提供後續解釋），以及跟其他人同質性反應次數多
寡（受測者跟多數人的反應一樣還是不一樣）會影響測試結果的解讀。例
如，對於某圖卡的回答，常聽見回答像一隻蝙蝠，將該反應記為 P，但很
少聽到回答說像人體器官，則將該反應記為 O，普遍性或稀少性的回答有
其不同意義，解釋時須加注意。

第五節　主題統覺測驗

主題統覺測驗（TAT）是由美國心理學家 Murray（1938）編製完成的，是目前使用最為普遍、最具代表性的投射測驗。全套測驗 31 張圖卡，其中 30 張黑白圖片，內容多為人物或景物，每張圖卡中至少有一人物在內，另有 1 張是空白圖卡。圖卡背後英文字母 M，表示是給成人男性作答的；背後英文字母 F，表示是給成人女性作答的；背後英文字母 B，表示是給男孩作答的；背後英文字母 G，表示是給女孩作答的；背後無任何英文字母，表示任何人皆可作答。

圖 12-4　TAT 圖卡範例

資料來源：Murray, 1943

TAT 在臨床衡鑑上，通常只需 20 張圖卡（19 張圖卡和一張空白卡），甚至臨床心理上，有時候只需 10 張（9 張圖卡和一張空白卡）即可進行施測診察。圖卡中隱含的曖昧情境，可使受測者憑藉自身生活經驗及深藏內心的感受真實說出圖中的故事內容，20 張圖卡中，後 10 張圖卡內容人物景物較為奇特，主要探求受測者的情緒反應。

Murray 認為受測者內在的情感、情緒、動機、態度或需求會投射到所敘述的故事中，受測者以說故事的方式說出故事內容。例如，看到什麼？發生什麼？發生的原因為何？故事人物在想什麼？他（她）會怎麼做？結果會如何？對情境中的人事物有何感想？從受測者所說的內容中，探求受測者內在的人格特質。

TAT 的計分方式，根據 Bellak & Abrams（1993）的作法，共列出 10 項。

1. 圖卡中主要場景的描述。

2. 圖卡中誰是主角：受測者認為誰是英雄，這會反應出受測者認同的人物。

3. 描述圖卡中主角的需求及動機：受測者根據主角的需求和動機來分析故事的內容。

4. 描述圖卡中所顯示的情境。

5. 圖卡中不同世代的描述（親和性的知覺）。

6. 衝突攻擊性的描述。

7. 焦慮壓力。

8. 自我防衛（受到攻擊和批評感到難過）。

9. 超我（這會反應出受測者隱藏的潛意識）。

10.本我（這會反應出受測者原始本能慾望，本我自我超我拉扯過程中，焦慮、挫折、衝動、不安等情緒會產生）。

計分是根據故事內容進行主觀分析，對於每個主題進行評分，有些主題分數在心理疾患的受測者常出現高分，這些主題就變成該疾患的判定指標，因為受測者在一些圖片中，屢屢表現出相同或類似的描述，投射出他所認同或一直想迴避的思想、情感或行為，例如，對於衝突攻擊性的描述，一再反應出他難以控制當下的衝動，表示可能有暴力傾向。

習題

1. 以臨床診斷爲效標所編製的人格量表有哪些？試說明之。

2. 臨床診斷用的人格量表，其用途爲何？

3. 以因素分析爲導向的人格量表有哪些？試說明之。

4. 以人格理論導向的人格量表有哪些？試說明之。

5. 何謂羅夏克墨漬測驗（Rorschach inkblot test）？

6. 何謂主題統覺測驗（thematic apperception test）？

第十三章

性向測驗

　　性向測驗（aptitude test）並非在測量受測者的興趣或喜好，而是在測量認知能力、潛能或特質天分。其測驗題型多為選擇題，選擇題題型測驗結果容易計分、客觀、便於解釋。性向測驗編製過程常以多元智力理論為基礎（所以亦稱為多元性向測驗組合（multiple aptitude test batteries, MATB））來編製分測驗，受測者的性向就由這些分測驗的組合分數來評估。實務上，對於測驗結果的解釋通常以側面圖來表示受測者在各個成分因子上的特徵，並藉由區別效度來辨識受測者在不同因子上的差異（例如，機械推理與語文推理相關程度應較低，空間關係與機械推理相關程度應較高）。性向測驗結果在區別效度上的差異有助於企業、學校、政府機構在人力的篩選及分配上的決策效能。為更能區別差異性，測驗的使用者或專家，常以不同分測驗的組合，也就是組成分數，來做為篩選分類的依據，例如，軍勤職業性向測驗（armed services vocational aptitude battery, ASVAB）對於數學能力的評估，就是由算術推理與數學知識，二者的組成分數來評估的。

　　底下介紹美國常用的性向測驗，有區分性向測驗（differential aptitude tests, DAT）、普通性向測驗（general aptitude test battery, GATB）、軍勤職業性向測驗（ASVAB）三種，最後介紹國內性向測驗的現況。

第一節　美國常用的性向測驗

美國普遍使用的性向測驗為多元性向測驗組合（MATB），其優點在於短時間內可以測量多種不同的能力。通常利用多元性向測驗組合來測量多種不同的個別能力，並不會比測量單一能力來得困難。目前美國普遍使用的性向測驗有區分性向測驗（DAT）、普通性向測驗（GATB）、軍勤職業性向測驗（ASVAB）。

一、區分性向測驗（DAT）

區分性向測驗於 1947 年出版，陸續定期進行修訂。DAT 可以幫助學生了解自己潛能，以便未來選系、選校或是職業的發展達到適才適所、人盡其才。常模取樣為中學及大學生，最常應用在學校輔導室，尤其是學生的教育發展或職業生涯諮商，亦適用於雇員甄選。

適用對象：7 到 12 年級學生或成人。

第一級：7 到 9 年級（即國中生或同等學力者）。

第二級：10 到 12 年級（即高中職學生或同等學力以上之成人）。

施測方式：可採團體或個別施測，可選紙本測驗或電腦施測。

施測時間：整套測驗需 3 小時。

DAT 由 8 個獨立測驗組成，分別如下：

語文推理（verbal reasoning, VR）

數字推理（numerical reasoning, NR）

抽象推理（abstract reasoning, AR）

知覺速度與確度（perceptual speed and accuracy, PSA）

機械推理（mechanical reasoning, MR）

空間關係（space relations, SR）

拼字（spelling, S）

語言運用（language usage, LU）

　　DAT 的信度普遍較高，折半信度約為 0.9 多，複本信度約介於 0.73 到 0.90 之間，唯獨機械推理信度較低，對女生而言，低到 0.7 左右。DAT 測驗，尤其是 VR+NR 的組合分數，常被用來作為受測者未來學術性發展的性向指標，分數越高表示受測者越具有學術性向特質。對於 DAT 先前版本，語言運用測驗、機械推理測驗，學者們認為有性別偏見，不過，修訂版已大幅改進。

二、普通性向測驗（GATB）

　　1940 年代由美國勞工部所研發，類似於國內高考、普考選才方式，協助政府機構或工商企業有效甄選出所需的人才，已廣泛用於公職人員在職階段的能力評量，近來更成為預測員工職場工作表現的首選評估工具。

　　適用對象：適用於 9 到 12 年級初高中學生及成人。

　　施測時間：整套測驗需 2.5 小時。

　　GATB 有 12 項分測驗，是由 8 項紙筆測驗與 4 項操作測量組成。這 12 項分測驗在測量 9 個性向（也就是 9 個特定因素），12 項分測驗與 9 個特定因素關係見表 13-1。

12 項分測驗名稱如下：

　　名稱核對（name comparison）

　　計算（computation）

　　三維空間（three-dimensional space）

　　詞彙（vocabulary）

　　工具配對（tool matching）

算術推理（arithmetic reasoning）

圖形配對（form matching）

畫記（mark making）

定位（place）

旋轉（turn）

組裝（assemble）

拆卸（disassemble）

9 個特定因素如下：

一般學習能力（general learning ability, G）

數字性向（numerical aptitude, N）

語文性向（verbal aptitude, V）

空間性向（spatial aptitude, S）

圖形知覺（form perception, P）

文書知覺（clerical perception, Q）

動作協調（motor coordination, K）

手指靈活（finger dexterity, F）

手部靈活（manual dexterity, M）

表 13-1　12 項分測驗與 9 個特定因素之關係

分測驗名稱	特定因素
三維空間、詞彙、算術推理	一般學習能力（G）
詞彙	語文性向（V）
計算、算術推理	數字性向（N）
三維空間	空間性向（S）
工具配對、圖形配對	圖形知覺（P）
名稱核對	文書知覺（Q）
畫記	動作協調（K）
組裝、拆卸	手指靈活（F）
定位、旋轉	手部靈活（M）

　　舉例說明，由表上可以看出三維空間、詞彙、算術推理這三個分測驗在測量一般學習能力（G），名稱核對這個分測驗在測量文書知覺（Q），而定位、旋轉這二個分測驗在測量手部靈活（M）。值得注意的是，三維空間這個分測驗被用來測量一般學習能力（G）還有空間性向（S），詞彙這個分測驗被用來測量一般學習能力（G）還有語文性向（V），算術推理這個分測驗被用來測量一般學習能力（G）還有數字性向（N）。

　　GATB 的標準分數為平均數 100，標準差 20，即 GATB = 20Z + 100。學者 Hunter（1980）曾針對 GATB 進行因素分析，指出這 9 個特定因素分別歸屬於 3 個綜合因素（認知因素、知覺因素、心理動作因素，如下所示）且綜合因素預測效果優於特定因素。實務上，如果要甄選工廠組裝工人，則應優先錄取心理動作因素與知覺因素得分較高者，如要甄選文書行政人員，則應優先錄取認知因素與知覺因素得分較高者。

　　　　認知因素：一般學習能力（G）、數字性向（N）、語文性向（V）。
　　　　知覺因素：空間性向（S）、圖形知覺（P）、文書知覺（Q）。
　　　　心理動作因素：動作協調（K）、手指靈活（F）、手部靈活（M）。

　　GATB 的複本信度約介於 0.8 多到 0.9 多，在複雜及高要求的工作表現或評量訓練成效時，會出現更高的效度，平均效度係數約 0.62。

三、軍勤職業性向測驗（ASVAB）

　　軍勤職業性向測驗是目前最被廣泛使用的軍隊職業測驗，普遍用於美軍招募新兵時的入伍考試，並依據考試結果將新兵分派到不同崗位，接受不同的訓練方案。要從事軍職的人通過 ASVAB 測驗，可使施測的部隊單位，了解每位入伍新兵在各方面的潛能表現，有助於陸、海、空各軍種人事單位，在分派新兵至不同崗位時的人事決策。

　　　　適用對象：適用於招募新兵的入伍測驗。

施測時間：整套測驗需 3 小時。

ASVAB 有 10 項分測驗：

一般科學（general science, GS）：45 題

算術推理（arithmetic reasoning, AR）：30 題

字彙知識（word knowledge, WK）：35 題

短文理解（paragraph comprehension, PC）：15 題

數學知識（mathematics knowledge, MK）：25 題

電子資訊（electronics information, EI）：20 題

汽車與工場（automotive and shop information, AS）：25 題

機械理解（mechanical comprehension, MC）：25 題

拼圖組裝（assembling objects, AO）：25 題

編碼速度（coding speed, CS）：84 題

這 10 項分測驗可組合出七種主要的組合分數：

1. 學業能力（academic ability）：

算術推理（arithmetic reasoning）

字彙知識（word knowledge）

短文理解（paragraph comprehension）

學業能力分數由 AR, WK, & PC 組合而成。

2. 語文（verbal）：

一般科學（general science）

字彙知識（word knowledge）

短文理解（paragraph comprehension）

語文分數由 GS, WK, & PC 組合而成。

3. 數學（Math.）：

算術推理（arithmetic reasoning）

數學知識（mathematics knowledge）

數學分數由 AR & MK 組合而成。

4. 機械與工藝（machinery and crafts）：

算術推理（arithmetic reasoning）

電子資訊（electronics information）

汽車與工場（automotive and shop information）

機械理解（mechanical comprehension）

機械與工藝分數由 AR, EI, AS, & MC 組合而成。

5. 商業文書（business and clerical）：

字彙知識（word knowledge）

短文理解（paragraph comprehension）

數學知識（mathematics knowledge）

編碼速度（coding speed）

商業文書分數由 WK, PC, MK, & CS 組合而成。

6. 電子與電機（electronics and electrical）：

一般科學（general science）

算術推理（arithmetic reasoning）

數學知識（mathematics knowledge）

電子資訊（electronics information）

電子與電機分數由 GS, AR, MK, & EI 組合而成。

7. 健康社會與科技（health, social, and technology）：

算術推理（arithmetic reasoning）

字彙知識（word knowledge）

短文理解（paragraph comprehension）

機械理解（mechanical comprehension）

健康社會與科技分數由 AR, WK, PC, & MC 組合而成。

對 ASVAB 受測者的安置決定是建立在組合分數上而不是分測驗的個

別分數,例如,受測者電子與電機的能力是透過一般科學、算術推理、數學知識、電子資訊的組合分數而評估的,這項組合分數越高的受測者越會被分派到與電子電機相關的職位。ASVAB 的複本信度約介於 0.85-0.95,重測信度約介於 0.75-0.85,但短文理解的信度只有 0.5 左右。

不同軍種有不同的組合分數選才,底下以海軍警衛隊為例,其安置到不同職位所對應的組合分數如下:

General Technical (GT):AR+WK

Electronics (EL):AR+EI+GS+MK

Basic Electricity and Electronics (BEE): AR+GS+2*MK

Engineering(ENG):AS+GS+MK

Mechanical Maintenance(MEC):AR+AS+GS+MC

Mechanical Maintenance 2(MEC2):AO+AR+MC

Nuclear Field(NUC):AR+MC+MK+WK

Operations Specialist (OPS):WK, PC, AR, MK, AO

Hospital Corpsman(HM):GS+MK+WK

Administrative (ADM): MK+WK

舉例而言,分派到海軍警衛隊電機單位(BEE),則以算術推理(AR)、一般科學(GS)、數學知識(MK)這三者的組合分數為分派安置的基準,其中數學知識更以得分的 2 倍採計。分派到海軍警衛隊行政職(ADM),則以數學知識(MK)、字彙知識(WK)組合分數為分派安置的基準。

第二節　國內性向測驗

國內性向測驗主要用於預測學業性向,有修訂區分性向測驗、多因素性向測驗、多元性向測驗、輔導性向測驗、青年性向測驗等。這些測驗都必須重新建立自己國內的常模且要考慮文化差異,尤其是語文測驗必須重新編製或編譯，而各分測驗的信度、效度也都必須重新檢視。

目前以多因素性向測驗、輔導性向測驗使用最為普遍，因為施測時間短，符合國內一節課時間即可施測完成的便利性。通常由學校輔導室針對國中生、高中生進行施測，幫助他們了解自己的潛能，以便規劃未來升學或職校類別的選擇。施測方式：以班級為單位，配合學校輔導課程，團體施測。實務上，常以學業成績為效標變項，驗證其效標關聯效度。

至於，國內發展的預測學業性向測驗，不像美國性向測驗常以組合分數作為決策的基準，而是以測驗總分作為預測學生未來的學業表現，測驗目的主要幫助學生學習、選校或選系之參考。不過這些預測學業性向測驗各分測驗間，都有相關過高及不同測驗間差異效度不甚理想的情況。

底下列出國內性向測驗及其分測驗概況：

一、修訂區分性向測驗

1. 語文推理測驗
2. 數的能力測驗
3. 抽象推理測驗
4. 文書速度及確度測驗
5. 機械推理測驗
6. 空間關係測驗
7. 語文運用測驗 -I 錯字部分
8. 語文運用測驗 -II 文法部分

二、輔導性向測驗

1. 機械推理
2. 空間關係
3. 語文推理
4. 數字能力

5. 語文習慣

6. 字義

7. 知覺速度與正確度

8. 手部速度和靈巧度

三、青年性向測驗

1. 語文推理測驗

2. 數的能力測驗

3. 抽象推理測驗

4. 機械推理測驗

5. 空間關係測驗

6. 語文運用測驗 -I 錯字部分

7. 語文運用測驗 -II 文法部分

四、多因素性向測驗

1. 語文推理

2. 數學推理

3. 機械推理

4. 空間關係

5. 抽象推理

6. 錯別字

7. 文法與修辭

8. 知覺速度與確度

五、多元性向測驗

1-1. 字義測驗

1-2. 段落意義測驗

2. 語文測驗

3. 文書測驗

4. 數字理解測驗

5. 算術計算測驗

6. 應用科學和機械測驗

7. 空間關係測驗 - 平面

8. 空間關係測驗 - 立體

習題

1. 簡述區分性向測驗（DAT）？並說明其用途。

2. 簡述普通性向測驗（GATB）？並說明其用途。

3. 簡述軍勤職業性向測驗（ASVAB）？並說明其用途。

4. 簡述國內性向測驗發展狀況？

附錄

R 軟體下載與安裝

1. 在 Google 搜尋鍵入 https://www.r-project.org
2. 出現下列畫面時（圖 R1），點選左上角 Download 的 CRAN

圖 R1

圖 R2

3. 出現上列圖 R2 畫面後，滑鼠往下捲，直到左邊出現 Taiwan 時，請點選 http://cran.csie.ntu.edu.tw/

4. 接著點選圖 R3 中的 Download R for Windows

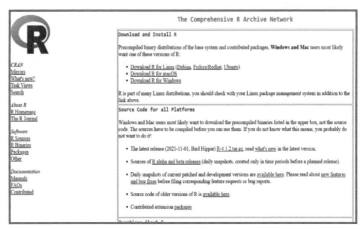

圖 R3

5. 點選圖 R4 右上角的 install R for the first time

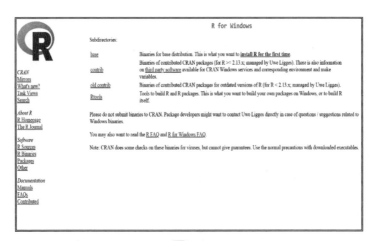

圖 R4

6. 點選圖 R5 上的 Download R 4.1.2 for Windows (86 megabytes, 32/64 bit)

【註】：版本隨時在更新，也許讀者下載時，已是更新的版本了。

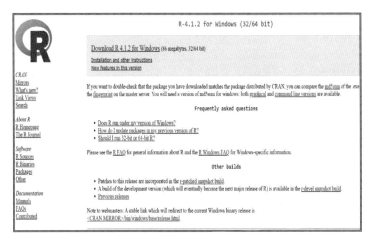

圖 R5

7. 注意電腦螢幕左下角 R-4.1.2-Win.exe，等下載完成後，請點選執行並
依照內建或自己需求點選

內建型式：⊙No(accept defaults) → 確定 → 下一步 → 直到完成（圖
R6）。

自選型式：Yes(customized startup) → SDI(separate windows) → Plan text
→ 確定 → 下一步 → 直到完成。

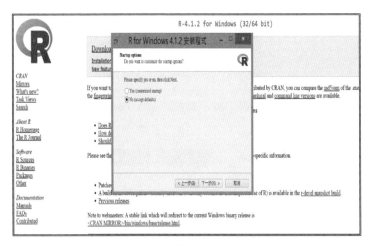

圖 R6

8. 完成後，關閉曾開啟的所有視窗，重新在 Google 鍵入 https://www.rstudio.com/。

9. 出現下列圖 R7 時，滑鼠往下捲。

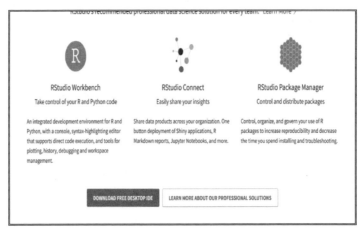

圖 R7

10. 直到出現 R8 圖示時，點選 RStudio Desktop（單機版）。

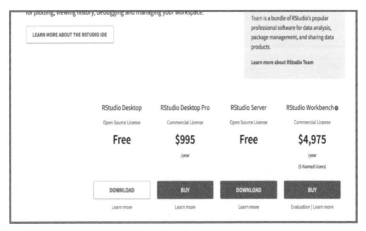

圖 R8

11. 點選下圖 R9 All Installers 中的 Rstudio-2021.09.2-382.exe。

OS   Download

Windows 10   Rstudio-2021.09.2-382.exe

All Installers

Linux users may need to import RStudio's public code-signing key ☑ prior to installation, depending on the operating system's security policy.

RStudio requires a 64-bit operating system. If you are on a 32 bit system, you can use an older version of RStudio.

OS	Download	Size	SHA-256
Windows 10	⬇ RStudio-2021.09.2-382.exe	156.89 MB	7f957beb
macOS 10.14+	⬇ RStudio-2021.09.2-382.dmg	204.09 MB	ae18a925
Ubuntu 18/Debian 10	⬇ rstudio-2021.09.2-382-amd64.deb	117.15 MB	f3dd8823
Fedora 19/Red Hat 7	⬇ rstudio-2021.09.2-382-x86_64.rpm	133.82 MB	a1190f21

圖 R9

12. 注意電腦螢幕左下角 Rstudio-2021.09.2-382.exe 下載中，等完成後，請點選執行並依照安裝精靈的指示 → 確定或下一步 → 直到完成。

13. 完成後，請關閉所有曾開啟的視窗。再重新點選電腦 c 槽 → Program Files → Rstudio → bin → rstudio。輕點 rstudio 時，按滑鼠右鍵 → 傳送到 → 桌面（建立捷徑）。桌面會出現下列圖示，以後直接點擊此圖示即可進入 Rstudio 環境。

14. 點擊圖示進入 RStudio 後，請點選 Tools → Global Options（圖 R10）。

圖 R10

15. 接著點選 General 設定你要的選項（圖 R11），如無，請點選 OK。

16. 再點選 Code（圖 R12）和 Pane Layout（圖 R13）設定你要的 RStudio 環境，如無，請點選 OK，最後出現四個區塊（圖 R14）。區塊左上角 Source 程式編輯區（程式在此撰寫），左下角 Console 主控臺區（程式執行結果於此呈現），右上角 history 歷程區（曾經撰寫過的程式保留於此），右下角 package 套件區（下載程式套件於此執行）。

圖 R11

圖 R12

圖 R13

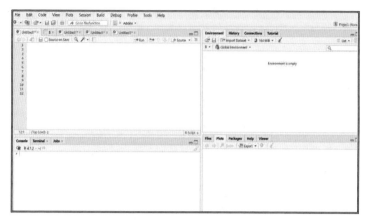

圖 R14

17. 這裡舉例說明 R 軟體運算，請將下列程式編寫於 Source 區（參閱圖 R15 方框）。

```
odd<-c(2,2,2,1,0)
even<-c(2,1,0,0,0)
r<-cor(odd,even)
r
SBr<-(2*r)/(1+r)
SBr
```

18. 在 Source 區編寫完成後，接著滑鼠游標移到 odd<-c(2,2,2,1,0) 的最左

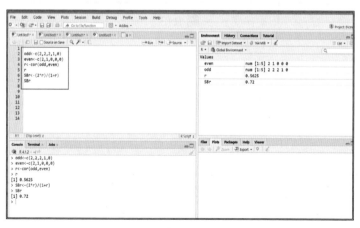

圖 R15

邊，輕點一下，出現｜odd<-c(2,2,2,1,0)，這裡｜是滑鼠閃示，然後點選右上方 Run，一直點選 Run，程式就一直執行，最後下方的 Console 區出現 0.72。當然也可以把程式先全選起來，再點選 Run，一次全部跑完。

最後提示：學習 R 程式重點之一是下載套件，請看內文第六章第二節的介紹（這裡只是說明 R 軟體下載與安裝）。讀者在閱讀本書 R 程式相關說明時，請先將本書上的程式先在 Rstudio 上執行，再對照本書內容，才好理解。

2-a

參閱內文公式 (2-6)

試證：$\hat{\sigma} \approx S_Y\sqrt{(1-r^2)}$

證明：

$$SS_t = \sum_{n=1}^{N}(Y_n - \overline{Y})^2 , \quad SS_{reg} = \sum_{n=1}^{N}(\hat{Y}_n - \overline{Y})^2 , \quad SS_{res} = \sum_{n=1}^{N}(Y_n - \hat{Y}_n)^2 ,$$

$$SS_t = SS_{reg} + SS_{res}$$

$$\Rightarrow \frac{SS_t}{SS_t} = \frac{SS_{reg}}{SS_t} + \frac{SS_{res}}{SS_t} = r^2 + \frac{SS_{res}}{SS_t} = 1$$

$$\Rightarrow \frac{SS_{res}}{SS_t} = 1 - r^2 \quad \Rightarrow \quad SS_{res} = (1-r^2)SS_t$$

$$\Rightarrow \sum_{n=1}^{N}(Y_n - \hat{Y}_n)^2 = (1-r^2)\sum_{n=1}^{N}(Y_n - \overline{Y})^2$$

$$\Rightarrow \frac{\sum_{n=1}^{N}(Y_n - \hat{Y}_n)^2}{N} = (1-r^2)\frac{\sum_{n=1}^{N}(Y_n - \overline{Y})^2}{N} = (1-r^2)S_Y^2$$

$$\Rightarrow \hat{\sigma}^2 \approx \frac{\sum_{n=1}^{N}(Y_n - \hat{Y}_n)^2}{N} = (1-r^2)S_Y^2$$

$$\Rightarrow \hat{\sigma} \approx \sqrt{(1-r^2)S_Y^2} = S_Y\sqrt{(1-r^2)}$$

2-b

參閱內文例題 2-6

$$s^2 = \frac{\sum_{n=1}^{N}(Y_n - \overline{Y})^2}{N-1} \Rightarrow \sum_{n=1}^{N}(Y_n - \overline{Y})^2 = s^2(N-1)$$

$$\Rightarrow S^2 = \frac{\sum_{n=1}^{N}(Y_n - \overline{Y})^2}{N} = \frac{s^2(N-1)}{N} = s^2 \times \frac{(N-1)}{N}$$，這裡 $s^2 =$ R 程式 var( )

6-a

參閱內文第六章第一節

Logistic 模式與 Normal ogive 模式之差異

	Logistic 模式	Normal ogive 模式
一參數	$P_i(\theta) = \dfrac{\exp(\theta - b_i)}{1 + \exp(\theta - b_i)}$ 或 $P_i(\theta) = \dfrac{\exp(D(\theta - b_i))}{1 + \exp(D(\theta - b_i))}$	$P_i(\theta) = \displaystyle\int_{-\infty}^{\theta - b_i} \frac{1}{\sqrt{2\pi}} e^{-z^2/2} dz$
二參數	$P_i(\theta) = \dfrac{\exp(a_i(\theta - b_i))}{1 + \exp(a_i(\theta - b_i))}$ 或 $P_i(\theta) = \dfrac{\exp(Da_i(\theta - b_i))}{1 + \exp(Da_i(\theta - b_i))}$	$P_i(\theta) = \displaystyle\int_{-\infty}^{a_i(\theta - b_i)} \frac{1}{\sqrt{2\pi}} e^{-z^2/2} dz$
三參數	$P_i(\theta) = c_i + (1 - c_i)\dfrac{\exp(a_i(\theta - b_i))}{1 + \exp(a_i(\theta - b_i))}$ 或 $P_i(\theta) = c_i + (1 - c_i)\dfrac{\exp(Da_i(\theta - b_i))}{1 + \exp(Da_i(\theta - b_i))}$	$P_i(\theta) = c_i + (1 - c_i)\displaystyle\int_{-\infty}^{a_i(\theta - b_i)} \frac{1}{\sqrt{2\pi}} e^{-z^2/2} dz$

注意：在 IRT 模式中，有 logistic 模式，也有 Normal ogive 模式。而在 logistic 模式上，又有兩種表示方式（有含 D、未含 D），皆有學者採用，不影響相關議題的探討。D 是量尺因子，$D = 1.7$，為一常數，以二參數 logistic 模式來看，a_i 是鑑別度，也可以把 $Da_i = 1.7a_i = a_i^*$ 看成是鑑別度，差別在有包含 D，計算結果會接近 Normal ogive 模式。

6-b

參閱內文公式 (6-2)

試證：$\log(p_{ni1}/p_{ni0}) = \theta_n - b_i \Rightarrow p_{ni1} = \dfrac{\exp(\theta_n - b_i)}{1 + \exp(\theta_n - b_i)}$

證明：

$\log(p_{ni1}/p_{ni0}) = \theta_n - b_i$

$\Rightarrow \exp(\log(p_{ni1}/p_{ni0})) = \exp(\theta_n - b_i)$

$\Rightarrow (p_{ni1}/p_{ni0}) = \exp(\theta_n - b_i)$

$\Rightarrow p_{ni0} \exp(\theta_n - b_i) = p_{ni1}$

$\Rightarrow (1 - p_{ni1}) \exp(\theta_n - b_i) = p_{ni1}$ （因為 $p_{ni0} = (1 - p_{ni1})$）

$\Rightarrow \exp(\theta_n - b_i) - p_{ni1} \exp(\theta_n - b_i) = p_{ni1}$

$\Rightarrow \exp(\theta_n - b_i) = p_{ni1} + p_{ni1} \exp(\theta_n - b_i) = p_{ni1}(1 + \exp(\theta_n - b_i))$

$\Rightarrow p_{ni1} = \dfrac{\exp(\theta_n - b_i)}{1 + \exp(\theta_n - b_i)} = \dfrac{e^{(\theta_n - b_i)}}{1 + e^{(\theta_n - b_i)}}$

6-c

參閱內文第六章第二節

在介紹 IRT 充分性（sufficiency）前，先介紹統計學上充分統計量分解定理（factorization theorem）的概念：

$$f(x_1, x_2, \cdots, x_n; \theta) = g(\hat{\theta}, \theta)\, h(x_1, x_2, \cdots, x_n)$$

如果 $f(x_1, x_2, \cdots, x_n; \theta)$ 可以分解成二個部分，一個是 $g(\hat{\theta}, \theta)$，另一個是 $h(x_1, x_2, \cdots, x_n)$，其中 $h(x_1, x_2, \cdots, x_n)$ 與 θ 無關，則 $\hat{\theta}$ 是 θ 的充分統計量。

底下以二元計分 1PL 為例，說明充分性（這裡作答反應變數用 Y 表示），假設有 N 位受試者能力為 $\boldsymbol{\theta} = (\theta_1, \theta_2, ..., \theta_N)$，每位受試者皆回答 I 個題目，第一位受試者作答結果為 $\mathbf{Y}_1 = (Y_{11}, Y_{21}, ..., Y_{I1})$，第二位受試者作答結果為 $\mathbf{Y}_2 = (Y_{12}, Y_{22}, ..., Y_{I2})$，$\cdots$，第 N 位受試者作答結果為 $\mathbf{Y_N} = (Y_{1N}, Y_{2N}, ...,$

Y_{IN}），N 位受試者在 I 個題目的作答反應聯合機率（在局部獨立的條件下）為

$$P(\mathbf{Y}_1, \mathbf{Y}_2 \cdots, \mathbf{Y}_N \mid \theta_1, \theta_2, ..., \theta_N, \mathbf{b})$$

$$= P(\mathbf{Y}_1 \mid \theta_1, \theta_2, ..., \theta_N, \mathbf{b}) \; P(\mathbf{Y}_2 \mid \theta_1, \theta_2, ..., \theta_N, \mathbf{b}) \cdots P(\mathbf{Y}_N \mid \theta_1, \theta_2, ..., \theta_N, \mathbf{b})$$

$$= \left(P_{11}^{y_{11}} Q_{11}^{1-y_{11}} \; P_{21}^{y_{21}} Q_{21}^{1-y_{21}} \cdots P_{I1}^{y_{I1}} Q_{I1}^{1-y_{I1}} \right) \left(P_{12}^{y_{12}} Q_{12}^{1-y_{12}} \; P_{22}^{y_{22}} Q_{22}^{1-y_{22}} \cdots P_{I2}^{y_{I2}} Q_{I2}^{1-y_{I2}} \right) \cdots$$

$$\cdots \left(P_{1N}^{y_{1N}} Q_{1N}^{1-y_{1N}} \; P_{2N}^{y_{2N}} Q_{2N}^{1-y_{2N}} \cdots P_{IN}^{y_{IN}} Q_{IN}^{1-y_{IN}} \right)$$

$$= \left(\frac{\exp(\theta_1 - b_1)}{1 + \exp(\theta_1 - b_1)} \right)^{y_{11}} \left(\frac{1}{1 + \exp(\theta_1 - b_1)} \right)^{1-y_{11}} \left(\frac{\exp(\theta_1 - b_2)}{1 + \exp(\theta_1 - b_2)} \right)^{y_{21}} \left(\frac{1}{1 + \exp(\theta_1 - b_2)} \right)^{1-y_{21}}$$

$$\cdots\cdots \left(\frac{\exp(\theta_N - b_I)}{1 + \exp(\theta_N - b_I)} \right)^{y_{IN}} \left(\frac{1}{1 + \exp(\theta_N - b_I)} \right)^{1-y_{IN}}$$

$$= \left[\prod_{n=1}^{N} \prod_{i=1}^{I} \left(\frac{1}{[1 + \exp(\theta_n - b_i)]^{y_{in}}} \right) \left(\frac{1}{[1 + \exp(\theta_n - b_i)]^{1-y_{in}}} \right) \right]$$

$$\left([\exp(\theta_1 - b_1)]^{y_{11}} [\exp(\theta_1 - b_2)]^{y_{21}} \cdots [\exp(\theta_N - b_I)]^{y_{IN}} \right)$$

$$= \left[\prod_{n=1}^{N} \prod_{i=1}^{I} \left(\frac{1}{[1 + \exp(\theta_n - b_i)]^{y_{in}}} \right) \left(\frac{1}{[1 + \exp(\theta_n - b_i)]^{1-y_{in}}} \right) \right]$$

$$\left([\exp(\theta_1 y_{11} - b_1 y_{11})] [\exp(\theta_1 y_{21} - b_2 y_{21})] \cdots [\exp(\theta_N y_{IN} - b_I y_{IN})] \right)$$

$$= \left[\prod_{n=1}^{N} \prod_{i=1}^{I} \left(\frac{1}{[1 + \exp(\theta_n - b_i)]^{y_{in}}} \right) \left(\frac{1}{[1 + \exp(\theta_n - b_i)]^{1-y_{in}}} \right) \right]$$

$$\exp\left(\theta_1 \sum_{i=1}^{I} y_{i1} + \theta_2 \sum_{i=1}^{I} y_{i2} + \cdots + \theta_N \sum_{i=1}^{I} y_{iN} \right) \exp\left(-\sum_{n=1}^{N} \sum_{i=1}^{I} b_i y_{in} \right)$$

$$= g(\hat{\theta}, \theta) \, h(\mathbf{Y}_1, \mathbf{Y}_2, \cdots, \mathbf{Y}_N)$$

這裡，

$$h(\mathbf{Y}_1, \mathbf{Y}_2, \cdots, \mathbf{Y}_N) = \exp\left(-\sum_{n=1}^{N} \sum_{i=1}^{I} b_i y_{in} \right) \text{，當中都沒有 } \theta \text{，}$$

$$g(\hat{\theta}, \theta) = \left[\prod_{n=1}^{N} \prod_{i=1}^{I} \left(\frac{1}{[1 + \exp(\theta_n - b_i)]^{y_{in}}} \right) \left(\frac{1}{[1 + \exp(\theta_n - b_i)]^{1-y_{in}}} \right) \right]$$

$$\exp\left(\theta_1\sum_{i=1}^{I}y_{i1} + \theta_2\sum_{i=1}^{I}y_{i2} + \theta_3\sum_{i=1}^{I}y_{i3} + \cdots + \theta_N\sum_{i=1}^{I}y_{iN}\right)$$

因為計算 CML 時，每次只考慮一位受測者（受測者間能力彼此獨立，也就是你的能力與別人能力是無關的），所以，

$\hat{\theta}_1 = \sum_{i=1}^{I}y_{i1}$ 是第一位受測者能力 θ_1 之充分統計量

$\hat{\theta}_2 = \sum_{i=1}^{I}y_{i2}$ 是第二位受測者能力 θ_2 之充分統計量

$\hat{\theta}_N = \sum_{i=1}^{I}y_{iN}$ 是第 N 位受測者能力 θ_N 之充分統計量

簡單來說，假如要估計甲生的能力，只要知道總分，就有足夠充分的訊息了。例如，考題 10 題每題 1 分，甲生總分 8 分，8 分就是甲生能力的充分統計量，$\sum_{i=1}^{10}y_{i甲}=8$。事實上，我不需要知道你是哪二題錯，我只需要知道總分就可以了（雖然告訴我每一題對錯是最完整的資訊，但真的不需要，因為調查成本、時間成本、登錄成本太高了。甲生是第一題和第八題錯，乙生是第二題和第五題錯、丙生是第一題和第九題錯，考生那麼多，情況太多了，真的，我只需要總分，不需要每個人每題的對錯），作者當年被充分統計量深深著迷。我們熟悉的選舉支持率也是同樣的概念，我調查 1000 人，我只要知道支持的總人數就得到充分訊息了，如果有450 人支持，支持率 0.45，即

$\hat{P} = \dfrac{\sum_{i=1}^{1000}y_i}{1000} = \dfrac{450}{1000} = 0.45$，$\sum_{i=1}^{1000}y_i$ 是 P 的充分統計量。

6-d

參閱內文公式 (6-6)

Rasch 模式試題訊息函數

Rasch 模式：$p_{ni1} = \dfrac{\exp(\theta_n - b_i)}{1 + \exp(\theta_n - b_i)} = P_i(\theta_n)$，$p_{ni0} = \dfrac{1}{1 + \exp(\theta_n - b_i)} = Q_i(\theta_n)$

爲了符號簡潔，我們把 $P_i(\theta_n)$ 簡化爲 $P_i(\theta)$，$Q_i(\theta_n)$ 簡化爲 $Q_i(\theta)$。試題訊息函數公式爲 $I_i(\theta) = \dfrac{[P_i'(\theta)]^2}{P_i(\theta)Q_i(\theta)}$ ，

這裡，$P_i'(\theta) = \dfrac{\partial P_i(\theta)}{\partial \theta}$，$P$ 的右上角有一撇 '，這是微積分中的微分符號，微分符號常以 $\dfrac{df(x)}{dx}$、$\dfrac{\partial f(x,y)}{\partial x}$ 以及 ' 這三種型式表示，其中 $\dfrac{\partial f(x,y)}{\partial x}$ 叫偏微分（partial derivative），只對分母那個變數微分，$\dfrac{\partial f(x,y)}{\partial x}$ 意思是對 x 微分，$\dfrac{\partial f(x,y)}{\partial y}$ 是對 y 微分。這裡 $\dfrac{\partial P_i(\theta)}{\partial \theta}$ 是對 θ 微分。在 Rasch 模式下，

$$P_i'(\theta) = \frac{\partial P_i(\theta)}{\partial \theta} = \frac{\partial}{\partial \theta} P_i(\theta) = \frac{\partial}{\partial \theta}\left[\frac{\exp(\theta - b_i)}{1 + \exp(\theta - b_i)}\right]$$

$$= \frac{[\exp(\theta - b_i)][1 + \exp(\theta - b_i)] - [\exp(\theta - b_i)][\exp(\theta - b_i)]}{[1 + \exp(\theta - b_i)]^2}$$

$$= \frac{[\exp(\theta - b_i)][1 + \exp(\theta - b_i)]}{[1 + \exp(\theta - b_i)]^2} - \frac{[\exp(\theta - b_i)][\exp(\theta - b_i)]}{[1 + \exp(\theta - b_i)]^2}$$

$$= \frac{[\exp(\theta - b_i)]}{[1 + \exp(\theta - b_i)]} - \frac{[\exp(\theta - b_i)]^2}{[1 + \exp(\theta - b_i)]^2}$$

$$= P_i(\theta) - P_i^2(\theta) = P_i(\theta)[1 - P_i(\theta)] = P_i(\theta)Q_i(\theta)$$

上面 $P_i'(\theta)$ 有個微分口訣（學過微積分的人會懂這個口訣）：

分母：平方

分子：微上乘下減去微下乘上。

$$\Rightarrow\ I_i(\theta) = \frac{[P_i'(\theta)]^2}{P_i(\theta)Q_i(\theta)} = \frac{[P_i(\theta)Q_i(\theta)]^2}{P_i(\theta)Q_i(\theta)} = P_i(\theta)Q_i(\theta)$$

所以，Rasch 模式的 $I_i(\theta) = P_i(\theta)Q_i(\theta)$，而最大訊息量發生在 $\theta_n = b_i$ 時，

$$\Rightarrow\ P_i(\theta_n) = \frac{\exp(\theta_n - b_i)}{1 + \exp(\theta_n - b_i)} = \frac{\exp(0)}{1 + \exp(0)} = \frac{1}{2}\ ,$$

$$Q_i(\theta_n) = \frac{1}{1 + \exp(\theta_n - b_i)} = \frac{1}{1 + \exp(0)} = \frac{1}{2}$$

$\Rightarrow$ 最大的 $I_i(\theta) = P_i(\theta)Q_i(\theta) = 0.25$

7-a

參閱內文公式 (7-2)

1PL 模式試題訊息函數

1PL 模式：$\dfrac{\exp(a(\theta_n - b_i))}{1 + \exp(a(\theta_n - b_i))} = P_i(\theta_n)$，$p_{ni0} = \dfrac{1}{1 + \exp(a(\theta_n - b_i))} = Q_i(\theta_n)$

$P_i'(\theta) = \dfrac{\partial}{\partial\theta} P_i(\theta) = \dfrac{\partial}{\partial\theta}\left[\dfrac{\exp[a(\theta - b_i)]}{1 + \exp[a(\theta - b_i)]}\right]$

$= \dfrac{a\,[\exp(a(\theta - b_i))][1 + \exp(a(\theta - b_i))] - a\,[\exp(a(\theta - b_i))][\exp(a(\theta - b_i))]}{[1 + \exp(a(\theta - b_i))]^2}$

$= \dfrac{a\,[\exp(a(\theta - b_i))][1 + \exp(a(\theta - b_i))]}{[1 + \exp(a(\theta - b_i))]^2} - \dfrac{a\,[\exp(a(\theta - b_i))][\exp(a(\theta - b_i))]}{[1 + \exp(a(\theta - b_i))]^2}$

$= \dfrac{a\,[\exp(a(\theta - b_i))]}{[1 + \exp(a(\theta - b_i))]} - \dfrac{a\,[\exp(a(\theta - b_i))]^2}{[1 + \exp(a(\theta - b_i))]^2}$

$= \dfrac{a\,[\exp(a(\theta - b_i))]}{[1 + \exp(a(\theta - b_i))]} - a\left[\dfrac{[\exp(a(\theta - b_i))]}{[1 + \exp(a(\theta - b_i))]}\right]^2$

$= a\,P_i(\theta) - a\,P_i^2(\theta) = a\,P_i(\theta)[(1 - P_i(\theta))] = aP_i(\theta)Q_i(\theta)$

$\Rightarrow\ I_i(\theta) = \dfrac{[P_i'(\theta)]^2}{P_i(\theta)Q_i(\theta)} = \dfrac{[aP_i(\theta)Q_i(\theta)]^2}{P_i(\theta)Q_i(\theta)} = a^2 P_i(\theta)Q_i(\theta)$

所以，1PL 模式的 $I_i(\theta) = a^2 P_i(\theta)Q_i(\theta)$

而最大訊息量發生在 $\theta_n = b_i$ 時，

$\Rightarrow\ P_i(\theta_n) = \dfrac{\exp(a(\theta_n - b_i))}{1 + \exp(a(\theta_n - b_i))} = \dfrac{\exp(0)}{1 + \exp(0)} = \dfrac{1}{2}$，

$Q_i(\theta_n) = \dfrac{1}{1 + \exp(a(\theta_n - b_i))} = \dfrac{1}{1 + \exp(0)} = \dfrac{1}{2}$

$\Rightarrow$ 最大的 $I_i(\theta) = a^2 P_i(\theta)Q_i(\theta) = 0.25a^2$

7-b

參閱內文公式 (7-4)

2PL 模式試題訊息函數

2PL 模式：$\dfrac{\exp(a_i(\theta_n - b_i))}{1 + \exp(a_i(\theta_n - b_i))} = P_i(\theta_n)$，$p_{ni0} = \dfrac{1}{1 + \exp(a_i(\theta_n - b_i))} = Q_i(\theta_n)$，

1PL 模式與 2PL 模式差異在 a 與 a_i，所以，

2PL 模式的 $I_i(\theta) = \dfrac{[P_i'(\theta)]^2}{P_i(\theta)Q_i(\theta)} = \dfrac{[a_i P_i(\theta)Q_i(\theta)]^2}{P_i(\theta)Q_i(\theta)} = a_i^2 P_i(\theta)Q_i(\theta)$。

而最大訊息量發生在 $\theta_n = b_i$ 時，

$\Rightarrow \quad P_i(\theta_n) = \dfrac{\exp(a_i(\theta_n - b_i))}{1 + \exp(a_i(\theta_n - b_i))} = \dfrac{\exp(0)}{1 + \exp(0)} = \dfrac{1}{2}$，

$\quad Q_i(\theta_n) = \dfrac{1}{1 + \exp(a_i(\theta_n - b_i))} = \dfrac{1}{1 + \exp(0)} = \dfrac{1}{2}$

$\Rightarrow$ 最大的 $I_i(\theta) = a_i^2 P_i(\theta)Q_i(\theta) = 0.25 a_i^2$

參閱內文公式 (7-6)

3PL 模式試題訊息函數

3PL 模式：$p_{ni1} = c_i + (1 - c_i)\dfrac{\exp(a_i(\theta_n - b_i))}{1 + \exp(a_i(\theta_n - b_i))} = P_i(\theta_n)$，

$$p_{ni0} = 1 - p_{ni1} = \dfrac{(1 - c_i)}{1 + \exp(a_i(\theta_n - b_i))}$$，

$$P_i'(\theta) = \dfrac{\partial}{\partial \theta} P_i(\theta) = \dfrac{\partial}{\partial \theta}\left[c_i + (1 - c_i)\dfrac{\exp(a_i(\theta_n - b_i))}{1 + \exp(a_i(\theta_n - b_i))} \right] = a_i Q_i(\theta)\left[\dfrac{(P_i(\theta) - c_i)}{1 - c_i} \right]$$

$\Rightarrow \quad I_i(\theta) = \dfrac{[P_i'(\theta)]^2}{P_i(\theta)Q_i(\theta)} = a_i^2 \dfrac{Q_i(\theta)}{P_i(\theta)}\left[\dfrac{(P_i(\theta) - c_i)}{1 - c_i} \right]^2$。

當 $\theta_n = b_i$ 時，答對機率 $p_{ni1} = P_i(\theta) = c_i + (1 - c_i)\dfrac{\exp(a_i(\theta_n - b_i))}{1 + \exp(a_i(\theta_n - b_i))}$

$= c_i + (1 - c_i) \times \dfrac{1}{2} = \dfrac{(1 + c_i)}{2}$，$Q_i(\theta_n) = 1 - P_i(\theta) = 1 - \dfrac{(1 + c_i)}{2} = \dfrac{(1 - c_i)}{2}$，

$$\Rightarrow P_i'(\theta) = a_i Q_i(\theta) \left[\frac{(P_i(\theta) - c_i)}{1 - c_i} \right] = a_i \left[\frac{1 - c_i}{2} \right] \left[\frac{(1 + c_i)/2 - c_i}{1 - c_i} \right] = 0.25 a_i (1 - c_i) \text{。}$$

注意：有些書 $P_i'(\theta) = 0.425 a_i (1 - c_i)$，這是因為將量化因子 D 考慮進來，

即 3PL 模式：$p_{ni1} = c_i + (1 - c_i) \dfrac{\exp(Da_i(\theta_n - b_i))}{1 + \exp(Da_i(\theta_n - b_i))} = P_i(\theta_n)$，

$$\Rightarrow P_i'(\theta) = Da_i Q_i(\theta) \left[\frac{(P_i(\theta) - c_i)}{1 - c_i} \right] = 1.7 a_i \left[\frac{1 - c_i}{2} \right] \left[\frac{(1 + c_i)/2 - c_i}{1 - c_i} \right]$$

$$= 0.425 a_i (1 - c_i)$$

這裡，$D = 1.7$，$0.25 \times 1.7 = 0.425$。

8-a

針對 cumulative logits、adjacent-categories logits、baseline-category logits 這三種方法，這裡以三元計分模式為例說明。其中 graded response model(GRM) 採用 cumulative logits；partial credit model(PCM) 採用 adjacent-categories logits；nominal response model 採用 baseline-category logits。

(1) cumulative logits

以三元計分模式得分來看，cumulative logits 公式為

$$\text{logit}(p_{ni1}) = \log \left[\frac{1 - p_{ni0}}{p_{ni0}} \right] = \log \left[\frac{p_{ni1} + p_{ni2}}{p_{ni0}} \right]\text{，}$$

$$\text{logit}(p_{ni2}) = \log \left[\frac{1 - (p_{ni0} + p_{ni1})}{p_{ni0} + p_{ni1}} \right] = \log \left[\frac{p_{ni2}}{p_{ni0} + p_{ni1}} \right]\text{。}$$

以三元計分模式類別來看，cumulative logits 公式為

$$\text{logit}(p_{ni1}) = \log \left[\frac{1 - P(y_{ni} = 類別1)}{P(y_{ni} = 類別1)} \right] = \log \left[\frac{P(y_{ni} = 類別2) + P(y_{ni} = 類別3)}{P(y_{ni} = 類別1)} \right]\text{，}$$

$$\text{logit}(p_{ni2}) = \log \left[\frac{P(y_{ni} = 類別3)}{P(y_{ni} = 類別1) + P(y_{ni} = 類別2)} \right]\text{。}$$

參閱內文公式 (8-6)

$$P(y_{ni} = 類別1) = \frac{1}{1 + \exp(\theta_n - \varsigma_{i1})} \ ,$$

$$P(y_{ni} = 類別2) = \frac{\exp(\theta_n - \varsigma_{i1})}{1 + \exp(\theta_n - \varsigma_{i1})} - \frac{\exp(\theta_n - \varsigma_{i2})}{1 + \exp(\theta_n - \varsigma_{i2})} \ ,$$

$$P(y_{ni} = 類別3) = \frac{\exp(\theta_n - \varsigma_{i2})}{1 + \exp(\theta_n - \varsigma_{i2})} \ ,$$

GRM 採用 cumulative logits 方法（參閱內文公式 (8-7)），則第一個 logit 為

$$\text{logit}(p_{ni1}) = \log\left[\frac{P(y_{ni} = 類別2) + P(y_{ni} = 類別3)}{P(y_{ni} = 類別1)}\right]$$

$$= \log\left[\frac{\exp(\theta_n - \varsigma_{i1})}{1 + \exp(\theta_n - \varsigma_{i1})} \bigg/ \frac{1}{1 + \exp(\theta_n - \varsigma_{i1})}\right] = \log(\exp(\theta_n - \varsigma_{i1})) = (\theta_n - \varsigma_{i1}) \ ,$$

這裡，$P(y_{ni} = 類別2) + P(y_{ni} = 類別3) = \dfrac{\exp(\theta_n - \varsigma_{i1})}{1 + \exp(\theta_n - \varsigma_{i1})}$。

$\log(\exp(\theta_n - \varsigma_{i1})) = (\theta_n - \varsigma_{i1})$，例如，$\log(\exp(1 - 25)) = -24$，
$\log(\exp(5 - 1)) = 4$，$\log(\exp)$ 互抵掉了，這裡 $\log = \log_e = ln$。
第二個 logit 為

$$\text{logit}(p_{ni2}) = \log\left[\frac{P(y_{ni} = 類別3)}{P(y_{ni} = 類別1) + P(y_{ni} = 類別2)}\right]$$

$$= \log\left[\frac{\exp(\theta_n - \varsigma_{i2})}{1 + \exp(\theta_n - \varsigma_{i2})} \bigg/ \frac{1}{1 + \exp(\theta_n - \varsigma_{i2})}\right]$$

$$= \log(\exp(\theta_n - \varsigma_{i2})) = (\theta_n - \varsigma_{i2})$$

這裡，$P(y_{ni} = 類別1) + P(y_{ni} = 類別2)$

$$= \frac{1}{1 + \exp(\theta_n - \varsigma_{i1})} + \frac{\exp(\theta_n - \varsigma_{i1})}{1 + \exp(\theta_n - \varsigma_{i1})} - \frac{\exp(\theta_n - \varsigma_{i2})}{1 + \exp(\theta_n - \varsigma_{i2})}$$

$$= 1 - \frac{\exp(\theta_n - \varsigma_{i2})}{1 + \exp(\theta_n - \varsigma_{i2})} = \frac{1}{1 + \exp(\theta_n - \varsigma_{i2})} \ 。$$

(2) adjacent-categories logits

以三元計分模式得分來看，adjacent-categories logits 公式為

$$\text{logit}(p_{ni1}) = \log\left[\frac{p_{ni1}}{p_{ni0}}\right],$$

$$\text{logit}(p_{ni2}) = \log\left[\frac{p_{ni2}}{p_{ni1}}\right],$$

以三元計分模式類別來看，adjacent-categories logits 公式為

$$\text{logit}(p_{ni1}) = \log\left[\frac{P(y_{ni} = 類別2)}{P(y_{ni} = 類別1)}\right],$$

$$\text{logit}(p_{ni2}) = \log\left[\frac{P(y_{ni} = 類別3)}{P(y_{ni} = 類別2)}\right],$$

參閱內文公式 (8-9)

$$P_{ni0} = P(y_{ni} = 0分) = \frac{1}{1 + \exp(\theta_n - \tau_{i1}) + \exp(2\theta_n - \tau_{i1} - \tau_{i2})}$$

$$P_{ni1} = P(y_{ni} = 1分) = \frac{\exp(\theta_n - \tau_{i1})}{1 + \exp(\theta_n - \tau_{i1}) + \exp(2\theta_n - \tau_{i1} - \tau_{i2})}$$

$$P_{ni2} = P(y_{ni} = 2分) = \frac{\exp(2\theta_n - \tau_{i1} - \tau_{i2})}{1 + \exp(\theta_n - \tau_{i1}) + \exp(2\theta_n - \tau_{i1} - \tau_{i2})}$$

所以，PCM 採用 adjacent-categories logits 方法（參閱內文公式 (8-11)），則

第一個 logit 為

$$\text{logit}(p_{ni1}) = \log\left[\frac{p_{ni1}}{p_{ni0}}\right]$$

$$= \log\left[\frac{\exp(\theta_n - \tau_{i1})}{1 + \exp(\theta_n - \tau_{i1}) + \exp(2\theta_n - \tau_{i1} - \tau_{i2})} \bigg/ \frac{1}{1 + \exp(\theta_n - \tau_{i1}) + \exp(2\theta_n - \tau_{i1} - \tau_{i2})}\right]$$

$$= \log(\exp(\theta_n - \tau_{i1})) = (\theta_n - \tau_{i1})$$

第二個 logit 為

$$\text{logit}(p_{ni2}) = \log\left[\frac{p_{ni2}}{p_{ni1}}\right]$$

$$= \log\left[\frac{\exp(2\theta_n - \tau_{i1} - \tau_{i2})}{1 + \exp(\theta_n - \tau_{i1}) + \exp(2\theta_n - \tau_{i1} - \tau_{i2})} \middle/ \frac{\exp(\theta_n - \tau_{i1})}{1 + \exp(\theta_n - \tau_{i1}) + \exp(2\theta_n - \tau_{i1} - \tau_{i2})}\right]$$

$$= \log\left[\frac{\exp(2\theta_n - \tau_{i1} - \tau_{i2})}{\exp(\theta_n - \tau_{i1})}\right] = \log(\exp(2\theta_n - \tau_{i1} - \tau_{i2})) - \log(\exp(\theta_n - \tau_{i1}))$$

$$= (2\theta_n - \tau_{i1} - \tau_{i2}) - (\theta_n - \tau_{i1}) = (\theta_n - \tau_{i2})$$

(3) baseline-category logits

以三元計分模式得分來看，baseline-category logits 公式為

$$\text{logit}(p_{ni1}) = \log\left[\frac{p_{ni1}}{p_{ni0}}\right],$$

$$\text{logit}(p_{ni2}) = \log\left[\frac{p_{ni2}}{p_{ni0}}\right]。$$

以三元計分模式類別來看，baseline-category logits 公式為

$$\text{logit}(p_{ni1}) = \log\left[\frac{P(y_{ni} = 類別2)}{P(y_{ni} = 類別1)}\right],$$

$$\text{logit}(p_{ni2}) = \log\left[\frac{P(y_{ni} = 類別3)}{P(y_{ni} = 類別1)}\right]。$$

有關於 baseline-category logits 一般化公式，讀者可參考 De Boeck & Wilson(2004) 一書，這裡不再加以介紹。

上述簡要說明，讀者不難發現這三種 logits 差異：

(1) cumulative logits 在每個 logit 中，如有三個類別（三元計分），則這三個類別都會同時出現在分子分母中，例如，（得 0 分）vs.（得 1 分 + 得 2 分）、（得 0 分 + 得 1 分）vs.（得 2 分），或是（類別 1）vs.（類別 2+ 類別 3）、（類別 1+ 類別 2）vs.（類別 3）。

(2) adjacent-categories logits 在每個 logit 中，如有三個類別（三元計分），則分子分母只會出現相鄰的類別，例如，（得 0 分）vs.（得 1 分）、（得 1 分）vs.（得 2 分），或是（類別 1）vs.（類別 2）、（類別 2）vs.（類別 3）。

(3) baseline-category logits 在每個 logit 中，如有三個類別（三元計

分），則分母會以某個得分或某個類別爲基準，例如，以得 0 分爲基準，
（得 0 分）vs.（得 1 分）、（得 0 分）vs.（得 2 分），或是以類別 1 爲基準，
（類別 1）vs.（類別 2）、（類別 1）vs.（類別 3）。

8-b

　　對於 logistic 分配必須先具備一些基本知識，才有辦法理解相關的證
明或說明。在統計學上，隨機變數 Y 服從 logistic 分配，平均數 0，變異
數 $\pi^2/3$，它的機率密度函數 $f(y) = \dfrac{\exp(y)}{(1 + \exp(y))^2}$，則它的累積分配函數

$$F_Y(y) = P(-\infty < Y \le y) = \frac{\exp(y)}{1 + \exp(y)} \ ,$$

$$\Rightarrow \quad F_Y(b) = P(-\infty < Y \le b) = \frac{\exp(b)}{1 + \exp(b)} \ ,$$

$$\Rightarrow \quad F_Y(x-b) = P(-\infty < Y \le (x-b)) = \frac{\exp(x-b)}{1 + \exp(x-b)}$$

參閱內文公式 (8-4)、(8-6)。

$$已知\ y_{ni} = \begin{cases} 1 & \text{if} \ -\infty \ \le \ y_{ni}^* \ < \ \varsigma_{i1} \\ 2 & \text{if} \ \varsigma_{i1} \ \le \ y_{ni}^* \ < \ \varsigma_{i2} \\ 3 & \text{if} \ \varsigma_{i2} \ \le \ y_{ni}^* \ < \ \infty \end{cases},$$

$y_{ni}^* = \theta_n + e_{ni}$，$e \sim \text{logistic}\left(0, \pi^2/3\right)$，

如何求得 (a) $P(y_{ni} = 1)$？(b) $P(y_{ni} = 2)$？(c) $P(y_{ni} = 3)$？

(a) $P(y_{ni} = 1) = P(-\infty \le y_{ni}^* < \varsigma_{i1}) = P\left(-\infty \le (\theta_n + e_{ni}) < \varsigma_{i1}\right)$

$= P\left((-\infty - \theta_n) \le e_{ni} < (\varsigma_{i1} - \theta_n)\right) = P\left(-\infty \le e_{ni} < (\varsigma_{i1} - \theta_n)\right) = \dfrac{\exp(\varsigma_{i1} - \theta_n)}{1 + \exp(\varsigma_{i1} - \theta_n)}$

$= \dfrac{\exp(\varsigma_{i1} - \theta_n)}{1 + \exp(\varsigma_{i1} - \theta_n)} \cdot \dfrac{\exp(\theta_n - \varsigma_{i1})}{\exp(\theta_n - \varsigma_{i1})} = \dfrac{1}{1 + \exp(\theta_n - \varsigma_{i1})}$ 。

(b) $P(y_{ni} = 2) = P(\varsigma_{i1} \le y_{ni}^* < \varsigma_{i2}) = P(\varsigma_{i1} \le (\theta_n + e_{ni}) < \varsigma_{i2})$

$= P\left((\varsigma_{i1} - \theta_n) \le e_{ni} < (\varsigma_{i2} - \theta_n)\right)$
$= P\left(-\infty \le e_{ni} < (\varsigma_{i2} - \theta_n)\right) - P\left(-\infty \le e_{ni} < (\varsigma_{i1} - \theta_n)\right)$

$$= \frac{\exp(\varsigma_{i2} - \theta_n)}{1 + \exp(\varsigma_{i2} - \theta_n)} - \frac{\exp(\varsigma_{i1} - \theta_n)}{1 + \exp(\varsigma_{i1} - \theta_n)}$$

$$= \frac{\exp(\theta_n - \varsigma_{i1})}{1 + \exp(\theta_n - \varsigma_{i1})} - \frac{\exp(\theta_n - \varsigma_{i2})}{1 + \exp(\theta_n - \varsigma_{i2})}$$

(c) $P(y_{ni} = 3) = P(y_{ni}^* \geq \varsigma_{i2}) = P((\theta_n + e_{ni}) \geq \varsigma_{i2}) = 1 - P((\theta_n + e_{ni}) \leq \varsigma_{i2})$

$$= 1 - P(e_{ni} \leq (\varsigma_{i2} - \theta_n)) = 1 - \frac{\exp(\varsigma_{i2} - \theta_n)}{1 + \exp(\varsigma_{i2} - \theta_n)} = \frac{1}{1 + \exp(\varsigma_{i2} - \theta_n)}$$

$$= \frac{1}{1 + \exp(\varsigma_{i2} - \theta_n)} \cdot \frac{\exp(\theta_n - \varsigma_{i2})}{\exp(\theta_n - \varsigma_{i2})} = \frac{\exp(\theta_n - \varsigma_{i2})}{1 + \exp(\theta_n - \varsigma_{i2})}$$

8-c

參閱內文公式 (8-3)、(8-6)。在三元計分模式下，

$P_0^*(\theta) = 1$

$P_1^*(\theta) = P(y_{ni} > 1) = P_2(\theta) + P_3(\theta) = P(y_{ni} = 2) + P(y_{ni} = 3)$

$$= \frac{\exp(\theta_n - \varsigma_{i1})}{1 + \exp(\theta_n - \varsigma_{i1})} - \frac{\exp(\theta_n - \varsigma_{i2})}{1 + \exp(\theta_n - \varsigma_{i2})} + \frac{\exp(\theta_n - \varsigma_{i2})}{1 + \exp(\theta_n - \varsigma_{i2})} = \frac{\exp(\theta_n - \varsigma_{i1})}{1 + \exp(\theta_n - \varsigma_{i1})}$$

$P_2^*(\theta) = P(y_{ni} > 2) = P_3(\theta) = P(y_{ni} = 3) = \dfrac{\exp(\theta_n - \varsigma_{i2})}{1 + \exp(\theta_n - \varsigma_{i2})}$

$P_3^*(\theta) = P(y_{ni} > 3) = 0$

可以推得

$$P_1(\theta) = P_0^*(\theta) - P_1^*(\theta) = 1 - \frac{\exp(\theta_n - \varsigma_{i1})}{1 + \exp(\theta_n - \varsigma_{i1})} = \frac{1}{1 + \exp(\theta_n - \varsigma_{i1})}$$

$$P_2(\theta) = P_1^*(\theta) - P_2^*(\theta) = \frac{\exp(\theta_n - \varsigma_{i1})}{1 + \exp(\theta_n - \varsigma_{i1})} - \frac{\exp(\theta_n - \varsigma_{i2})}{1 + \exp(\theta_n - \varsigma_{i2})}$$

$$P_3(\theta) = P_2^*(\theta) - P_3^*(\theta) = \frac{\exp(\theta_n - \varsigma_{i2})}{1 + \exp(\theta_n - \varsigma_{i2})}$$

8-d

參閱內文公式 (8-8)、(8-9)。

公式 (8-8) 的分子：

當 $y = 0$ 時，

$$\Rightarrow \ \exp[\sum_{c=0}^{y}(\theta_n - \tau_{ic})] = \exp[\sum_{c=0}^{0}(\theta_n - \tau_{ic})] = \exp(0) = 1$$

當 $y = 1$ 時，

$$\Rightarrow \ \exp[\sum_{c=0}^{y}(\theta_n - \tau_{ic})] = \exp[\sum_{c=0}^{1}(\theta_n - \tau_{ic})] = \exp(0 + (\theta_n - \tau_{i1})) = \exp(\theta_n - \tau_{i1})$$

當 $y = 2$ 時，

$$\Rightarrow \ \exp[\sum_{c=0}^{y}(\theta_n - \tau_{ic})] = \exp[\sum_{c=0}^{2}(\theta_n - \tau_{ic})] = \exp(0 + (\theta_n - \tau_{i1}) + (\theta_n - \tau_{i2}))$$

$$= \exp(2\theta_n - \tau_{i1} - \tau_{i2})$$

公式 (8-8) 的分母：

$$\sum_{v=0}^{C_i-1}\exp[\sum_{c=0}^{v}(\theta_n - \tau_{ic})] = \sum_{v=0}^{2}\exp[\sum_{c=0}^{v}(\theta_n - \tau_{ic})]$$

$$= \exp(0) + \exp(0 + (\theta_n - \tau_{i1})) + \exp(0 + (\theta_n - \tau_{i1}) + (\theta_n - \tau_{i2}))$$

$$= \exp(0) + \exp(\theta_n - \tau_{i1}) + \exp(2\theta_n - \tau_{i1} - \tau_{i2})$$

$$= 1 + \exp(\theta_n - \tau_{i1}) + \exp(2\theta_n - \tau_{i1} - \tau_{i2})$$

根據上面結果，三元計分模式如下：

$$P_{ni0} = P(y_{ni} = 0分) = \frac{1}{1 + \exp(\theta_n - \tau_{i1}) + \exp(2\theta_n - \tau_{i1} - \tau_{i2})}$$

$$P_{ni1} = P(y_{ni} = 1分) = \frac{\exp(\theta_n - \tau_{i1})}{1 + \exp(\theta_n - \tau_{i1}) + \exp(2\theta_n - \tau_{i1} - \tau_{i2})}$$

$$P_{ni2} = P(y_{ni} = 2分) = \frac{\exp(2\theta_n - \tau_{i1} - \tau_{i2})}{1 + \exp(\theta_n - \tau_{i1}) + \exp(2\theta_n - \tau_{i1} - \tau_{i2})}$$

同理，我們可以得到四元計分模式：

$$P_{ni0} = P(y_{ni} = 0分)$$

$$= \frac{1}{1 + \exp(\theta_n - \tau_{i1}) + \exp(2\theta_n - \tau_{i1} - \tau_{i2}) + \exp(3\theta_n - \tau_{i1} - \tau_{i2} - \tau_{i3})}$$

$$P_{ni1} = P(y_{ni} = 1 \, \text{分})$$

$$= \frac{\exp(\theta_n - \tau_{i1})}{1 + \exp(\theta_n - \tau_{i1}) + \exp(2\theta_n - \tau_{i1} - \tau_{i2}) + \exp(3\theta_n - \tau_{i1} - \tau_{i2} - \tau_{i3})}$$

$$P_{ni2} = P(y_{ni} = 2 \, \text{分})$$

$$= \frac{\exp(2\theta_n - \tau_{i1} - \tau_{i2})}{1 + \exp(\theta_n - \tau_{i1}) + \exp(2\theta_n - \tau_{i1} - \tau_{i2}) + \exp(3\theta_n - \tau_{i1} - \tau_{i2} - \tau_{i3})}$$

$$P_{ni3} = P(y_{ni} = 3 \, \text{分})$$

$$= \frac{\exp(3\theta_n - \tau_{i1} - \tau_{i2} - \tau_{i3})}{1 + \exp(\theta_n - \tau_{i1}) + \exp(2\theta_n - \tau_{i1} - \tau_{i2}) + \exp(3\theta_n - \tau_{i1} - \tau_{i2} - \tau_{i3})}$$

8-e

參閱內文公式 (8-12)、(8-13)。

公式 (8-12) 的分子：

當 $y = 0$ 時，

$$\Rightarrow \exp[\sum_{c=0}^{y} (\theta_n - (\tau_i + v_c))] = \exp[\sum_{c=0}^{0} (\theta_n - (\tau_i + v_c))] = \exp(0) = 1$$

當 $y = 1$ 時，

$$\Rightarrow \exp[\sum_{c=0}^{y} (\theta_n - (\tau_i + v_c))] = \exp[\sum_{c=0}^{1} (\theta_n - (\tau_i + v_c))]$$

$$= \exp(0 + (\theta_n - (\tau_i + v_1)))$$

$$= \exp(\theta_n - (\tau_i + v_1))$$

當 $y = 2$ 時，

$$\Rightarrow \exp[\sum_{c=0}^{y} (\theta_n - (\tau_i + v_c))] = \exp[\sum_{c=0}^{2} (\theta_n - (\tau_i + v_c))]$$

$$= \exp(0 + (\theta_n - (\tau_i + v_1)) + (\theta_n - (\tau_i + v_2)))$$

$$= \exp(0 + (2\theta_n - 2\tau_i - (v_1 + v_2))) = \exp(2\theta_n - 2\tau_i - (v_1 + v_2))$$

公式 (8-12) 的分母：

$$\sum_{v=0}^{C-1} \exp[\sum_{c=0}^{v} (\theta_n - (\tau_i + v_c))] = \sum_{v=0}^{2} \exp[\sum_{c=0}^{v} (\theta_n - (\tau_i + v_c))]$$

$$= \exp[\sum_{c=0}^{0}(\theta_n - (\tau_i + v_0))] + \exp[\sum_{c=0}^{1}(\theta_n - (\tau_i + v_c))] + \exp[\sum_{c=0}^{2}(\theta_n - (\tau_i + v_c))]$$

$$= \exp(0) + \exp(0 + (\theta_n - (\tau_i + v_1))) + \exp(0 + (\theta_n - (\tau_i + v_1)) + (\theta_n - (\tau_i + v_2)))$$

$$= 1 + \exp(\theta_n - (\tau_i + v_1)) + \exp(2\theta_n - 2\tau_i - (v_1 + v_2))$$

$P(y_{ni} = 類別\,1) = P(y_{ni} = 0\,分)$

$$= \frac{1}{1 + \exp(\theta_n - (\tau_i + v_1)) + \exp(2\theta_n - 2\tau_i - (v_1 + v_2))}$$

$P(y_{ni} = 類別\,2) = P(y_{ni} = 1\,分)$

$$= \frac{\exp(\theta_n - (\tau_i + v_1))}{1 + \exp(\theta_n - (\tau_i + v_1)) + \exp(2\theta_n - 2\tau_i - (v_1 + v_2))}$$

$P(y_{ni} = 類別\,3) = P(y_{ni} = 2\,分)$

$$= \frac{\exp(2\theta_n - 2\tau_i - (v_1 + v_2))}{1 + \exp(\theta_n - (\tau_i + v_1)) + \exp(2\theta_n - 2\tau_i - (v_1 + v_2))}$$

8-f

參閱內文公式 (8-13)、(8-15)

$$P(y_{ni} = 類別\,1) = \frac{1}{1 + \exp(\theta_n - (\tau_i + v_1)) + \exp(2\theta_n - 2\tau_i - (v_1 + v_2))}$$

$$P(y_{ni} = 類別\,2) = \frac{\exp(\theta_n - (\tau_i + v_1))}{1 + \exp(\theta_n - (\tau_i + v_1)) + \exp(2\theta_n - 2\tau_i - (v_1 + v_2))}$$

$$P(y_{ni} = 類別\,3) = \frac{\exp(2\theta_n - 2\tau_i - (v_1 + v_2))}{1 + \exp(\theta_n - (\tau_i + v_1)) + \exp(2\theta_n - 2\tau_i - (v_1 + v_2))} \cdot$$

我們令

分母 $= \Psi \equiv 1 + \exp(\theta_n - (\tau_i + v_1)) + \exp(2\theta_n - 2\tau_i - (v_1 + v_2))$

在 adjacent-categories logits 方法下，第一個 logit

$$\text{logit}\,(p_{ni1}) = \log\left[\frac{P(y_{ni} = 類別2)}{P(y_{ni} = 類別1)}\right] = \log\left[\frac{\exp(\theta_n - (\tau_i + v_1))}{\Psi} \middle/ \frac{1}{\Psi}\right]$$

$$= \log(\exp(\theta_n - (\tau_i + v_1))) = (\theta_n - (\tau_i + v_1))$$

第二個 logit

$$\text{logit}\,(p_{ni2}) = \log\left[\frac{P(y_{ni} = 類別\,3)}{P(y_{ni} = 類別\,2)}\right]$$

$$= \log\left[\frac{\exp(2\theta_n - 2\tau_i - (v_1 + v_2))}{\Psi} \middle/ \frac{\exp(\theta_n - (\tau_i + v_1))}{\Psi}\right]$$

$$= \log(\exp(2\theta_n - 2\tau_i - (v_1 + v_2))) - \log(\exp(\theta_n - (\tau_i + v_1)))$$

$$= (2\theta_n - 2\tau_i - (v_1 + v_2)) - (\theta_n - (\tau_i + v_1))$$

$$= (\theta_n - (\tau_i + v_2))$$

9-a

參閱內文第九章第一節

在 3PL 模式中,假設 $a(\theta - b) = 0$(也可以假設 1 或其他數字),且受試者的答對機率是 0.8,則

$$P_i(\theta) = 0.8 = c + (1-c)\frac{\exp(a(\theta - b))}{1 + \exp(a(\theta - b))} = c + (1-c)\frac{\exp(0)}{1 + \exp(0)}$$

$$= c + (1-c) \times \frac{1}{2},$$

從 $0.8 = c + (1-c) \times \dfrac{1}{2}$,我們可以推算出來 $c = 0.6$。

同理,如果受試者的答對機率是 0.76,則

$$P_i(\theta) = 0.76 = c + (1-c)\frac{\exp(a(\theta - b))}{1 + \exp(a(\theta - b))} = c + (1-c)\frac{\exp(0)}{1 + \exp(0)}$$

$$= c + (1-c) \times \frac{1}{2},$$

從 $0.76 = c + (1-c) \times \dfrac{1}{2}$,我們可以推算出來 $c = 0.52$。

這裡告訴我們一個重要觀念:在 3PL 模式中,只要知道答對機率及 $a(\theta - b)$ 的值,c 是可以被推算出來的,c 是不做轉換的,所以,3PL 模式與 2PL 模式量尺化作法是一樣的,同樣是把能力(θ 或 b)量尺化:平均

數設為 0，標準差設為 1 即可，如此一來，也是少估計二個，所以，3PL 模式只要估計 $N + 3I - 2$ 個參數即可。

9-b

參閱內文第九章第一節

內文以試題為例，這裡以能力為例，兩者意義等同。為何把能力的平均數設為 0，就會少估計一個？例如，有 4 位考生，已估得 $\theta_1 = -0.3313$，$\theta_2 = 1.1043$，$\theta_4 = -1.2147$，那 $\theta_3 = ?$

答案是 $\theta_3 = 0.4417$，因為 $\overline{\theta} = \sum_{n=1}^{N} \theta_n / N = 0$，

$$\sum_{n=1}^{N} \theta_n = -0.3313 + 1.1043 + \theta_3 - 1.2147 = 0$$

因此，$\theta_3 = 0.4417$，全部 4 位只需估計 3 位即可，最後一位必可求出（少估計一個）。

至於，為何把能力的平均數設為 0，標準差設為 1，就會少估計二個？例如，有 4 位考生，已估得 $\theta_1 = -0.3313$，$\theta_3 = 0.4417$，那 $\theta_2 = ?$，$\theta_4 = ?$ 因為 $\overline{\theta}$ 設為 0 $\Rightarrow \sum_{n=1}^{N} \theta_n = -0.3313 + \theta_2 + 0.4417 + \theta_4 = 0 \Rightarrow \theta_2 + \theta_4 = -0.1104$，又標準差設為 1，所以，

$$S_{\theta}^2 = \frac{\sum_{n=1}^{N} (\theta_n - \overline{\theta})^2}{N - 1} = \frac{(\theta_1 - 0)^2 + (\theta_2 - 0)^2 + (\theta_3 - 0)^2 + (\theta_4 - 0)^2}{(4 - 1)}$$

$$= \frac{\theta_1^2 + \theta_2^2 + \theta_3^2 + \theta_4^2}{3} = 1$$

$\Rightarrow \theta_1^2 + \theta_2^2 + \theta_3^2 + \theta_4^2 = 3 \Rightarrow (-0.3313)^2 + \theta_2^2 + 0.4417^2 + \theta_4^2 = 3$

$\Rightarrow \theta_2^2 + \theta_4^2 = 2.695141 \Rightarrow \theta_2^2 + \theta_4^2 = (-0.1104 - \theta_4)^2 + \theta_4^2 = 2.695141$

$\Rightarrow 2\theta_4^2 + 0.2208\theta_4 - 2.68295284 = 0$，根據 $\dfrac{-b \pm \sqrt{b^2 - 4ac}}{2a}$ 公式

$\Rightarrow \theta_4 = 1.104335$ 或 $\theta_4 = -1.21473588$

$\Rightarrow$ 當 $\theta_4 = 1.104335$，則 $\theta_2 = -0.1104 - 1.104335 = -1.214735$

$\Rightarrow$ 當 $\theta_4 = -1.21473588$，則 $\theta_2 = -0.1104 + 1.21473588 = 1.104335$

$\Rightarrow$ 從答對題數多寡，程式即可判定受試者能力是 θ_2 還是 θ_4，如果第二位受試者答對題數較多，則其能力為 $\theta_2 = 1.104335$。

由考生原始分數即可判定何者是 θ_2，何者是 θ_4。結論：能力的平均數設為 0，標準差設為 1，是可以求出另外二個值的，所以，少估計二個。

參考文獻

王文中教授對於IRT及DIF的研究，貢獻卓著。由於王教授發表的論文極多，這裡不一一列出，讀者可以輸入Wen-Chung Wang - Google學術搜尋，即可搜尋到相關著作。

朱錦鳳（2014）。**心理測驗：理論與應用**。臺北：雙葉。

余民寧（1993）。次序性資料的內容效度係數和同質性信度係數之計算。**測驗年刊**，*40*，199-214。

余民寧（2009）。**試題反應理論（IRT）及其應用**。臺北：心理。

余民寧（2011）。**教育測驗與評量：成就測驗與教學評量（第三版）**。臺北：心理。

邱淵、王鋼、夏孝川、洪邦裕、龔偉民、李亞玲譯（1989）。**教學評量**。臺北：五南。

黃堅厚（1967）。中國大學生在愛德華斯個人興趣量表上之反應。**教育心理學報**，*1*，52-68。

郭生玉（2018）。**教育測驗與評量**。新北：精華。

陳英豪、吳裕益（2003）：**測驗與評量**。高雄：麗文。

簡茂發（1978）。信度與效度。楊國樞（編）。**社會及行為科學研究法（323-351頁）**。臺北：東華。

Ahmanan, J. S., & Glock, M. D. (1981). *Evaluating student progress: Principles of tests and measurement.* Boston, MA: Allyn & Bacon.

Aiken, L. R. (1980). Content validity and reliability of single items or questionnaires. *Educational And Psychological Measurement, 40*, 955-959.

Aiken, L. R. (1985). Three coefficients for analyzing the reliability and validity of ratings. *Educational and Psychological Measurement, 45*, 131-142.

Anastasi, A., & Urbina, S. (1997). *Psychological testing* (7th ed.). New York: Macmillan.

Andersen, E. B. (1973). A goodness of fit test for the rasch model. *Psychometrika, 38*, 123-140.

Andersen, E. B. (1977). Sufficient statistics and latent trait models. *Psychometrika, 42*, 69-81.

Andrich, D. (1978). A rating formulation for ordered response categories. *Psychometrika, 43,* 561-573.

Arbuckle, J. (1997). *Amos user's guide. Version 3.6.* Chicago, III: Marketing Division, SPSS Inc.

Baker, F. B. (1992). *Item response theory: Parameter estimation techniques.* New York: Marcel Dekker.

Barton, M. A., & Lord, F. M. (1981). An upper asymptote for the three-parameter logistic item-response model. *RR-81-20.* Princeton, NJ: Educational Testing Services.

Bellak, L., & Abrams, D. M. (1993). *The Thematic Apperception Test, the Children's Apperception Test, and the Senior Apperception Technique in clinical use* (5th ed.). Needham Heights, MA: Allyn & Bacon.

Bentler, P. M. (1985). *Theory and implementation of EQS: A structural equations program.* Los Angeles: BMDP statistical software.

Binet, A., & Simon, T. (1948). The development of the Binet-Simon Scale, 1905-1908. In W. Dennis (Ed.), *Readings in the history of psychology* (pp. 412-424). Appleton-Century-Crofts.

Birnbaum, A. (1968) Some latent trait models and their use in inferring an examinee's ability. In F. M. Lord & M. R. Novick (Eds.), *Statistical theories of mental test scores* (pp. 397-479). Reading, MA: Addison-Wesley.

Birnbaum, A. (1969). Statistical theory for logistic mental test models with a prior distribution of ability. *Journal of Mathematical Psychology, 6,* 258-276.

Bock, R. D. (1972). Estimating item parameters and latent ability when responses are scored in two or more latent categories. *Psychometrika,* 37, 29-51.

Bock, R. D., & Aitkin, M. (1981). Marginal maximum likelihood estimation of item parameters: Application of an EM algorithm. *Psychometrika, 46,* 443-459.

Bock, R. D., & Mislevy, R. J. (1982). Adaptive EAP estimation of ability in a microcomputer environment. *Applied Psychological Measurement, 6,* 431-444.

Brown, W. (1910). Some experimental results in the correlation of mental abilities. *British Journal of Psychology, 3,* 296-322.

Camilli, G., & Shepard, L. A. (1994). *Methods for identifying biased test items.* Thousand Oaks, CA: Sage.

Carroll, J. B. (1993). *Human cognitive abilities: A survey of factor-analytic studies*. Cambridge University Press.

Cattell R. B. (1941). Some theoretical issues in adult intelligence testing. *Psychological Bulletin, 38*, 592 (abstract).

Cattell, R. B. (1963). Theory of fluid and crystallized intelligence: A critical experiment. *Journal of Educational Psychology, 54*, 1-22.

Cattell, J. McK. (1890). Mental tests and measurements. *Mind, 15*, 373-381.

Cattell, R. B., & Mead, A. D. (1949). *The sixteen personality factor questionnaire (16PF)*. Champaign: IPAT.

Chase, C. I. (1978). *Measurement for educational evaluation* (2nd ed.). Reading, MA: Addison-Wesley.

Cohen, J. (1960). A coefficient of agreement for nominal scales. *Educational and Psychological Measurement, 20*, 37-46.

Cramer, H. (1946). *Mathematical methods of statistics*. Princeton University Press, Princeton.

Cronbach, L. J. (1951). Coefficient alpha and the internal structure of tests. *Psychometrika, 16*, 297-334.

De Boeck, P., & Wilson, M. (Eds.). (2004). *Explanatory item response models: A generalized linear and nonlinear approach*. New York: Springer.

Deniston, W. M., & Ramanaiah, N. V. (1993). California psychological inventory and the five-factor model of personality. *Psychological Reports, 73*, 491-496.

Ebel, R. L. (1979). *Essentials of educational measurement*. (3rd ed.). Englewood Cliffs, NJ: Prentice-Hall.

Edwards, A. L. (1959). *Edwards personal preferences manual*. London:The Psychological Corporation.

Engelhard, G. (1992). The measurement of writing ability with a many-faceted Rasch model. *Applied Measurement in Education, 5*, 171-191.

Fischer, G. H. (1973). The linear logistic test model as an instrument in educational research. *Acta Psychologica, 37*, 359-374.

Flanagan, J. C. (1937). A proposed procedure for increasing the efficiency of objective tests. *Journal of Educational Psychology, 28*, 17-21.

Fleenor, J. W., & Eastman, L. (1997). The relationship between the five-factor model of personality and the California psychological inventory. *Educational and Psychological Measurement,57,* 698-703.

Galton, F. (1887). On recent designs for anthropometric instruments. *Journal of the Anthropological Institute, 16,* 2-8.

Gardner, H. (1983). Frames of mind: A theory of multiple intelligences. New York: Basic Books.

Gardner, H. (1999). Intelligence reframed: Multiple intelligences for the 21st century. Basic Books.

Gough, H. G. (1957). *California psychological inventory manual.* Palo Alto, Calif: Consulting Psychologists Press.

Gough, H. G. (1987). *California psychological inventory administrator's guide.* Palo Alto, CA: Consulting Psychologists Press.

Gronlund, N. (1993). *How to make achievement tests and assessments.* Boston: Allyn & Bacon.

Guilford, J. P. (1959). Traits of creativity. In H. H. Anderson (Ed.), *Creativity and Its Cultivation* (pp. 142-161). New York: Harper & Row.

Guilford, J. P. (1967). *The nature of human intelligence.* New York, NY: McGraw-Hill.

Guilford, J. P. (1977). The invariance problem in factor analysis. *Educational and Psychological Measurement, 37,* 11-19.

Guilford, J. P. (1988). Some changes in the structure-of-intellect model. *Educational and Psychological Measurement, 48,* 1-4.

Guttman, L. (1950). The basis for scalogram analysis. In S. A. Stouffer , L. Guttman , E. A. Suchman , P. F. Lazarsfeld , S. A. Star , & J. A. Clausen (Eds.), *Measurement and prediction* (pp. 60-90). Princeton NJ : Princeton University Press.

Hambleton, R. K. (1989). Principles and selected applications of item response theory. In R. L. Linn (Ed.), *Educational measurement* (pp. 147-200). New York: Macmillan.

Hambleton, R. K., & Swaminathan, H. (1985). *Item response theory: Principles and applications.* Boston, MA: Kluwer-Nijhoff.

Hambleton, R. K., Swaminathan, H., & Rogers, H. J. (1991). *Fundamentals of item response theory*. Newbury Park, CA: Sage.

Hartmann, W. M. (1992). *The NLP procedure: Extended user's guide*. Cary: SAS Institute Inc.

Holland, P. W., & Thayer, D. T. (1988). Differential item performance and the Mantel-Haenszel procedure. In H. Wainer & H. I. Braun (Eds.), *Test validity* (pp. 129-145). Hillsdale, NJ: Lawrence Erlbaum Associates.

Horn, J. L. (1968). Organization of abilities and the development of intelligence. *Psychological Review, 75*, 242-259.

Hoyt, C. (1941). Test reliability estimated by analysis of variance. *Psychometrika, 6*, 153-160.

Hung, L. F. (2010). Multigroup multilevel categorical latent growth curve models. *Multivariate Behavioral Research, 45,* 359-392.

Hung, L. F. (2011). Formulation and application of the hierarchical generalized random-situation random-weight MIRID. *Multivariate Behavioral Research, 46,* 643-668.

Hung, L. F. (2012). A negative binomial regression model for accuracy tests. *Applied Psychological Measurement, 36*, 88-103.

Hung, L. F., & Wang, W. C. (2012). The generalized multilevel facets model for longitudinal data. *Journal of Educational and Behavioral Statistics, 37*, 231-255.

Hunter, J. E. (1980). *The dimensionality of the General Aptitude Test Battery (GATB) and the Dominance of General Factors Over Specific Factors in the Prediction of Job Performance*. Washington, DC: US Department of Labor, US Employment Service.

Jenkins, C. D., Zyzanski, S. J., & Rosenman, R. H. (1979). Jenkins Activity Survey, Psychological Corp., New York.

Jöreskog, K. G., & Sörbom, D. (1976). *LISREL III: Estimation of linear structural equation systems by maximum likelihood methods*. User's guide. Chicago: International Educational Services.

Kaplan, R. M., & Saccuzzo, D. R. (1993). *Psychological testing: Principles, applications, and issues* (3rd ed.). Pacific Grove, CA: Brooks/Cole.

Kaufman, A.S. , & Kaufman, N. L.(1983). Kaufman assessment battery for children (K-ABC). Circle Pines, MN: American Guidance Service.

Kendall, M. G. (1970). *Rank correlation methods*. London: Griffin.

Kryspin, W. J., & Feldhusen, J. T. (1974). *Developing classroom tests: A guide for writing and evaluating test items*. Minneapolis: Burgess.

Kuder, G. F., & Richardson, M. W. (1937). The theory of the estimation of test reliability. *Psychometrika, 2*, 151-160.

Linacre, J. M. (1989). *Many-facet Rasch measurement*. Chicago: MESA Press .

Lindley, D. V., & Smith, A. F. M. (1972). Bayes Estimate for the Linear Model. *Journal of the Royal Statistical Society, 34*, 1-41.

Lord, F. M. (1958). Some relations between Guttman's principal component scale analysis and other psychometric theory. *Psychometrika, 23*, 291-296.

Lord, F. M. (1980). *Applications of item response theory to practical testing problems*. Hillsdale, NJ: Lawrence Erlbaum Associates.

Lord, F. M., & Novick, M. R. (1968). *Statistical theories of mental test Scores*. Reading, MA: Addison-Wesley.

Mantel, N., & Haenszel, W. (1959). Statistical aspects of the analysis of data from retrospective studies of disease. *Journal of the National Cancer Institute, 22*, 719-748.

Masters, G. N. (1982). A Rasch model for partial credit scoring. *Psychometrika, 47*, 149-174.

Masters, G. N. (1984). Constructing an item bank using partial credit scoring. *Journal of Educational Measurement, 21*, 19-32.

McCall, W. A. (1922). Scaling the test-T Scale. In W. A. McCall, *How to measure in education* (pp. 272-306). MacMillan Co.

McDonald, R. P. (1967). Non-linear factor analysis. *Psychometrika Monograph, No. 15*.

Muraki, E. (1990). Fitting a polytomous item response model to Likert-type data. *Applied Psychological Measurement, 14*, 59-71.

Muraki, E. (1992). A generalized partial credit model: Application of an EM algorithm. *Applied Psychological Measurement, 16*, 159-176.

Murray, H. A. (1938). *Explorations in personality: a clinical and experimental study of fifty men of college age*. Oxford Univ. Press.

Muthén, L. K., & Muthén, B. O. (1998). *Mplus user's guide (Version 7)*. Los Angeles,

CA: Author.

Novick, M. R., Lewis, C., & Jackson, P. H. (1973). The estimation of proportions inm groups.*Psychometrika, 38,* 19-46.

Owen, R. J. (1975). A Bayesian sequential procedure for quantal response in the context of adaptive testing. *Journal of the American Statistical Association, 70,* 351-356.

Piaget, J. (1955). *The language and thought of the child.* New York: Meridian Books.

Rasch, G. (1960/1980). *Probabilistic models for some intelligence and attainment tests.* Expanded Edition. Chicago, IL: University of Chicago Press.

Raju, N. S. (1988). The area between two item characteristic curves. *Psychometrika, 53,* 495-502.

Raju, N. (1990). Determinig the significance of estimated signed and unsigned areas between two item response functions. *Applied Psychological Measurement, 14,* 197-207.

Rorschach, H. (1921). Psychodiagnostik. Bern: Bircher.

Rudner, L. M. (1977). *An approach to biased item identification using latent trait measurement theory.* Paper presented at the annual meeting of the American Educational Research Association, New York.

Rulon, P. J. (1939). A simplified procedure for determining the reliability of a test by split-halves. *Harvard Educational Review, 9,* 99-103.

Samejima, F. (1969). Estimation of latent ability using a response pattern of graded cores. *Psychometrika Monograph, No. 17.*

Samejima, F. (1973). A comment on Birnbaum's three-parameter logistic model in the latent trait theory. *Psychometrika, 38,* 221-233.

Samejima, F. (1997). The graded response model. In W. J. van der Linden & R. K. Hambleton (Eds.), *Handbook of modern itemresponse theory* (pp. 85-100). New York: Springer.

Sattler, J. M. (1965). A theoretical, developmental, and clinical investigation of embarrassment. *Genetic Psychology Monographs, 71,* 19-59.

Spearman, C. (1910). Correlation calculated from faulty data. *British Journal of Psychology, 3,* 271-295.

Spearman, C. (1927). *The abilities of man.* London: Macmillan.

Stanley, J. C., & Hopkins, K. D. (1972). *Educational and psychological measurement and evaluation*. Englewood Cliffs, Nj: Prentice Hall.

Sternberg, R. (1994). A triarchic model for teaching and assessing students in general psychology. *General Psychologist, 30*, 42-48.

Swaminathan, H., & Gifford, J. A. (1982). Bayesian estimation in the Rasch model. *Journal of Educational Statistics, 7*, 175-192.

Swaminathan, H., & Rogers, H. J. (1990). Detecting differential item functioning using logistic regression procedures. *Journal of Educational Measurement, 27*, 361-370.

Terman, L. M. (1916). *The measurement of intelligence*. Boston: Houghton Mifflin.

Thorndike, E. L. (Ed). (1921). *Intelligence and measurement:* A symposium. *Journal of Educational Psychology, 12*, 123-147, 195-216.

Thurstone, L. L. (1938). *Primary mental abilities*. Chicago: University of Chicago Press.

van der Linden, W. J. (2019). *Handbook of item response theory*: Volume 3: Applications. Chapman & Hall/CRC.

Verhelst, N. D. & Eggen, T. J. H. M. (1989). *Psychometrische en statistische aspecten van peilingsonderzoek* [Psychometric and statistical aspects of assessment research.](PPON-rapport, 4) Arnhem: Cito.

Vernon, P. E. (1950). *The structure of human abilities*. London: Methuen.

Wechsler, D. (1939). *The measurement of adult intelligence*. Baltimore: Williams & Wilkins.

Weiss, D. J., & Yoes, M. E. (1991). Item response theory. In R. K. Hambleton et al. (Eds.), *Advances in educational and psychological testing: Theory and applications*. New York: Springer.

Wright, B. D., & Masters, G. N. (1982). *Rating scale analysis*. Chicago: MESA Press.

Wright, B. D., & Stone, M. H. (1979*). Best Test Design: Rasch Measurement*. Chicago, IL: Mesa Press.

Wu, M. L., Adams, R. J., & Wilson, M. (1998). *ACERConQuest*. Hawthorn, Australia: ACER Press.

Yen, W. M., Burket, G. R., & Sykes, R. C. (1991). Nonunique solutions to the likelihood equation for the three-parameter logistic model. *Psychometrika, 56*, 39-54.

國家圖書館出版品預行編目資料

心理測驗理論與應用：含IRT與R軟體分析／洪
來發著. ──初版.──臺北市：五南圖書
出版股份有限公司, 2022.12
面；　公分
ISBN 978-626-343-550-6（平裝）

1.CST: 心理測驗

179   111019157

1B2V

心理測驗理論與應用──
含IRT與R軟體分析

作　　者 ― 洪來發（162.9）

發 行 人 ― 楊榮川

總 經 理 ― 楊士清

總 編 輯 ― 楊秀麗

副總編輯 ― 王俐文

責任編輯 ― 金明芬

封面設計 ― 王麗娟

出 版 者 ― 五南圖書出版股份有限公司

地　　址：106臺北市大安區和平東路二段339號4樓

電　　話：(02)2705-5066　　傳　　真：(02)2706-6100

網　　址：https://www.wunan.com.tw

電子郵件：wunan@wunan.com.tw

劃撥帳號：01068953

戶　　名：五南圖書出版股份有限公司

法律顧問　林勝安律師事務所　林勝安律師

出版日期　2022年12月初版一刷

定　　價　新臺幣550元

經典永恆·名著常在

五十週年的獻禮——經典名著文庫

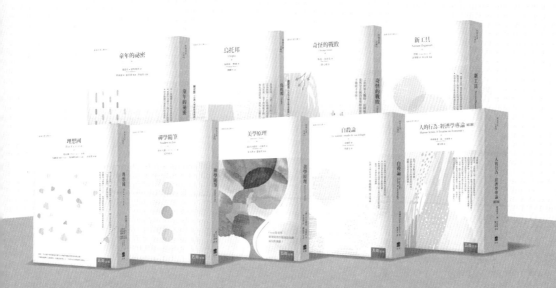

五南，五十年了，半個世紀，人生旅程的一大半，走過來了。

思索著，邁向百年的未來歷程，能為知識界、文化學術界作些什麼？

在速食文化的生態下，有什麼值得讓人雋永品味的？

歷代經典·當今名著，經過時間的洗禮，千錘百鍊，流傳至今，光芒耀人；

不僅使我們能領悟前人的智慧，同時也增深加廣我們思考的深度與視野。

我們決心投入巨資，有計畫的系統梳選，成立「經典名著文庫」，

希望收入古今中外思想性的、充滿睿智與獨見的經典、名著。

這是一項理想性的、永續性的巨大出版工程。

不在意讀者的眾寡，只考慮它的學術價值，力求完整展現先哲思想的軌跡；

為知識界開啟一片智慧之窗，營造一座百花綻放的世界文明公園，

任君遨遊、取菁吸蜜、嘉惠學子！